横道萬里雄
片岡義道
監修

聲明大系
特別付録

声明辞典

法藏館

目次

寺院の典礼音楽——寺事と声明

横道萬里雄

声　明　声明とは仏教声楽曲のことで、梵文・漢文・和文のものがあります。古くは和文のものを声明の範囲に含めない習慣もありましたが、現在ではすべてを含めて声明と呼ぶのがよいと考えます。ただ在家《ざいけ》の人々の御詠歌《ごえいか》などは一応別にした方がよいでしょう。

近年は各宗派の声明が国立劇場などの舞台で聞かれるようになり、またかなり大がかりなレコードを入手できるようになって来たので、声明への関心がずいぶん高まって来たと思います。しかし声明は寺院の法要の一要素として唱えられるものなので、実際の法要と切り離した声明は、生き生きとした感動に欠けるうらみがあります。理想的な声明の摂取は、みずから寺院へ出向いて法要を聴聞《ちょうもん》することによって、はじめて達せられると思います。ひとつひとつの声明曲が正しく唱えられるのは、もとより望ましいことですが、それ以上に大切なのは、法要を勤める人々の気韻《きいん》の盛りあがりです。部分的な節の間違いや多少の声のふぞろいがあっても、それを上回る気韻の高さによって深い感動を呼び起こす例が、寺院の法要ではしばしば見られます。

こうした点から、声明を知るにはまず法要のなんたるかを知ることが望ましいわけです。ところが、その要求にこたえる手引き書は意外に見当たりません。各宗派ごとの専門の解説書はともかく、仏教全体を通じた一般向きのわかりやすいものがすくないので、この書の巻頭に本稿を載せることにいたしました。

寺事　さて、寺事《てらごと》という耳慣れない言葉を本稿の副題に付したのには、それなりの理由があります。この言葉は、神事《かみごと》にならったわたくしの造語で、ふつうの言いかたでは法要というところです。しかし、単に法要というと、在家の人々の年忌《ねんき》などを連想しがちです。また後に述べるように、法会《ほうえ》・法要という語を限定して使いたいという意味があって、包括的には寺事とよぶことにしたのです。改めて寺事を定義すれば、「寺院主催の宗教典礼で、伝統に基づく一定の法式《ほっしき》に従い、美しい声明や洗練された所作《しょさ》で芸術的に展開される化儀《けぎ》」ということになります。この芸術的ということが重要な着眼点で、僧侶が集って手短に読経をするだけといったものは、寺事と称しにくいのです。

寺事は、宗教行事であると同時に一種の体現芸術でもあると考えられます。寺院の仏像・仏画は、信仰の対象として伝えられているものですが、同時に造形芸術の作品としても重要であるのは言うまでもないことです。同様に寺事は、宗教的行動であるという本質の上に、体現芸術としての性格を合わせ持っています。芸術を三分して、美術(造形芸術)、文芸(言語芸術)、芸能(体現芸術)とする分類法がありますが、仏法僧三宝《さんぼう》のうち、広義の「仏《ぶつ》」を芸術的に造形したものが仏教美術であり、「僧」たちが「法」を芸術的に体現したものが仏教芸能すなわち寺事であるということができましょう。

法会・法要　修正会《しゅしょうえ》・祖師会《そしえ》というのは、それぞれ、正月に勤修《ごんしゅ》する法会、宗祖の命日に勤修する法会ということであって、その寺事の目的を示していても、どんな法儀を行うかという内容ははっきりしません。それに対して、例えば二箇法要《にかほうよう》というのは、「唄《ばい》」「散華《さんげ》」の二曲を用いる法要ということで、法儀の内容に基づいた名称です。この用い方を拡張して、ある目的の寺事を総括してさす時は「法会」と呼び、首尾の明確な一定の内容の法儀をさす時は「法要」と呼ぶことにしようと思います。

かりに例を歌舞伎にとれば、初春興行・顔見世興行・

団菊祭などという興行名が、修正会・祖師会などの法会名に相当します。また〈義経千本桜〉〈勧進帳〉などの個々の演目名が、〈理趣三昧《りしゅざんまい》〉〈法華懺法《ほっけせんぼう》〉などの法要名に当たるといえましょう。〈勧進帳〉は、初春興行だろうと団菊祭だろうと勤めることができるのと同様に、〈理趣三昧〉は修正会にも祖師会にも勤めることができるというぐあいです。

さてひとつの法会は、一日で済む時もあり、数日間続く時もあります。日数は三日、五日、七日など奇数の時が多いのですが、二日、四日などの例もないことはありません。長いばあいは、七日の倍数にして、十四日、二十一日などとする例が多く見られます。十四日ですと、前半を上七日《じょうしちにち》、後半を下七日《げしちにち》と言い分けたりいたします。また、法会の最初の日、真中の日、最後の日には、ほかの日と違った特殊な形式を取ることが多いので、それぞれを開白(かいはく かいびゃく)・開闢《かいびゃく》)・中日《ちゅうにち》・結願《けちがん》と呼ぶのがふつうです。

法要の数は一座《いちざ》、二座《にざ》と数え、法要の種類によっては、数座でひと組みになっています。〈土砂加持《どしゃかじ》〉ならば六座、〈法華八講《ほっけはっこう》〉ならば八座で完結し、その各座は、〈法華八講〉なら「一ノ座」「二ノ座」ないし「八ノ座」と呼ぶというように、特定の名で呼び分けられるのがふつうです。この〈法華八講〉は、一日に八座勤めてしまう時もありますが、本来は「朝座《あさざ》」「夕座《ゆうざ》」として一日二座を勤め、四日間で完結するのが立て前のようです。

〈悔過作法《けかさほう》〉などは、六時立《ろくじだて》として、日中《にっちゅう》・日没《にちもつ》・初《しょ》夜《や》・半夜《はんや》・後夜《ごや》・晨朝《じんじょう》の六座を一日に勤め、それを数日重ねるのが常です。これら数座から成る法要は、おなじことをただ数重ねるだけではなく、各座ごとに声明や所作の異なる部分があります。したがって、その法要を全体的に摂取するには、全座を聴聞《ちょうもん》しなければなりません。しかしその中心となる座というものはあるので、たとえば〈法華八講〉なら「五ノ座」、〈悔過作法〉なら「初夜」が、もっとも手かずを掛け時間も費やして勤められます。

数日続く法会は、一種類の法要だけを用いることはすくなく、たとえば開白に〈理趣三昧〉を、中日に〈曼《まん》荼羅供《だらく》〉を、結願に〈護摩供《ごまく》〉を勤めるというように、数種類の法要を組み合わせるのがふつうです。また長時間をかける法会では、一日に数種類の法要を勤めることもあります。東大寺の修二会《しゅにえ》では、毎日六座の〈悔過作法〉を勤めるほかに、毎日三座の〈大導師作法《だいどうしさほう》〉と二座の〈呪師作法《しゅしさほう》〉を勤め、さらに日没に〈例時作法〉を、半夜に〈法華懺法〉または〈走り作法〉を勤めますから、最低一日に五種十三座の法要を勤めているのです。

道場　寺事を行う場所を道場・会場《えじょう》などと申します。重要な法会の道場には、金堂《こんどう》（中堂・本堂・大殿《だいでん》）や講堂（法堂《はっとう》）など寺の中心となる堂塔が多く用いられますが、観音堂とか不動堂とかいう支院的な堂屋での法要もあり、特定の法要には、祖師堂・戒壇《かいだん》・食堂《じきどう》などが用いられます。また広さなどの都合で、住居部分である書院や客殿を用いている例も、法要の種類によっては珍しくありません。

注意すべきことは、道場となる堂塔に常時祭られている本尊と、法要の中心となる主尊とは、しばしば一致しないという点です。たとえば、本尊が薬師如来の金堂で、大日如来中心の〈曼荼羅供《まんだらく》〉を勤めたり、観音堂で不動明王を主尊とする〈護摩供《ごまく》〉を勤めるなどの例が、数多く見られます。法要というものは、目に見えぬ諸尊を迎えて行うものなので、目前の尊像と無関係でもいっこう差支えないのです。

大きな寺院では、堂塔が各所に散在しています。聴《ちょう》聞《もん》したい法要がどこで勤修《ごんしゅ》されているかわからず、探し回っているうちに終ってしまうといったこともありがちです。また稀には、同じ時刻に二個所で別々の法要があることもあったりしますから、あらかじめ道場を確かめておくことが必要です。

式衆　法要に出勤して声明を唱え所作を行う僧侶たちを、一般に式衆《しきしゅう》（職衆《しきしゅう》）と称します。寺事の法要は三人、五人では完全に勤められません。すくなくとも七、八人ないし十二、三人の式衆が必要で、大法要では三十人とか五十人の僧侶が参勤します。昔の記録には、いわゆる千僧供養《せんぞうくよう》・万僧供養《まんぞうくよう》に相当する法要もあります。いまはさすがに見られませんが、ともかく本山級の寺院でないと、常時法要を勤めることはなかなかできません。なお式衆の人数は、十口《じっく》、二十口というように、口《く》という助数詞をつけてよぶことがあります。

式衆の中心となって法要全体を導いて行く役を導師《どうし》といいます。導師は、宗教行事としての中心でありますが、必ずしも目立った所作《しょさ》や声明を担当するとは限りません。しかし常に法要全体の責任者であり、必要ならば次第を変更するなどの臨機の処置をとる権限を持っています。すぐれた導師を得たときに、法要ははじめて光りを放つものです。

導師は、密教系の法要では大阿闍梨《だいあじゃり》（大阿《だいあ》）などといわれ、また自行《じぎょう》的な意味合いの強い法華懺法《ほっけせんぽう》・例時《れいじ》作法《さほう》・念仏和讃法要などでは、調声（ちょうしょう ちょうせい）といわれますが、通称としてはすべて導師で差支えないと思います。

数座の法要が連続して行われるばあい、その全体を統括する導師が定めてある時は、特に大導師《だいどうし》と称することがあり、逆に各座の導師を、初夜導師《しょやどうし》・後夜導師《ごやどうし》・誦経導師《ずぎょうどうし》などと言い分けたり、六時立《ろくじだて》の場合は時導師《じどうし》といったりします。また教義を講ずる講讃《こうさん》法要では、講師《こうじ》と読師《どくし》が左右の講座《こうざ》（高座）に登りますが、この時は講師が導師の格となります。

導師を除いた式衆を一括してさすうまい名前はありません。一応大衆《だいしゅ》といっておくのがよいかと思います。声明役という意味でなら、讃衆《さんじゅ》という言葉があります。大衆の中にも単独の役目を受け持つ人がいます。声明曲の冒頭句を独唱したり、所作を主導したり、鈸《はち》や太鼓などの楽器を担当したりする役です。その役名は、散華師《さんげし》・唱礼師《しょうれいし》などと師の字を付けたり、讃頭《さんとう》・経頭《きょうとう》などと頭《とう》の字を付けて呼ぶのがふつうです。

式衆が道場に入るときは、整然と列を作って入堂しますが、その際上﨟《じょうろう》の人から﨟次順に並んで入る上座《じょうざ》入《いり》と、その逆に下﨟《げろう》から順に入る下座入《げざいり》とがあります。また入り口も正面からとは限らず、裏堂や左右の口から入る法要もあります。道場内の並びかたも、正面入り口近くに上﨟が座って以下順に並ぶ口上座《くちじょうざ》と、その逆の奥上座《おくじょうざ》とがあります。なお役のある人が特別な席に座る法要はすくなく、役を勤める部分以外は、自分の﨟次の位置に座っています。導師は、ほかの式衆より先に入るばあいと、あとから入るばあいと両方の形式があります。

行事役　式衆たちは法要に専念しますので、役以外のことに気を配っていられません。そこで、外側から法要を見守って進行を滞りなくする行事役・後見役が必要になります。その役を会奉行《えぶぎょう》・会行事《えぎょうじ》といいます。この二つの役名はまったく同義に用いることもありますが、数人の会行事を統括する役を特に会奉行と称する例もあります。なお特別の法要では、会奉行に相当する役を威儀師《いぎし》・堂司《どうつかさ》・知事《ちじ》などと称することがあります。法要の聴聞《ちょうもん》を志すばあい、特に録音や撮影を希望するときには、あらかじめ会奉行・会行事に許可を求め、その指示を守って法要を妨げないように心がけるべきです。

会奉行・会行事とは別に、道場を整え、壇上の法具を荘厳《しょうごん》し、各役の用具を配布するなど、寺事の具体的な準備にかかわる役も欠かせません。寺院によっては、こうした準備のために、法要に精通した半僧半俗の役職を置いてあり、仲座《なかざ》・役人《やくにん》・堂童子《どうどうじ》・承仕《じょうじ》などと呼んでいます。これらの人々は、法要開始の一時間ほども前から道場の準備にかかりますから、この段階を見学することができると、いろいろ思いがけない知識が得られます。なお、こうした役職を常置していない寺院では、若い僧たちがその役目を勤め、これも多く承仕《じょうじ》と称しています。また特別の大きな寺事では、これらの役を中綱《ちゅうこ》・小綱《しょうこ》・威儀師《いぎし》・従儀師《じゅうぎし》などと呼ぶことがあります。

以上の行事役とは別に、役僧《やくそう》・番僧《ばんそう》・侍者《じしゃ》・従弟子《じゅうでし》（十弟子）などと呼ばれる侍従役が導師に付き従うこともよく見られます。

衣帯　寺事に際して人々が身につける装束を、衣帯《えたい》と申します。衣帯の種類は宗派によってさまざまですし、名称も入り組んでいて異同が多いので、ここでは寺事を理解するために必要な最少限の事柄だけを述べ、名称も通用範囲の広いもので概括して置きます。

衣帯の中心は、法衣《ほうえ》（ころも）とその上に掛ける袈裟《けさ》です。法衣の種類は多いのですが、袍裳《ほうも》・鈍色《どんじき》・素絹《そけん》・直綴《じきとつ》の四種が主なものです。袍裳は法服《ほうぶく》（袍服《ほうぶく》）ともいい、上半身の袍《ほう》と下半身の裳《も》に別れた仕立てです。襟の頂点が三角形ないしハート形にとがっていて、これを僧綱襟《そうごうえり》といいますが、その僧綱襟を後頭部に立てる着装法と、背後に垂らして置く着装法とあります。また最近は、僧綱襟でない普通の襟の略式仕立ての袍裳もあります。袍裳の生地は地文《じもん》のある綾などが多く、裏地のある袷《あわせ》仕立てです。

鈍色は袍裳とほぼおなじ仕立てで、僧綱襟ですが、単《ひとえ》地で無文《むもん》の生地を用いています。

素絹は、上半身と下半身ひと続きの仕立てで、裾の方にひだが取ってあります。

直綴も上下ひと続きですが、その縫い目が腰のへんにあり、そこから下にひだがあります。この二つはどちらも無文の生地の単地で、襟は普通の形です。

素絹の素は元来白色を意味し、鈍色は鼠色または白色(二説ある)を意味しますが、実際は色と無関係な形状の名称となっていて、緋色《ひいろ》の素絹や紫色の鈍色があるわけです。

法衣の色は、一般に僧階《そうかい》に基づいて定められた色を用いますが、定めの色は宗派によって違います。紫は高位、緋《ひ》はさらに高位というのが普通ですが、茶、緑、浅葱《あさぎ》などの上下は宗派によって違い、緋は最高だが赤はずっと低いという宗派もあります。なお全員が白・黒などの同色を用いる寺事もあります。

寺事の袈裟《けさ》は、五条と七条以上に二大別されます。袈裟の本旨は、粗末な端裂《はぎれ》をはぎ合わせて作った僧衣ということなので、その精神を形に示して、数枚つなぎの一条をさらに数条ならべて縫った形をとります。そのつなぎ目の部分と四周の部分には別の裂《きれ》を配したものが多く、前者を葉《よう》、後者を縁《えん》といい、囲まれた部分を田相《でんそう》といいますが、禅系諸宗では全部共裂のものを多く用います。

五条と七条では全体の大きさが違います。しかし七条以上は、九条・十一条と奇数条のものが二十五条まであありますが、条の数が多くなるに従ってその幅を狭くしてあるので、総体の大きさは同じになります。従って遠目には条数がわかりません。なお九条以上は、禅系諸宗以外ではほとんど用いません。

五条袈裟は、右の脇の下から右半身を前後にまとうように着け、細帯状の威儀《いぎ》と呼ぶ付け紐で左肩・左腕に吊りとめます。なお浄土宗では、左肩の上に乗せるような形に着ける大五条《おおごじょう》という袈裟があり、禅系諸宗では、首に掛ける絡子《らくす》(掛絡《から》)と呼ぶ五条袈裟も用いられます。

七条以上の袈裟は、全体の丈が長く膝の下まであり、それを左肩から左腕まで覆うように着けて右の脇の下で前に回し、修多羅《しゅたら》という紐で右胸の部分と左肩の部分を結びとめます。これと組み合わせて、横被《おうび》という幅広の帯状の付属品で右肩を覆う衣帯がよく用いられますが、横被なしの七条もあります。

五条・七条ともに、その生地・色・文様《もんよう》等によって種類がいろいろあります。衲袈裟《のうけさ》(衲衣《のうえ》)というのは、金襴《きんらん》や錦《にしき》の生地で作った袈裟です。衲衣は元来つぎはぎの衣というだけの意味ですが、現在は立派な袈裟をさしているのです。衲袈裟で縁葉とも同じ生地のものを皆衲衣《かいのうえ》、縁葉を別の生地としたものを切交衲衣《きりまぜのうえ》と称します。甲袈裟《こうげさ》というのは、縁葉が黒無地で田相が色無地の袈裟で、その色によって紫甲《しこう》・盧甲《ろこう》・青甲《しょうこう》などと呼び分けます。これらは寺事における役の上下によって区別することが多く、たとえば、皆衲衣・切交衲衣・紫甲・盧甲・青甲という順に序列を定めたりします。

五条袈裟は、寺紋または家紋を一面に並べたものが多く用いられます。紋は金紋もありますが白色紋がふつうなので、紋白袈裟《もんじろげさ》と称します。紋白袈裟は、生地の色で緋・紫・茶などというように上下を定めます。

平袈裟《ひらげさ》という無地の袈裟は、寺事では会奉行などの行事役がよく用いますが、式衆と見分けがつきやすいためと考えられます。おなじ意味で、式衆が七条を着ける寺事でも、行事役や侍従役は五条を着けるという例が多く見られます。

これら衣帯についての大体の知識があると、寺事を聴聞する際に役の区別がわかりやすく、それだけ理解が深くなります。

法要の構成　法要をただ漫然と聴聞したのでは、わけのわからぬ行事がどこまでも続くような気がして、なかなかとけこみにくいものです。しかし法要というものは、整然とした組織を持っていて、各部分がそれぞれの機能を果たしているので、その大略を知っておくことが望まれます。
大がかりな寺事ですと、式衆が道場に上堂《じょうどう》する途中から声明や所作《しょさ》が行われ始めます。また時には、終了後の下堂《げどう》にも事が行われるばあいがあります。堂内での法儀も、その法要の本旨に基づいた勤修《ごんしゅ》部分のほかに、供物《くもつ》を供えたり道場を清めたりする導入の部分があったりします。また勤め上げた法要の功徳《くどく》が広く諸方に及ぶことを願う回向《えこう》の部分や、法要の間に守護をしてもらった諸天諸神への感謝のための法楽《ほうらく》（神祇法《じんぎほう》楽《らく》）の部分など、法要終結のための部分が置かれたりします。

さらに上記の勤修部分も、詳しく見るといくつかの小部分に分かれています。本尊の供養とか、教義の解明とか、礼拝行《らいはいぎょう》の実行など、中心となる部分はさまざまでも、その前後になんらかの付置の部分が見られる

法要の構成と声明曲種

- 進入部……列讃・行道讃・着座讃
- 堂上部
  - 導入部……奠供《てんぐ》讃・祭文・初伽陀《かだ》・供養文・三礼・唄《ばい》・散華《さんげ》・対揚・梵音《ぼんのん》・錫杖・香讃
  - 勤修部
    - 前置部……表白・神分《じんぶん》・前唱礼《しょうれい》・前方便・呪願・奉請《ぶじょう》・勧請・前讃
    - 主部……礼拝儀・懺儀・音曲読経・合殺・念仏和讃・礼讃・真言・唱誦・経釈・論義・講式
    - 後置部……後讃・後唱礼・後唄
  - 終結部……後読経・念仏・回向・終伽陀・終讃・結讃・法楽
- 退出部……行道讃

のです。前に置かれるのは、法要の趣旨を諸尊に告げる表白（ひょうはく・ひょうひゃく・ひょうびゃく）や、本尊を迎える勧請《かんじょう》（奉《ぶ》請《じょう》）や、前置きの讃美歌ともいうべき前讃《ぜんさん》などで、後にも後讃《ごさん》その他の部分が置かれます。

これらの構成はむろん法要によって異なります。ていねいに勤める法要ですと、二時間も三時間もかかりますが、二十分か三十分で終る短い法要もあり、そうした法要では、導入部を欠いていきなり勤修部に入る構成を取ったりします。しかし東大寺の修二会《しゅにえ》の「晨《じん》朝《じょう》」の〈悔過作法《けかさほう》〉のように、首尾完結していても十分ほどで終ってしまうものもあり、一概には言われませんから、前もって調べをして置くほうがよいと思います。

上記の法要の構成に関係する声明曲種の例をすこしばかり図表（前頁）で表わしておきます。ここにあげる名称は包括的な名で、個々の曲名はまた別にあります。たとえば前讃に用いる曲としては、天台宗なら大讃《だいさん》・仏讃・百字讃・百八讃など、真言宗なら四智梵語《しちぼんご》讃・心略《しんりやく》梵語讃・不動讃・東方《とうぼう》讃などがあります。

声明の形式　声明は、宗派の違いや法要の種類、またその構成部分等に応じて、用いる曲の性格が変わって来ます。また音組織・リズム・旋律法・唱法なども多岐に分かれています。その個々の問題については、別稿に述べられると思いますので、ここでは概略の形式について通観することにとどめます。

声明曲は、その冒頭部分を頭役《とうやく》が独唱し、そのあと全員で斉唱するという形がもっとも多く、前者を句頭《くとう》、後者を同音《どうおん》（助音《じょおん・じょいん》）と称します。同音で唱える詞章は、当然句頭の詞章に続く部分であるわけですが、中には次第《しだい》という特殊な形式で唱える曲目があります。これは、句頭部分を同音でふたたび繰り返し、句頭が次の句を唱えると同音がまた繰り返すという形で進行するもので、この同音のしかたを「次第を取る」と申します。この場合、句頭の一行が全部済んでから同音に移る形式と、句頭が二字ほど唱えた所で同音が唱え始め、両者がずれて重なり合ったまま進行する形式と、二つのやりかたがあります。対揚《たいよう》は次第を取る代表的な曲目ですが、真言宗では前者の形式をとり、天台宗では後者の形式をとるのがふつうです。また〈悔《け》過作法《かきほう》〉における称名悔過《しょうみょうけか》のように、句頭はその行末の一部分だけを唱え、同音は全行を唱える形の、いわば略式の次第形式もあります。

句頭と同音の区別がなく、全曲を独唱する声明曲もあります。唄《ばい》・祭文《さいもん》・表白（ひょうはく・ひょうひゃく・ひょうびゃく）・講式《こうしき》などがその例です。また二つの声明曲が同時に進行する例もあります。唄のあとに散華《さんげ》が続くという形は各宗に多くあるのですが、天台宗では、唄の途中から散華を始めて両者重なり合って進行するのがふつうになっています。

声明曲の中には、普通の唱誦のしかたをせずに、わざと含み声で、発音を不明瞭に濁らせるものがあります。華厳宗の小呪願《しょうしゅがん》や普頌《ふじゅ》などがそれで、これは濁誦とでも名付ければよいと思います。そのほか、早口で流れるように唱える流誦、口の内または心の内で唱える内誦（心誦）などがあり、中には、真言宗の一部の法要における唄・散花のように、まったく唱えないにもかかわらず唱えたつもりにするもの、つまり黙誦とでも言えるものまでありますが、これらも広い意味で考えれば声明に含まれると言えます。

声明というからには旋律を付けて歌うということが前提ですが、実際には無旋律のままいわばコトバで唱える場合があります。真言宗の法要では、五悔《ごかい》が二回唱えられることがありますが、その時は一方をコトバにするのがふつうです。また、一曲の一部分だけをフシで唱える例もいくつかあります。中曲理趣経《ちゅうきょくりしゅきょう》では、一段の冒頭を頭役がフシで唱えると、そのあとは同音でコトバで読んで行き、また次の段の冒頭だけ頭役がフシで唱えるというようにして進行し、最後の「善哉《ぜんざい》」の段だけ全員がフシで斉唱するというのがふつうです。コトバで読経することを切々《ぜぜ》と称しますが、これは声明全体に拡張して用いてもいい言葉だと思います。

声明には、拍子物《ひょうしもの》（有拍曲）と無拍子物《むひょうしもの》（無拍曲）とがありますが、前者は曲数が限られていて、多くは後者です。天台宗では近ごろ前者を定曲《ていきょく》、後者を序曲《じょきょく》（特別なものを破曲《はきょく》）と称しています。また、音階やユリなどの旋律型から見て、呂曲《りょきょく》・律曲《りっきょく》などの分類が行われていますが、これら音楽上の詳細は別稿に譲ります。

声明曲の異同　声明曲には同源異曲がたくさんあります。その中には、もともと一つの曲だったものが、時代と共に変化したり、宗派の分立で違って来たり、用いられる場合に応じて変形されたりして、さまざまになったものがあると思われます。また、同じ詞章にまったく別々に節づけを行ったということもありましょう。それらの事情はなかなか解明しにくいと思います。ともかく、同じ宗派でも同源異曲ないし同文異曲が多く存在し、しかも同一曲名で呼ばれているということは、承知していなければなりません。

同じ宗派の同源異曲の中には、二つ以上の曲がたがいに関連を持って使用されるものがあります。たとえば六時立《ろくじだて》の法要の同じ構成部分が、初夜ではこのフシ後夜ではこのフシという区別になっているようなものは、同源異曲というよりむしろ同曲異式と見るべきでしょう。こうした異式曲のばあい、一方は装飾的なフシをたくさん付けて長々と唱えられ、一方は短いフシでリズミカルに唱えられるという例がよくあり、長音（じょうおん ちょういん）と短音（たんのん たんにん）、引声《いんぜい》と短声《たんぜい》などと両者を呼び分けたり、後者を切音《きりごえ》と呼んだりします。また、一方の曲は詞章を全部唱えるのに、他方の曲は詞章の一部分だけを唱えるという形の対立もありますが、これは広文《こうもん》と略文《りゃくもん》と呼び分ければいいと思います。

声明の詞章に梵文・漢文・和文があることは始めに述べましたが、漢文のばあい、一般的な呉音読みのほかに、漢音読み・唐音（とうおん とういん）読みのものがあります。供養文《くようもん》の「是諸衆等《ぜしョしユとう》、人各跏跪《にんかッこき》、厳持香華《ごんじこうけ》、如法供養《にョほうくよう》……」は、法華懺法《ほっけせんぼう》などの漢音読みでは「是諸衆等《しショしょうとう》、人各跏跪《じんかッこき》、厳持香華《げんちきョうか》、如法供養《じョはッくよう》……」となります。また、大懺悔《おおいさんげ》の「如是等一切世界諸仏世尊《にョぜとういッさいせかいしョぶッせそん》、常住在世是《ジョウじうざいせぜ》諸世尊《しョせそん》……」は、黄檗宗の拝懺《ばいさん》などの唐音読みでは、「如是等一切《じすてんいちエ》世界《すきャい》諸《ちエ》仏《ぶ》世尊《すつオん》、常住在世《ちャんちユざいす》是諸《すちエ》世尊《すつオん》……」となります。このような例はまだまだほかにも見られます。

声明曲は、宗派が違えば同曲でも当然曲節が違いますが、詞章にも細部に違いが見られることがあり、また発音が違っているばあいがありますから、勝手に類推すると間違いを起こすおそれがあります。四智梵語《しちぼんご》讃《さん》の第一句は、天台宗では「オン バ サラ サ タン バ」であり、真言宗では「オン バン ザ ラ サ ト バ」

で、この程度の相違は随所に見られますから、うっかりできません。

声明曲節の推移　声明の曲節は、時の流れとともに移り変わって行くものです。たとえば、譜本に五音の「角《かく》」の高さで示されている所を、実際には「徴《ち》」に唱えるというような例が、いたるところに出て来ます。これらをさして伝承が不完全だと考えるのは、正しい見方ではありません。そうした推移があるのは、むしろ寺《てら》事《ごと》が体現芸術として生き生きとした命を保っている証拠と言えるのです。なぜなら、日本の古典音楽で曲節の推移のない種目というのは、ひとつもないからです。もし声明だけが永久に不変だとしたら、むしろそのほうが不可思議なのです。何百年も前の記載と現在の演唱がすべて合致しているとしたら、近い過去のどこかの時点で、古い記載に合わせるための人為的な変更や統一が行われたのではないかと、疑われても仕方がなかろうと思われます。

　こうした勤めかたの推移は、法要の次第《しだい》や衣帯《えたい》や所《しょ》作《さ》など、寺事全般にわたって数多く見られます。密教では、真言系の野沢《やたく》十二流・三十六派とか、天台系の台密十三流とか、宗派の区別とは別に法要の勤めかたに多くの流派があり、極言すれば一師一派だとさえ言われます。それにもかかわらず、声明だけが不変でなければならない理由は、ひとつもないのです。

　寺事は、式衆と聴聞者の心が一つになって感動を高めることこそ重要なので、そこに法悦の世界が生まれるのです。その境地を目ざす気韻の高揚の結果、自然に声明の曲節に部分的な変化が起こり、それが次代に伝えられるうちにさらに別の変化が起こるということの積み重ねが、前記のような曲節の推移となって行くのです。むろん、練習の不足や出任せの態度から来た誤りは、非難されねばなりませんが、真剣な勤修精神の発露が生んだ曲節の変遷にまで、非難の目が向けられるとしたら、かえって声明伝承の将来を危うくするのではないでしょうか。声明の本質、寺事の本質という点から見て、わたくしにはそのように考えられます。

声明曲の曲数　最後に声明曲の現行曲数ですが、これはなかなか数え切れません。最近まで行われていなかった曲が復活したり、めったに行われない特殊な法要にしか用いない曲があったりしますし、一方当然あると思っていた曲がいつの間にか断絶したりする例もあって、すべてとらえることが困難なのです。むろん宗派によって曲数がはなはだしく違いますし、連続して唱える曲を一曲として数えるか数曲に分けて考えるかによっても、曲数が違って来ます。いまおよその目安として、いくつかの譜本で数を数えて見ますと、高野山真言宗の『南山進流声明集』（鈴木智弁編）に約一六〇曲、新義の真言宗豊山派の『豊山声明大全』（近畿良空編）に約八〇曲が収められています。天台宗の『魚山声明全集』と『法華懺法・例時作法』（ともに中山玄雄編）では、曲名のみ掲げて本文を省略したもの（約一五曲）を含めると、約九〇曲を数えることができます。『南山進流声明集』は、上掲の他の書にない講式や秘讃などをたくさん収載しているために曲数が多いのです。それでも講経や論義は含まれていませんから、総曲数となると、二〇〇曲前後になるのではないかと考えられます。

日本の仏教音楽

片岡義道

仏教音楽の起源　インドの初期仏教教団では、釈尊（西暦紀元前五六〇年頃〜四八〇年頃）の説いた言葉が、仏教音楽の在り方に決定的な影響を持っていた。これらの言葉は幾つもの経典に収められている。例えば僧の生活上の戒律をこと細かに書き記している律蔵の中では、音楽が人間の心を刺激するので僧たちの修行の邪魔になると述べられている。

しかし釈尊はその一方で、経文のうちの韻文体の詩型で書かれている伽陀《かだ》と呼ばれる部分に節《ふし》をつけて朗唱することは、これを認めている。今日ではこれら全ての伽陀が、僧たちによってもともと歌われていたものと考えられている。このように経典に旋律をつけて唱えるという形式を、仏教徒はおそらく仏教以前のバラモン教から受け継いだと考えられる。このような朗唱は唄《ばい》または梵唄《ぼんばい》と呼ばれたが、律蔵のひとつ十誦律の中では釈尊が、五つの理由を挙げて、この梵唄を奨めたと書かれている。その理由とは、第一に梵唄を唱えると身体が疲れない。第二に良い記憶力が保たれる。第三に精神が疲れない。第四に声を痛めない。第五に経典の文句がより理解し易くなるという。また多くの経典の中には、僧たちがどんなに美声を持っていたか、そして梵唄の名手としていかに高い評判を持っていたかなどのことが記されている。

大乗仏教の音楽　釈尊没後約五〇〇年ごろ、多くの部派に分かれていた仏教教団の中から一つの新しい思想が生まれてきた。それは悟りを得るためにただ欲望を抑えたり、現世を否定しようとはしなかった。この思想の流れは時が経つとともに大乗（大きな乗物）と呼ばれて中国圏に急速に広まり、やがて東アジアにおける最も勢力のある宗教となっていった。馬鳴《めみょう》（西暦一世紀）や龍樹《りゅうじゅ》（一五〇年頃—二五〇年頃）などはこの大乗仏教に理論的基盤を与えた人たちである。この乗物とは、それに乗ると我々人間はすぐに救いの彼岸へと到達できるとされる「空」と呼ばれるところの、いわばひとつの世界観なのである。この空観《くうがん》とは、全ての物事に対して一つの見方だけにこだわらない完全に自由な思惟方法であるとされており、それに到達するには、人間とは決して全てのことを知っている存在ではないのだということを明確に自覚することが前提となるのである。要するにこの空観によって、人間の全ての日常生活そのものが、そのままで涅槃《ねはん》の境地へと価値転換されうるものと考えられたのである。

　かつて釈尊によって僧侶の修行の妨げになるとして退けられた世俗音楽は、大乗仏教徒によっていまや有用な手段として奨められるようになった。たとえば『大樹緊那羅王所問経』の中では、音楽はそもそも涅槃《ねはん》に到達するための最もよき補助手段であるとされている。さらに、新しく僧侶となる者に対して、その師がこれを正統的な法の継承者と認めて行うところの、いわば洗礼式である密教儀式の灌頂会《かんじょうえ》では、音楽が最も重要な役割を演じた。そこではこの弟子が精神的にも感覚的にも恍惚状態となって法悦境に導かれるまで、始めから終りまでほとんど絶え間なく音楽が奏され、歌われ、踊られたのである。

中国における仏教音楽　中国人は仏教を受け入れるに際しては極めて自主的な態度で臨んだ。そこでは全経典とその注釈書とが国家から任命された経典解題編纂者たちの手で、中国語に翻訳された。その際に中国的なものの考え方によって、個々の表現の形式が書き変えられただけでなく、内容的にもかなり改変の手が加えられたのである。

　中国での仏教はこの国の伝統的な人生観や世界観と数世紀にわたって交渉し妥協することによって、九世紀の初めまでには中国の社会に完全に適応し、唐時代には朝廷の公的な支持を得て全盛期を迎えることとなった。しかし、八四五年、時の皇帝武宗の全く突然の禁制によって急速に衰滅してしまった。

インドで大乗仏教徒たちが創造した音楽観は、中国人の手によってその国の自然哲学思想と融合され、そこから音楽に関するある新しい形而上学的な考え方が生じた。この思想は、かのヨーロッパの人たちが中世に抱いていたムジカ・ムンダーナ（宇宙音楽）という考えとある種の共通した性格を持つものであった。

仏教の長年に亘る中国化の過程で、そこで演奏される仏教音楽の内容もまた本質的な変化を被った。仏教儀式で唱えられる歌詞は、そのほとんどが中国語に〔漢〕訳された。そしてそれらは、おそらく中国語の抑揚や節まわしでもって歌われたものと思われる。伽陀の中には、なるほど、もとのサンスクリット語の発音のままで残されたものがあるけれども、それでも、それらは漢字を使って表記されることとなった。

音楽理論に関していうと、当時の中国は、すでに楽音についての組織的な基礎理論を創造していて、その音響学的な厳密さにおいては、当時、他のいかなる音楽理論といえども、殆ど比較にならないほどであった。すなわち、たとえばD音から出発して上に向かって完全五度の協和音Aを求め、同様にして上方の倍音列A・E・B・F#・C#・G#を得たのである。さらにこれらの音を一オクターヴ内に置き換えると、下からD・E・F#・G#・A・B・C#・Dとなる。これが基本的な音列となり、そこから宮《きゅう》調・商《しょう》調・角《かく》調・徴《ち》調・羽《う》調という五つの旋法が設定された。またそれだけではなく、理論的には一オクターヴのうちに六〇もの異なった音が識別されていた。仏教音楽の全盛期には、このように高度に発達した理論がその基盤を成していたのであり、このような唐朝の儀式音楽を日本人は模範としたのであった。

日本における仏教音楽　仏教を受け入れるに当って、日本人は中国人に比べるとはるかに保守的な態度であった。仏教が六世紀中ごろにはじめて日本に伝わったとき、大和朝廷とそれをとりまく氏族たちの間には、急速にその信奉者となる者たちが現われた。日本国内においては、当時中央の支配がまだ全土に及んでいなかったので、その支配力をできるだけ早く行きわたらせる必要があった。そのために仏教の持つ強い影響力を役立たせようとしたのである。かくして仏教は政治と提携した。摂政であった聖徳太子（五七四―六二二）は、六〇四年にわが国最初の憲法を仏教の教義に基づき、これに中国固有の思想をも加味して作成した。また聖武天皇（七〇一～七五六）は七四一年に全国各地に国分寺と国分尼寺とを建立するよう布告した。これらの寺院は同時に各地方の文化センターとしても活動すべき任務を負わされていたのである。

　このように仏教を弘めるための非常に積極的な活動が幾世紀もの間、為政者の手によって行なわれたにもかかわらず、日本では経典を自国の言葉に訳そうとすることはほとんど行なわれなかった。日本人はそれどころか中国語に訳されたものをそのまま受け入れ、中国の儀式のやり方をできるだけ忠実に守ろうとした。わが国に仏教が伝わったごく初期では、勤行《ごんぎょう》は当然のことながら渡来の僧侶たちの手で執り行なわれていた。例えば六四〇年には宮廷において盛大な斎会《さいえ》が催されたが、その際には中国僧の恵隠《えおん》が中国語訳の無量寿経を講釈している。

　七世紀以来、多くの日本人が仏教を学ぶために中国へ渡り、そこで得たものを日本に請来した。七九四年、桓武天皇によって選ばれた新しい都の京都には真言宗と天台宗という二つの新しい宗派が大陸から伝えられた。中でも、空海（七七四～八三五）と円仁（七九四～八六四）の二人は唐朝の高度に発達した仏教儀礼とその音楽を深く研究し、これを日本にもたらした僧たちのうちで最も大きな影響を後世に与えた名手であった。こうして京都に仏教儀式の行われる新たなセンターが創設され、そこではそれ以来、それぞれの梵唄の伝統が今日まで絶えることなく相承されているのである。

　八九四年には、遣唐使だけでなくて学者や僧侶たちをも含めた公的な使節団を中国へ派遣することが停止された。かくて唐朝の国際的文化がわが国に対して永年に亘り輸入されることは公式には終りを遂げることとなった。同時に日本の政治形態も、古い官僚政治から、しだいに貴族藤原氏の独裁政治へと移っていった。またそれまで政治的な中央集権制の有用な手段として、朝廷によって支持され、振興されてきた仏教は、今や貴族たちの教養科目の一つに変様した。壮麗な金堂や塔を持った多くの寺院が天皇や豪族たちの手で建立され、その中で華麗な法要儀式が、芸術のパトロンたる貴族たちによって、定期的に執り行なわれたにもかかわらず、僧侶たちの中には、大衆の精神的救済に携わる者はほとんどなかった。したがって仏教はとっくの昔に一般民衆から離れてしまっていた。そういう状態の中で、しだいに教団の内部から精神的な改革運動が発生して来たのである。

講式の成立　日本に伝来された無数とも言える漢訳経典の中には、弥陀の光明界での永遠の生命を描写している一連の経典があった。このうち最も代表的なのは『無量寿経』である。この経典は、わが国ではいちばん早くから知られていたもののひとつであるにもかかわらず、十世紀の終りにいたるまで、政治を支配していた貴族たちによってほとんど顧られることがなかった。なぜなら、この経典が彼らの統治的活動にとって何の役にも立たなかったからである。

しかし、源信(九四二―一〇一七)が九八五年に画期的な『往生要集』を著わして、その中で、もし弥陀の慈悲深き本願を信じてそれに帰依するならば、何人といえどもこれを極楽浄土に摂取するという阿弥陀仏の誓願がいかに確かなものであるかを説いたときに、無学無知の民衆といえども、その帰依の心によって例外なく現世の苦悩から救われることができるということが、ここについに明らかにされたのである。このような宗教的信念を実行に移すために、源信は『往生要集』の根本精神を簡略化し、それでもって全く日本的なひとつの新しい儀式を創始しようとした。後に「講式」と呼ばれる日本固有の法要儀式はこのようにして成立し、貴族の間だけではなく民衆の中にも急速に広まって行った。間もなく種々の講式が源信の模範にならって書かれ、時とともにそれらに節づけがなされ、これを民衆の前で朗誦することが流行することとなった。このふしにはいくつかの定まった旋律型が使われていて、それらの旋律型はすべての講式に共通しているもので、後に講式節と呼ばれるようになった。

仏教革新と新しい音楽　一一五〇年から一三〇〇年までの時期は日本の歴史の中で最も変動の激しい時代であった。一一六七年には武士階級の間から登場してきた平家一門が、それまでの貴族藤原氏の支配に取って代った。この平家はつぎには源頼朝（一一四七―一一九九)との戦いに敗れて、一一八五年に滅亡した。頼朝は一一八四年に京都から遠く隔った地方都市鎌倉に新しい行政府である幕府を開いた。それによってほぼ七〇〇年という長期に亘る日本の武家支配が始まったのである。同時に大乗仏教の内的改革が多くの良心的な僧侶によって遂行された。源空(一一三三―一二一二)や親鸞(一一七三―一二六二)は、なかでも改革運動のきわだった指導者であった。彼らは源信の範に従って阿弥陀仏の本願を無知なる民衆の間に布教することに努力した。彼らの没後、信仰を同じくする者の集団が形成せられ、それらはついに新しい宗派(浄土宗・浄土真宗)へと発展したのである。

音楽もまたこの時代に本質的な変化を被った。ほとんどすべての分野の音楽や芸能に亘って、わが国固有のものと外来のものとが、相互に交流し合った。このような状況の中で仏教儀式の音楽も世俗音楽との活発な交流を通じて共通の音楽理論によって改変され、体系化されて行った。その音楽理論とは、世俗音楽の各種のもの、特に雅楽にも同様にあてはめることができたのである。一二三三年、湛智《たんち》(一一六三―一二三五頃)は、その著『声明用心集』の中で音系列・調性・旋法・リズム型・旋律型・記譜法、さらには変音《へんのん》(転調)までも簡潔に要約した形で論じている。声明という語はサンスクリット語のśabda-vidyāの中国語訳である。この語は本来、インドのバラモン僧が修得すべき音韻学を意味していた。湛智はこの語を他の意味すなわち仏教讃歌という意味に用いた。それ以来声明とは仏教の儀式音楽、すなわち男声によって唱えられる単声、無伴奏(ときには特定の打楽器が加わる)の歌の意味に理解されている。

平曲と宴曲　このような音楽の広範囲に亘る変革によって、わが国の声明はその発達の頂点に達した。声楽の全ての流れは声明の中に包摂され、また再びそこから流れ出た。講式のレシタティヴ風の歌い方は今や仏教儀式とは何ら関係のない種々のテキストにも用いられるようになった。たとえば、平家一門の悲劇的運命を感動的に描き出した叙事詩的小説『平家物語』は、盲僧たちによって琵琶の伴奏で歌われ、民衆によって熱狂的に迎え入れられた。のちに平曲《へいきょく》と呼ばれる声楽曲はこうして成立し、今日まで伝承されてきているのである。
また一二〇〇年ごろには、天皇家や宮廷貴族・武士階級・教養ある僧侶たちの間では、四季や仏教・風景・酒・恋愛などといったようなきわめて多岐にわたる主題についての比較的に長い歌を美文調で創作し、それを同席者の前で歌うことが流行した。これらの歌は宴《えん》曲《きょく》（早歌《そうが》）と呼ばれ、上流階級の人たちの間で、ほぼ二〇〇年間も人気を受けつづけた。しかし、天才的巨匠世阿弥（一三六三―一四四三）の手によって、もともと滑稽な身振り狂言を伴う素朴な民間劇であった「能」が、洗練された高尚な音楽劇に仕立て上げられるにおよんで、宴曲は知識階級による保護を徐々に失い始め、遂にはまったく忘れ去られてしまって、そののち五〇〇年にわたり忘却の彼方にあった。この社交的歌曲を再び蘇生させようという試みが最近になって始めて行なわれた。幸いにも楽譜のついた約一六〇曲の宴曲が遺されていた。一九七七年、五曲の宴曲がはじめて私を含む数人の研究者の手によって音楽的に復元され、東京国立劇場で演奏された。この復元作業によって、宴曲の音楽的構造が、もっぱら講式節を土台としていることが明らかとなった。このような宴曲から能への変化は、ヨーロッパにおけるマドリガルが、一六〇〇年ごろを境としてしだいにオペラへと移り変って行った過程と似ているのである。

能楽　一五〇〇年ごろ、宴曲に替ってついに能が上流社会の支持を引き継ぐことが決定的となった。世阿弥は庶民的な演劇であった猿楽を教養ある人々の好みに合った舞台芸術の能楽にしたのである。そのために彼は自ら台本を書き、それに節付けをなし、様式化された能面をつけて演じさせた。能に関するその主著『風姿花伝』の中で彼は、この芸術の意味するところの本質を、「花」という美学的な理念の上に定義しようとした。この弁証法的な考え方が大乗仏教の空観に基づいていたことは明らかなところである。能の声楽部分である「謡《うたい》」の構造についていえば、それはもっぱら講式節に基づいていた。謡の旋律は朗誦される旋律型（とり分け終止型）を講式から引き継いだ。またそれらの旋律型はその際に、能の象徴的な様式に応じて部分的に修正された。ただし、能の謡い手は自分の好みの音高で歌い始めても良かったので、定った音高による調性が失われてしまった。このようにして当時、新しく発生したほとんどの分野の声楽曲は、多かれ少なかれ声明に依存していたのである。

一四〇〇年ごろに、日本音楽の最初の全盛期がしだいに終りを告げると、声明もまたさらに発展することがなくなってしまった。天台宗や真言宗の多くの著名な大声明家たちが、彼らの伝承を守り、次代に伝えるべく忠実に努力したにもかかわらず、あらゆる面で多くの価値ある曲が失われて行った。鎌倉時代に成立した仏教の新しい諸宗派は、それまでの芸術的パトロンたちともはや無関係の状態にあった。豪華な荘厳をしつらえ、高度に洗練された儀式を持つことをそれらはもはや必要としなかったのである。したがって、これらの諸宗派では、儀式の種類や数はますます少なくなっていった。

歌舞伎　江戸時代（一六〇三―一八六七）の声明家たちの使命は、自らの伝承を正しく保ちつづけることであったと思われる。この期に現われた多くの声明に関する著書を見ると、彼らが自分たちの唱えている声明のさまざまな問題点を解明しようとしていたことがわかる。なぜなら、それまでの声明に関する音楽理論と、この期の声明の実体との間には、すでに大きな隔りが生じてきており、各宗派の声明家のうちには、拍子や変音（転調）ということも、彼らが実際に唱えている声明曲の中で確めることがもはやできなくなっていた人たちが少なくなかったからである。

この時期の世俗音楽は新しく輸入された三味線に触発されて、第二の最盛期を迎えていた。三味線の劇的な表現力は、他の全ての伝統的な楽器をはるかにしのいでいたので、すでに一六世紀の中ごろには琵琶の代りに物語り的歌謡の伴奏楽器として、最も好まれるようになっていた。江戸時代の初めには、三味線を伴奏楽器とした歌は、民衆的な人形劇と提携して浄瑠璃を成立させた。この浄瑠璃は京都と並んで江戸でも大衆の中に急速に広まった。これが壮麗な舞台芸術「歌舞伎」の始まりであり、この歌舞伎こそとりもなおさず日本音楽の第二の最盛期そのものであったのである。

いっぽう声明はと言うと、一六世紀にいたるまでは、雅楽とともにまだなんとか日本音楽の展開にかかわって来たけれども、今やまったくその影響力を失ってしまった。そしてその後は孤独の道を歩み、しだいに音楽史の展開の舞台から沈下してしまったのである。

現代の声明　わが国におけるすべての声明流派は、今日ではその最盛期を過ぎてしまって、いずれもその発展は下降線を辿っていると言える。なるほど声明はいまでも各宗派の全ての寺院で毎日のように唱えられてはいるが、それらのほとんどは例外なしにかっての栄光の時代の声明に見られたようなすぐれた特質を具備してはいないのである。また諸宗派の声明の現状を比較してみると、伝統に忠実であろうとする姿勢において、その法要儀式が一般社会の中において当然のことながら持つべき道義的責任を自覚しているかという点において、さらには儀式的にも音楽的にも予め周到な準備と練習とが行われているかなどという点において、じつにさまざまな違いがあるということが明らかとなる。このような各宗派間の大きな隔りは、そのまに声明を唱えている各個人の僧たちの間にも認められる。たまたま今回の各宗各派を網羅した声明レコードの画期的な企画が実現するにあたり、はしなくもこのことが明らかとなったのである。その個々の相違については、このレコード集を丹念に聴き比べられる識者のおのずから認識されるところであろう。

法要の形式と内容

佐藤道子

現在、わが国の仏教教団の宗派数は一七〇ほどもあります。そのいずれもが、それぞれの理念に基づいて宗教活動を行っているわけです。

宗教活動を行うにあたって、教理と儀礼とは車の両輪のように欠かすことのできないものとされています。これは、仏教に限らずすべての宗教に共通のことですが、一般に仏教的な儀礼のことを法会《ほうえ》とか法要《ほうよう》と称しています。ここでは、先の「寺院の典礼音楽」に述べられた法会・法要の概念に則り、ある目的で行われる寺事《てらごと》を総括的に指す場合を法会と呼び、また、法会で僧侶が勤修する、定まった次第の儀式を指す場合を法要と呼ぶことにいたします。そしてここでは、法要の組み立て方や会場《えじょう》のかたちなどによって表現されるさまざまな内容を、時の流れを考慮しながら、いくつかの具体例を挙げてたどってみようと思います。

一　宗派と法要

仏教がわが国に公に伝えられたのは六世紀の半ばとされていますが、法要と呼ぶべき形式を備えた儀礼が、その当時に伝えられたか否かはわかりません。しかし日本書紀崇峻元年三月の条に「戒むことを受くる法を問ふ」という記述も見られますから、仏教公伝以降のかなり早い時期に、戒律に関する作法のような基本的なことがらに関しては、拠りどころとすべきなんらかの儀礼形式も伝えられたであろうと考えられます。しかし八世紀末、奈良時代の末までの仏事の大半は、僧侶に斎食《さいじき》を施す設斎《せっさい》と、経典を講じ論ずる講経会《こうきょうえ》の記録で占められ、その他の記録としては除災与楽を祈願する悔過会《けかえ》・読経会《どきょうえ》、僧尼の修身のための安居《あんご》・布薩《ふさつ》などが挙げられる程度です。これらの中、設斎・安居・布薩は、供養や修身のために斎食を設け読経したり経典を講じたりする内容だったようですから、とりたてて言うべき固有の法要形式はなかったと思われます。ですから、この時期までは、多目的に勤修される論義法要が軸となり、悔過法要・読経法要などが目的に応じて勤修される程度で、法要の種類や形式がそれほど多彩であったとは考えられません。また八世紀半ばまでに伝来し、奈良の大寺院を拠点に活躍した南都六宗と呼ばれる各宗は、宗門というより学問的な系列の違いとして認識されていたようですから、現在のように、宗派によって法要形式を異にするということもなかったようです。天平勝宝四年（七五二）の東大寺大仏開眼《かいげん》供養会《くようえ》が、一万人を超える僧侶を集めて、いわゆる万《まん》僧供養《ぞうくよう》を行い得たのも、このような背景があってのことと考えられます。

さて、わが国で宗団としての宗派が確立したのは九世紀初頭のことです。まず最澄による天台宗が、次いで空海による真言宗が成立します。以後、平安時代を通じて、この二宗がわが国宗教界の声望を競うことになります。平安時代初期の入唐留学僧の求法精神は熾烈とも言えるもので、日本天台宗・日本真言宗の確立はその一つの現れですが、自らの血とし肉とした思想教義と共に、新しい法要形式も導入されましたし、空海や円仁のように、自分で法要の次第を制作する人も出現して、法要の種類も一挙に多様さを加えます。ことに、この時期に伝えられた正系の密教の、目にも耳にもきらびやかな法要は、奈良時代までの法要とは趣を異にする特色をもっています。もちろん、奈良時代に盛行した法要形式は、引続いて南都の諸宗で用いられていたわけですし、その多くは天台・真言両宗にも引継がれました。

法華三昧《ほっけざんまい》・常行三昧《じょうぎょうざんまい》・御影供《みえく》・曼荼羅供《まんだらく》・理趣三昧《りしゅざんまい》などがこの時代の代表的な法要の一例です。ここに挙げた法要のうち、法華三昧と常行三昧は天台宗の、理趣三昧は真言宗の法要ですが、御影供と曼荼羅供は天台・真言両宗で勤修されます。しかし、御影供にしても曼荼羅供にしても、法要の名称は同じでありながら、その内容が天台宗と真言宗では異なることに注意しなければなりません。

たとえば御影供法要の場合、供養すべき師の御影画像を掲げてその偉業を偲び讃えるための法要という意味では共通していますが、真言宗で供養すべき対象とするのは弘法大師空海ただ一人ですのに、天台宗では天台大師智顗《ちぎ》・伝教大師最澄・慈覚大師円仁・智証大師円珍の四人のための供養法要とします。法要の形も、天台宗の場合は、供養すべき師への弔詞（祭文《さいもん》）と讃嘆の声明（画讃《がさん》）を中心に据え、その前後に梵・漢・和とりどりの声明を配して追慕讃嘆します。個々の人柄や足跡をたどる［祭文］や［画讃］の唱句がその人ごとに異なりますから、法要の次第は同じでも、決して画一的ではないわけです。天台宗にとって甲乙つけがたく重要な存在である四人の先師を、平等に丁重に供養しようという姿勢を、ここにはっきりと見ることができます。

これに対して真言宗の場合、法要の形は、理趣経法《りしゅきょうほう》という修法を導師が修し、これと同時進行の形で御影《みえ》供導師《くどうし》が唱えごとを、職衆《しきしゅう》が理趣経を読誦する。これを軸として、供物を献じたり［唄《ばい》］［散華《さんげ》］などの声明を唱誦するという、盛大なかたちをとります。その上この法要には、正式・略式幾通りかの勤修のしかたがあります。真言宗にとって、特に傑出した存在である空海を供養するために、空海が請来し、真言宗で特に尊重する理趣経を以てする。またその方法を幾通りにも変化させて手を尽す。この姿勢は、先に述べた天台宗の場合とはいささか異なります。天台・真言両宗の確立過程の相違が法要形式を通してうかがわれる一つの例なのです。このように、法要形式の一つを取上げても、それぞれに異なる背景を反映していますから、同一名称の法要でも、同一形式・同一内容とは限りませんし、法要の形式や内容からその背景となる時代相や宗派の在り方を追求することもできるわけです。

平安時代以降、仏教は外来の宗教の域を脱し日本の宗教として定着します。その過程で、また、定着した思想がさらに展開してゆく過程で、それぞれの理念や主張を表現するにふさわしい法要形式が求められたのは当然のことでしょう。新しい宗派が誕生し、あるいは別派が分立するという状況は、必然的に新しい法要形式をも誕生させることになったのです。

十二世紀末から十三世紀にかけて、融通念仏宗・浄土宗・臨済宗・浄土真宗・曹洞宗・日蓮宗・時宗など、いわゆる鎌倉新仏教と称される諸宗が成立し伝来して、日本仏教の流れが大きく転換しました。律・華厳・密教・法華・浄土・禅など、さまざまな思想の流れが、宗派という形で確立したわけです。この事実が儀礼形式に反映しないわけはありません。曹洞宗を開いた道元や時宗を開いた一遍のように、宗派を名乗ることを意図しなかった宗祖もあり、融通念仏宗の良忍、浄土宗の法然、浄土真宗の親鸞などの宗祖は、形式を整えるより、平易簡明に念仏の功徳を説き広める生涯でしたから、それぞれの宗派の法要形式の種々が確定するまでの経緯はまちまちです。ここでその経緯や個々の法要形式の特色を挙げることはいたしませんが、現世の利益を捨てて阿弥陀如来に帰依し、極楽往生を願うという浄土思想からは、念仏を主体とする法要形式の種々が生まれましたし、あくまで精神統一によってさとりの境地を体得しようとする禅の思想によって、坐禅や布薩・懺法など、実践修行的な法要が重んじられました。仏教の日本的展開という大きな流れの中からは、講式《こうしき》と称される和文の声明曲を軸に組み立てられた法要形式も作られ、盛行を見ました。このような経緯を経た後、江戸時代初期の黄檗宗の伝来を最後に、徳川幕府による鎖国と諸形式の固定化の時代を迎えて、仏教の思想や儀礼の新たな展開も影をひそめ、旧習を守り伝える姿勢がうち出され、継承され来って現在の仏教教団に連なっているのです。

二　法会と法要

法会は、祝いごとか願いごとなど、かならずしかるべき目的をもって開催されます。その目的は種々さまざまですが、おおよそ分類すると次のような項目が挙げられます。懺悔《ざんげ》、祈願《きがん》、慶讃《けいさん》、供養《くよう》、修善《しゅぜん》、論義《ろんぎ》・説法《せっぽう》、伝戒《でんかい》・伝法《でんぽう》、実践修行《じっせんしゅぎょう》、その他、です。たとえば堂塔を建立すれば慶讃の法会が催され、祖師の命日には供養の法会が催され、修学・修行の功を積んだ僧侶のために伝法の法会が催されるという類です。そして、これらの目的を表明し達成すべく勤修されるのが法要なのです。ですから、法要は法会に欠かすことのできぬものであり、法会を開催するにあたって、法要は最も重視されることになります。

また、法会を開催するとひとくちに言っても、非常に盛大なものから簡素なものまで、これもさまざまであり、毎月開催されるもの、一年に一回、また数年に一回というものもあり、臨時の法会もある、という具合です。月ごとに催される法会としては、その寺院や宗派の開山・開祖などの忌日法会が多く、年ごとに催されるものには、開山・開祖の祥月命日、春秋の彼岸やお盆、正月・十二月など年の節目の祈願等がありま す。また、何年か何十年かに一回というものには、僧侶の資格認定の法会や高僧の遠忌などがあり、臨時に催されるものには、晋山、仏像開眼、堂塔の落慶などがあります。月例の法会は小規模で、一日で終了するのが通例ですが、年ごとの法会の特殊なものとか、何年かに一回、または臨時の法会は概して大規模で、一週間・二週間にわたる大がかりな場合もあります。

以上のように法会の規模や軽重がさまざまですから、当然、これに対応して法要の規模や軽重にも考慮が払われ、さまざまな勤修のかたちが生まれます。一つの法会に数種類の法要が勤修される場合もあれば、一つの法要を正式な形で勤修したり略式に勤修したりする表現法もあるわけですが、このことに関しては、すでに「寺院の典礼音楽」の稿に適切に述べられていますし、後に実例を挙げますから、ここでは具体例を省きます。ただ、どのように大がかりな法会で数多くの法要を勤修する場合でも、どのように簡素な法会で簡略な法要を勤修する場合でも、その法要は、必ず法会の趣旨にふさわしいものでなければなりません。

法会の趣旨にふさわしい法要ということは、法会の目的を適確に表明し得る内容を備えた法要ということになります。そこで、ここでは、法会の目的と、その目的を表明し達成する手段としての法要とのかかわり方を、幾つかの具体例に即して眺めてみようと思います。

通仏教的な法会の場合　法会には通仏教的なものもあり、宗派ごと寺院ごとに固有のものもあり、また幾つかの宗派に共通するものもあります。仏生会《ぶっしょうえ》・涅槃会《ねはんえ》、彼岸会《ひがんえ》・盂蘭盆会《うらぼんえ》、修正会《しゅしょうえ》・修二会《しゅにえ》などは通仏教的な法会ですが、たとえば仏生会は釈尊の生誕を祝いその徳を讃えて記念し、また盂蘭盆会は祖先に供物を供えて冥福を祈り、修正会は年の初めに祈願をこめるというように、宗派にかかわらぬ共通の目的と開催時期とがあります。しかし、このような場合でも、通宗派的な特定の法要が勤修されるとはかぎりません。宗派ごとの主張や寺院ごとの事情によって選択された法要が、それぞれに勤修されます。例を修正会にとってみますと、〈悔過法要《けかほうよう》〉を勤修するところもあれば〈大般《だいはん》若転読法要《にゃてんどくほうよう》〉を勤修するところもあり、また〈護摩供《ごまく》法要《ほうよう》〉を勤修するところもある、という具合です。〈悔過法要〉は、本尊の前で懺悔礼拝して人間の罪や咎の許しを請い、その後、来る年の平安豊穣を祈るという内容の法要で、南都諸宗の多くの寺院で勤修しますし、天台宗でも、また数は多くありませんが真言宗の寺院でも勤修するところがあります。〈大般若転読法要〉は、護国・除災の経典と称される大般若波羅蜜多経を転読する内容の法要で、天台宗、真言宗、曹洞宗・臨済宗・黄檗宗など禅系の各宗でも勤修いたします。〈護摩供法要〉は、護摩を焚いて人々の息災増益を祈願する内容の、密教修法を軸とする法要ですから、真言・天台両宗の寺院で勤修されます。これらは、修正会に勤修される法要の代表的な事例ですが、このほかにも、浄土宗では玉体安穏・万民豊楽を祈願する［宣疏《せんそ》］と［護《ご》念経《ねんきょう》］を軸にした法要を、浄土真宗では観無量寿経の読経や［正信偈《しょうしんげ》］と［念仏］を軸にした法要が勤修されております。このように、通宗派的な法会であっても、通宗派的な法要形式が用いられるわけではありませんし、同一の宗派の同一法会でも、法要形式は必ずしも一定しておりません。言い替えれば、一つの法会の目的を表現するための手段は幾通りもあるということです。表現形式としての〈悔過法要〉は懺悔の礼拝行であり、〈大般若転読法要〉は経典の読誦であり、〈護摩供法要〉は護摩を焚く修法であって、次第形式は互いに全く異なります。しかしそのいずれもが、新しい年を迎えるに際して、年穀の実りや人々の無事息災を願う心を、直截に表現しています。どの表現形式を用いるかは、所属宗派の根本理念、各寺院の歴史と現状などの条件が働いて決定されることになるわけです。

宗派ごとに固有の法会の場合　一方、宗派ごとに固有の法会の場合には、それぞれの宗派の特色を示す法要が勤修される例が多くなります。前節で挙げた天台宗と真言宗の御影供で勤修する〈御影供法要〉や、浄土宗の御忌会《ぎょきえ》で勤修する〈御忌法要《ぎょきほうよう》〉、浄土真宗各派の報恩《ほうおん》講《こう》で勤修する各種の法要など、それぞれの宗祖への謝恩供養会での法要がその最たるものです。〈御影供法要〉の特色については先に述べましたが、〈御忌法要〉の場合は法然上人への嘆徳の文を中心に据え、前後に仏説阿弥陀経の読誦や念仏行道を行います。浄土真宗の場合は、本願寺派・大谷派・高田派・仏光寺派など、分派して十派を超えますが、それぞれに正信偈や報恩講式など、親鸞聖人の教えの詞や聖人讃嘆の詞を中心に据え、念仏を唱えます。いずれも浄土系の宗派らしい特色が明確です。宗派ごとに固有の法会というのは、概してその宗派にとって特別に意義深い法会ですから、法要の組み立て方にも、それぞれの宗派の理念に基づいた独自性を表出する意図が働くのは当然と言えましょう。

ここで視座を法要に置き替えてみることにいたします。

法要には、特定の目的にのみ勤修される法要と、多目的に勤修される法要とがあります。また、右の二通りのそれぞれにも、特定宗派でのみ勤修される法要と、幾つかの宗派にわたって勤修される法要とがあります。それは、法要が、その形式によって限定的な趣旨を表現するものと、多角的な趣旨に適うものとがあるからです。以下は、この四通りそれぞれの具体例です。

特定目的・特定宗派の法要　特定の目的で特定の宗派に限って勤修される法要としては、いま挙げた各宗ごとの祖師供養会の法要が代表的な事例です。この区分に属する法要は、法要自体の目的表出が明確であり、かつその表現形式にもそれぞれの宗派の独自性が見られるのは先に記した通りです。

特定目的・多宗派の法要　次に、特定の目的で幾つかの宗派にわたって勤修される法要の代表的な例としては、先に挙げた〈悔過法要〉があります。南都の諸宗をはじめ、天台宗・真言宗でも用いられることは先にも記しましたが、この法要の勤修目的が〝迎春の祈願〟にありますので、どの宗派でも修正《しゅしょう》(月)会《え》・修二《しゅに》(月)会《え》と称する法会でしか勤修しませんし、勤修の時期も当然春先に限られます。

これに対して、同じように特定の目的で多くの宗派の法会に勤修される法要ではありますが、法会の名称も勤修の時期も個々別々で、一見して同じ法要を勤修する法会とは思えぬ場合があります。華厳宗では方広《ほご》会《え》、法相宗や聖徳宗では慈恩会《じおんね》、天台宗では法華大会《ほっけだいえ》、高野山真言宗では山王院竪精《さんのういんりっせい》、真言宗豊山派では伝法《でんぼう》大会《だいえ》などと称する法会で勤修される〈竪義論義法要《りゅうぎろんぎほうよう》〉がその代表的な事例です。

この法要の目的は、僧侶の学識力量のほどを判定することにあり、竪者《りっしゃ》と呼ばれる受験僧が、何人かの問《もん》者《じゃ》と呼ばれる先輩僧と、特定の論題について論義を重ね、研鑽の成果の如何について判者《はんじゃ》の判定を仰ぐ、という内容のものです。この場合は、法要の形式は共通でも、それを勤修する法会の成立事情や変遷のし方は宗派ごとに異なりますから、法会の名称も勤修時期も個々に異なる結果になるわけです。

多目的・特定宗派の法要　第三に、特定の宗派でのみ、多目的に勤修される法要として、これも先に記した真言宗の〈理趣三昧法要〉、真言宗・天台宗それぞれの〈曼荼羅供法要〉などが挙げられます。どちらも、種々の慶讃・供養・祈願など、さまざまな目的の法会に多用されます。ですから、ある意味ではその宗派を代表する法要形式とみることができるのですが、さまざまな目的で勤修される、ということは、その法要が限定的な内容を持たぬことを意味します。ここに掲げた法要を例にとれば、〈理趣三昧法要〉は、真言宗で常日頃最も重んずる理趣経を、声を揃え節をつけて読誦行道し、経典の教えを心に銘記しようというものですから、慶びごと・偲びごと・願いごとなど、いずれにもふさわしい法要であり、真言宗を代表する法要であり得るわけです。また〈曼荼羅供法要〉は、曼荼羅つまり仏世界を讃嘆供養する法要ですから、これまた当然多目的に用いられるわけですし、密教的世界の象徴としての曼荼羅を供養する法要は、まさに密教系の宗派を代表する法要と言えるわけです。ですから、この区分に属する法要は、種々の法会の眼目の法要として据えられますし、幾日にもわたる大法会には、必ず他の法要と併用して勤修されます。

多目的・多宗派の法要　最後に、多くの宗派にわたり、しかも多目的に勤修される法要としては〈講経論義法要《こうきようろんぎほうよう》〉〈四箇法要《しかほうよう》〉などが挙げられます。顕教系の法要としては、ほとんどあらゆる目的の法会にふさわしい普遍性が特色です。〈講経論義法要〉は、講師《こうじ》と呼ばれる師僧が経典の内容・意義を講じ、それに対して問者《もんじや》と呼ばれる弟子僧が疑義を呈し、問答往復の形で疑義を説き明かしてゆく形をとります。経典の講義は、仏教の受容理解のための第一歩であり、かついつの時代にも必要とすることです。また〈四箇法要〉は、［唄《ばい》］［散華《さんげ》］［梵音《ぼんのん》］［錫杖《しやくじよう》］という四曲の声明を軸に組立てて、本尊を讃嘆し、三宝を供養し、眷属諸神に法楽を捧げるという内容の法要で、法要自体が限定的な目的内容を表出しませんから、宗派を特定せずに用いることができます。ですから、この法要の末尾に、ある目的を表明する部分を付加すれば、特定の目的を表明することができるわけです。このような普遍性が、〈四箇法要〉を多くの宗派のさまざまな目的の法会に通用するものとした、とも考えられます。翻って、これらの法要が、わが国で宗団としての宗派が確立する以前に完成し盛行していたことを考えれば、宗派の独自性を主張しない法要形式ゆえに、多くの宗派で多目的に勤修され得るのだとも言えるようです。

三　法要の形式と内容

前節に述べたような法要の内容表現の相違は、ひとえに法要の組み立て方によって生まれます。そしてその組み立ての基本となるのが声明です。

声明の種類や唱法などについては、すでに「寺院の典礼音楽」に述べられていますが、梵文・漢文・和文のいずれを用いても、また韻文・散文などのような形をとっても、唱句によって、曲ごとに種々の意味が表現されます。たとえば礼拝《らいはい》・荘厳《しようごん》・讃嘆《さんだん》・称名《しようみよう》・懺悔《ざんげ》・祈願《きがん》・啓白《けいはく》・論義《ろんぎ》・教導《きようどう》・法楽《ほうらく》・回向《えこう》などがそれです。ですから、曲の選択と配列によって、特定の趣旨を表現する法要形式を作ることが当然可能となります。

この基本的な表現法に加えて、礼拝や行道などの所作や楽器が加わったり、修法を行ったりすることで、より明確な表現が可能となりますし、会場《えじょう》の荘厳や法具の用い方などもそれを助けます。具体例を挙げれば、礼拝にも坐礼《ざらい》・立礼《りゅうらい》・胡跪礼《こきらい》・長跪礼《ちょうきらい》・蹲踞礼《そんこらい》・起居《ききょ》礼《らい》・五体投地礼《ごたいとうちらい》など軽重の種々があり、行道にも散華《さんげ》行道《ぎょうどう》・念仏行道《ねんぶつぎょうどう》・読経行道《どきょうぎょうどう》・誦呪行道《じゅじゅぎょうどう》・結界行道《けっかいぎょうどう》など、意味合いを異にする諸種の行道があり、呪法にも密教修法の種々もあれば、神道的・修験的な呪法もあります。楽器にしても、鈴《れい》・貝《かい》・錫杖《しゃくじょう》・鐃《にょう》・鈸《はち》・磬《けい》・磬《きん》・木魚《もくぎょ》・柝《たく》・双盤《そうばん》・太鼓《たいこ》などが、いろいろの用途に用いられます。会場の荘厳や法具の用い方も、顕教的な法要と密教的法要とでは異なりますし、悔過法要、祖師供養や曼荼羅供養、論義の法要など、それぞれに特色のあるかたちをとります。

法要の種々は、このようにさまざまな要素を付加して組み立てられますから、表現の幅も多岐にわたり、数多くの法要形式が存在することになります。

表Aとして掲げるのは、各宗の「大般若転読法要」の勤修形式の幾つかです。この法要は、第二節にも記しましたように、天台・真言・禅系の各宗派にわたって勤修される法要です。転読の初例は文武天皇大宝三年（七〇三）と言われ、わが国で最も古い伝統をもつ法要の一つと言えますし、いつの時代にも重んじられた法要です。その背景を反映して法要形式も宗派ごとにアレンジされ、また宗派によっては更に幾通りかの勤修形式に分かれたりしていて、一様ではありません。これらの異同を対照することで、法要の組み立て方の意図、基本的な共通性、宗派による特殊性などを考えてみようと思います。

38頁に掲げた「法要の組み立て」をご覧いただくと、導入部から終結部まで、法要の目的表現は実に明快ですし、過不足なく整った形式を備えていることが、直ちにおわかりだと思います。法要の形式だけを見ると難解だと思われがちですが、一つ一つを分析してゆくと、理に適った組み立て方から、その表現しようとする内容を汲み取ることができるものです。

表A—(2)は、(1)と同じ天台宗の法要形式です。一見してわかるように、基本的な要素は(1)と変りませんが、

表A　大般若転読法要　△印は省略することもある項、**ゴシック**は(1)の形式と共通する項、・印は(2)の形式と共通する項。

	進入部	勤修部					
		導入部	展開部	主部	後置部	別修部	終結部
(1) 天台宗(a)		**三礼文** **如来唄**	**神分** **表白** **発願** **五大願**	**転読大般若経**	△**結願作法**（細目略）		**心経** **本尊真言** **十六善神名号** **回向**
(2) 同(b)	列讃 着座讃	・唄（始段唄） ・散華（中段釈迦） ・対揚 諸天讃	**神分** **表白** **発願** **五大願**	**転読大般若経** ・理趣分転読作法（細目略）	**結願作法**（細目略）		諸天讃 **心経** **本尊真言** **十六善神名号** 総願 **総回向**
(3) 真言宗智山派(a)		**三礼文** **如来唄**	**発願** **四弘誓願**	**転読大般若経**	**結願作法**（細目略）		**心経** **般若菩薩呪** **十六善神名号** 土地鎮守神等名 一字金輪呪 **回向**
(4) 同(b)		・唄（始段唄） ・散華（中段釈迦） ・対揚	**発願** **四弘誓願**	**転読大般若経** 導師供養法（心経法、釈迦法等　細目略）	**結願作法**（細目略）		**心経** 般若菩薩呪 **十六善神名号** 土地鎮守神等名 一字金輪呪 **回向**
(5) 曹洞宗		献供 ・浄道場	△**宣疎** **心経**	**転読大般若経** ・理趣分読誦	大悲呪 観音経（または金剛経） 消災呪等		**回向**
(6) 臨済宗		献供	**心経**	**転読大般若経** ・理趣分読誦	観音経 大悲呪 消災呪	献供 尊勝陀羅尼 消災呪	**回向**

法要の組み立て　表A(1)　天台宗(a)の法要形式の内容を略述すると次のようになります

- 勤修部
  - 導入部
    - **三礼文**……仏法僧の三宝に帰依する心を以て本尊に礼拝する
    - **如来唄**……比類なく美わしい如来を讃美しつつ会場を鎮める
  - 展開部
    - **神　分**……仏法守護の諸神を会場に呼び迎える
    - **表　白**……法会勤修の趣旨を申し述べる
    - **発　願**……法会勤修に際しての願意を申し述べる
    - **五大願**……上求下化の総願をとなえる
  - 主　部
    - **転読大般若経**……大般若経六百巻を転読してその教えを確認する
  - 後置部
    - **結願作法**……転読作法の欠けた部分を補い、経の意義を確認する
  - 終結部
    - **心　経**……会場に来臨した諸神に法楽の読経を捧げる
    - **本尊真言**……願意成就を改めて本尊に祈念する
    - **十六善神名号**……大般若守護の十六善神に祈念する
    - **回　向**……法会の功徳があまねく一切に巡り及ぶことを願う

構成要素が増えて規模が大きくなっています。拡大部分の主眼は理趣分転読作法にあり、大般若経六百巻の第五百七十八巻に当る般若理趣経を特に取出して転読することで、六百巻というぼう大な経典の肝要を銘記する意味で加えられたと考えられます。法要の主要部分に、このように意義ある要素が加えられたことで、前後に、会場進入の所作に伴う讃歌（列讃《れっさん》・着座讃《ちゃくざさん》）や会場荘厳（散華《さんげ》）や諸尊讃嘆（対揚《たいよう》・諸天讃《しょてんざん》）を添えてバランスを取り、均衡のとれた形式としたのが(2)の形式です。法要は、勤修する精神の発露であると共

に、あくまで儀礼ですから、形式の整斉を意図するのは当然ですし、表A—(1)と(2)の形式にも、以上の意図は明確に表現されています。なお、(2)の形式に加えられた［列讃］［着座讃］［諸天讃］は、通常は密教的な法要に用いられる声明です。この二つの法要形式については、顕教的な法要、密教的な法要という視点から、後に再び取上げてみようと思います。

共通性と特殊性　ここで改めて表A—(1)〜(6)を通観してみますとすべての形式に骨格の共通性が歴然と浮き上ってきます。宗派の如何にかかわらず〈大般若転読法要〉が具備すべき要素が、この共通項に示されているわけです。反面、共通しない部分に、宗派ごとの特色を読み取ることができるはずです。

真言宗智山派の二つの形式（表A—(3)・(4)）は、天台宗の両形式に、それぞれほぼ合致します。大きな相違は、天台宗(b)の形式の理趣分転読作法《りしゅぶんてんどくさほう》に対応する部分に、真言宗智山派(b)の形式では導師供養法《どうしくようぼう》が置かれていることです。この［導師供養法］は、［転読大般若経］と同時進行する部分で、職衆の大般若経転読と並行して導師が修法を行います。修法を加えることは、願意の達成をより確実にしようという意図によるものですが、顕密併修を標榜する天台宗と、密修に拠る真言宗の立場の違いが、この中心部の相違にくっきりと表現されていて、ほぼ同じ次第をとりながらも、それぞれの宗派らしさを見事に表わしているのです。

表A—(5)・(6)は、禅系二宗の勤修形式ですが、この場合は、必要最小限の構成要素で組み立てられた簡潔さが特色の第一となっています。また［大悲呪《だいひしゅ》］［消《しょう》災呪《さいしゅ》］など禅系各宗で常に誦読して重んずる呪を用いて禅宗らしい色彩としていると思われますし、他宗では後置部で神々の法楽のために読誦する［心経《しんぎょう》］を展開部に置いて、大般若経六百巻の精随と称される般若心経をまず読誦して、職衆すべてがその精髄を心に銘記し、その後転読を行うという形をとっています。あくまで自らの覚りを目指す禅宗らしさが、心経読誦の意味を転換することで鮮明に打ち出されていると思うのです。

講式法要　表Bに掲げるのは〈講式《こうしき》法要〉の組み立てです。この法要は、〈大般若転読法要〉と異なり、中世

表B　講式法要

	勤修部 導入部	勤修部 展開部	勤修部 主部	勤修部 後置部	勤修部 終結部
(1) 天台宗 六道講式	三礼文 如来唄	表白 勧請 四奉請 阿弥陀経	講式文(一段) 念仏 伽陀 講式文(二段) 念仏 伽陀 ………(三段)〜(五段) 講式文(六段) 念仏 伽陀	結章文 念仏	回向伽陀 結願作法(細目略)
(2) 真言宗智山派 舎利講式	勧請 勧請伽陀 奠供	祭文 舎利伽陀	講式文(一段) 伽陀 講式文(二段) 伽陀 講式文(三段) 伽陀	舎利和讃 釈迦念仏 舎利礼	奉送 回向伽陀 回向句 結願作法(細目略)
(3) 浄土真宗本願寺派 報恩講式	総礼頌 至心礼	表白	講式文(一段) 念仏 和讃 講式文(二段) 念仏 和讃 講式文(三段) 念仏 和讃	歎徳文 念仏	回向句

以降急速に各宗に広まった法要形式です。神仏を讃嘆したり高僧の事績を述べる講式文が主軸となっています。

講式文は、和文で綴る語り物的な内容をもっていますので、これを何段かに分けて唱えるのが、各宗派に共通した特色です。宗派による相違は、段の切れ目にはさむ念仏や伽陀《かだ》・和讃《わさん》などの選曲や挟み方、主要部の前後の部分の組み立て方などに表われます。ここに掲げた例以外にも、真言宗や曹洞宗で〈四箇法要《しかほうよう》〉を用いて組み立てる形式などがあります。講式文読誦の作法は恵心僧都《えしんそうず》が制作したと伝えられていますし、講式文そのものは永観律師《ようかんりつし》・興教大師《こうぎょうだいし》・明恵上人《みょうえしょうにん》などの作と伝えられるものもあって、日本で制作された法要形式なのですが、表Bの例でもわかるように、基本的には従来の法要の組み立て方に則って作られています。

〈大般若転読法要〉と〈講式法要〉の数例を比較しながら、法要の組み立て方、目的表現の異同、相互の関連性と特殊性やその意味などを考えてみました。もちろん、これは一例に過ぎませんが、たまたま聴聞の折

表C　四箇法要立講経論義法要（天台宗）

勤修部			
導入部	展開部	主部	終結部
総礼 唄（始段唄） 散華（中段釈迦） 梵音 錫杖	表白 神分 諷誦文 呪願文 発願	挙経題 経釈 論義問答	総礼

表D　二箇法要付金剛界立理趣三昧法要（真言宗）△印は省略にも、下段は修法

勤修部					
導入部	展開部	前置部	主部	後置部	終結部
△総礼伽陀 唄（云何唄） 散華（中段大日） 対揚	表白 神分 唱礼 勧請 五大願	前讃（四智梵語讃 大日讃 または心略梵語讃 不動讃）	中曲理趣経（勧請句 読経 善哉） 合殺 拾回向	後讃（四智漢語讃 心略漢語讃 仏讃）	三力偈 礼仏 回向 △回向伽陀
普礼 塗香 護身法 洒水加持供物等 浄地観仏等		結界 道場観 請車大鉤召等 結界 献閼伽 華座	振鈴 十七段印言 理供養 事供養 四智梵語讃 普供養 祈願・礼仏 入我我入観 正念誦等 字輪観等	後供養 献閼伽 後鈴 撥遣	

があった時、このような接し方をすると、法要の世界がずっと広がりをもってくると思います。

顕立《けんだて》と密立《みつだて》　天台宗と真言宗で用いられる言葉ですが、顕(教)立の法要、密(教)立の法要を意味します。両者の基本的な相違は、顕立の法要には導師の修法がなく、密立の法要では導師が修法を行う点にあります。この基本的な相違に従って職衆の唱える声明も規制され、密立の法要では、要所要所に梵語や漢語の讃嘆歌が配されますから、法要の組み立て方そのものの相違となるわけです。

表C・Dとして、顕立と密立の法要形式を代表する二つの事例を掲げました。

表Cは、経典の意義内容を学ぶための講義と質疑応答を内容とする法要形式であり、表Dは理趣経を読誦して、各人が心に銘記することを内容とします。このような内容ですから、法要の形式もさまざまに展開し得ますし、庭儀や奏楽がついたりもしますが、ここには代表的な形式をそれぞれに一つだけ取上げ、その勤修部分だけを掲げました。

表Cの導入部に、［唄］［散華］［梵音］［錫杖］があります。この四曲を用いる法要を〈四箇法要〉と称することは、先にも記しました。これに対して表Dのように［唄］［散華］の二曲を用いる法要を〈二箇法要《にかほうよう》〉と申します。付け加えれば、表A—(1)・(3)のように［三礼文］［如来唄］を用いるものを〈一箇法要〉と申します。一般に〈四箇法要〉は顕立、〈二箇法要〉は密立、〈一箇法要〉は顕密両様に用いると申しますが、これらに共通した特色は、いずれもが限定的な目的内容を表現しない点にあります。本尊讃嘆や三宝供養など、普遍的な内容を表現しているのです。ですから、その末尾に、ある目的を表現する部分を付加して、一つの法要形式とします。表Cは〈四箇法要〉に講経論義の部分を付加して一つの法要形式としたものですし、表Dは〈二箇法要〉に〈理趣三昧法要〉を連結して、大がかりな一つの法要形式としたものです。

〈四箇法要〉は、表Cの例のように必ず顕立の法要として用いられます。天台宗では顕立の諸法要中でも〈講経論義法要〉のときだけにこの〈四箇法要〉を用いますが、南都諸宗では悔過会《けかえ》の〈大導師作法〉とか〈後夜作法〉などと呼ばれる法要などにも用い、曹洞宗では〈羅漢《らかん》講式法要〉に用います。

〈二箇法要〉は密立に用いる、というのは注釈を必要とします。表Dでは導師が修法を行い、職衆が梵語や漢語の讃嘆歌を次々と唱誦するという、いかにも密教立の法要らしい組み立て方になっています。ところが、表A—(2)は、〈二箇法要〉が付き［列讃］［着座讃］［諸天讃］を備えながら、導師の修法がありません。また表A—(4)は、〈二箇法要〉と導師の修法を勤修しますが、梵語・漢語の讃歌を欠いています。

表A—(2)・(4)のような形式は、密立とは申しません。顕密合行《ごうぎょう》の法要と申します。ですから〈二箇法要〉は必ずしも密立に用いられるとは限りません。ただし、もう一度表を見直して下さい。ひとくちに〈二箇法要〉は［唄］［散華］で構成されると言っても、表A—(2)・(4)の［唄］は［始段唄《しだんばい》］であり、［散華］は上中下三段構成の中段で釈迦讃嘆の唱句を用います。表Dの［唄］は［云何唄《うんがばい》］であり、［散華］の中段は大日讃嘆の唱句を用います。［唄］は同名異曲、［散華］は讃える本尊を異にするわけです。ですから密立という時の〈二箇法要〉は、漢音で唱誦する［云何唄］と密教の教主である大日如来を讃える［散華］を用いて構成されているということになります。

さて、密立の法要の主眼は導師の修法にあります。本尊供養や経供養、さまざまの祈願などがその内容ですが、法要の形式が目的によって異なるように、修法もその目的によって手順が異なります。しかし顕教の行法とは違って修法の内容を声や所作に表現せず、袖の下で印を結び、難解な真言を微かに唱えたりするだけですから、外からはその内容をうかがい知ることはできません。そこで表Dの修法を取出して、次頁にその内容を略述してみました。私共の理解の及ばぬ難解さに満ち満ちていると思われる密教の修法ですが、このように理解してみると意外に具体的であり、合理的でもあり身近なものでもあることに驚くのです。なお、密教の仏世界は金剛界と胎蔵界の別がありますので、導師の修法には、いずれにも金剛界立と胎蔵界立の二通りがあります。ここに記しましたのは金剛界立の理趣経法の手順ですが、胎蔵界立になると手順が異なります。

この修法を助けるために、職衆もさまざまの声明を唱えたり、行道や礼拝をしたりするのですが、主部で経文を読誦する形式を「経立《きょうだて》」、真言を唱える形式を「呪立《しゅだて》」と称しています。ですから表Dの形式は「密立の経立」の法要形式ということになります。

法要形式の正略　小さな功徳も、回数を重ねると大きな功徳になる、という考え方があります。「六時の勤行」と称して、一日六回も繰返して勤修する〈悔過法要〉などは、その典型的な一例です。また、宗派によっては、その宗派を代表する法要として、なにかにつけて勤修する法要があります。真言宗の〈理趣三昧法要〉や天台宗の〈法華懺法〉〈例時作法〉、浄土真宗各派の〈正信偈念仏和讃法要〉などがその例です。

このように勤修回数の多い法要では、しばしば幾通りかの勤修形式が用いられます。一つの基準となる法要形式から制作された幾つかのバリエーション形式である場合が多いのですが、これは変化を求める精神的欲求の表われでもありましょうし、所要時間とかかわる現実的な問題から求められたものでもありましょ

導師の修法の組み立て（金剛界立理趣経法）

表Dの下段の内容を略述すると次のようになります

- 勤修部
  - 導入部
    - **普　礼**……修法開始に際しての本尊や曼荼羅諸尊への礼拝
    - **塗　香**……清らかな香で身を清める
    - **護身法**……透徹した身心を持ち修法を成就させるために自らの身を結界する
    - **洒水加持供物等**……清らかな香水で修法の場や供物を清めなどする
    - **浄地観仏等**……更に会場を清め本尊を心に思って一体となる
  - 展開部
  - 前置部
    - **結　界**……諸魔退散と善神来臨を願って会場を結界する
    - **道場観**……会場を観念の上の浄土とする
    - **請車大鉤召等**……本尊の乗り給う車をお迎えする
    - **結　界**……本尊を迎えた浄土に諸魔の入らぬよう厳重に結界する
    - **献閼伽**……本尊に清らかな香水を献ずる
    - **華　座**……本尊の御足を受ける花座を捧げる
  - 主　部
    - **振　鈴**……修法の眼目の部分の開始を告げ知らせる
    - **十七段印言**……諸尊の印明を結誦して供養する
    - **理供養**……塗香・華・燈・焼香等の六種印明を結誦して諸仏の浄土を供養する
    - **事供養**……塗香・華・燈・焼香・飲食等を献供し一切諸仏に供養する
    - **四智梵語讃**……大日如来の徳を称讃する
    - **普供養**……諸尊にあまねく供養する
    - **祈願・礼仏**……願意を述べて達成を願い本尊を拝する
    - **入我我入観**……本尊の身と行者の身とが全く一体になることを観想する
    - **正念誦等**……本尊の真言百八遍を誦して求めることの成就を願う
    - **字輪観等**……本尊の意と行者の意とが全く一体になることを観想する
  - 後置部
    - **後供養**……修法を終るにあたり改めて供養する
    - **献閼伽**……修法を終るにあたり改めて香水を献ずる
    - **後　鈴**……修法の終了を告げ知らせる
    - **撥　遣**……自身の心に思い迎えまた会場に勧請した本尊を本来の浄土に奉送する
  - 終結部

う。この場合、正略の関係にある法要形式のすべてが、正式から略式への変化をたどったとは申せません。基準となる形式から、より丁重な形式へという変化もありうるのですが、ここではその追求はいたしません。ただ、変化のさせ方の種々を、幾つかの事例を挙げて記してみようと思います。

これまでに掲げた事例の中、表A—(1)と(2)、(3)と(4)の関係は単純に正略の関係とは申せませんが、一般に〈一箇法要〉を〈二箇法要〉や〈四箇法要〉に対して略法要とする認識はあるようです。また、全体の構成を変えずに、部分的な構成要素を加えたり除いたりして正略の関係の法要形式とすることはよくありますから、この二組の形式は一応正式と略式の関係にあると考えてもよかろうと思います。

また表Dの場合は修法壇を二壇構え三壇構えにして同時進行させる大規模な勤修のし方もありますし、逆に〈二箇法要〉をカットする勤修のし方もあります。このように、基本的な形を崩さずに、ひとまとまりの他の形式を加えたり除いたりして、正と略の形式を作るという方法もあります。

表E　悔過法要（聖徳宗）

(1)　初夜

勤修部				
導入部	展開部	主部	後置部	終結部
供養文 如来唄 散華 梵音	大呪願	称名悔過 宝号 発願 請影向 如法念誦 祈請諸願	大懺悔	心経 後行道 発願 五大願 宝号

(2)　日没・晨朝

勤修部		
導入部	展開部	主部
供養文 如来唄 散華	小呪願	称名悔過 祈請諸願

表Eとして掲げたのは、法隆寺（聖徳宗）の〈悔過法要〉の正式と略式の形です。一日六回繰返される勤行の、正式に勤修する〈初夜《しょや》〉と略式に勤修する〈日没《にちもつ》〉〈晨朝《じんじょう》〉の次第です。

表Eの(1)と(2)とは、明らかに正と略の関係にあります。しかもこの略形式は、実に思い切った略し方をしています。導入部で［梵音］を省き、展開部で［大呪《だいしゅ》願《がん》］に代えて［小呪願《しょうしゅがん》］を用い、主部は肝要の［称《しょう》名悔過《みょうけか》］と［祈請諸願《きしょうしょがん》］だけを、唱句を半分以下にして残し、あとは名残りなく切捨てるという方法を用いているわけです。それでも正式の形式が表現する法要の目的は、損うことなく略形式に具備されているのです。一日六回ずつ、三日なり一週間なり繰返し勤修する法要には、このような簡略化も必要なのでありましょう。

以上は、法要の構成次第を変更して正・略とする例でしたが、表Fとして掲げるのは、ある部分の唱句を約めて略形式とする例です。東大寺（華厳宗）の〈悔過法要〉の〈初夜〉と〈半夜《はんや》〉の［称名悔過］の部分の唱句を選びました。法要の構成次第は表E―(1)（聖徳宗）

表F　悔過法要（華厳宗）［称名悔過］の唱句

初夜	半夜
南無毘盧舎那仏	南無毘盧舎那仏
遍周法界盧舎那仏	南無盧
登霞聖霊成正覚	―
恩徳広大不可量	―
令法久住利有情	―
補陀落山観宝宝殿釈迦尊	南無釈
当来教主慈氏尊	南無弥勒
去来現在常住三宝	去来
聖智海遍照荘厳王如来	聖
一切如来応正等覚	切
金光獅子遊戯如来	南無金
白蓮華眼無障礙頂熾盛功徳光王如来	南無光
万徳円満美音香如来	南無美
観音本師阿弥陀如来	南無阿
観音本体正法明如来	南無正
普光功徳仙王如来	普光
舎利形像補図宝塔	舎利形
十一面神呪心経	十
十一倶胝諸仏所説神呪心経	十一倶胝諸
（以下略）	（以下略）

と大同小異です。

ここでは、本来の〈初夜〉の唱句を最大限に切詰め、その代りに「南無」を加えて、趣を異にする〈平夜〉の唱句としながら、本来の諸尊讃嘆の表現を失わぬ配慮があります。眼目の部分で略すことの限界を示す好例だと思います。

表G［供養文］の略式唱句

──天台宗の場合
──華厳宗〈悔過法要〉の場合

一切恭敬　敬礼常住三宝
是諸衆等　人各胡跪
厳持香華　如法供養
願此香華雲　遍満十方界
供養一切仏　化仏並真法
菩薩声聞衆　受此香華雲
以為光明台　広於無辺界
無辺無量　作仏事
供養已一切恭敬

唱句を省略する方法としては、この他に、一曲の前後を生かして途中を省略する方法や、一曲の一部分だけを生かして他の大部分を省略する方法などがあります。表Gは、［供養文《くようもん》］の略し方の一例です。

天台宗で用いる省略法は、一曲の中の前後二箇所にある同じ唱句を重ねて、その中間を省略する方法で、前半の「雲」から後半の「雲」に移行するので「雲飛び」という優雅な省略名までつけられています。この他に「厳持香華」の「華」から「受持香華雲」の「華」に移って間を省略する「華飛び」も用いられます。

華厳宗で用いる省略法は、一曲の枢要の一句だけを、とりたてて唱誦する方法ですが、この場合は、その一句さえも省略されて「辺無量」だけで一曲の唱誦に代えるのです。

この他、［九条《くじょう》錫杖《しゃくじょう》］のように、一曲が何段かで成立っている場合には、初段・二段・九段を唱誦して、中間を省くという具合に、ある段を丸ごと省略する方法などがしばしば用いられます。

その他に、唱誦法や旋律の有無による正と略の表現のしかたもありますが、それは法要形式とは別の問題になりますので、ここでは取上げません。

四　会場《えじょう》のかたち

法要勤修の場は、堂の大小や建築構造などによっておのずと制約を受けますから、職衆の並び方や修法壇のしつらえなども統一的ではありません。ここには、割合目に触れやすい一般的なかたちを主にした、代表的な会場配置例を記しました。

①は最も一般的な会場配置図です。須弥壇の正面に導師の礼盤《らいはん》を置き、前机には六器《ろっき》を飾り、脇机には塗《ず》香《こう》・焼香《しょうこう》・洒水器《しゃすいき》などを置き、右脇に磬《けい》を置きます。

須弥壇と礼盤を縦軸に、正面から左右にかぎの手に職衆の座をしつらえます。この時、正面中央に近い座を上座とする場合と、左右奥を上座とする場合があり、前者を「口上座《くちじょうざ》」、後者を「奥上座《おくじょうざ》」と申します。

なお、①に近い形で、職衆が正面一列に並ぶ形や、左右に分立する形などがあります。

②は①に近いのですが、正面の左右に一畳台を置いて、門主、前門主または新門主の座とする浄土真宗のかたちです。

③は、①を大がかりにしたような形で、導師が左右に脇導師《わきどうし》を従えて礼盤に上る場合です。このような時は職衆の数も多くなります。浄土宗の御忌会《ぎょきえ》のような大法会で、〈日中《にっちゅう》〉と〈逮夜《たいや》〉の法要にはこの形をとり、左右の前列には「式師《しきし》」と呼ばれる声明法式《ほっしき》の専門家が並び、その後に大勢の出仕僧が並びますが、日常的な法要ではこのような形は用いません。

④は〈講経論義法要〉の、一般的な配置です。須弥壇の前方左右に講師《こうじ》と読師《どくし》の座をしつらえます。多くは数段の階段と屋根のついた高座《こうざ》を用いますが、屋根のない高座や礼盤を用いる場合もあります。この場合、問者は自席から質問を発します。

⑤は〈庭儀《ていぎ》講経論義法要〉の場合で、お堂の前の野外が会場となります。顕教的な法要としては最も大がかりな形ですから、法要に舞楽を織り交ぜて、華やかに執行されます。この場合、論義の問者は、自席を離れて舞楽台中央に着座して、ここから質問を発します。

⑥は、〈御懺法講《おせんぼうこう》法要〉の場合です。この時は供養すべき高貴な人の座を象徴する白木の屋形をしつらえ、屏風で囲います。須弥壇の斜め前方には、宮中から出

①

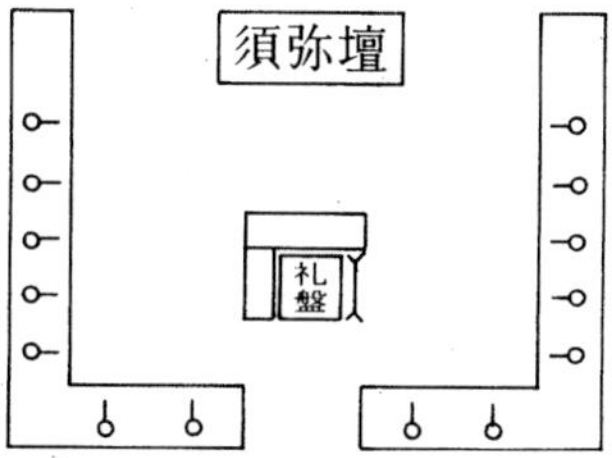
須弥壇
礼盤

②

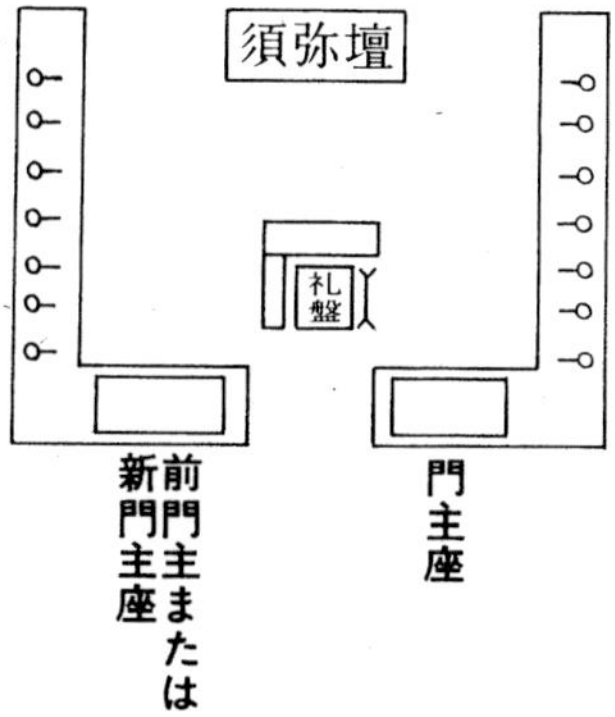
須弥壇
礼盤
前門主または新門主座
門主座

③

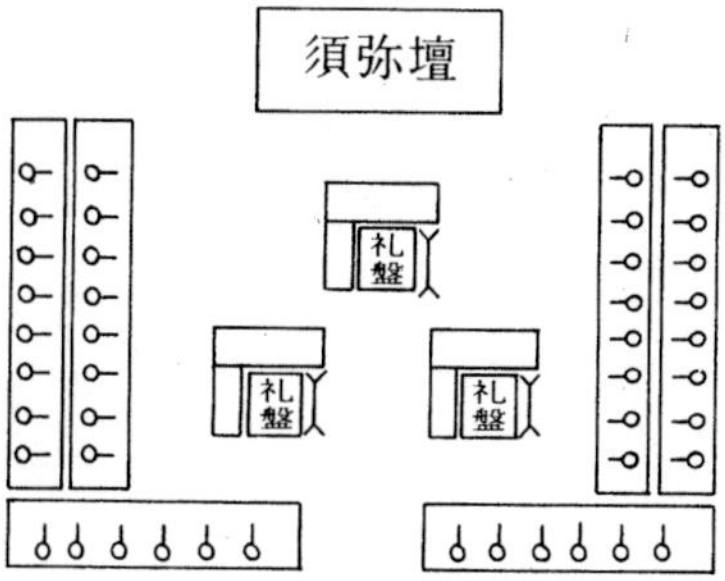
須弥壇
礼盤
礼盤
礼盤

④

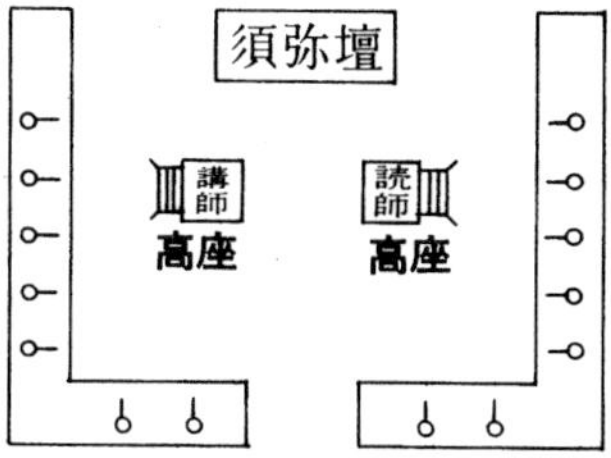
須弥壇
講師
高座
読師
高座

⑤

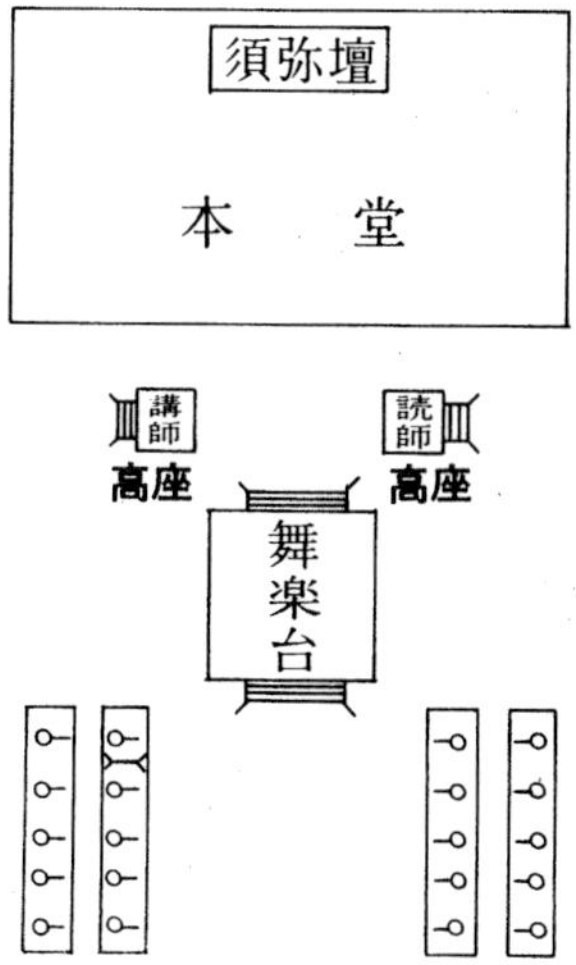
須弥壇
本　　堂
講師
高座
読師
高座
舞楽台

⑨

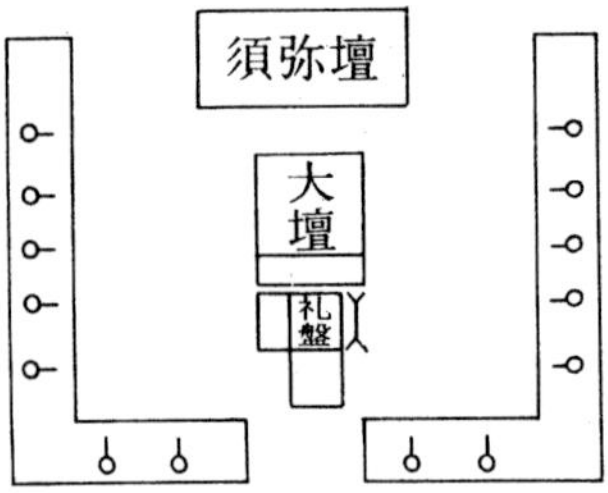
須弥壇
大壇
礼盤

⑥

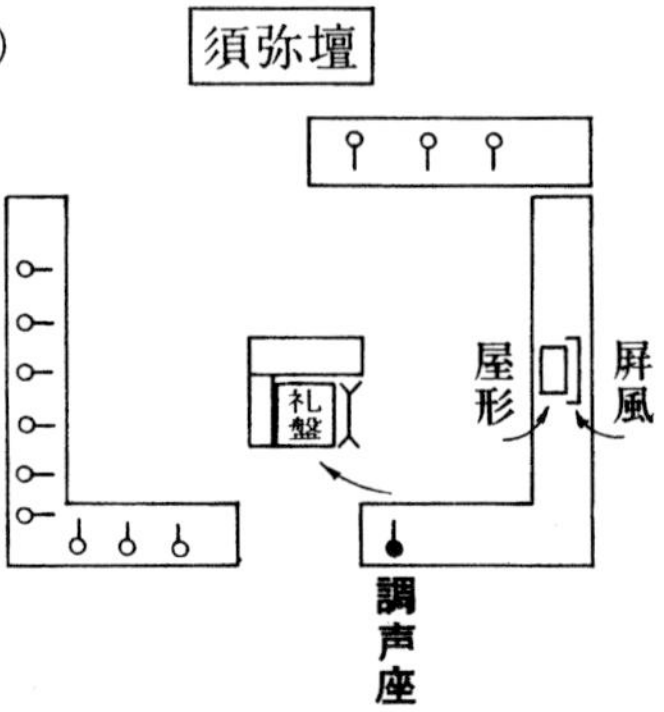
須弥壇
礼盤
屋形
屏風
調声座

⑦

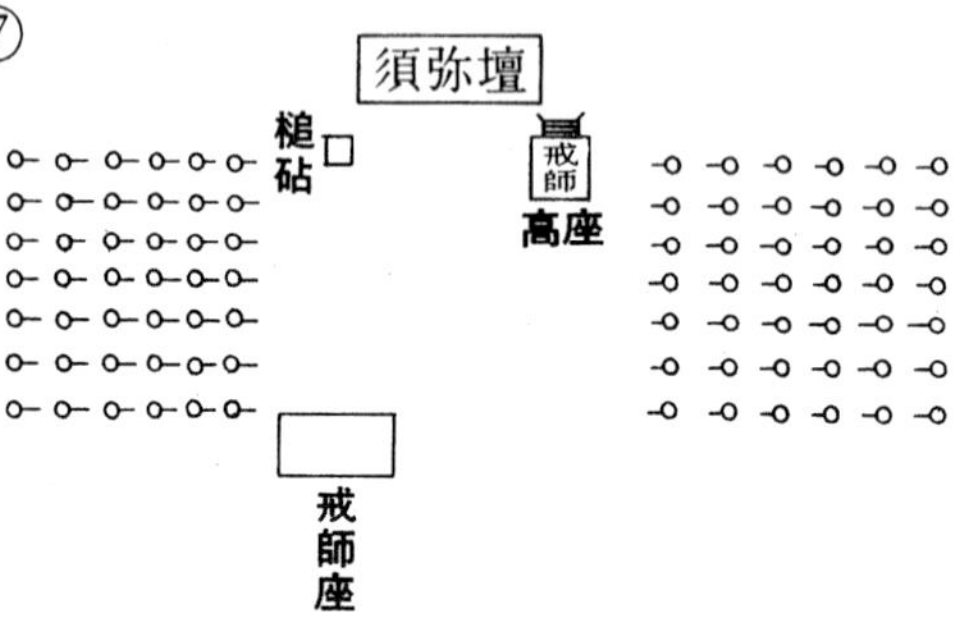
須弥壇
槌砧
戒師
高座
戒師座

⑩

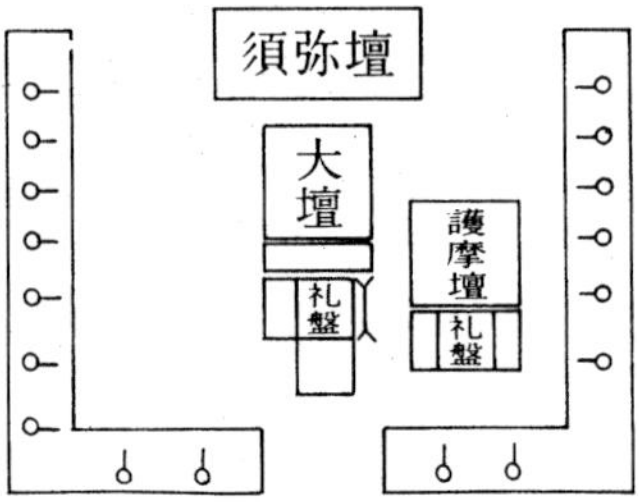
須弥壇
大壇
礼盤
護摩壇
礼盤

⑧

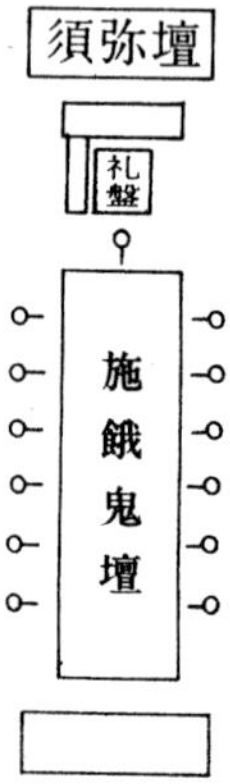
須弥壇
礼盤
施餓鬼壇

仕の大臣・大納言・少納言の席をしつらえ、職衆は左方にかぎの手に並びます。職衆の出仕直後に屋形の扉を開き、退出直前に扉を閉じて、貴人の御前で法要を勤修する形式を取っています。

⑦は禅宗の〈布薩会《ふさつえ》法要〉の独特な配置です。この法要は、自らの罪過を懺悔して身を修めるための法要ですから、禅宗では殊に重んずべき法要として大規模に勤修されますので、左右最前列に役僧が並び、その後に百人以上の僧が出仕します。戒師は初めは戒師座に坐り、出仕僧の浄めや人数の確認などが終ってから高座に上って［説戒］を勤めるという段取りになっています。

⑧は、黄檗宗の〈施餓鬼法要〉の独特な配置で、須弥壇の前に施餓鬼壇を階段状にしつらえます。出仕僧は奥ほど高い位置に着座することになりますが、この法要では坐らずに腰掛けて勤修します。法要の間、施主は自由に階下の台上の香炉に線香を立て、礼拝いたします。堂の内にも外にも、施主の施入した供物が所狭しと並べられ、まことに賑やかですし、中国人の施主が多いので、異国的な華やかさに満ちています。

⑨は密教法要の最も一般的な配置で、導師の礼盤の前に大壇《だいだん》と称する修法壇がしつらえられ、宝塔《ほうとう》・四面《しめん》器《き》・金剛盤《こんごうばん》などの供養具が、きらびやかに整然と飾られています。このような形を一壇構えと申します。

⑩は、大壇の傍に護摩壇をしつらえた形で、導師の修法と並行して、護摩師が護摩修法を行います。これを二壇構えと申しますが、大がかりになると、三壇・四壇・五壇と修法壇が増えて、しつらえた壇の前に掲げた尊像に対して、それぞれの修法が行われます。

以上はほんの一例に過ぎませんが、このような会場のかたちも、法要の内容とかかわって定着してきたわけですから、聴聞の折には、法要と共に関心を寄せると、また別の興味にもつながってゆくと思います。

声明の楽譜と実唱

蒲生郷昭

一　はじめに

声明を唱えよう　声明に接して、それによって自分の音楽経験をいっそう豊かなものにするためには、先ずはその声明を唱えている人の立場や思考を理解しようと努力することが必要なのではないかと思います。すなわち、余計な先入観や雑念を持つことなく、虚心に、あるいは謙虚に接しながら、声明家と同じ考え方をし、声明家の立場に近づこうとするのです。そのためには、実際の法会を聴聞するのが有効であることは、いうまでもありません。この『声明大系』を鑑賞することも、音の側面だけではありますが、ふだん声明に接する機会の少ない人にとっては、貴重な体験となるでしょう。

ところで私は、『声明大系』を利用される各位に対し、このレコードをうまく活用していただけば、法会の聴聞以上に声明の音楽にもっと直接的に触れる方法があり、それによって声明家の音楽行為を誰でもいっそう深く追体験できるのだということを主張したいと思います。それは、解説を読みながら単に〝鑑賞〟をするのではなく、利用者の皆さんが、レコードにあわせて、自分で声明を唱えてみることなのです。それもなるべく大きな声で。(声明を演唱することを、一般に「唱える」といいます。)

その時は、学校の音楽の授業では習わなかったような、あるいは、そのような歌い方をしてはいけないと教えられたような、ポルタメントであるとか、細かく微妙な強弱変化などといったものを、誰にも遠慮することなく、レコードの演唱のとおりにつけるようにしましょう。これは声明に限らず、一般に日本の声楽は、『コールユーブンゲン』などでソルフェージの訓練をするのとはまったく異なり、声を使ってピアノと同じようなイントネーションの旋律を奏するというものではありません。ポルタメントや一音符ごとの強弱変化は、決してあとから添えられる技巧なのではなく、声明の旋律が本来的に備えている表現形式の重要な一部分なのです。テンポの漸急についても同様です。音階構造も違いますから、唱える時にドレミを無理に当てはめて覚えようとするのも、かえって有害です。ただただ無心にレコードの演唱をなぞることを繰り返して、声明家の声明を追体験するのです。

　このように、最初から声明そのものの詞章によって、ポルタメントなどの微妙な表現形式を伴った旋律を、模範演奏にあわせてその通りに唱えるというのは、声明の、というより日本の声楽全体に共通の伝統的な、かつ現在においてももっとも効果的な、習得法であるといえるのです。ただし、いわゆる〝教科書的〟な演唱は声明にもあるでしょうし、また、手ほどきから始まる教程も、ある程度決められたものがあるようですが、レコード『声明大系』は、それを呈示することを目的に編集されたものではないので、場合によっては、いわば〝学芸会〟的な結果も生ずることでしょう。しかし、私的な学芸会は一向に構わないと思います。

　さきほど、〝もっとも効果的〟と述べましたが、模範演奏だけを拠りどころとするのは、効果的ではあっても、効率的ではないかも知れません。声明は、歌謡曲のように、二、三度聞くだけで簡単に覚えてしまう、というわけにはゆきません。ましてレコードの場合は、師匠が声明の旋律を一つ一つのフシに分解して示すとか、フシに応じて必要な回数だけ部分的に繰り返して教授するなどというのとは違うのです。やはり楽譜の援けをかりるのが賢明です。黄檗《おうばく》声明などといった少数の例外を除いて、声明でもふつうの稽古の現場では、楽譜が活用されています。レコードを師匠のかわりにする時は、楽譜の果す役割が、さらに大きなものになるでしょう。

声明の楽譜　読者の中には、楽譜というと直ちに五線譜を想い浮かべる人が、あるいは多いかもしれません。むろん声明の分野では、すでにかなりの量の五線譜が揃っています。しかし私は、それを手に入れて教則本とするのがよい、と述べたのではありません。同じ流派の声明の演唱と五線譜であっても、それを対照してみると、一致しない個所に必ずや出くわすことでしょう。そういう時は、演唱か楽譜のどちらかが誤っているのだと思いがちですし、そう思わないにしても、いま自分はどちらに随うべきなのか、おおいに迷うことになります。

また私は、既存の五線譜はレコードの演唱と一致しないから、この際新たにレコードから採譜して、それを使って声明の習得に役立てるべきだ、と主張しているのでもありません。私は、声明を五線譜に書き取るのは、非常に意味のあることと考えており、実際にその作業をしたこともあります。しかし五線譜は、声明の教則本には向かない楽譜です。声明の五線譜の役割は、もう少し別のところにあるのではないでしょうか。

私が読者に利用をおすすめする楽譜は、声明家が実際に使っている楽譜そのものです。『声明大系』では、収録曲の伝統的な楽譜を「声明譜」として、各巻の解説書に掲げてあります。しかも、録音に際して演唱者が使用した譜本と同一の版であるのを原則としていますから、是非それを活用してほしいと思うのです。声明家は、楽譜などを見なくても間違えずに唱えられるようでなければならないのですが、大部分の声明には譜本があり、実際の法会でも全式衆(職衆)がそれを開きます。その点は、浄瑠璃の太夫の場合とよく似ています。譜本としての内容は、流派により、また曲種などによって違いますが、基本的には、詞章(歌詞)と「博士(はかせ)」が中心になります。博士というのは、線や点などの記号によって声明の旋律を示そうとしたもので、いわば「音符」に相当するものです。声明家の思考を追体験するということを楽譜利用に当てはめると、当然、博士による譜本を読むということになるのです。

声明の譜本は、楽譜とはいいながら、第一義的には詞章を書いたもの、つまり、能や浄瑠璃などでいうところの「本」なのです。したがって、横書きによる新様式のものなどを別にすれば、原理的には先ず詞章が存在して、そのあと必要な博士が書き添えられるのです。その点、音符を書いたあとで歌詞を書き込んでゆく五線譜とは、おおいに趣を異にします。黄檗声明などでも「本」は用います。これは博士の記入のない「本」なのです。

　声明における「本」のことを、これまでに私は楽譜とか、譜本などと称して来ましたが、宗派や流派の違いや、同じ流派のものでも編集方針や収録曲種の違いがあって、内容や形態は、実にまちまちです。名称についても、常用される用語法が個別には数多く存在しています。しかし全体を総称するのに適していて、しかも熟したことばを知りません。私は、いちおう「声明本」というのが最良かと思いますが、これとてもさらに大きな概念に用いられることもあるのが難点です。

　詞章に付される音符についても、これを墨譜（はかせ・すみふ　ぼくふ　墨士とも）といったり、節譜（せっぷ）などと称したりする立場があります。しかしこの場合は、博士の語で代表させるのが、もっとも適当です。本稿では、後述の本譜・仮譜のほかは一貫して博士ということにします。なお、声明家の間では、博士といって事実上は唱えられる旋律そのものを指しているということが少なくありません。同じことは、本稿でもしばしば起ると思います。

　声明の博士は、実際の旋律を聞きながら見てゆけば、誰でもだいたいはたどれると思います。しかし、これを充分に活用するためには、記譜法の詳細を心得ておくに越したことはありませんし、たびたび述べた〝追体験〟にも、おおいに役立つはずです。そこで、本稿では、博士の読み方について述べることにします。あわせて、声明本における博士以外の音楽記事についても、いくらか言及することになるでしょう。むろん、全流派の全曲種を対象とすることはとても不可能なことですから、もっとも多くの流派で唱えられている曲の一つで、レコードにもそのうちのいくつかが収録されている［四智梵語讃］を例曲とします。また、この曲に限定したとしても、全流派を網羅することはできないし、必要もないことですから、ある程度以上の音楽的内容と記譜体系を備えているということで、天台声明と真言声明のものについて詳しく述べるにとどめ、あとは、その知識をもとにして、読者各位に考えていただくことにしたいと思います。

なお、本稿を執筆している時点では、真言声明の収録内容が最終的には決定していませんので、省略個所の指摘などについて、若干の不一致が生ずる結果になるかも知れません。また、以下の私の説明文では、詞章中の特定の文字について、その字体を改めてあります。

二　天台宗大原流声明

概観　レコード解説書における大原流声明の［四智梵語讃］の声明譜は、『魚山声明全集』（芝金声堂　昭和三十七年）からとられています。ただし、声明以外の事柄に関する記事や、余白に適宜書かれた仮譜は、転載から省いてあります。声明以外の事柄というのは、この本の場合、所作や鈸《はち》などであり、また仮譜というのは、初心者用にいっそうわかりやすくだいて書いた博士です。大原流では、そういう博士を指呼する特別の名称はないようなので、真言声明の用語を借りて、いま仮譜（仮博士などとも）といったものです。仮譜ではない本来の博士を強調する時には、本譜あるいは本博士といいます。

なお、この『魚山声明全集』は、故中山玄雄師の編集になるもので、同声明の声明本としては、現在もっとも広く使われています。［四智梵語讃］は、右に収められているほか、『天台常用声明』（芝金声堂　昭和三十八年）にもそのまま再録されています。ただし両書とも、天台声明として標準的な［四智讃梵語］という曲名になっています。本大系では、流派ごとの慣用がまちまちである場合には、統一曲名を定めてそれを用いました。［四智梵語讃］はその一例なのです。

実際に博士を見てゆく前に、曲名の下にある「呂曲《りよきよく》乙様《おつよう》」という注記について述べておきます。まず呂曲というのは「″呂″の音階で作曲されている曲」の意味で、「律曲《りつきよく》」「中曲《ちゆうきよく》」などに対する概念です。ただし、実際の音階構造が、理論どおりになっているかどうかということについては、おおいに問題があります。乙様というのは、五音《ごいん》のうちの徴《ち》の音を中心にフシ付ケされ、そこでユリが唱えられることを意味し、宮を中心とする甲様に対します。［四智梵語讃］の場合は、甲乙両様が存在しますので、この記入はとくに意味があるのです。なお、甲乙両様は、同一基本旋律に対する唱えわけなのではなく、二通りの作曲です。

そのほか、原本では同じところに「黄鐘調《おうしき》」という記載もありましたが、本大系では、編集者の考えで、転載から省きました。黄鐘調というのは「黄鐘（イ音）を宮（主音）とする調子」の意味です。

楽譜本文に移ります。各行の中央に大きな漢字で書かれているのが詞章（歌詞）です。ただし、この曲の場合は音訳された梵語ですから、漢字についてのふつうの知識では、意味はまったくわかりません。意味はおろか、読み方さえむずかしいということで、ここにはルビが施されています。ただし、漢字の左側に振られている場合があるので、注意が必要です。大原流声明では、詞章の文字によって、博士が右側に書かれたり左に書かれたりすることによるのです。レコード収録部分のルビは「ヲム　バ　サラ　サ　タン　バ……ゲル　マキャ　ロ　ハ　バ」となります。むろん「ヲム」とあっても、実際の発音は［o—mn］で、決して［wo—mu］ではありません。

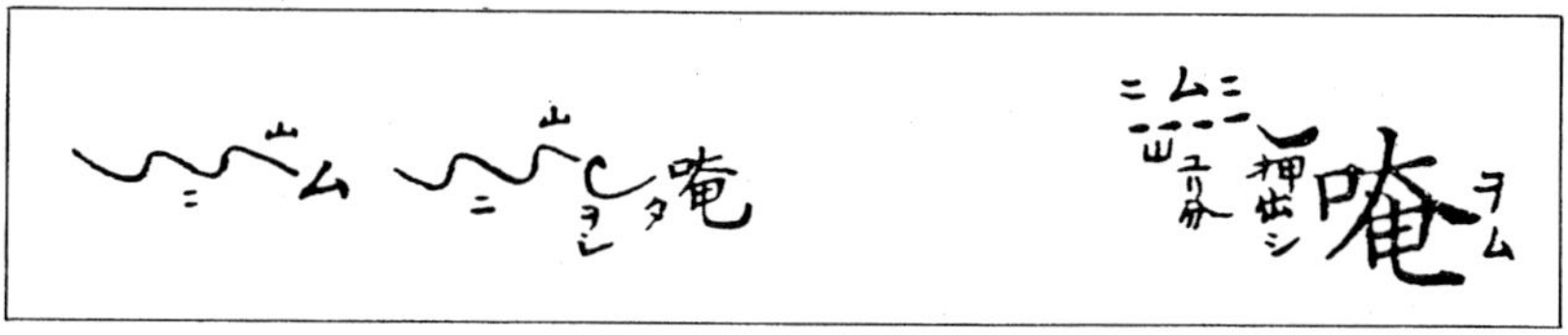

さて、詞章の漢字の左または右に書かれている博士は、それが施された文字に近いところから出発して、行の外側へと進みますから、詞章の左側の博士は右から左へ、右側の博士は逆に左から右へと読むことになります。では順次見て行きましょう。レコード解説書の声明譜は、印刷が小さくて多少読みにくい部分もあるかと思いますので、本稿には、一字ずつ切り離して見やすくした形で再録いたします。

博士の実際　第一字「唵」です。右に示したのが本譜、左が解説書では省かれた仮譜です。以下、本譜を中心に述べて行きます。この字は、まず押出シというフシで始まりますので、それを弧状の博士で示し、さらにフシの名を文字で「押出シ」と併記して、いっそう明確にしています。そのつぎに、ゴマ粒のような博士が並んでいます。これは、数あるフシの中でももっとも基本的な「ユリ」を示します。ユリは、ゴマ粒を横向きに二つ並べるだけで表示されますが、ここでは一回だけユルのではなく、重ねて唱えるために、ゴマの数も多くなっているのです。ただし、何回重ねるかということは、博士によってではなく、添記された文字によって規定されています。すなわち「二・ム・二」とありますから、「ヲ」部分で二回、「ム」に移って二回、というわけです。このように、二音節の漢字において、第一音節の末尾でユリを唱えたあと、音の高さを変えずに第二音節に移り、そこでまた同じユリを繰り返す、ということがよくあります。その場合、声明家は「ユリ・新音韻・ユリ」でひとつのフシと考えるのです。これは、大原流声明に限りません。フシとしての名称は、ユリ合セ、ユ合《あい》、ユリコミなどというように流派によって異なり、大原流ではユリ分ケというのがふつうです。博士に添記されている「ユリ分」がこれです。以上を要するに「唵」のフシは「押出シ・ユリ分ケ」ということなのです。

もう一つ「山」というのは、「徴」という字の字画の一部を書いたもので、むろん五音の一つである徴を示します。前述のように、この曲は黄鐘調ということになっており、その徴は平調《ひょうじょう》（ホ音）ですから、このユリ分ケは平調の高さで唱えるべきことが示されているのです。ただし古い譜本ですと、曲名の下のところに、博士と五音との関係をまとめて図示し、「出音徴《しゅっとんち》」などと付記することによって示すのがふつうでした。大原流声明では、両者の関係が一曲ごとに違っているので、五音の名称がこのように初めから印刷されていると、初学者が覚えなければならない事柄が、そのぶんだけ少なくてすむわけです。それにしても、博士がここまで進行したところでようやく最初の五音名が書かれるというのは、何かしら暗示的といえそうです。

今度は左側の仮譜を見てください。これが初心者のための便を考慮したものであることが、よくわかるでしょう。冒頭に「夕」とあるのは「角」字の略記で、五音の角を示すものです。押出シが、徴より約長二度低い音高を中心に唱えられることによる注記です。

右に述べたような、一つ一つの博士（本譜）に対応するフシの名称やユリの数、五音の別、さらには仮譜などといったものは、本来は印刷されるべきものではなく、使用者が、稽古を受けながら自分で書き入れたものでした。そういう記入を「朱を入れる」あるいは「手入レをする」などと称しました。しかし、個人の補助的なメモであったはずのものを、初めからこのように印刷して公刊するということは、ひとり大原流声明に限らず、ほかの流派でも行われています。というより、大部分の日本音楽の楽譜に共通して見られる最近の傾向なのです。

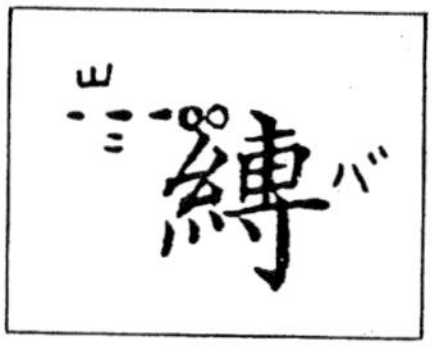

　第二字「縛」に入ります。左肩に丸印がついているのは中国語の四声のうちの上声を示す声点で、それが梵語にまで点じられたものです。この場合は声点が二つですから、濁音であることが示されています。清音ならば一つの声点であるわけですが、この譜本では濁音の場合のみ声点を施すという方針のようです。なお、四声の表示は必ずしも厳密ではないようですが、現在の声明を唱える上では、まったく不都合はありません。

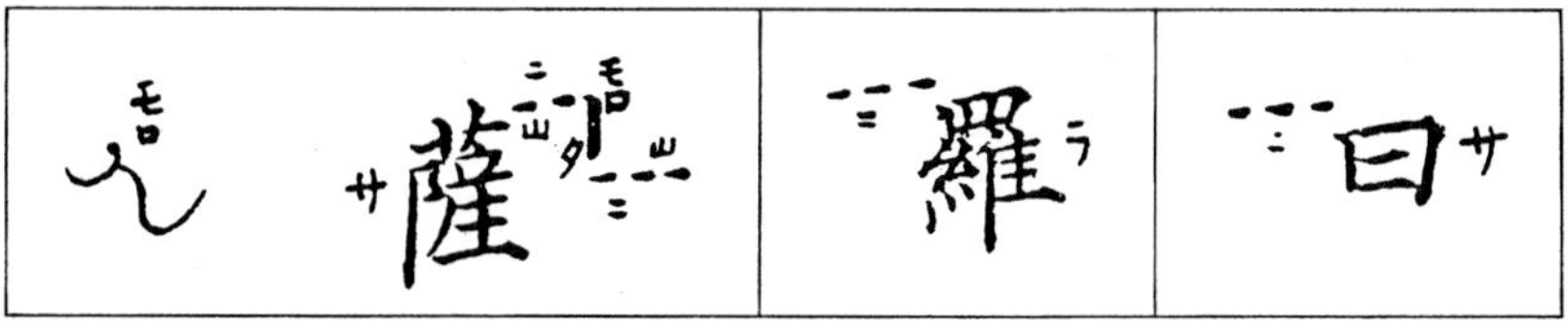

　この字は、同じ徴の高さでユリを二回唱えます。「曰」「羅」「縛」には五音の注記がありませんが、「縛」と同じ徴です。このように徴のユリが多いのが、乙様の曲の特色に外なりません。

　第五字「薩」の博士は、字の右側にありますから、これまでとは逆に左から右に読んでゆくこと、すでに述べたとおりです。このように、字の右側に書かれたり左側に書かれたりするのは、かつての博士(古博士)が、四声点を出発点として書かれた事実の名残りであるといいます。ともあれ、ここではやはり「山」ですから、前と同じ高さでユリを二回唱えます。そのつぎに、ほぼ直角に折れて少し肉太に書かれているのはモロ下リで、文字でも「モロ」と書かれています。これは、一度上行するという準備をしたあと、はじめにだいたい完全四度、つぎに短三度というように二回下行し、今度は短三度上行して安定する特徴的なフシで、ユリより長二度低い音を軸に動くので、前述の「タ」の記入があるわけです。原本にはこのモロ下リだけの仮譜が添えてありますので、それを字の左側に引用しておきました。

ついでながら、角の略記としては「ク」もしばしば見かけますが、編者の中山師は「タ」を好まれたもののようです。そのほか、徴・角以外の三つについては、ウ(宮)、六(商)、ヨ(羽)が常用され、五音以外の略号としては、「律」を「イ」としたり、「皿」とだけ書いて「盤渉」を示したりもするのです。このうち「ウ」については、オ列長音の第二音節を片カナで「ウ」と書くことが多いので、混同しないよう気をつけなければなりません。いずれにしろ、このような字画の極端な省略というのは、声明家が、というより僧侶が、古来得意としてきた手法です。

さて、モロ下リのあとは、また徴に戻って二回ユッたあと、第六字の「怚」になり、徴のユリ分ケです。

楽譜には「カナ分」とありますが、これはユリ分ケの別称と考えて差し支えなかろうと思います。

つぎの「縛」は、第二字の「縛」と似ています。違っているのはユリの数と、最後に「キル」という技巧が添えられることです。博士の末尾に細く短い縦の線が書かれているのがキルを示します。それまでのいくつかのフシの連結が、ここでひと区切りとなるのです。実際の唱え方はかなり微妙なもので、大原流声明のむずかしさをたとえた言葉に「ユリキリ三年」というのがあるのも、うなずけます。

レコードではこのあとに省略があって、最後の六字にとびます。そして、そこから斉唱になっています。実は、最初から十二字目の「縛」の右肩に小さく「同」と書かれていて、そこで同音、すなわち斉唱になるのが、もっとも本格的な形なのです。なお、解説書では、「同音」と補正し、かつ比率も拡大してあります。

博士に戻って、「羯磨迦」の三字については、もはや何も問題はないでしょう。五音の記入はなくても、左肩から出ているユリの博士であれば、この曲の場合、当然徴ということになります。なお、「迦」のルビは、前述の原則とは違って、博士と同じ側に書かれています。右側に「アサ下」という記入があるためなのでしょうが、「アサ下」は、実はそのつぎの字の博士に書き添えられたものなのです。こういうことは、少しこみ入った譜本や博士では、ときどき生じます。しかし、少し慣れれば、誰でもすぐ判別できるようになるものです。

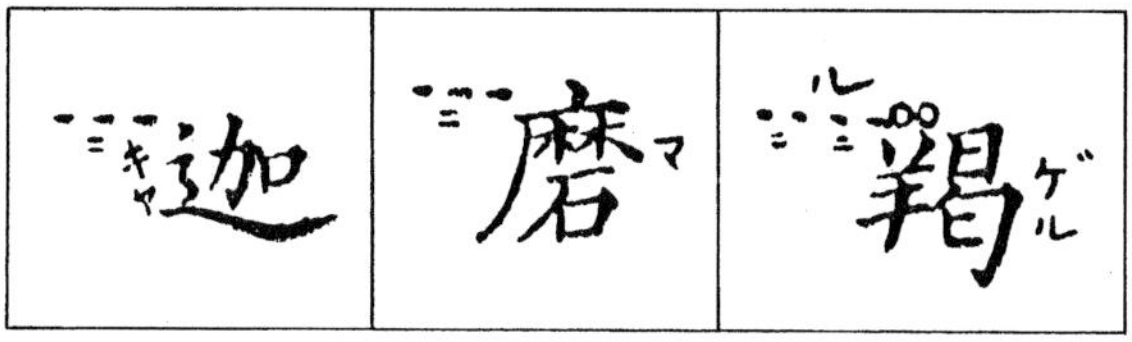

「嚕」に移ります。ここでは、ユリ二回(徴)・フミ上ゲ(徴→羽)・アサ下リ(羽→徴)・ソリ(角→徴)・スグ(羽)、というように唱えます。フシの数がそのように多く、しかも五音の移動まであるにしては、この博士には文字の書き入れが少ししかされていない、との印象を受ける人が多いかと思います。実は、少し前の省略部分に、同じ博士の「羅」があり、そこに五音の記入があるばかりでなく、「唵」などの場合と同様に、余白には仮譜まで掲げられているので、ここで再度詳記する必要はないのです。読者各位は、もはやその「羅」の本譜や仮譜を見なくても、レコードの演唱と対照させることによって「嚕」の博士を読むことができるでしょうが、念のために、仮譜の方を引用しておきました。

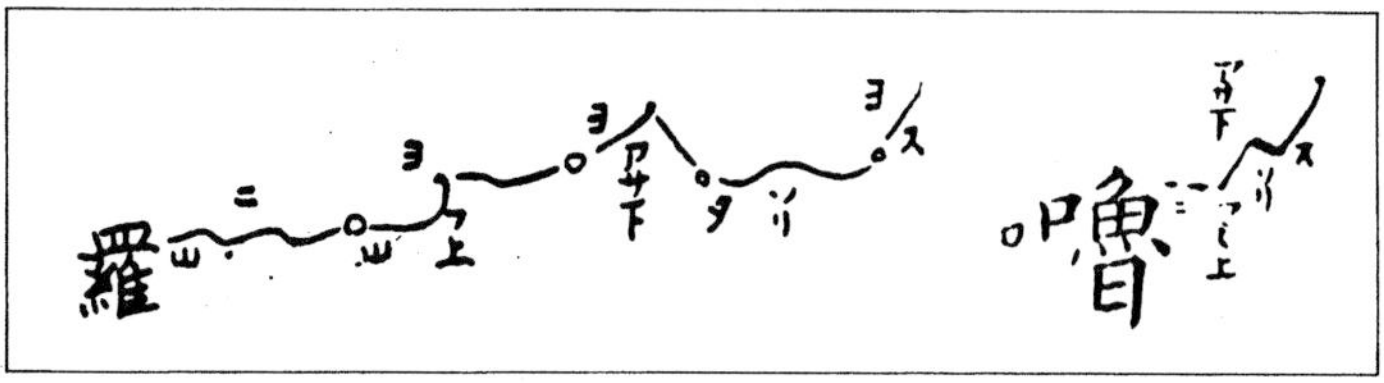

ここで唱えられるフシについて、若干の説明を加えることにします。フミ上ゲ(仮譜では「フ上」)は、しばしばユリに続くもので、その後半部分で約長二度高い音に上り、一位高い五音、すなわちこの場合なら羽への上行と説明されます。それをもとの音高・音位にもどすのがアサ下リです。次

のソリは、やはりポルタメントによる上下ですが、ユリよりその幅が広く、かつ、全体の息の扱いが強いフシです。最後のスグ（仮譜では「ス」）というのは、ユリなどといった装飾的な技巧を用いず、ただまっすぐに唱えるというものです。つまり、ユリ以上に基本的な、もっとも単純なフシなのですが、だからといって決して丸太ん棒のように唱えるのではありません。とくに、立ち上り部分の上行導音的準備については、ことのほか重要視されています。「塩梅《えんばい》」の語を、大原流声明では、事実上この技法に限定して用いることが多い、といってもよいくらいです。

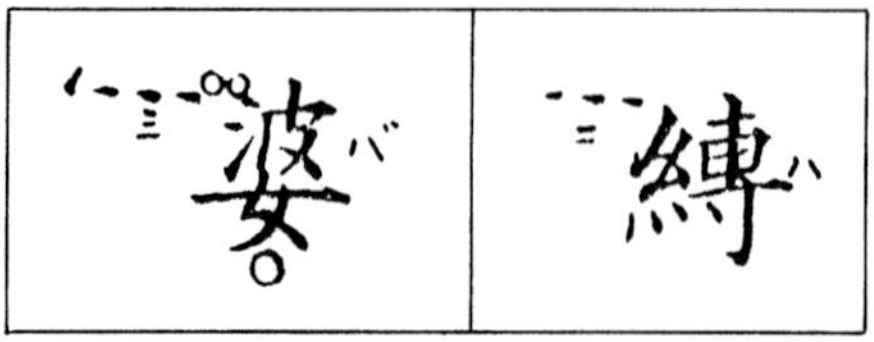

最後の「縛婆」の二字については、もう説明することはありません。「婆」の下にある丸印は、詞章の段落です。省略部分にも同じ記号が三か所用いられていることと、その丸印のつぎの詞章がいずれも「縛曰羅」で始っていることを、解説書で確認してください。

以上説明した博士は、大原流声明の博士のほんの一部にしか過ぎません。曲種や点譜者によって、まだほかにもたくさんの博士があるのです。天台真盛宗や天台寺門宗になると、またそれぞれ独自のものを用いています。その中のいくつかの例が、解説書に声明譜として掲げられているわけですから、読者各位において、それらを読んでみてください。むろん、中にはかなり読みにくく、ほとんど無意味な図形にすぎないとしか思えないようなものもあるでしょうが、次第にその意味や内容が、必ずや伝わって来るようになるでしょう。声明譜読解の一助にしていただくために、解説書の付録として「声明譜記号一覧」が付されております。ご参照下さい。

三　真言宗南山進流声明

概観　きわめて使用頻度の高い曲である「四智梵語讃」の博士を掲げる譜本は、現在の南山進流でも、何種類か発行されています。本大系第二巻の解説書には、それらの中から『昭和改板進流魚山蠆芥集　首巻』（心鏡社　昭和四十九年）の博士を掲げてあります。これは故岩原諦信師の編著になるものです。

天台声明で行ったように、レコード解説書所掲の声明譜のみにもとづいて述べてもよいのですが、文章で説明するためには、フシの名称の記入のあるものの方が便利なので、ここには『南山進流声明類聚 付 伽陀』（松本日進堂 昭和五年）の当該曲部分から、一字ずつの博士を例示することにします。記譜されている内容はまったく同じですから、二種類の博士を見較べながら、本稿をお読みいただきたいと思います。なお記述の便宜上、解説書に引用した『進流魚山蠆芥集』をA本、本稿引用の『声明類聚』をB本と称することにします。A本は、所作や口伝などの記入が少なく、解説書の声明譜は、原本そのままです。それに対しB本は、さまざまの記入が行われているのが特徴のひとつになっている本ですが、本稿では、説明に不要な記入は引用から除外します。

詞章を大きく書いてそこに博士を添えるという点は、天台声明の場合とまったく同じです。ただし、真言声明では、どの博士も詞章の左側に書きます。

この曲の詞章は、全体の字数をはじめ、天台声明のそれとだいたい同じですが、ところどころで漢字または読み方が違っています。ただし、A本・B本ともルビがありませんので、読み方の一部をここに示すと、「オン　バン　ザ　ラ　サ　ト　バ　ソ　ギャ　ラ　カ……バン　ザ　ラ　キャラ　マ　キャ　ロ　ハン　バ」となります。それだったら漢字の違いの方が目立っている、と受け取る人もあるかも知れませんが、声明というものを生きた音楽として把える立場からは、読み方の相違の方をいっそう重要視します。梵語のものは、とくにそうです。たとえば、漢字表記は同じでも「バサラ」と読んでいるか、それとも「バンザラ」か、ということだけで、その流派がかなりの程度まで区別されるのです。

新しいA本はともかく、B本にルビがないのは、発行年を考えると、当然なのです。そのかわりに、すべての漢字に声点を施すのを原則としています。数多くの音楽的注記や仮譜を記載したB本は、当時としては時代の先端をゆくものでしたが、そういうところに古格を残しているのです。

博士の実際　「唵」を見ましょう。まず、B本に「ウヲ

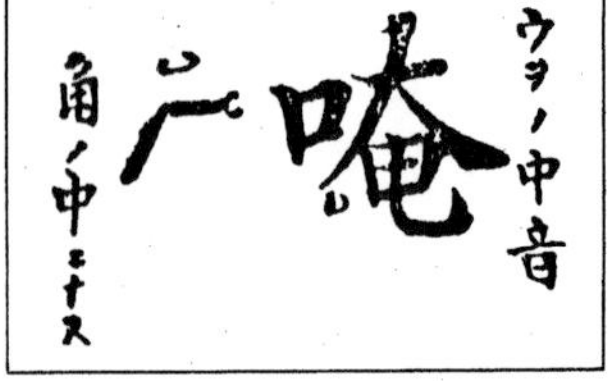

ノ中音」とあるのは、第一音節を「ウ」ともつかず「オ」ともつかない、ちょうど両者の中間ぐらいの発音で唱えよ、ということです。理論用語の「中音」ではありません。

次に、左側に書かれている博士は、天台声明の場合と同様、右から読みます。B本では博士の右端に小さな丸印があって、それが出発点を明示します。この丸印は声点の名残りだとも申しますが、B本では、声点は声点で別に書かれていること、前述のとおりです。さて、この博士は、五音のひとつである角を示す水平の博士と、左斜下を向いて商を示す博士とが結合したものです。真言声明では、四十五度ずつ変わる博士の向きによって五音を示すのです。博士の上に書かれているのは「ム」字で、第二音節[mn]の発音記号です。B本の「角ノ中ニナス」は、その第二音節への移行についての指示で、A本の使用者は、師からの口伝によってその移り方を教えられることになります。

「ム」に移ったあと、音階音が商に下るはずなのに、レコードでは下がりません。まだ角のつづきなのかな、と思っているうちに「縛」になってしまい、「アレッ?」と思う人もいるでしょう。このことについて述べるために、A、Bの博士から離れて、南山進流声明一般に見られる音楽的特質に触れておきたいと思います。

真言声明でも、曲ごとに「調子」なるものが定められており、[四智梵語讃]ならば壱越調《いちこつちょう》または双調《そうじょう》の呂で、一部に律を含む、というのが伝えです。いっぽう、それとは別に、呂については「呂に高下なし」、律については「徴角同」または「角徴同」という口伝が進流声明にはあって、呂の場合は、博士がどう変わろうとも、みな同音高で唱える、律の場合は、徴の博士と角の博士を区別することなく、両者を同音高で唱える、というのが、現在の伝承なのです。

そこで「唵」に戻りますと、ここは呂ですから、五音が角から商に下行しても、実際に唱える音高は変わらない、ということになります。ただし、二つの博士の境界もぼかして、なだらかに続けてしまうのではありません。もう一度レコードを聞きなおすと、角を終って、つぎの商の博士に移ったという演唱者の意識が、はっきりと伝わってくるでしょう。これは、能のツヨ吟の謡で、上音から中音に下行する時の扱いにやや似ています。というより、「高下」を伴わない呂の声明全体が、謡のツヨ吟を想い起こさせるのです。

A・Bの両本とも、「唵」字のつぎに丸印があります。ただし、とくに参照する必要もないので、B本の丸印は掲げてありません。この丸印は、詞章の切れ目というより、音楽上の段落を示すもののようです。「唵」の一字は、むろん今では、唵《おん》阿《あ》毘《び》羅《ら》吽《うん》欠《けん》…などの場合と同様に、完全に［四智梵語讃］の詞章になり切っていますが、元来はこの曲プロパーの詞章ではありませんでした。前項の大原流声明のところで、やはり丸印にかこつけて一部触れたことですが、この曲の詞章は「縛曰羅」で始まる四句からなっており、音楽的にもその事実がはっきり反映しています。つまり、四つの「智」を、ひとつずつ順に讃える気持で唱える、その意味では文字どおりの〝四智讃〟なのです。「唵」のつぎの丸印は、そのことをいっそう明確にしてくれています。

「唵」で字数を使いすぎたようです。先に進みましょう。B本の「縛」の声点は平声を示しており、前項の『魚山声明全集』のそれと一致していません。こういうことは、とくに珍しくはないのです。実際の演唱は、四声とはまったく無関係になっているからです。博士はやはり商で、その末尾の「ン」

は、第二音節をこの博士の最後で唱えること、つまり「バン」でも「バンー」でもなく、「バーン」であることを示します。ただし第一音節の「バ」を延ばしすぎてはいけない、という注意が両本の「矢」です。これは、例によって字画の省略で、「短」を意味します。

「曰」は、真言声明では濁音ですから、B本の声点は二個となります。博士は、むろん商で、「矢」は「短」です。

第四字「羅」に移ります。この字に対する昔からの博士は、直前の「曰」と同じく、ふつうの商です。B本にはそれが記されています。ところが、本博士は簡単なのに、ここで

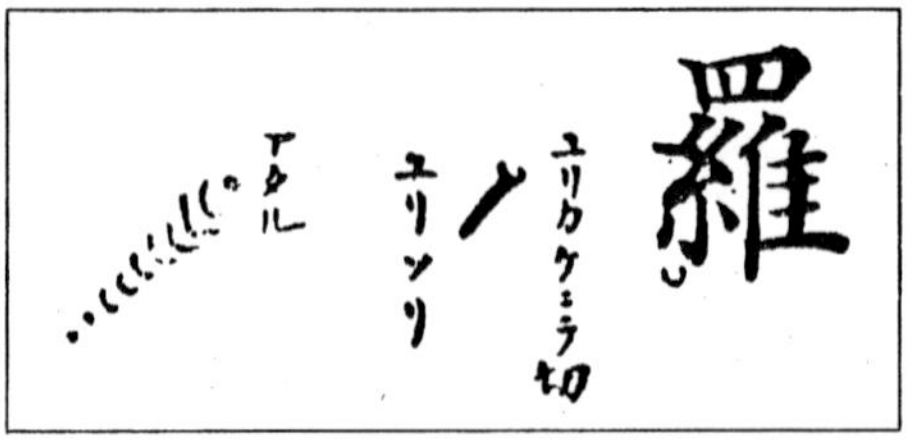

はユリソリというかなり長いフシを唱えます。ユリソリは、ひとつの音型を少しずつ細かくしながら繰り返すものですが、はじめにアタッてからユリを一つ唱え、いったん切って息つぎをします。A本の◀印、B本の「ユリカケニテ切」がそれです。古い博士を基本とするB本では、もっとわかりよいようにということで、その傍に仮譜を書き添えています。この仮譜は、寛光という人がおそらく天明のころ考案したのをもとに整えたものです。原本では赤で印刷されているので、本譜と接近して書かれていても、両者を混同することはありません。A本では、こういうところでは本譜と併記することをせずに、仮譜だけで示しているわけです。なお、ユリソリのユリは、後述の呂ノユリ・律ノユリとは別物です。

「薩」に移って再び角に上行します。しかし、音高が変らないこと、前述のとおりです。最初の角をやや長目に唱えて切り(A本▲印)、また角を唱えます。切ったあとの博士は、三個あるようにも見えますが、本譜では二個の角を少しずらして書き、両者を細い線で結んでいるのです。したがってこの繋線は、五音を示しません。ところが実際の演唱を聞くと、いったん切ったあと、産み字の「ア」で、同じ高さの音をさらに三回唱えていることが、はっきりわかるでしょう。これは南山進流声明の特徴のひとつで、ふたつの角の間に「モドリ」と称する音を挿入することによっているのです。これは第一字の「唵」のように、前の博士の末端からつぎの博士が出ている時には生じない事柄で、末端の少し前のところから出ている時に限って、モドリが挿入されます。「薩」の場合のように、同じ博士を重ねる時には、少しずらして書いて線で結び、モドリを示すのです。A本でその繋線を長くはっきり書いているのは、モドリの存在の強調だろうと想像されます。何しろモドリというのは、本譜においては固有の博士を持たず、二個の博士

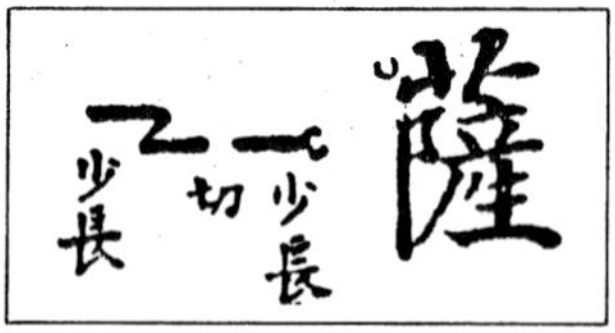

の連結の仕方によってのみ示されるものでありながら、唱え方は、音価・音量とも、一個の博士に充分匹敵するほどのものなのです。音高は、もともと「高下」のない呂においては、前後の音と同じ高さです。

モドリのあとの角に、両本とも「少長」と添記があります。二つ前の角にも「少長」とあり、音価に関する指示であるのは、いうまでもないことです。南山進流声明では、ユリなどの装飾的なフシや、矢、長などの指示がとくにない限り、各博士の音価をだいたい等しく唱えるというのが、いちおうの原則とされています。しかし、実際の演唱を聞くと、必ずしも「矢」のあるところは常に短く、「長」は長く、何もない博士はすべて厳密に等音価、というわけでもないようです。[四智梵語讃]のように、本来、拍も拍節も意識されない曲であれば、むしろ当然のことと申せましょう。

つぎにまた丸印があります。前述のように、音楽上の段落です。なおB本の丸印は、「薩」の仮譜、口伝の添記とともに、引用を略しました。

「怛」は問題ありません。B本には「必ス末ヲ刎ヌル刎レ若シ然ラサレハ……」という注記がありますが、引用を略しました。

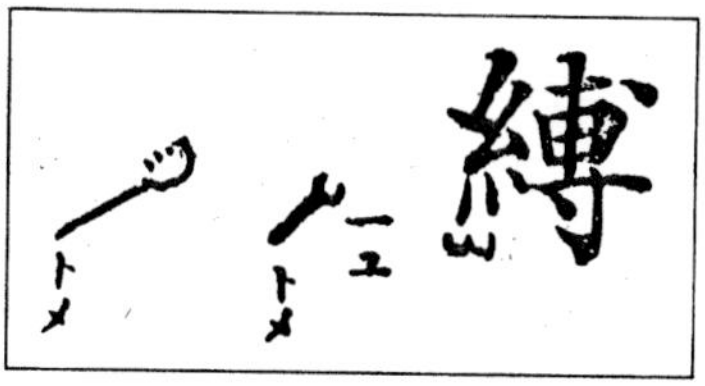

「縛」は商の博士一個ですが、B本の本譜に「一ユ・トメ」とあるように、ユリを一つとトメを唱えます。真言声明では、しばしば「ユリ」を「ユ」または「由」と略記・略称するのです。そして、南山進流で単にユリという時、呂の曲と律の曲とでは異なるフシを用い、呂ノユリ、律ノユリという通称があります。そしてここでは、当然呂ノユリを唱えるのです。それを示す仮譜が、半円の中に小さな点を三つ並べたもので、これを見ると直ちに進流声明の譜本であると判定できるというほど、特徴的な形態をしています。半円の向きの違いには、特別の意味はありません。「羅」のユリソリにも認められましたが、「呂に高下なし」とはいいながら、五音の推移とは別の音高変化が、呂の曲にもちゃんと存在していることが、呂ノユリの演唱を聞くとわかりま

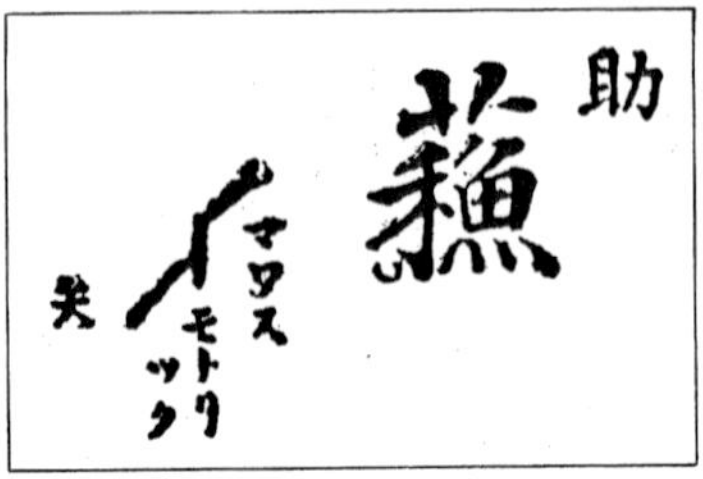

す。ユリの仮譜の下にある直線が、トメを示します。演唱も、基本の高さの音をしっかり唱えて締めくくります。

「蘇」に移ります。右肩に「助」とあるのは「助音《じょいん》」の略です。助音は、大原流声明のところで述べた「同音」と同義で、ここから全式衆が加わって斉唱になります。なお、斉唱になる個所が大原流と同じではないことに、すぐ気づくでしょう。この相違は、直接的には事相の流派の違いにもとづくと考えるべきもので、声明そのものの流派差とは、いちおう別の事柄です。

さて、ここでは最初に商→宮と進行しますが、「高下なし」の扱いではなく、基本の音より半音ほど高い音から、かどなくなめらかに下行して、もとの高さに安定します。これが「マワス」で、二つの博士にこういう高低変化をつけることもあるのです。そのあとはモドリを経て商になります。B本の「ツク」は「突キモドリ」を意味します。A本では、やはりモドリの存在

を強調する書き方をしています。

「蘖」は先程の「薩」と同じ、「羅」「賀」も、「怛縛」とほとんど同じで、最後にトメがない点だけ違っています。なお、B本ではユリの仮譜の印刷が不鮮明です。いずれにしても、A、Bの両方とも、ここで丸印があって段落、これまでが先程述べた考え方からすれば「四智」の第一、つまり「大円鏡智」を讃えた部分ということになるでしょうか。

南山進流の「四智梵語讃」は、レコードでは省略なしの全曲収録を予定しています。しかし、今までと同じ調子で博士の説明をする必要はないと思いますので、A本の四行目の「麼誐夜」の部分について略述するにとどめます。

まず「麼」字に、A、B両本と

も「以下律」とあるように、ここで反音《へんのん》、すなわち転調ということになります。ところが、反音の理論にもいろいろ不明確な部分が多いのが現状で、いまここで詳細を説明することはできません。ともあれ、呂から律に転じたわけですから、博士の音位が変れば、今度は音高もそれに応じて変ることになります。それでも「徴角同」であること、前述のとおりです。

「誐」の博士は、この曲では初めての徴です。ふつう徴の博士ではユルのですが、ここではユリません。それを示すのが「スグ」を略した「ス」で、この用語とその意味は、大原流の場合とまったく共通しています。

つぎの「夜」の最初の博士の徴では、ユリを唱えます。それは律ノユリです。呂ノユリより細やかなユリで、仮譜でも点線を用いて、それらしく示します。

呂に対する律の、もう一つの相違点は、モドリ(突キモドリ)の唱え方にあります。律では、直前の博士より約長二度高い音で唱えるのです。ただし「麼誐夜」部分には、モドリはありません。

なお、A本の「麼」の博士は、宮と区別がつかないようにも思えますが、これは明白に羽を示します。真

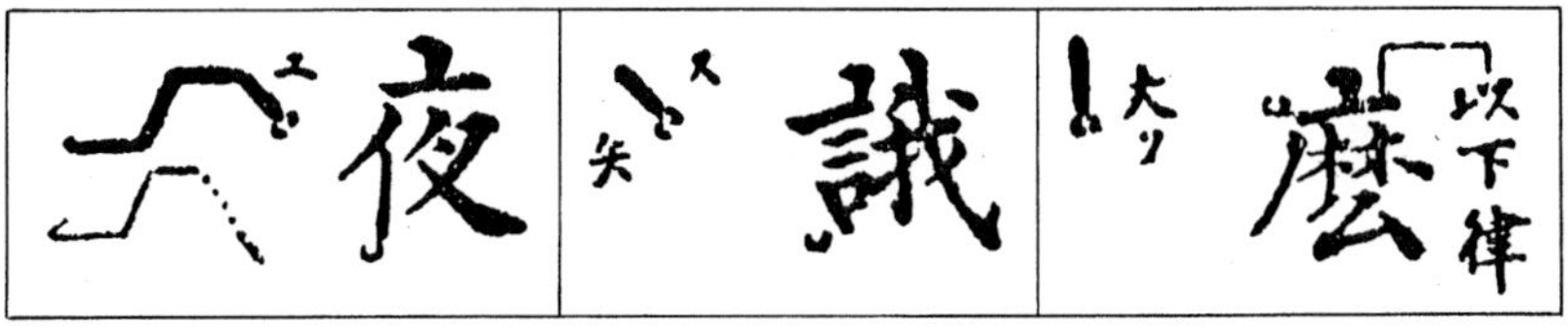

言声明では、大原流声明とちがって、詞章の文字の左側のちょうど中程から博士が出発しますから、文字の上の方に伸びていることによって、B本のような丸印がなくとも、羽であることがわかるのです。宮ならば下に伸びます。

ところで、B本では「那」(発音は「タイ」)の商の博士に「此商ヨリ呂」とあるのに、A本にはその記入がありません。ところが博士(仮譜)を見ると、A本でもその部分は呂ノユリになっていますし、そのあとにも三回、呂ノユリが見られます。(「羯」字において、半円の中の小点が一列ではなく三角形になっている仮譜は、呂ノユリとは別のフシと考えます。)したがって、A本では呂に戻る旨の記載が脱落しているのかとも思いますが、演唱を注意深く聞くと、必ずしもそう

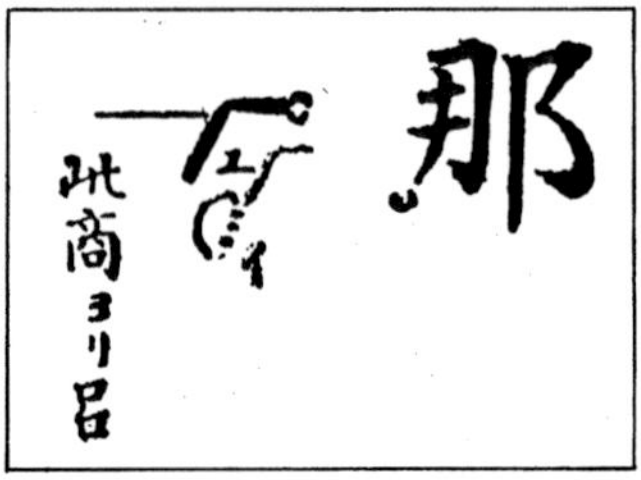

とはいいきれない面もあるのに気がつきます。つまり博士間に「高下」があったり、モドリの音高が長二度上だったりするのです。

されぼこそ、〔四智梵語讃〕の反音については、古来議論が絶えなかったのでしょうし、この種の問題をとくに深く考察した岩原諦信師は、呂に戻る箇所を明記することを敢えて控えたものなのでしょう。

四　真言宗新義声明

概観　新義声明と南山進流声明とは源を一にしていると考えられます。ところが、〔四智梵語讃〕のような曲種を取り上げて聞き較べると、両者の旋律はまったく違っていると、誰もが感ずることでしょう。それは、いわゆる新義真言宗が高野山から独立した後、高野山側と新義側の両方で、それぞれ独自に声明を変化させていったからなのです。いまここでは変化の質や量の比較はいたしませんが、一般に行われている「新義声明は南山進流声明から分かれてできた」という表現や、進流声明を用いる真言宗諸派を〝古義〟と称して〝新義〟と対立させる通念があるにもかかわらず、両声明の伝承の相違は必ずしも古色と新様式として説明できる性質のものではないことだけは、強調しておきたいと思います。

ところが、実際に演唱される内容については右に述べたとおりでありながら、博士（本博士）だけは現在でも両流で同じものを用いているのだから、ちょっと驚きます。といっても、むろんこれは、両流で同じ譜本を用いているというのではなく、進流と新義の両方でそれぞれに何種類も出している譜本に、同一の博士が記されているということなのです。同じ楽譜に準拠していながら唱える旋律はまるで違っているというのが、真言声明二流の現在の伝承なのです。

そのようなわけで、本博士に限っていえば、進流声明について説明すると、新義声明についてもかなりの部分を述べてしまったことになります。そこで、いまここで解説書の声明譜について説明するにあたり、重複はなるべく避け、主として補助的な書き入れと仮譜を対象に述べてゆくことにします。それ以外の事柄について不明の点が生じたら、前項を参照していただきたいと思います。なお、レコードに収録されている新義声明の［四智梵語讃］は、真言宗豊山派の伝承で、声明譜は『仮博士所作付二箇法要法則』（昭和五十二年、六版）所掲のものです。この声明譜は故小野塚与澄師の編になるもので、現在、同派においてもっとも広く用いられているものです。ただし、版刷によっては、解説書や本稿への引用とは、少し違っている部分があります。

博士の実際　では「唵」から始めます。まず、右肩に「頭《とう》」とあるのは、法会では所定の役によって独唱されることを示し、八字目の「蘇」の右肩の「助」に対します。大原流や南山進流でも同じなのに独唱の指示がないのは、それがあまりにも当然のことだからなのです。字の真上の大きな丸印は、音楽上の新しい区分の開始を示します。詞章の途中に書かれた段落記号は、前からの区分の終止なのか、次の区分の開始なのか判然としませんが、同じ記号が曲頭にも置かれて曲尾に無ければ、新しい区分の始まりであることがはっきりします。

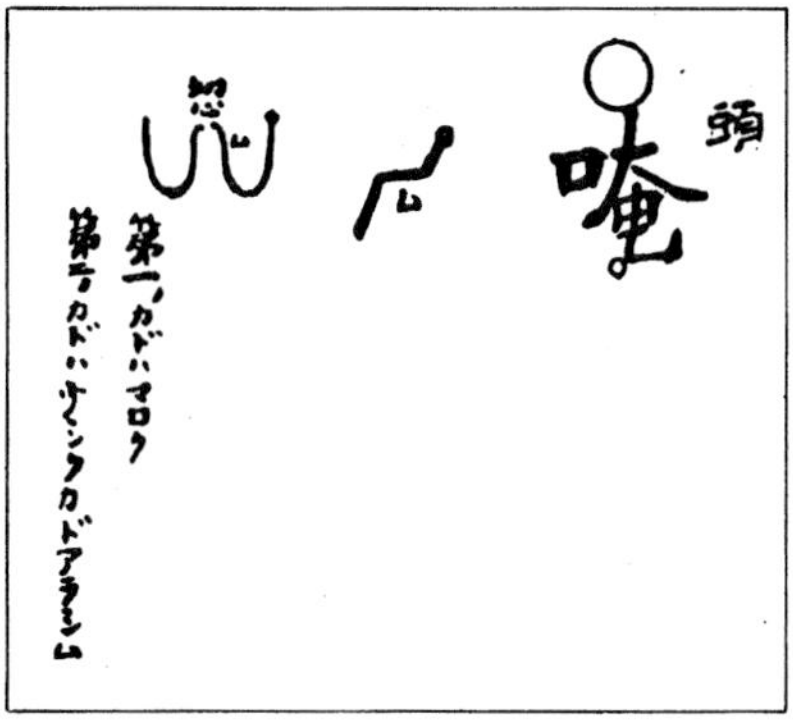

博士については、最初から例外が出て来て、この本博士は、進流現行のそれと同じではありません。しかし進流の古い譜本を見ますと、これと同じ博士が記されていますし、前項で詳述したB本、すなわち『声明類聚』でも、「古譜」と注記して、この商・角・商の博士を掲げています。

この『二箇法要法則』では、詞章のすぐ左に本博士を記し、さらにその左に仮譜を併記するのを原則としています。つまり、三列で一行というわけです。そしてその仮譜がこの声明本の重要な特色となっており、書名の「仮博士／所作付」という角書で謳っているほどのものなのです。いずれにしても、「高下なし」という口伝の存在しない新義声明における呂の曲の旋律

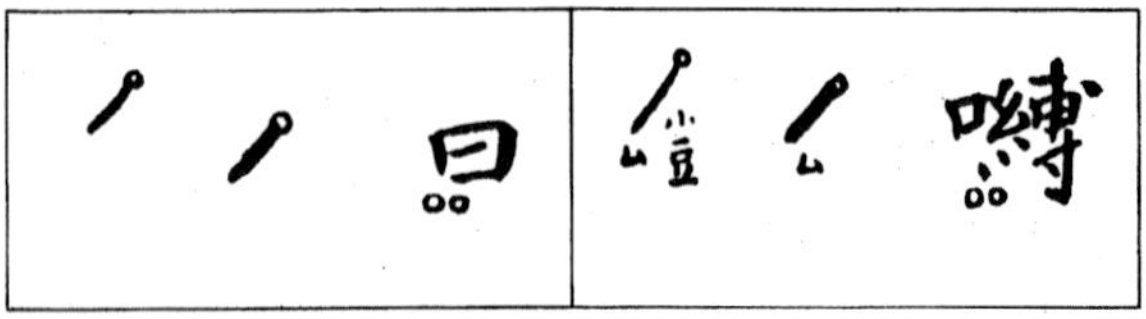

は、進流声明の場合より動きが大きく、「唵」の仮譜ひとつをとっても、それをよく物語っていると申せましょう。

「嚩」は、口扁がついていても、新義声明としての発音は、南山進流と同じです。仮譜の「豆」は「短」の略記で、『声明類聚』とは逆に、旁を残したものです。「小豆」ですから、「少し短く」の意味となります。「ム」は、第二音節の発音の指示です。進流では「ン」と書かれたものですが、実際の発音は、両流に違いはないと思います。

「曰」については、何も述べることがありません。つぎの口扁の「囉」は、「嚩」の場合と同様に、単なる異体字と考えて差し支えないものです。「ユソ」はユリソリの略記です。唱え方は、進流声明の場合とかなりよく似ています。新義には七ツ由《ゆ》、あるいは藤由《ゆ》という別称があり、前者は七回ユッて一つのフシになることによる名称です。後者については、『新義声明大典』（大正六年）という本に「藤ノ花ノ本ハ開テ末ハ次第々々ニ開カサル如ク末ヲ細カニユル」とありますが、直接的には、実際の唱え方ではなく、それを示す仮譜の形からのイメージによる名称かと思います。ユリソリの唱え方をわかりやすく仮譜で示そうとすれば、商ですから本譜は垂直ではありませんが、どうしたって藤の花を連想させる形になってしまいます。小野塚師は、これをはっきり垂直に書いたわけです。それから、仮譜の左に書かれている注記の一行目は、この「囉」の七ツ由の唱え方、二行目は二句目にある同じ博士の唱え方です。

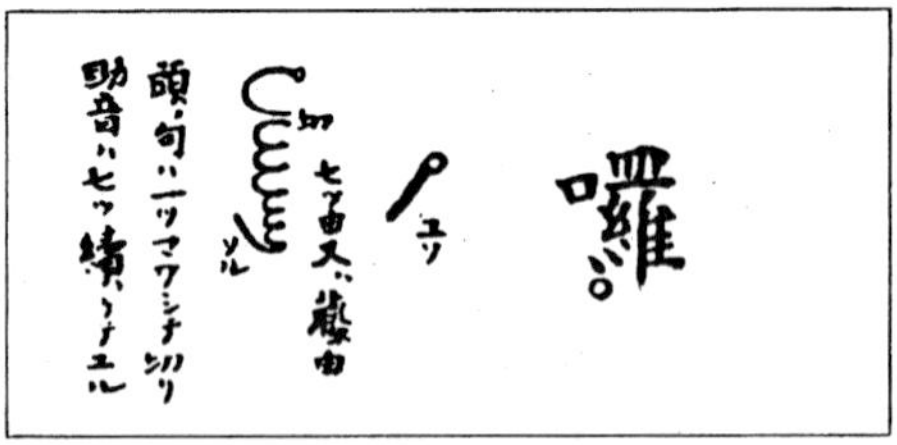

「薩」の博士では、進流のモドリにあたる部分に、進流とは違った新義の唱え方と呼称があり、すなわち「押シ上ゲ」です。ただし押シ上ゲには二通りの唱え方があります。ひとつは、直前の角が終わると、少し音量

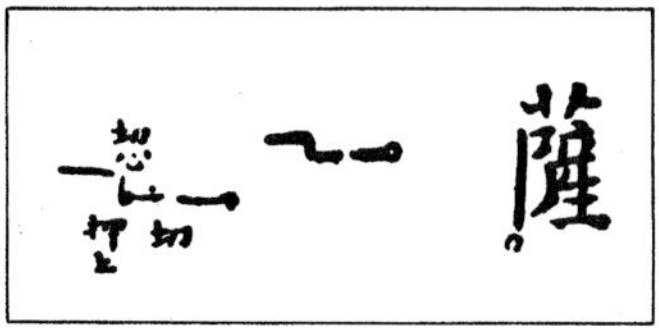

を弱めてほぼ長二度高い音に上げるもの、もうひとつは、角が終ると急に裏声にするものです。後者の場合、裏声にした部分の音高は、わずかに高めになる人と、まったく同音高のままの人とがあるようで、同音高ですと「引返シ」とほとんど区別がつかなくなりますが、フシとしての名称はやはり押上ゲです。ふたつの押上ゲは、角の博士にイロがあるかないかで唱えわけられ、この場合はイロがないので、裏声にする方の押上ゲとなります。進流のモドリに当る部分は、ふたつの角がずれている時のほかは、「引返シ」あるいは「突返シ」を唱えるのがふつうで、この曲でもあとの方に何回か出て来ます。

「怛」の仮譜の末端に「ウ」とあるのは発音記号です。ただし、この漢字は「とう」という二音節なのではなく、ルビを振るならば「と」だけの字です。「怛」の博士の音価のうちに、つぎの「嚩」の発音の準備をせよ、という気持が、「ウ」という表示となったものなのでしょう。

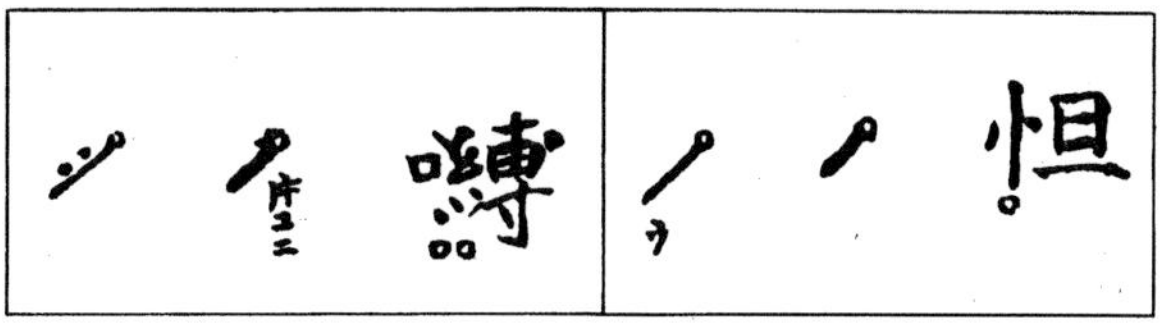

頭《とう》ノ句（独唱される句）の最後の「嚩」で、ユリが唱えられます。新義声明でもユリがもっとも基本的な装飾技法であることはほかの流派とまったく同じで、実際にどのように唱えるのかという点に、新義の独自性を見せるのです。新義声明では「片由《かたゆ》」というユリを、基本中の基本といたします。これはまっすぐ唱えている途中で、咽喉を使って短く鋭く声を突き上げるようにし、すぐもとの状態に戻すものです。「嚩」ではそれを二回唱えるので「片ユ二」、仮譜では点ふたつでそれが示されます。

以上の頭ノ句は、「唵」のあとで息つぎをする以外は、字の替り目での息つぎがありません。しかし、むろん六字全部を一息で唱えるのではなく、「囉」および「薩」の博士の途中で息つぎをするのです。このように、一つの字の途中で息つぎをしてでも字と字の替り目は切らずに続ける、という演唱は、ほかの流派にも、また声明以外の分野にもみられることです。譜本によっては、詞章の字と字を□—□—□というように繋線で結んで強調することもしばしばです。ただし、同じような繋線を、右の目的ではなく、詞章中の熟語の明示のために用いる譜本もありますから、注意が必要です。

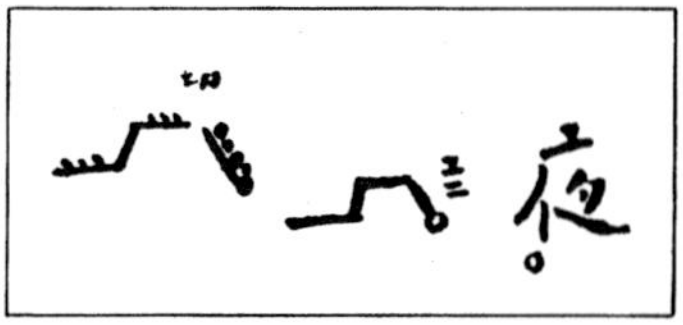

あと一字だけ、取り上げておきましょう。第三句で、律に転じたとされているところの「夜」字です。ここの徴の博士で、片由とならんで重要な「諸由《もろゆ》」が唱えられます。これは、はじめにやや軽く突き上げて戻し、すぐにもう一度、今度はしっかりと突き上げて、この二つの動きで一個のユリとするものです。本博士には「ユ二」としかありませんが、仮譜では、小・大・小・大の四個の点によって「諸由二つ」を明示します。徴の博士のあと角・商・角と続き、仮譜では、ふたつの角の博士に、ユリのものとは違った点が書かれています。これは「イロ」という装飾技法を示します。ところが、諸由が終ったあとの実際の唱え方は「角部分・商部分・角部分の三部分に分かれ、ふたつの角部分は同一の旋律である」というものではありません。いま詳述は控えますが、実習の上では、角商角の三つの博士でひとつのフシと考えておくのが現実的かと考えます。これだけの動きがあり、イロという常用の術語もあるのに、本博士に何の注記もないのは、「角にイロあり」という口伝があることと、ユリなどと違って実際の唱え方はただ一種しかないことによっているのでしょう。

字単位で取り上げるのは以上までとし、最後に「那」と「婆」の仮譜に添記された「八分仮名」の意味を説明しておきます。これは頭ノ句の「縛」や「怛」などの場合と違って、第二音節をその博士の末尾ではなく、八分目ぐらいのところ、つまり、末尾よりわずかに前のところで発音せよ、ということを指示しています。このようなところでは、音量の変化を伴うなどして、全体的に微妙な表現になるのがふつうです。

五　おわりに

もともと本稿は、声明の音楽理論的側面の全般を概説するということで分担したものです。ところが、声明の音楽から何物かを得ようとするには、博士を読みながら演唱を聞き、自らも一緒に唱えてみることによって、声明家の音楽思考をまずは追体験してみるのが、もっとも有効なのではないかという、私の日ごろの考えが、前項までの記述を、お読みのようなものにしてしまいました。しかも、例曲を［四智梵語讃］一曲に限定したのみならず、流派も三つしか取り上げることができませんでした。要するに、前述した事柄は、声明全体から見れば、まさに九牛の一毛に過ぎないのです。しかし、もはや紙幅の余裕はありません。

さいわいなことに、この『声明辞典』には、いくつかの音楽用語が立項されています。したがって、私がここで声明の音楽理論面について述べたとしても、その多くは、それらの各項の記述と重複する結果になるでしょう。そこで、『辞典』の音楽用語の中から、とくに音楽理論関係の項目を選び出して、それを分類してここに掲げることにします。ほとんどが塚本篤子氏が執筆されたものですから、記述は整然と統一がとれています。

〔本稿で取り扱った曲〕

四智梵語讃

〔博士に関するもの〕

博士　墨譜　古博士　五音博士　目安博士　仮譜

〔十二律〕

十二律　一越　断金　平調　勝絶　下無　双調　鳧鐘　黄鐘　鸞鏡　盤渉　神仙　上無

〔音階〕

呂　呂曲　律　律曲　中曲　五音　七声　宮　商　角　徴　羽　呂角　律角　変徴　変宮　嬰商　嬰羽　下羽　上羽　十一位　出音

〔調子〕

調　五調子

〔転調〕

変音（反音）

〔天台声明の転調〕

商調変音　羽調変音　甲乙変音

〔真言声明の転調〕

曲中反　甲乙反　七声反　隣次反

〔その他の音組織関係用語〕

塩梅　甲　乙　重　初重　二重　三重　下音　中音　上音

〔フシ付ケの相違による楽曲分類〕

甲様　乙様

〔重要なフシ〕

直グ　由里（ユリ）　反リ　モドリ　自下

〔主として天台系声明における拍子〕

序曲　定曲　引声　短声　長音　切音　中音　序破急

〔論議のリズム様式〕

引声　切声

〔その他のリズム関係用語〕

長音

〔合唱形式に関するもの〕

頭　句頭　調声　助　助音　同音　次第取　発音

以上は、立項された術語の中から選んだものです。そのほかにも、いろいろの事柄が内在項目の形で散在していますから、それらをたんねんに見付け出して、理解に役立ててほしいと思います。

辞典の部

岩田宗一編

凡例

・項目の排列は現代かなづかいによる五十音順とした。

・漢字は当用漢字体の使用を原則としたが、慣用にならって正字体または簡略体を用いた場合もある。

・項目の範囲および、その略号は次の通りである。

法 法会・法要	人 人名	荘 荘厳・道場
曲 声明曲・曲種	流 流派	衣 法衣・装束
作 作法・所作	理 楽理	具 法具
役 配役	資 資料・文献	器 楽器

・ほぼ特定の宗派に限られる場合は〔 〕（ ）内に宗派名・系統名を記した。

奈良諸宗〔南都〕	天台真盛宗〔真盛〕	浄土真宗〔真宗〕
華厳宗（華）	和宗〔和宗〕	本願寺派（本）
法相宗（法）	浄土宗〔浄土〕	大谷派（大）
聖徳宗（聖）	浄土宗西山派系〔西山〕	仏光寺派（仏）
律宗（律）	時宗〔時宗〕	高田派（高）
真言宗〔真言〕	融通念仏宗〔融通〕	誠証寺派（誠）
智山派（智）	禅宗一般〔禅〕	日蓮宗・法華宗系諸宗〔法華〕
豊山派（豊）	臨済宗（臨）	修験系〔修験〕
真言律宗〔真言律〕	曹洞宗（曹）	
天台宗〔天台〕	黄檗宗（黄）	

・人名は、昭和56年末現在の物故者に限った。

・異称（出家唄・毀形唄など）や関連項目は↓で参照すべき項目を示した。

・説明文中、独立の項目として掲げてある語には＊印を付した。

・執筆者名は文末に記した。なお複数名の連記してあるものは、個別に書かれた稿を編者の責任において合併して単一の項目としたものである。

あいぜんおうのさん　愛染王讃　曲〔真言〕秘して「愛水王言」とも書く。梵語讃。『*諸秘讃』などの*朝意系の*秘讃集に所収。愛染明王を讃嘆する。金剛界十六大菩薩を讃嘆する百八名讃中の金剛愛菩薩の*讃。「縛日羅《バンザラ》羅誐《アラギャ》　摩訶《マカ》燥佉《ソウギャ》　縛日羅縛弩《バンザラバンド》……曩謨《ナウボ》率都帝《ソトテイ》」。*出音《しゅっとん》*羽《う》、終音*商。*東方讃と曲調はおなじ。なおこの讃は*恵《え》十六大菩薩梵讃中の金剛愛菩薩讃と同一曲である。(新井弘順)

あげかんじょう　揚勧請　曲〔天台〕漢語。天台宗の読経会*論義法要などにおいて、*経題を誦す前にとなえる*発願文に高らかな旋律を付して唱誦するもので、その旋律は論義節に属する。(天納伝中)

あげまき　揚巻　荘　*戸帳の両脇に垂れる長い組紐。主として浄土真宗で用いる。安永三年(一七七四)玄智が著わした『考信録』に「蟠結して正中にかくるを*華鬘《けまん》といひ、長く垂るるを揚巻と称す」とある。(播磨照浩)

あこ　下炬　役　葬儀式のときの役名。禅宗では*秉炬《ひんこ》師という。炬火《たいまつ》を秉《と》って亡者を火葬する意味から転じて、引導の句を授けることを含め葬儀の*導師をも下炬と称するようになった。各宗ごとに次第や作法が定められているが、松明や鍬で円を描き下炬文とともに落とすことが多い。(高橋美都)

あさぐつ　浅沓　具　黒漆塗の沓。公卿装束で用いていたものを*法衣着用の際にも用いるようになったもので鼻高《びこう》ともいう。(播磨照浩)

あしはら-じゃくしょう　葦原寂照　人〔真言〕声明家。天保四年(一八三三)〜大正二年(一九一三)。寂如から真言声明を伝受。声明本の刊行や弟子の養成ならびに声明曲の保存・復興に活躍した。明治以降の*進流声明家はすべて彼の門流といえる。主な編著・校訂本、『*五音声譜伽陀仮博士』(明治一八)『*諸秘讃』(明治二三)『*魚山集仮譜』(明治二四)『*魚山蠆芥《たいかい》集』(明治二五)『魚山蠆芥集』(訂正再版・明治三二)『南山進流声明大意略頌文解』(明治四一)。(岩田宗一)

あみえ　阿弥衣　衣〔時宗〕網衣とも書き、「あみぎぬ」とも読む。時宗で用い、薄墨色の麻で作り、裳のない仕立てである。時衆開創当時から用いられているが、当時は裳無衣は*法衣とは見做されず、他宗から批難があったことが『*野守鏡』や『改邪鈔』に見えている。(播磨照浩)

あみだきょう　阿弥陀経　曲　浄土三部経の一つ。三種の漢訳があるが現在最も広く流布しているのは鳩摩羅什《くまらじゅう》の手になるものである。漢音・呉音*唐音によって読誦または旋律をもってとなえられる。その際、*行道を伴うことがある。読誦の場合には*音木*笏*木魚などの鳴らし物が加えられることが多い。旋律には、天台に「*引声」「声明」「*切音」の三種が伝えられている。経文は、阿弥陀仏の功徳や極楽の荘厳のさまを述べ、阿弥陀仏を信じてその名号を一心不乱に称えるならば極楽に生じ得ると説く。さらに六方の諸仏が釈迦の所説の真実であることを証明し、*念仏をとなえる衆生を護ると説く。釈迦が弟子の舎利弗らに説く形式で述べられている。(岩田宗一)
→いんぜい-あみだきょう

あみだきょうさほう　阿弥陀経作法　法〔真宗〕(本)浄土真宗本願寺派の勤行式。＊三奉請＊甲念仏・経段＊合《かっ》殺《きっ》・名義段＊回向の次第であり、名義段のみ呉音で、ほかは漢音で誦す。天台宗の＊例時作法を本願寺派の教義に合うように手を入れたものであり、彼岸会・永代経法要・追弔法要などに用いる。(播磨照浩)

あみだけか　阿弥陀悔過　法〔天台〕〔南都〕修正会法要の一つ。天台宗では＊牛玉《ごおう》導師作法とともに正月三日、大原魚山勝林院で修される。＊供養文＊散華＊乞呪願(しゅがんをこう)詞・南無清浄法界・南無極楽化主＊発願・弥陀真言・至心奉上・南無四十八願＊大懺悔《おおいさんげ》＊初夜偈・発願＊五大願＊真言(弥陀・不動・毘沙門)行道・加持牛玉＊回向と次第する。四十八願中に勝林院村宮座の若連中が三十三度(悪魔払い)を行なう。南都各宗でも鎮護国家のため阿弥陀如来を本尊として行なわれる。(天納伝中・高橋美都)↓

けかほうよう

あみだせんぼう　阿弥陀懺法　法〔真盛〕阿弥陀仏を本尊として＊懺悔を行なう法要。観無量寿経を中心として構成せられている。天台宗の＊例時作法＊法華懺法・短声阿弥陀経などと類似の構成をもつ。天台真盛宗総本山西教寺において昭和四七年に行なわれた不断念仏十五万日大法会に際し、その一法座として再興された。(岩田宗一)

あみだせんぼう　阿弥陀懺法　資〔真盛〕＊声明集。片岡義道編。昭和四七年同宗法儀研修所刊。A6折本六七頁。(岩田宗一)

あみだのさん　阿弥陀讃　曲　梵語讃。阿弥陀如来の徳を讃嘆する。出典「無量寿如来観行供養軌」。詞は「那《ナウ》慕《ボ》弥《ミ》陀《ダ》婆《ハ》也《ヤ》　那《ナウ》慕《ボ》彌《ミ》陀《ダ》庾《ユ》灑《セイ》……」など漢写音一〇八字からなる。真言宗の『＊魚山蠆芥《たいかい》集』所収の＊博士は＊相応院流のもので、＊進流の様は別紙(＊秘讃集)にあると当集にいう。ところが相応院流系の＊法則集(上野学園日本音楽資料室蔵の宣雅博士本および仁和寺蔵の潤恵本)所収の当讃の博士は『＊諸秘讃』などの＊朝意系の秘讃集所収の博士とおなじである。一方、＊醍醐流『＊声明集』(東京芸大蔵)所収の博士が、『魚山蠆芥集』の博士と一致する。『魚山蠆芥集』の曲は＊隆然の略頌のごとく＊平調《ひょうじょう》＊律＊反音《へんのん》曲。＊出音位《しゅっとんい》＊羽《う》。醍醐流『声明集』は調子不明で、反音曲、出音位＊呂《りょ》＊乙とある。秘讃集および仁和寺『法則集』の曲はともに唯律曲で、出音位＊角。また『魚山蠆芥集』および醍醐流『声明集』は途中まで＊曲中反で呂律交互に反音し、最後の三字を頭人のみ高声にとなえ、＊助音は地音のままというが、この点に関して諸説ある。『声明集』には「莫護」以下二度となえ、「珊者塩」の三字を反じて＊上音にとなえよといい、これが相応院の様であるという。『魚山蠆芥集』では「莫護」以下反音とあり、さらに「珊者塩」について「反音已下三字頭人高声誦之」とあって上重にて誦せと別記している。『＊新義声明大典』および『南山進流声明の研究』では、右の三字は＊甲乙反にすべきという。『南山進流声明類聚の解説』では一度最後までそのままとなえ、「莫護」より＊衆僧少し音を高くし反音の＊墨譜のごとく＊由《ゆり》を多くし「怛曩」

までとなえ、頭人のみ「珊者塩」を*三重の墨譜にて高声にとなえるという。なお天台宗には*黄鐘《おうしき》調乙様出音*徴《ち》(平調)で、表音漢字に異なるところのある同名曲がある。(新井弘順)

あんきゃんばい　行香唄　曲　(真言)(天台)天台宗の『*魚山叢書』(*覚秀本)は、異なった*博士をもつ三種の行香唄を載せている。詞章はいずれも「如来色無尽　智恵亦復然　一切法常住　是故我帰依」で、一字ごとに多数の*序曲旋律型を連ねている。真言宗にもこの曲があるが、同宗の声明本にはおなじ偈文を*中唄に含めているものもある。また振り仮名に「あんひゃんばい」とした例もある。法要の開始部で*柄香爐《えごうろ》を持って*行道をするときにとなえられる声明である。(岩田宗一)

あんだえ　安陀衣　衣　梵語antarvāsa を音訳したもの。*三衣《さんね》の一つで身体に最も近く着けるので内衣といい、自坊に居るときや、作務を行なうときに着ける*袈裟《けさ》である。条数によって*五条衣ともいう。(播磨照浩)

あんちんほう　安鎮法　法　(天台)*御修法《みしゅほう》大法の一つ。安鎮家国法という。安鎮曼荼羅(中央本尊不動明王)を本尊として延暦寺根本中堂で修される五箇大法の一つであるが、ほかの四箇大法とくらべ修されることは稀である。*祭文*神分・祈願・長音供養文*唱礼*驚覚*九方便*発願*五大願*能陀羅尼などがとなえられる。普通家屋の家宅鎮護のために修する密修は不動鎮宅法という。(天納伝中)

あんねん　安然　人　(天台)音韻学・密教学者。承和八年(八四一)〜元慶八年(八八四)。幼年に*円仁の弟子となり、のち密教教学を大成した。著『悉曇蔵《しったんぞう》』八巻の中で声明の音楽理論を展開したが、その*律*呂《りょ》*五音に関する説は、後の旋法論の典拠とされている。(岩田宗一)

あんらく　安楽　人　(浄土)声明家。?〜承元元年(一二〇七)。建久三年(一一九二)、八坂引導寺で行なわれたわが国はじめての六時礼讃《らいさん》(*往生礼讃偈による礼拝儀式)の*助音《じょいん》を勤め、建永元年(一二〇六)にも鹿ヶ谷で同礼讃を勤めた。彼がおなじ法然門下の*住蓮房らとともにとなえる礼讃は、その旋律の美しさによって多数の聴聞者を感動せしめ、帰依せしめたという。承元元年(一二〇七)、宮中の女官を出家せしめたとの咎《とが》により処刑さる。(岩田宗一)

いぎ　威儀　衣　*五条袈裟や*絡《らく》子《す》に着ける平絎の紐のこと。着用のときに肩あるいは首に掛ける。大小二本あり、大威儀は*袈裟の背後から肩に掛け、前で結ぶ。この紐を袈裟に縫いつける部分には菖蒲という飾り紐をつける。小威儀は袈裟の両端を結ぶためにつけられている。古くは袈裟の角を直接結び合わせていた。(播磨照浩)

いぎし　威儀師　役　法会の進行に携わる役。*大衆の案内を行ない、*磬《けい》*説草箱・経巻および*華籠《けこ》の賦撒などを扱う。威儀師が一人で行なう場合もあるが、威儀師*従儀師が左右一対で所作を行なう場合も多い。宗派によっては威儀師を半僧半俗の仲座と呼ばれる役人に努めさせる例もある。(髙橋美都)

いぎぼそ　威儀細　衣　(浄土)浄土

宗で用いる*五条袈裟《げさ》の一種。禅宗の*絡子《らくす》に似て鐶がなく、かつ*威儀が細いのでこの名がある。禅宗から浄土宗に帰した鎮誉魯耕(一五五七没)が、浄土宗帰入後も禅宗の*袈裟を掛けていたので、禅家から難詰されたときに「這個の一鐶汝の持ち去るに任す」といって鐶を擲ったことから、浄土宗では絡子に鐶をつけずに用いるようになったという。しかし鎮誉のころには浄土宗はすでに禅宗の影響を受けていたと思われ、鎮誉によって禅衣がはじめて浄土宗に持ち込まれたとは考えにくい。現在、浄土宗では*壊《え》色《しき》のものを威儀細と称し、金襴や錦で作ったものは*小《こ》五条と称している。(播磨照浩)

いこうしじゅう　已講四重　曲〔天台〕*論義法式の*法華大会広学竪義《りゅうぎ》において已講職が「一ノ問者」となって*竪者《りっしゃ》(*講師)に四重の問答をしかける。その已講の四重の質問に付された音用が已講四重として『*声明大成』に採譜されている。(天納伝中)

いざん　居讃　曲〔時宗〕*源信作の*和讃「極楽六時讃」の別称。日没・初夜・中夜・後夜・晨朝・日中それぞれの勤行で、礼讃につづいてとなえるときの名称。礼讃が*行道してとなえられるのに対し、座してとなえるところから「居讃」の名がある。藤沢山清浄光寺には正和(一三一二～一三一七)ごろ、時宗二祖真教(一二三七～一三一九)の筆になるとみられる『六時居讃』がある。(岩田宗一)

いじゅうぎし　威従儀師　役　*威儀師と*従儀師をいう。(高橋美都)
→いぎし→じゅうぎし

いぞうり　藺草履　衣　藺で作られた大形の草履。前後に太い鼻緒をつけるので、緒太《おぶと》ともいう。また西本願寺門主が煤払いに用いるものは、両側に装飾があり、鯨魚と称している。(播磨照浩)

いたじとね　板茵　具〔真宗〕(仏)半畳の大きさの畳表に綿を置き、白紋羽二重で覆い周囲を纁繝縁としたもの。真宗仏光寺派で用いる。(播磨照浩)

いちぎょう　一行　人〔時宗〕声明家。江戸末～明治二二年(一八八九)。洛東迎称寺に住した。時宗声明の復興・伝承に力を注ぎ、同宗声明の中興と仰がれている。今日の時宗声明の主流は彼の門流であるといえる。(岩田宗一)

いちこつ　一越　理　㈠日本の*十二律の第一音で、各律位決定の基音。中国の十二律の黄鐘《こうしょう》、洋楽のD音(ニ)にほぼ相当する。㈡*調の一つ、一越調の略称。(塚本篤子)

いっしゃり　一舎利　役〔和宗〕四天王寺独特の役名と思われる。三大会(*聖霊会《しょうりょうえ》・*涅槃会《ねはんえ》・念仏会)の手文(江戸期)にその名がある。現在でも聖霊会には一舎利が舎利の玉輿《ぎょくよ》につき従い、*二舎利が聖徳太子像の鳳輦《ほうれん》に従う。法要中には一舎利が*講師、二舎利が*読師に相当する役割をになう。(高橋美都)

いっしょういちらい　一唱一礼　曲〔浄土〕*仏名会でとなえる*念仏の一つ。*句頭が「南無阿弥陀仏」に旋律をつけてとなえて一回礼拝をし、つづいて*大衆がおなじ旋律をとなえて一回礼拝する。その念仏の曲名であり、また、所作名でもある。もともと釈迦や観音菩薩にもこれとおなじ旋律でとなえられてい

たが、現在では知恩院の仏名会における阿弥陀仏名以外にはほとんど聞かれない。(岩田宗一)

いな　維那　[役]　「いの」「いのう」。*都《と(つ)》維那《いな》ともいう。*karmadāna の漢訳とされており、僧衆の雑事をつかさどり、指授する人。維は漢語の綱維の意、那は羯磨陀那の那をとったもの。また綱維・次第・授事・知事・悦衆・寺護などとも称する。大寺院では、上座・寺主・維那の三者で僧を統制することが定められ、*三綱と称していた。法会に関しても、企画や統割にあたり、維那あるいは*僧綱の名において、公式の役割分掌を示す差《さ》定《じょう》が出されることが多い。禅宗では、維那は六知事の一人として僧堂で綱紀をつかさどり、僧の監督取締りにあたり、修行者の指導を行なう。法要に際して経の題目や*回向文を読みあげるのも維那の職務とされている。なお浄土宗系統の法要では維那(僧綱)は*導師に準ずる重い役割を果たしている。(高橋美都)

いらだかねんじゅ　刺高念珠　[具]　〔修験〕修験道で用いる*念珠。一〇八個の扁平角形の珠を用いたもので、法儀の際に音高く摺って用いる。(播磨照浩)

いろ　イロ　色　[理]〔天台〕旋律型の名称。ユリの一種。天台宗では、イロユリというときもある。直前の音から約二律(長二度)上方の音をアクセントをつけて短かく発声したのち元の音へもどる動きを二度または三度くりかえすことを指している。(岩田宗一)

いわはら-たいしん　岩原諦信

[人]〔真言〕密教学者・事相・声明研究者。明治一六年(一八八三)～昭和四〇年(一九六五)。高野山大学教授。真言宗(*進流)声明の研究者として著名。主な声明関係編著・改板本、『南山進流声明の研究』(昭和七)『南山進流声明教典』(昭和一三)『昭和改板進流魚山蠆芥集』(昭和一七)『南山進流声明講式の唱え方』(昭和三八)。このほか、声明曲の録音テープが、NHKの「音のライブラリー」に収められている。(岩田宗一)

いんきん　引磬　[器]　引金《いんきん》・引磬・手磬《しゅきん》・手磬《しゅけい》。小鉢形の金属製打楽器で、底に孔を開け木製の柄を取りつけたもの。柄と磬の間には小さな布団を一～二枚敷き、桴《ばち》は銅製の棒型で、柄に紐で取りつけてある。携帯用の鳴らし物で、法会の中で*行道のとき、あるいは法事のときに打ち鳴らす。高音でよく響く音色である。直径6 cm～10 cm程度。(茂手木潔子)

いんげい　印契　[作]　印・密印・印相・相印・契印・手印ともいう。サンスクリット mudrā の訳語。標幟の意味。広くは諸尊の内証・本誓を形に表示することであるが、主に両手の指・掌・腕を用いる手印による表現をいう。密教の行者は口に*真言を誦じ、手に印契を結び、意を三摩地に住せしめる三密行によって即身成仏する。密立の法会のとき、*導師はこの三密行からなる本尊の供養法を修す。印は十二合掌・六種拳のいずれか一つを印母《いんも》として結び、秘して*衣の袖の中で結ぶ。(新井弘順)

いんじょうねんぶつ　引声念仏

[曲]〔時宗〕晨朝引声念仏。時宗の晨朝勤行で礼讃に先きだってとなえられる*念仏。近年、ほとんどとなえられなくなっ

ていたが、京都の声明研修グループにより再興が行なわれた。（岩田宗一）↓いんぜいねんぶつ。

いんぜい　引声　曲法　「引声」の字義は声を引くということである。この「引く」はもちろん「声を長く引き延ばす」意味にも用いられるが、「ふしをつけてとなえる」ことを意味している場合の方が多い。真宗初期の資料『纂頭録《きんずろく》』（了源、一二八五〜一三三六）中の「……また*念仏ものうからむときは*和讃を引声して……」はその一例であろう。しかし今日、声明法式の分野では一般に「引声」といえば、天台宗に伝わる*引声阿弥陀経および、それを中心とした法要を、またはこの法要の中の念仏曲を指しているといってよい。いずれも「ふしをつけてとなえる」にふさわしく、一字一字に多数の旋律型が連なる長大な曲である。もっとも、「引声」の名を冠した*阿弥陀経や念仏曲は他宗にも伝わっているが、声明曲としては、天台宗の「引声」とは別種または異相の曲となっている。（岩田宗一）↓いんぜいあみだきょう

いんぜい　引声　理　（天台）　天台の*序曲における*短声の対概念で、詞章の一字一字を長く引き伸ばすもの。この種の曲としては、今日では*引声阿弥陀経とそれに付随する曲のみが伝えられている。「*ひきごえ」と読む場合は*論義などにおける唱法を示す。（塚本篤子）

いんぜい-あみだきょう　引声阿弥陀経　曲法　一般には天台宗に伝わる長大な旋律をもつ*阿弥陀経またはそれを中心とした法要を指す。阿弥陀経につけられた旋律には*切音《きりごえ》例時　*声明《しょうみょう》例時（以上を合わせて*例時作法という）・短声阿弥陀経（現在は伝わらない）・引声阿弥陀経の四種があるが引声阿弥陀経は経文のほとんどの文字、一字一字に*序曲系の旋律型が数種類も連結してつけられているところの長大な曲である。その法要形式は例時作法とほぼおなじ構成である。この曲と法要形式は*円仁が中国（唐）の五台山から伝えたとされている。*大原流と*大山流（鳥取）が伝わってきたが、近年大山流の伝承は絶えた。しかしそれ以前に同流の伝承により復興された真如堂（京都）にその伝統が伝えられている。このほか、浄土宗光明寺（鎌倉）・増上寺（東京）に同名の曲と法要があるが、*博士の形態ならびに現行の旋律は天台宗の声明例時によく類似している。また浄土真宗本願寺にも近年まで「引声阿弥陀経」と呼ぶ法要が行われていたが、その旋律は天台宗の声明例時とおなじであった。また真言宗酒見寺（兵庫）で、「引声阿弥陀経」が寛弘八年（一〇一一）以来行われてきたことが同寺文書によって知られる。そして嘉永五年（一八五二）*覚秀署名の『引声作法』と、この作法を今後も勤めることの『許可状』が同寺に遺されている。しかし現在同寺の旋律は、拍子物的様相を呈しているのが注目される。このように「引声阿弥陀経」の名で呼ばれる声明曲の実態は一様でない。（岩田宗一）

いんぜいねんぶつ　引声念仏　曲　浄土宗では光明寺（鎌倉）・増上寺（東京）などに伝わる*引声阿弥陀経法要の中で*阿弥陀経につづいてとなえる*念仏をいう。*双盤を打ちつつ「南無南無阿弥

陀」を三遍となえる。*双盤念仏ともいう。時宗では「*いんじょう-ねんぶつ」と読み、晨朝礼讃に先きだってとなえられる念仏を指す。（岩田宗一）

いんみょうけつじゅ　印明結誦　作〔真言〕印とは手印（*印契　梵語 **mudrā**）、明は*真言（梵語 **mantra**）で、ともに仏の内証（体験し自証した悟り）の境地を身体的・言語的に象徴的に表現したもの。手に印契を結び、口に真言を誦じ、意を三摩地《さんまじ》に住する三密行が、真言密教の即身成仏を目的とする修法の基本である。密立の法会において*導師が本尊の供養法を修するが、それはこの三密行である。印は顕露にせず*衣の袖の中で結ぶ。（新井弘順）

う　羽　理　*五音の第五音。*七声の第七音。*宮より長六度上にある。天台声明では古来より音高の解釈をめぐり論争があり、*宗渕は*律における*上羽、*下羽の区別を論じた。半音高い音を*嬰（揚）羽という。（塚本篤子）

うえむら-きょうにん　上村教仁　人〔真言〕（智）声明家。*瑜伽《ゆが》教如の弟子。大正九年（一九二〇）に『*魚山精義』を著わす。その中で、新義真言宗智山派の声明曲および声明用語・音楽理論に詳細な解説を行なっている。（岩田宗一）

うしき　有識（職）　役〔南都〕〔天台〕〔真言〕本来は僧職名で、職務をもつ*三綱をいった。正三綱は南都の三会（宮中御斎会・興福寺維摩会・薬師寺最勝会）と天台の三会（法勝寺大乗会・円宗寺法華会・最勝会）の*講師を勤め終えた已講《いこう》、および内供、そして阿闍梨の三者で、*僧綱につぐ役職であった。権三綱は上座・寺主*都維那《といな》の三者である。正と権の二者をあわせて有識三綱、略して有識という。真宗では*導師につき従い、据箱・草座・座具を持つ役を有職と称している。（高橋美都）

うしろどう　後堂　荘「ごどう」と読むこともあり、裏堂ということもある。堂後部の部屋。*内陣への通路に用いられることが多いが、浄土真宗では一旦、後堂に序列通り着座してから、*会行事《えぎょうじ》の指示に従って内陣へ入る。内陣への入口を後門《ごうもん》と称する。（播磨照浩）

うちしき　打敷　荘　仏前の*卓《しょく》に掛ける布。主として金襴・錦で製するが、塩瀬地に刺繍したものもある。浄土真宗で多く用いるが、禅宗とともに宋からもたらされた荘厳形式であり、禅僧の頂像《ちんぞう》にもよく描かれている。卓の上に正方形の裂を正面に角が来るように四五度に掛けるのが本儀であって、壇上の小卓に掛ける場合にも正方形のおもかげを残して、両端に耳をつけるのが正しい。正面に見える三角形のみのものは極略の形式である。浄土真宗では卓を*卓囲《みずひき》と称する長方形の裂で巻いた上に打敷を掛けるのがきまりである。浄土真宗以外で用いる長方形の角打敷は卓囲に相当するものである。（播磨照浩）

うちならし　打鳴らし　器　小《しょう》磬《きん》・鈴《りん》・錀《りん》。銅・真鍮《しんちゅう》で作った小鉢型の打楽器で、直径8～13cm・高さ4～5cm。一般家庭の仏壇に置かれ、チーンと打ち鳴らすもの。金鋺《かなまり》と呼ぶこともある。修法・説経のときに用いる。桴《ばち》は木製。円型の小布団の上に置く。打鳴らしに柄をつけ、携帯用にしたものが*引磬《いんきん》（磬《きん》）で

ある。（茂手木潔子）

うちやまーしょうにょ　内山正如　人〔真言〕（智）声明家。*瑜伽《ゆが》教如の弟子。大正六年（一九一七）に『*新義声明大典』を著わす。ほかに『新義声明伝来記』がある。（岩田宗一）

うちょうへんのん　羽調変音　理〔天台〕三箇*変音の一つ。原調の*羽の音高を*宮とする調子に移ること。次調の宮は原調より短三度下降する。原則的に*呂《りょ》から*律へ移る際に生ずるものとされている。（塚本篤子）

うちわだいこ　団扇太鼓　器〔法華〕題目太鼓。「南無妙法蓮華経」の題目をとなえるときに打ち鳴らす、一枚皮の柄つきの太鼓。大きさはさまざまだが、一般的には直径約25 cmの円型の牛皮に約2 cmの枠があり、柄は24 cm程度で木製。桴《ばち》は丸長型で30 cm弱。毎年一〇月一二日晩の本門寺の*お会式には、講中ごとにさまざまな団扇太鼓が打ち鳴らされる。（茂手木潔子）

うつお　空衣　衣〔真言〕*素絹の一種。等身に仕立てた素絹の襴を短かくしたもので、高野山真言宗で用いる。またおなじ仕立てのものを真言宗醍醐派では等身衣と称している。（播磨照浩）

うったらそう　欝多羅僧　衣　梵語 uttarāsaiga を音訳したもの。*七条袈裟のことであって、*三衣《さんね》の一つの上衣である。また、常服中最上に着用するので上著衣とも称し、内衣と大衣の中間に位置するので中衣ともいう。（播磨照浩）

うらぼんえ　盂蘭盆会　法　お盆・盆会・盆供・魂祭・精霊祭・盆祭・歓喜会ともいう。七月一五日に精霊追福のために営む法会であるが、広くは七月一三日から一六日までの四日間、先祖の霊を迎えて祭る行事をさす。餓鬼道に堕ち倒懸（これを梵語で烏藍婆拏 ullambana という）の苦を受けている母を救うために目連尊者が、七月一五日の僧自恣の日に盂蘭盆会を催し、母を救ったと説く盂蘭盆経に基づく。中国で広く道俗の間で行なわれ、わが国では推古天皇の一四年（六〇六）七月一五日に寺ごとに斎を設けた。また斉明天皇三年（六五七）には諸寺で、盂蘭盆経を講じ、七世の父母に報恩させた。当会は次第に祖先信仰と結びついて普及し、今日民間行事として全国的に行なわれている。当会は*施餓鬼会と結びついて、たいていの寺では盆中あるいはその前後に施餓鬼法会を営み、当会は法会として独立して行なわれることは希である。『豊山派法則集』の当会の次第は、普礼*着座・奠供*祭文・盂蘭盆経・過去帳文*廻向・普礼・退坐の順である。（新井弘順）

うわじょく　上卓　具　*須弥壇《しゅみだん》の上に置く小形の*卓。本尊に最も近い位置にあるので御手元机と呼ぶこともある。上に*三具足《みつぐそく》や供物を載せるが、真宗一般では、*華瓶《けびょう》一対と*火舎を載せ、とくに本願寺派ではさらに蠟燭立一つを加える。（播磨照浩）

うんがばい　云何唄　曲〔天台〕〔真言〕「云何於此経……」の句であるところから「云何唄」と称し、主として天台宗・真言宗で密教法要に用いる。天台宗では*平調《ひょうじょう》*呂《りょ》曲*甲様であり、喉音・九重曲などの口伝の個所がある。真言宗では呂曲＊一越調《いちこつ》＊反音《へんのん》曲である。＊散華とともにとなえるのを二箇法要という。また、天台の「云何得長寿……」の曲は、旋律はおなじであるが、「長寿唄」または「祝禱唄」と呼ばれ、慶讃法要に用いられる。（播磨照浩）

うんきゃくだい　雲脚台　具　供物台の一種。素木の浅い台に雲型の脚をつけたもの。主として慶讃法要に用いる。（播磨照浩）

うんぜん　薀善　人（真言）声明理論家。寛政期（一八世紀末）～天保期（一九世紀初）。高野山報恩院にあって声明に関する多くの理論書を著わした。主な著、『声苑綴錦』（寛政七・享和二）『音律開合』（文化一二）『声明正律』（文政二・天保五）『声明輪轉図』（天保四）。（岩田宗一）

うんぞう　運想　曲（法華）法要においては、読誦終って＊唱題の前にとなえる文で、これは唱題をおこなうにあたって、思念が散乱せぬようにとの意図によるものである。（早水日秀）

うんぱん　雲版　器　雲板・雲版。雲形の青銅製もしくは鉄製の板で、おもに禅寺の食事どきの合図に用いる。江戸時代には用途によって、火版・長板・打板・斎板・板鐘などと名称を使い分けていた。中国伝来の鳴らし物で、横巾約70～85cm・縦約70cm程度の大きさが多い。木製の長丸桴《ばち》（＊撞木《しゅもく》）で打つが、浄土宗のように「し」の字形に曲った桴もある。我国最古の雲版は、福岡太宰府天満宮のもので、一二世紀の作といわれる。（茂手木潔子）

えいう　嬰羽　理　嬰羽・揚羽とも書く。真言の＊律曲、天台の＊中曲における第七音。＊羽より半音高いが、天台ではさらに四分音高いものとすることもある。羽＊塩梅ともいう。（塚本篤子）

えいしょう　嬰商　理　嬰商・揚商とも書く。真言の＊律曲、天台の＊中曲における第三音。＊商より半音高いが、天台ではさらに四分音高いものとすることもある。商＊塩梅ともいう。（塚本篤子）

えいそん　叡尊　人　鎌倉時代の律宗中興の祖。正治二年（一二〇〇）～正応三年（一二九〇）。声明を仁和寺流の覚証に学び、西大寺にあって声明曲の再興や新作にもたずさわった。また高野山とも交流深く、＊南山進流に大きな影響を与えた。（岩田宗一）

えがん　回願　曲（浄土）(一)＊盂蘭盆《うらぼん》会《え》において盂蘭盆経または＊阿弥陀経につづいてとなえられる。誦経念仏の善根によって、生けるものには富楽と長寿を、亡者には苦を離れ安養に生じるように願う。旋律はほとんど音の高低の変化なく、わずか二個所で二律下がってもとにもどる動きがあるだけである。(二)＊涅槃会《ねはんえ》＊成道会・開山忌・十夜法要などには、釈迦や宗祖の慈恩に酬い奉らんことを願う「御回願」と称する文がある。（岩田宗一）

えぎょうじ　会行事　役　法会の進行役。次第・所作・荘厳などに関わる全般をとりしきる。（高橋美都）→えぶぎょう

えこう　回(廻)向　曲　全宗派で用いる。唱句はどの法要にも用いられるもの（通常文）と、法要の目的などによってそのつど異なるもの（固有文）とがある。いずれも読経や法要を勧めたことによる功徳を自己以外にも及ぼすことを願

う内容で、したがって読経後や法要の終結部でとなえられる。またその名称は各宗派により少しずつ異なっている。通常文にも数種あるが、その一つ「願以此功徳　普及於一切　我等与衆生　皆共成仏道」は華厳宗(名称、回向偈)・真言宗(*回向句)・日蓮宗(普回向)・禅宗(黄檗《おうばく》、名称なし)で用い、また「願以此功徳　平等施一切　同発菩提心　往生安楽国」は浄土宗(総回向偈)・浄土真宗(本願寺派・興正派(回向)などで用いる。固有文はその性質上、例を挙げるに枚挙がないが、華厳宗・天台宗・真言宗では「(我等)所修功徳回向……」(回向文・廻向《かいきょう》)で始まるものが多い。(岩田宗一)

えこうく　回向句　[曲](真 宗)真宗の勤行で最後にとなえる曲。「願以此功徳……」「世尊我一心……」「我説彼尊……」など数種の偈が用いられ、真宗独自の旋律の曲と、天台声明の譜でとなえる曲とがある。(播磨照浩)

えこうげ　回向偈　→えこう

えこうし　回向師　[役]　法会や勤行の終りに、功徳を広く衆生にめぐらすことを念じてとなえられるのが*回向で、その*頭《とう》をとる役を回向師という。*讃頭などと同様に*職衆から一人立てるが、ほかの役と兼ねる場合も多い。(高橋美都)

えごうろ　柄香炉　[具]　手炉ともいう。*香炉に柄をつけ、礼拝や講経のときに手に持つものである。飛鳥時代から遺品がある。古くは円形広口で外反りのある炉と菊座をつけ、柄の端を鵲尾《じゃくび》形または獅子形の鎮子つきとしたものが多い。聖徳太子像によく見るところから太子形柄香炉ということもある。中世以降、蓮華の形をしたものが多くなり、現在もこの形の柄香炉がよく用いられている。(播磨照浩)

えしき　壊色　[衣]　*法衣の色。原色を離れた色との意であり、いくつかの色を交ぜ合わせた濁った色のことである。法衣は本来原色を用いず、壊色で作ったものであり、現在も薄墨色や、茶色がかった黄色である木蘭色を壊色としている。茶色は浄土宗・天台宗などでは壊色に含めているが、真言宗・浄土真宗では*色衣と見倣している。また黒は元来法衣には用いなかった色であるが、現在では壊色として扱っている。(播磨照浩)

えじゅうろくだいぼさつ-の-かんさん　恵十六大菩薩漢讃　[曲](真言)*秘讃。金剛界三十七尊中の、恵門の十六大菩薩を讃嘆する、一六曲からなる漢語讃。出典は不空訳三巻大教王経二の百八讃。*朝意の『十六定慧梵漢讃』(写本流布)および真源刊の『南山進流慧十六大菩薩梵讃・同漢讃』(元文二)に所収。(新井弘順)

えじゅうろくだいぼさつ-の-ぼんさん　恵十六大菩薩梵讃　[曲](真言)*秘讃。金剛界三十七尊中の、四仏の各四親近の菩薩は、智恵の徳をつかさどるので、恵門の十六大菩薩といわれる。この菩薩を讃嘆する一六曲の梵語讃。金剛薩埵讃・金剛王菩薩讃・金剛愛菩薩讃・金剛嬉菩薩讃、宝・光・幢・笑、法・利・因・語、業・護・牙・拳。以上一六讃のうち金剛薩埵讃・金剛宝菩薩讃・金剛法菩薩讃・金剛業菩薩讃を四方讃という。出典は不空訳三巻教王経上の百八名讃。

＊朝意の伝授本『十六定慧梵漢讃』（写本流布）および金剛峯寺真源刊の『南山進流慧十六大菩薩梵讃・同漢讃』（元文二）に所収。ただし四方讃は『＊魚山蠆芥《たいかい》集』に別出されているので除いてある。両部大＊曼荼羅供・伝法・結縁の＊灌頂などに用いられることもあるが、常には四方讃が多用される。（新井弘順）

えしん　恵心　→げんしん

えはじめ　会始　［役］　＊論義の行なわれる会場の準備が整ったことを確認し、法会の開始をつかさどる僧。＊伝法大会などでは、前講を終了させ、本講を開始させる役である。（高橋美都）

えぶぎょう　会奉行　［役］　法会全体の準備・指揮をする僧。法会の次第・所作・荘厳などについて細部まで熟知していることが要請される。行儀・進行の役名には、会奉行＊会行事《えぎょうじ》・故実者・引頭などが用いられ、宗派や法会の規模によって使いわけがなされている。一般に会奉行の名称は大規模な法会に用いられ、二人がたつ場合は、正頭と片頭と称される。（高橋美都）

えもん　会問　［役］　「えのもん」。講問論義法要において、＊講師に質問を発する役。会問の問いかけを端緒に、講師が経典の内容を講説する。竪精論義は、＊精義者と＊竪者《りっしゃ》の問答による試験であるが、前講と称して、＊竪義《りゅうぎ》本講に先立って、法会の目的に則した講義が行なわれることがある。この場合の質問者を会問あるいは前問と称する。（高橋美都）

えやくしゃ　会役者　［役］　天台宗の場合は大会に限り設けられる法要進行上の責任者。（高橋美都）→えぶぎょう

えんざん　縁山　［流］（浄土）浄土宗大本山増上寺に伝わる声明の流派。増上寺の山号「三縁山」に由って「縁山流」という。初伽陀・後伽陀など数曲が伝えられ、「暁鳥」「谷渡」など独特の旋律型がある。（播磨照浩）

えんじゅ　円珠　→きえん

えんにん　円仁　［人］（天台）慈覚大師。天台声明創始者・天台座主。延暦一三年（七九四）～貞観六年（八六四）。承和五年（八三八）～同一四年（八四七）の間入唐し、天台山・五台山などで教学および声明法式を学んだ。それらをわが国に移入するため、叡山に常行三昧堂を建立し、仁寿元年（八五一）には、わが国初の「＊常行三昧法」（＊例時作法）を行なうなど、天台声明の基礎を築いた。また仁寿四年（八五四）に延暦寺で初めて行なわれた天台大師供養会に際して、「＊教化」を製作している。著書『入唐求法巡礼行記』には、唐の仏教寺院における法要儀式に関する記述も含まれている。（岩田宗一）

えんばい　塩梅　［理］　＊五音以外の派生的・経過的・装飾的に現れる音。＊安然撰『悉曇蔵』（八八〇）にはすでに＊一越《いちこつ》を＊宮とし、以下＊平調《ひょうじょう》＊双調＊黄鐘《おうしき》＊盤渉《ばんしき》の五音と、中間音としての二つの塩梅音について言及されているように、元来、主として五音の派生音たる＊嬰羽＊嬰商、＊変徴《ち》＊変宮の四音をさしたと思われる。塩梅の音程は一律、すなわち半音とする場合が多いが、＊湛智の『＊声明用心集』では＊中曲における嬰商・嬰羽を＊商＊羽《う》よりそれぞれ一律半上とし、またおのおのを下梅・上梅と称している。

一方、雅楽の篳や龍笛にいう塩梅と同義で、基本の音、*ユリや*ソリなどの音型の前に洋楽にいう前倚音のような一位下の音を付加したり、末尾に上行、または下行のポルタメントをつけることを総称していう場合もある。装飾としての塩梅に対する意識は真言よりも天台の方が顕著であるが、真言の*覚意は口伝を受くべきものの一つとして塩梅をあげているように、詳細に記述はされずとも重要視されていた。(塚本篤子)

えんび　燕尾　衣　法要儀式に用いる冠り物。金襴・錦で作り、丈の高い仕立てであって、緌が燕尾状になっているのでこの名がある。日蓮宗・日蓮本宗・法華宗・融通念仏宗で用いる。(播磨照浩)

おうごんげ　往覲偈　曲〔真宗〕(興)無量寿経の異訳である荘厳経下巻の偈「東方世界恒河沙　一一刹中無数量……」に天台声明の本譜五念門の譜を付した曲。呉音でとなえる。真宗興正派で用いる。(播磨照浩)

おうしき　黄鐘　理　(一)日本の*十二律の第八音。中国の十二律の林鐘、洋楽のA音(イ)にほぼ相当する。「こうしょう」と読む場合は中国十二律の基音(一《いち》越《こつ》に相当)を指す。(二)*調の一つ、黄鐘調の略称。(塚本篤子)

おうじょうじょうどーじんしゅ　往生浄土神呪　曲〔禅〕〔黄〕朝課に読まれる十呪の一つ。*唐音。在家の法要にかならず使われる。また略施食《スーシー》や小施食にも読まれる。(田谷良忠)

おうじょうーらいさんげ　往生礼讃偈　(一)曲〔浄土〕〔西山〕〔時宗〕〔真宗〕〔融通〕六時礼讃。唐の善導編。六時(日没・初夜・中夜・後夜・晨朝・日中)の礼拝に用いる偈文集である。漢語呉音。日本においてこの偈による礼拝をはじめて行なったのは法然とその弟子たちである。以後、浄土教系の各宗派の礼拝文として、重要な位置を占めることになった。少なくとも江戸中期ごろまでは各宗とも共通の*博士によっていたと見られるが、江戸末期から明治にかけての時期にそれぞれ異なった博士と旋律を持つようになったとみられる。現在、各宗派の往生礼讃偈の旋律は、その宗派固有の他の声明曲にとって規範となっている。(二)資　*声明集。浄土真宗本願寺蔵本。写本。書写者不明。応永八年(一四〇一)校合。奥書「応永八年辛巳右秘本共(三本彼此校合シテ甲乙博士写畢　聲ノ位難義不審之所ニハ五音ノ符ヲ付畢　甲乙共ニ更無不審□也　但……」。識年を持つ*博士付六時礼讃としては、これまでに判っているうちで最も古い。巻中に浄土宗黒谷本との比較の書き込みがある。また博士の極めて類似した写本が浄土宗檀王法林寺に蔵されているなど、この時期に宗派を越えて六時礼讃が盛んであったことを示す資料の一つ。(岩田宗一)

おうひ　横被　衣　横披・横皮とも書く。*七条袈裟を着用する際に右肩を覆うもの。天台宗・真言宗・華厳宗・法相宗・浄土真宗で用いる。背部は*袈裟《けさ》の下に入れ、前は袈裟の前に長く垂れる。袈裟と同様に四周に縁があり、四隅に四天を付す。袈裟とおなじ裂で作ることが多いが、縁をおなじ裂にし、甲を別裂にする場合もある。横被は覆肩衣《ふっけんね》の変形であるとの説があるが、現在の横被はインド伝来のものではなく、中国唐代の中ごろより使用されるようになったものである。覆肩衣は袈裟を偏袒右肩に着けたときに右肩を覆うものであるが、梵語に覆肩衣に相当する言葉はなく、袈裟の下に左肩を覆って着ける僧祇支との同異が古くから論じられている。しかし原始仏教時代にはないうえ、元来、僧祇支とおなじものであるところから、僧祇支に倣って右肩を覆うものがのちに作られたのであると今日では考えられている。すなわち横被は中国の漢・六朝の仏像や、その影響下にある日本の飛鳥時代の仏像にも見られず、正倉院御物の七条袈裟にも見ることができないが、しかし唐代の道宣(六六七年没)の『教誡律儀』(大正蔵経四五所収)には横被についての記述があり、*空海が将来した乾陀穀糸七条袈裟にも横被が付属しているところから、この横被は唐代の中期から使用されるようになったと思われる。また奈良時代の記録に陰背という語が見られるが、これは正倉院御物の袈裟付羅衣や、唐招提寺鑑真像、あるいは敦煌の壁画に見られる右肩の背面につけた四角の裂のことであろうと思われ、これが横被の前身であろうとの説もある。現在、融通念仏宗では七条袈裟に*修多羅《しゅたら》は用いるが、横被は使用せず、天台宗と浄土宗の中間の着装法を用いている。また法華宗では七条袈裟に横被を用いた姿を*九条袈裟と称している。(播磨照浩)

おえしき　御会式 法 〔法華〕宗祖日蓮の御恩に報謝するために営む御報恩会式のこと。日蓮は弘安五年(一二八二)一〇月一三日に東京池上の地で入滅したので、宗門では今も、一〇月一三日の池上本門寺の御会式を中心に、全国各地の各寺院で御会式法要が営まれている。殊に池上の御会式では、御逮夜の一二日夜に万灯供養が行なわれ、一三日午前八時には、臨滅度時法要を営み、臨滅度時之鐘が打ち鳴らされる。なお中世においては、大会・御影講《みえいこう》・御影供《みえいく》・御命講《おめいこう》などと呼んでいた。(早水日秀)

おおいさんげ　大懺悔 画 〔天台〕〔南都〕(華)(法)(聖)「だいさんげ」。大乗三聚懺悔経叏定毘尼経からとった「至心懺悔如是等一切世界諸仏……」に始まる唱句を天台宗では*修正会*例時作法など、華厳宗では*修二会(*十一面観音悔過)など、法相宗では修二会(*薬師悔過)で用いる。前世・現世・来世を通じての自らの罪過に対する懺悔を内容とする。(岩田宗一)　→さんげ

おおごじょう　大五条 衣 大形の*五条袈裟。五条袈裟は*三衣《さんね》のうちの*安陀衣《あんだえ》であって、元来、下着あるいは作務衣であった。日本では平安中期以後、法要にも用いるようになり、中五条*小五条など小形のものや変形のものが作られるようになった。大五条は五条袈裟の中で最も大きく、正式のもので、縁返しと称して表の裂地が裏の四周にもつけられた仕立てになっている。(播磨照浩)

おおたにしょうみょうしゅうせい　大谷声明集成 資 〔真宗〕(大)*声明集。藤原勝良・井沢勝什校閲。立花慧明編。大正四年(一九一五)西村七兵衛刊。B6袋綴四六六丁。同派所用の声明曲ならびに唱法を網羅した文字通りの集大成本である。以後の同派声明集の底本とな

ったといえる。（岩田宗一）

おおはらりゅう　大原流 [流]（天台）＊円仁は中国から将来した声明を弟子たちに分けて伝承させたが、彼の没後はその数ほどの流派が生じた。＊良忍は天仁元年（一一〇九）、京都の大原に来迎院を創建し、ここを天台声明の根本道場としてそれらの流派を再び統合した。それ以来、彼の流派は大原流と呼ばれている。（岩田宗一）

おこない　オコナイ [法]（南都）（聖）法隆寺金堂＊修正会の異称。春迎えの民間習俗との混淆を示す名称である。（高橋美都）→けかほうよう→しゅしょうえ

おせんぼうこう　御懺法講 [法]（天台）大原魚山三千院門跡に伝承されている天台宗の法儀で、声明と雅楽による古典音楽法要の一つである。江戸末までは京都御所が＊道場であり、禁中御懺法講と呼んだ。＊後白河天皇の保元二年（一一五七）仁寿殿で修したのを始めとし、聖忌（天皇の場合）や御忌《ぎょき》（皇后などの場合）に修されたものである。応仁の乱のころまでは一会七か日であったが、江戸期には一会五か日が通例となった。法儀の内容は、第一日に＊声明懺法《しょうみょうせんぽう》を一座修し、つづいて早錫杖と早懺法一座を修す。第二日は初日におなじ。第三日（中日）は朝座に第一日とおなじ＊懺法を修し、夕座に＊声明例時を修す。第四日は第二日におなじ。第五日（結願）は早錫杖と早懺法を始めに修して声明例時を一座修す。法儀の特色は、声明懺法・声明例時ともに全字句に声明譜が付されていて＊切音《きりごえ》の個所はなく、経段も＊定曲の四分全拍子（一字一拍子四拍）で唱誦する。各句の＊句頭を＊導師が独唱し、＊式衆は＊同音より導師の発声の音位（調子）に従って合唱するので導師のことを＊調声《ちょうせい》と呼ぶ。調声は特例を除いて梶井門跡（三千院門跡）の御役で、式衆は山門（延暦寺）と魚山（大原寺）の僧が参勤し、大臣・大納言・小納言も出仕した。またかならず雅楽が演奏されるのも特色で、＊伽陀には付物《つけもの》（同音合唱の部分を三管が声明旋律につけて吹奏する）があり、敬礼段・六根段には付楽《つけがく》（同音合唱になると白柱・青海波などを演奏する）がはいり、導師登坦や下坦の所作の間に採桑老や竹林楽などを演奏する。また法要の中で＊随喜の天皇が＊散華＊行道に参加されたり（声明例時の＊甲念仏＊阿弥陀経＊合殺《かっさつ》の間）、管や絃の所作を簾中御座で行なわれたりもした。現行法儀の内容は、一日限り二時間以内の法要としているので、声明例時・声明懺法（＊呂《りょ》）・声明懺法（＊律）の三つの法儀を毎年一座ずつ順操りに修している。（天納伝中）

おたいまつ　お松明 [法]（南都）（華）東大寺＊修二会の初夜＊上堂に＊練行衆が大松明を先導とすることから生じた東大寺修二会の異称。（高橋美都）→しゅにえ

おつ　乙 [理] ㈠甲より一オクターブ低い音高。㈡＊五音の＊徴《ち》のこと。㈢真言の＊表白＊経釈における類型的な旋律をもった句の一つ。㈣＊講式における＊初重＊二重＊三重のうち、二重を＊甲とする場合の初・三重のこと。逆に初・三重を甲とする場合は二重をさすが、この形は今日天台、真言ともども伝わらず。

（塚本篤子）

おつねんぶつ　乙念仏　曲（天台）慈覚大師＊円仁が五台山より請来したといわれている天台宗の引声《いんぜい》作法（＊引声阿弥陀経）に用いられている三句の＊念仏に二種類の旋律が付されている。一つを＊甲念仏といい、他を＊乙念仏という。＊四奉請・甲念仏・乙念仏＊阿弥陀経・甲念仏・乙念仏……と次第する。通用の＊常行三昧の次第にはこの乙念仏は略されている。（天納伝中）

おつよう　乙様　理　㈠一般に＊乙、すなわち＊徴《ち》を基層的な音として作られた様式の曲をいい、＊甲様の対概念。今日、天台に伝わる用語。＊講式では乙曲・乙式といい、天台・真言には乙の方のみが伝わっている。㈡天台の＊呂《りょ》曲における、徴を基層とする様式の曲。徴が中心的に用いられ、その多くに＊ユリが施される。『魚山＊六巻帖』収載の曲では、＊双調＊平調《ひょうじょう》＊黄鐘《おうしき》調の三調のいずれかによるもので、＊始段唄＊中唄＊散華＊三礼＊如来唄＊四智梵語讃＊僧讃＊阿弥陀讃＊法讃＊蓮華部讃・金剛部讃がある。このうち散華と四智梵語讃には甲様のものもあるが、真言の散華・四智梵語は乙様に対応している。（塚本篤子）

おのづかごじょう　小野塚五条　衣（真言）真言宗で用いる小形の＊五条袈裟。浄土宗の＊威儀細《いぎぼそ》に似てさらに小形である。衣体と同質の極めて細い＊威儀をつけ、威儀の三個所を飾り結びにした＊袈裟《けさ》である。（播磨照浩）

おふみ　御文　曲（真宗）本願寺八世蓮如兼寿が門下に与えた消息。元来、参詣者へ教化のために読み聞かせたのであるが、儀式化して一定の節をつけて読むようになった。本願寺派では一四世寂如光常（一七二五没）のときに、＊御文章と称するようになった。蓮如の孫円如が五帖八〇通に編集したのであるが、本願寺派では昭和二三年以降、五帖目を中心にほかの四帖から抜粋したものを加えて三五通にしたものを読むこととし、これを御加《おくわえ》御文章と称している。また明応七年（一四九八）に書いた四通は夏中毎日読むので「夏《げ》の御文」と呼んでいる。東西本願寺以外の各派でも、法主の消息を「御勧章」「御書」と称して法要の際に読んでいる。（播磨照浩）

おみずとり　お水取り　法（南都）（華）東大寺＊修二会で、三月一二日の後夜の途中に、＊呪師を先頭とする七人の＊練行衆が二月堂下の若狭井に閼伽水を汲みにいく行事。また東大寺修二会全体を指す異称として用いられることも多い。（高橋美都）→しゅにえ

おもてばかま　表袴　衣　＊袍《ほう》裳《も》＊七条袈裟を着用するときに用いる＊袴。公卿が束帯を着るときにはくものとおなじであり、白綾または白絹で作り、白綾は窠に霰の模様がある。元来、赤大口の上にはくものであるが、現在では裾に赤の別裂をつけるだけとなっている。主として天台宗・真言宗・華厳宗・法相宗・真宗大谷派で用いている。（播磨照浩）

おりごじょう　折五条　衣　略式の＊袈裟《けさ》の一種。＊小五条袈裟を細く折り畳んだ形のもの。首から掛ける。折袈裟・畳袈裟・畳五条ともいう。＊小五条の縁の部分を金襴または錦で作り、地の部分は白の生絹を用いる。条葉は縫目であ

らわすが、縁とおなじ布を用いることもある。*大威儀は細くして左右両側に巻きつけ、表を石畳にして飾りとする。真言宗では中央から飾り紐を垂らしている。また日蓮宗では巾の広い折五条に小房をつけたものを、左肩から右脇に掛けて用いる。これは日露戦争当時の従軍僧が用いていたものが、宗内に広く用いられるようになったものである。(播磨照浩)

おんぎ　音木 器　*割笏《かいしゃく》・拍子《ひょうし》木《ぎ》・戒尺《かいしゃく》・柝《たく》。拍子木形の二本一組の木製打楽器。紫檀製が多い。本来、笏拍子を二つに割ったところから割笏の名がある。読経のとき、両手に持って打ち鳴らして拍子をとったり、読経の句切りの合図に、片方を床に置き他方を右手に持って打ち降ろす。大きさに二種類あり、小型では長さ11~12cm・巾1.5~2cm・厚さ2cm弱。中型では長さ18~24cm・巾3cm前後・厚さ2.~3cmである。浄土宗では向い合わせの二面が凸面、他の二面が凹面で、手に持ちやすく作られ、曹洞宗では四面ともやや凸面。黄檗《おうばく》宗には二本の大きさが異なり小型の方の向い合う二面が凹面になっている。(茂手木潔子)　↓かいしゃく

おんどくさん　恩徳讃 曲 (真宗)　親鸞の正像末和讃の中の「如来大悲ノ恩徳ハ　身ヲ粉ニシテモ報ズベシ　師主知識ノ恩徳モ　骨ヲクダキテモ謝スベシ」の句に節つけした曲。浄土真宗独自の旋律の曲と、天台声明の*教化*法華讃嘆の譜を付した曲とがある。主として*報恩講に用いる。(播磨照浩)

かいげんし　開眼師 役　仏像などの落慶に際しては魂を宿らせる開眼法要が行なわれる。開眼の作法は各宗ごとに定められているが、一般には、*礼盤上などから、筆で本尊の御眼にむけて空中をなぞり、仏の十号をとなえるなどの所作がなされる。通常は*導師がこの役をこなし開眼導師と称したりする。(高橋美都)

かいこうざ　階高座 荘　*論義法要の際に*講読師が座す所。*高座に四本の柱を立て、宝珠つきの屋蓋を設け、昇降のために階段をつけたもの。(播磨照浩)

かいさんき　開山忌 法 (一)寺院の開創者の忌日ならびにその法要のこと。とくに総本山や本山、およびこれに準ずる大寺院の開山忌は、その寺院の属する宗派にとっても大きな意義を有しているところから、祖師忌について重んぜられている。黄檗《おうばく》宗万福寺の例を挙げれば次のようである。(二)(禅)(黄)忌日法要の典型で、歴代忌・祖師忌などもおなじ次第で行なわれる。ただし*香讃と*結讃の唱句は異なる。次第は香讃(節経―栴檀海岸……)*楞厳呪または*大悲呪・心経*三真言・結讃(節経―拈花悟旨……)*回向文。(田谷良忠)

かいし　戒師 役　戒和尚・授戒師・伝戒師ともいう。受戒作法の儀式をつかさどり、戒を授ける役である。小乗仏教では、具足戒を受けて一〇年以上たっていることを資格とするが、大乗戒では直接に釈尊を戒師と仰いで、法統を継承する形式をとる。作法次第は各宗ごとに規定されているが、古来は三師七証として、臨場を乞うべき諸役が定められて

いた。授戒三師とは、正しく戒を授ける戒師、*表白および羯磨《こんま》の文を読む羯磨師、威儀作法を教授する教師(教授師)をいう。さらに比丘としての具足戒が正しく授けられたことを確認するのが、七人の証明師の役割で、七証あるいは立会比丘という。今日では証明師の人数などは略されることが多いが、授戒の儀式は戒師がその中心となり、立会者をおき、非公開を原則として厳格に行なわれている。浄土系統では、在家で結縁を請う*受者に正授戒の心がまえを前行中に説く勧《かん》戒師《かいし》という役もある。(高橋美都)

かいしゃく　割笏　器(浄土)*笏《しゃく》とも呼ばれる笏拍子形の打楽器で、*引《いん》声《ぜい》阿弥陀経*笏念仏に使われている。(茂手木潔子)→おんぎ

かいたいばこ　戒体箱　具　*灌頂のときに三昧戒式文と歯木・金剛線・名香・含香などをおさめる箱。居箱に蓋をつけた形である。(播磨照浩)

かいだんあじゃり　開壇阿闍梨　役　密教系の*灌頂会の役名。(高橋美都)→だいあじゃり

かいぱん　魚梆　器(禅)(黄)魚鼓《ほう》・梆《ほう》。禅宗寺院の食堂《じきどう》付近につり下げられ、刻を知らせ*大衆を集める合図に用いられる魚形の大きな木製打楽器。黄檗《おうばく》宗では飯梆《はんぱん》とも呼ぶ。梆《ほう》や欅を材料とするのでこの名がある。魚の口には宝珠をくわえ、腹部に空洞がある。同類として単に平面的な魚形の板や、魚の絵を刻んだだけの板もあり*魚板《ぎょばん》と呼ぶ。黄檗山万福寺の魚梆は全長185cm・胴廻り130cmと大きく、すりこぎ形の大きな木槌で打つ。*木魚は、後に読経用として魚梆を小型にしたものである。(茂手木潔子)

かいやく　貝役　役　法要に参加する*大衆のうち音具役として貝を吹く僧。貝は密教や修験道に関する儀式に演奏されることが多く、神仏の*勧請や奉送を助ける法具だと考えられる。寺内でも比較的法臈《ほうろう》が低く体力のある僧が受けもち、寺外の修験者が加わることもある。(高橋美都)

かいりょうえ　改良衣　衣　通常用いる略式の*法衣。袖を小さくし、脇にひだをとり、四つ紐で着用する。略衣・通用服・行衣旅衣・制服など名称もまちまちである。黒色を主とするが、紫・木蘭などを用いることもある。(播磨照浩)

かく　角　理　*五音の第三音。*律の*七声では第四音。*宮との音程に二種あり、*呂《りょ》では長三度上、律では完全四度上にある。このため*呂角*律角と区別して称することがある。(塚本篤子)

かくい　覚意　人(真言)證蓮房。声明家。文永期(一二六四〜一二七五)前後。般若房了憲・蓮房祐真から声明を学び、のち金剛三昧院に住した。今日、真言声明でひろく用いられている*五音博士による記譜法の考案者である。『曼荼羅供作法』『声明博士口伝』などを遺している。(岩田宗一)

がくぎょうじ　楽行事　役　雅楽演奏の伴なう法要において法要の進行に合わせて奏楽を*発音するように合図を送る役。通常は楽頭がその役を果たしているが、規模が大きい法会で楽舎との距離がある場合などにとくに立てる。法要と雅楽の両方に通じた人がふさわしい。(高橋美都)。

かくしゅう　覚秀　囚（天台）姓は園部。声明家。文化一四年（一八一七）〜明治一六年（一八八三）。*秀雄の門下。のち浄土真宗の西本願寺に声明指南として迎えられ、同寺の声明法式の整備にたずさわった。また真言宗酒見寺（兵庫）で行なわれてきた*引声《いんぜい》阿弥陀経の興隆のために、同寺に『引声作法』本を寄贈のうえ、同法要を勤めることに対する「許可状」を出すなど巾広い活動を行なった。大原にあっては秀雄*宗渕によって行なわれてきた天台声明資料集成『*魚山叢書』をさらに発展させ、一九四巻の叢書を編纂した。このほか慶応三年（一八六七）には『*声明調子事』を著わしている。（岩田宗一）

かくしょう　覚性　囚（真言）親王。声明家。大治四年（一一二九）〜嘉応元年（一一六九）。久安年中（一一四五〜一一五〇、一説、仁安年中）、仁和寺に真言宗声明の達人一五人を招集し、七三日間を費して、諸流乱立の状況の整理に当った。その結果、四流に統合され、覚性の声明はその一つ本相応院流（仁和寺）とされた。（岩田宗一）

かくよう　加供養　曲　加供とは法会に対する寄進を意味するが、祠堂金や法具などを施入した人びとの姓名を記入した加供帳を読みあげる作法は、法要の小段と考えることができる。東大寺*修二会では初夜と後夜と食堂での食作法に、*大導師の祈願作法として軽く旋律を付して読みあげられる。（高橋美都）

かこしちぶつ　過去七仏　曲　初七仏ともいう。*仏名会の第一日（過去上経）に、*導師が*揚経題*仏名につづいて、過去荘厳劫千仏名経の最初の七仏を曲節を付してとなえる。㈠南無人中尊仏《ナモニンヂウソンブ》、㈡南無師子歩仏《シシブブ》、㈢南無能仁化仏《ノウニンケブ》、㈣南無大炎仏《ダイエンブ》、㈤南無曜声仏《ヨウショウブ》、㈥南無无眼光仏《ムゲンコウブ》、㈦南無善見仏《ゼンケンブ》。一仏ごとに*起居礼し、*職衆も*次第を取って起居礼する。以下導師・職衆とも*着座して、仏名経を読経する。『仏名会法則』所収。（新井弘順）

かこちょうよみあげ　過去帳読上　曲（南都）法要の小段名。東大寺*修二会において、祈願作法の一環として、三月五日と一二日にのみとなえられる。本願聖武天皇をはじめ、東大寺ゆかりの諸霊の名を、最初は低いゆっくりした調子で、次第にテンポをあげて読みあげる。読役は五日は*南衆、一二日は*衆之一を原則とする。（高橋美都）

がさん　画讃　曲㈠（天台）天台大師画讃。詞は顔真卿の作と伝える。曲頭は*序曲で始まるが全体としては拍子ものである。天台宗の五種の*御影供《みえく》の一つ*天台大師御影供の中で天台禅林寺智者大師の画像をかかげ、大師を讃歎してとなえられる曲である。その旋律は、天台宗の声明曲の中では特異な進行を示し、独特な雰囲気を備えている。（岩田宗一）

㈡（真宗）（本）浄土真宗本願寺派の勤行式である大師影作法・奉讃大師作法中の曲。大谷本廟に安置する曼珠院良恕法親王作の親鸞画像の*讃として西本願寺第一四代寂如の作詞になる「韜名愚禿畏人知　高徳弥彰澆季時　誰了如来興正意直標浄典属今師」の偈を漢音で誦すもの。魚山の園部*覚秀が明治一三年（一八八〇）に西本願寺で天台宗の*授地偈に依って作譜した曲であるが、興正派の『声明帖』にも収められている。授地偈は天台宗密教用の声明で、『*六巻帖』の第五巻にあるが、天台宗では江戸末期以後用いられていない。この授地偈の原曲は*黄鐘《おうしき》調であるが高きに失してとなえ難く、画讃では*一越《いちこつ》調となっている。覚秀の工夫であると思われる。西本願寺では古く魚山の*憲真が天台大師画讃に依って作譜した祖師讃が用いられていたこともある。また*無量寿会作法で用いられる曲は、天台声明の*揚勧《あげかんじょう》請の譜に依ったものである。（播磨照浩）

かしゃ　火舎　具　*香炉の一種。浅い炉の下に短い脚をつけ、つまみのある蓋をつけた形のものである。蓋には香煙を出すために、円形または猪目の穴をあける。炉と蓋の間に甑《こしき》を重ねるものは後世の型である。密教の*四面器の中の焼香器であるが、浄土真宗でも用いる。（播磨照浩）

かしんし　掛真師　役〔禅〕主に禅宗における葬儀式の役名。真とは真儀（亡き高僧の肖像）の略であり、真儀を掛ける所作が、役名の由来である。掛真師は供《く》真《しん》から三宝に載せた真儀を受けとり、法語を唱して*須弥壇《しゅみだん》上に掛けさせる。その後、湯茶を掲げ、*大悲呪・諷誦*回向をとなえる。（高橋美都）

かだ　伽陀　曲　「うたう」ことを意味するサンスクリット語 gāthā の発音を漢字で表記したもの。声明・法式に関連して用いられるときは、漢訳経文中にある五言または七言の四句一連の詩に定型の旋律をあてはめてとなえる曲のことを指す。もっとも、歌詞が変ると字数や音節数の変化によって、旋律に部分的変化が生じるが、曲全体を構成する旋律型の種類とその組み合わせは大筋では変らない。仏教用語では経文中の韻文詩を「偈」と呼び、これに旋律をつけてとなえることを「頌する」というところから、伽陀は「偈頌」とも呼ばれる。伽陀はすべての宗派の顕教法要や*講式法要で用いられる。顕教法要では伽陀は法要の開始部と終結部でとなえられ、開始部のものは「総礼伽陀」「前伽陀」などと呼び、「我此道場……」「先請弥陀……」「光明徧（遍）照……」などの偈が用いられることが多い。終結部の伽陀はほとんど「願以此功徳……」の偈が用いられ、「*回向伽陀」「後伽陀」と呼ばれている。講式法要では、開始部・終結部以外にも*式文の各段の区切り部分で*和讃や*念仏などとともにとなえられる。旋律は南都・真言・天台でそれぞれ異なり、ほかの宗派は真言・天台のいずれかのものを用いているか、独自のものを併用している場合が多い。伽陀の旋律は*呂《りょ》と*律の両旋法を兼ね備えているという意味で合曲《がっきょく》とされ、現に天台では一曲中に呂性律性をとなえ分けている。このほか、和文の歌詞をもつ「訓伽陀」と呼ばれるものがある。これは平安末期から鎌倉期にかけて*教化や法文歌・和讃とならんで盛んに作詩され、となえられたことが金沢文庫本『伽陀集』『諸経要文伽陀集』や、大原勝林院蔵*覚秀本『*魚山叢書』などによって知られる。現在では天台の「和光同塵ハ結縁ノハシメ……」などごく数曲が*声明集に載せられているにすぎない。これらの訓伽陀も本来の伽陀とおなじ旋律定型に基づいている。（岩田宗一）

かだし　伽陀師 [役]　*伽陀の*頭《とう》をとる役。*職衆から一人立てる。あるいは各段ごとに交代で頭をとる場合もある。（高橋美都）

かっけさん　覚華讃 [曲]〔真宗〕〔興〕法照の『五会念仏略法事讃』上の偈「弥陀春樹覚華開　功徳池中坐宝台　三昧庭前求解脱　摩尼殿上礼如来」に天台声明の*九方便の譜を付したもの。真宗興正派で用いる。（播磨照浩）

かっさつ　合殺 [曲]〔南都〕〔真言〕〔天台〕〔浄土〕〔真宗〕華厳宗の*修二会、真言宗の*理趣三昧*御影供《みえく》、天台宗の*例時作法、浄土宗（増上寺・光明寺）の*引声《いんぜい》、真宗（仏光寺派）の*常行三昧などでとなえられる。「かっさつ」の意味は諸説あって不明であるが、読経*行道《ぎょうどう》の終りに本尊名号を六または八または一一回となえることを指している。（岩田宗一）

かっしゅう　甲衆 [役]「こうしゅう」。法要の出勤者のうち*甲袈裟を着用する僧の集団。甲袈裟には、紫甲・櫨甲・青甲があり、位によって着用する*袈裟《けさ》が定まる。*衲衆《なっしゅう》に対する用語。（高橋美都）→けっしゅう

がっしょう　合掌 [作]　仏を礼拝するときに胸の前で両手の掌を合せること。インドにおける挨拶の形式。密教の*印契《いんげい》の一種。大日経疏第一三に一二種の合掌を説く。㊀堅実心合掌、㊁虚心合掌、㊂未敷蓮華合掌、㊃初割蓮華合掌、㊄顕露合掌、㊅持水合掌、㊆帰命合掌（金剛合掌）、㊇反叉合掌、㊈反背互相着合掌、㊉横拄指合掌、⑪覆手向下合掌、⑫覆手合掌。一般には㊁あるいは㊂を用いるが、密教では㊆を用いる。（新井弘順）

かっせつごじょう　割截五条 [衣]〔真言〕〔智・豊〕*五条袈裟の一種。割截とは*袈裟《けさ》の異称の一つで、截断した衣材を縫い合わせたとの意である。現在、割截の名称で用いられているのは、木蘭色の羽二重で仕立てたやや小形の五条に細い*威儀をつけたものである。真言宗智山派・同豊山派で用いている。（播磨照浩）

がってんのさん　月天讃 [曲]　梵語讃。『*諸秘讃』などの*朝意系の*秘讃集に所収。十二天のうちの月天の*讃。月光菩薩の小呪「ナウマク　サマンダ　ボダナン　センタラヤ　ソワカ」に*博士を付したもの。（新井弘順）

かつま　羯磨 [具]　三鈷杵を二本、十字に交叉させた形をしたもの。多く銅で造り、八葉蓮華形で高台のついた台皿にのせ*修法壇の四隅に置く。（播磨照浩）

かとう　裏頭 [衣]　布で頭をつつむもので*帽子《ぼうし》の異称であって、古くは裏頭の語の方が多く用いられていたようである。また僧兵が白*五条で頭をつつむのも裏頭と称す。真宗大谷派で*庭儀・椽儀の際に、黒裳付に萌黄紋白五条袈裟で頭をつつみ、太刀を佩いた姿で行列に加わる僧を裏頭僧といっている。（播磨照浩）

かね　鐘 [器]　梵鐘・大鐘《だいしょう》・大鐘《おおかね》・洪《こう》鐘《しょう》。釣鐘の総称。ほかにも、喚《かん》鐘《しょう》・揵《かん》稚《ち》・鯨鐘などの呼び方がある。大型の釣鐘を指すが、*半鐘もこの類に入る。「梵」は清浄を表わし、仏事の尊称でもある。元来、*大衆を集めるために用いられ、のちに、刻の合図に用いられるようになった。

インド・中国・朝鮮半島を経てわが国に伝わり、朝鮮の鋳鐘技術はすぐれていたので、我国にも数多くの鐘が輸入された。現存する最古の日本製の鐘は、京都妙心寺の浄金剛院の鐘。近年まで日本最大の鐘は京都知恩院の鐘だったが、現在は九州の誕生寺の鐘が最大である。(茂手木潔子) ↓はんしょう

かびん　花瓶　具　*三《みつ》具足・五具足の一つ。密教の法具である*華瓶《けびょう》とは異なり、口が大きく開き、胴が膨らみ、中国古代の銅器である「尊」に似た形である。立花または*常花を挿す。(播磨照浩)

かみむ　上無　理　㈠日本の*十二律の第一二音。中国の十二律の応鐘、洋楽のD♯・D♭音(嬰ハ・変ニ)にほぼ相当する。鳳音ともいう。㈡*調の一つ。上無調の略。(塚本篤子)

かめやまてんのうせいきほうよう　亀山天皇聖忌法要　法　(真宗)(本)西本願寺で一〇月一二日の亀山天皇の祥月命日に行なう法要。本願寺は亀山天皇の勅願寺であるとの伝によって宮中の*御懺法講《おせんぼうこう》に倣って行なわれる。すなわち阿弥陀堂の*内陣北側の御簾を下ろし、奥に亀山天皇の画像を掲げ、*結衆は南側にのみ着座し、*行道の際には影像前で膝行する。勤行は御懺法講の際に用いる*法華懺法《ほっけせんぼう》を改作した*観無量寿経作法を用いる。(播磨照浩)

からすもうす　烏帽子　↓すいかん

かりふ　仮譜　理　声明の記譜法の一つ。本来の記譜、つまり本譜(本博士)に対し、個人の備忘のため、旋律をより詳しく記述せんと線画化したもの。これが特に意識されているのは*五音博士を本譜とする真言で、*進流では仮譜、豊山では仮博士、智山では作(造)博士という。今日、宗門では特定の声明家が考案した仮譜を用いている。(塚本篤子)

がわ　ガワ　役　(南都)(華)　東大寺*修二会独特の名称と思われる。「大衆」と書いて「ガワ」と読ませることもあるが、おそらく「側」であろうかと思われる。*頭役以外の全員をさす。*練行衆*大衆という場合は参勤者全体をさすが、ガワと称する場合は、*時導師などの主唱者を除いた残りの全員ということになる。頭と*助と称する場合の助に相当する。(高橋美都)

かんえ　間衣　衣　「まごろも」ともいう。平常に用いる略式の*法衣であり、袖丈・袖巾を小さくし、腰つぎをつけ、裳のつぎ目を簡単にしたもので、南都諸宗および真宗大谷派・興正派・仏光寺派などで用いる。南都諸宗所用のものは、脇および背面に襞をとるが、真宗大谷派のものは脇に大形のかがり紐をつけている。(播磨照浩)

かんきさん　勧帰讃　曲　(真宗)(興)「帰去来魔郷不可停……」の文に天台声明の*仏讃の譜を付した曲。呉音で誦す。真宗興正派で用いる。(播磨照浩)

かんけん　観験　人　(真言)　寛験。声明家。一二世紀中葉。*宗観(大進)の弟子。久安年中(一一四五〜一一五〇、一説、仁安年中)に仁和寺の*覚性が、当時乱立していた流派の統合整理のため集めた一五人の声明大家のうちの一人である。この評定の結果、四つの流派に統合

されたという。このとき観験の流派は本相応院流（覚性）・新相応院流（能覚）・醍醐流（定偏）とならんで*進流として認められた。この名称は彼の師宗観が「進」または「大進」とも称されていたからである。（岩田宗一）

かんこう　寛光　人〔真言〕声明家。享保二〇年（一七三五）～？。*廉峰から声明を学ぶ。天明三年（一七八三）の『*五音伽陀仮博士』によって彼が新しい記譜法「*仮譜」の考案者であることがわかる。また明和九年（一七七二）には『十二調子事』を書写しているほか、『魚山私鈔略解』を著わしている。（岩田宗一）

がんざんね　元三会　法　㈠正月三日に修する法会、あるいは元日から三日間修する法会の意味と思われる。また天台の元三大師との関連（命日が正月三日）も考えられる。薬師寺では現在、正月元日から三日まで元三会と称して*論義を中心とする講讃法要が行なわれている。*四箇法要を通常より丁寧にとなえて荘厳した後、唯識教学に関する論題を抄出して三日間それぞれの論義を行なう。（高橋美都）　㈡〔天台〕慈恵大師*良源の忌日法要。良源の忌日が一月三日であることから元三大師とも呼ばれ、その忌日法要も元三会と呼ばれる。慈恵大師御影供が修される。（播磨照浩）

かんしゅうさん　勧衆讃　曲〔真宗〕（誠）中国唐代善導の*般舟讃《はんじゅ》の中の偈「普願有縁同行者　専心直入不須疑　一到弥陀安養国　元来是我法王家」に天台声明の*四智漢語讃の譜を付した曲。真宗誠照寺派で用いる。（播磨照浩）

かんじょう　灌頂　法〔天台〕〔真言〕梵語アビシェーカ（abbiṣeka）・アビシンチャ（abhisiñca）の訳。頭の頂上に水を灌ぐ意味。真言宗および天台密教の最高の法儀の一つ。*大阿闍梨が大日如来より嫡嫡相承されてきた法門を弟子に印可伝授し、密教の法灯を継承させる儀式。インドの国王の即位式に四大海の水を頂上に灌いで四海領掌の意を表わすが、密教もこの儀式を取り入れ、大日如来の五智を象徴する五瓶の香水を*散杖（洒《しゃ》（灑）水《すい》杖）で弟子の頂上に灌ぎ、印可伝授し、血脈を授与し、法王（新阿闍梨・仏位）に登らせ、仏種を継続させる。わが国においては延暦二四年（八〇五）九月伝教大師最澄が高雄山寺で始修。次いで弘法大師*空海が弘仁三年（八一二）一一月金剛界灌頂を、同一二月胎蔵界の灌頂をともに高雄山寺で行なった。そのときの記録が『灌頂歴名』である。以後東密・台密ともに灌頂は法門伝承の最も重要な法儀として厳修している（非公開）。灌頂の種類は、内容・目的・形式により多くの分類がある。普通、㈠結縁・受明・伝法の三種灌頂、大日経五秘密曼羅品所説の㈡印法・具支・以心の三種、および㈢五種三昧耶の三つがある。㈠と㈢とは受者の機根（資格）の優劣に基づき、㈡は事作法の有無による分類である。今、㈢の五種三昧耶をみるに、第一三昧耶は、遙かに曼荼羅を礼拝して香花を供養することで*曼荼羅供がこれに当る。第二三昧耶は曼荼羅坦に入り投花し、得仏の印明を授かる。結縁灌頂に当る。以上の二種は一般の信者に対して行なわれる。第三三昧耶は弟子位の灌頂で、受明灌頂に当る。第四三昧耶は真言の法門を相承するための阿闍梨位の灌頂で、伝法灌頂に当る。第五三昧耶は優れた弟子に対して行なう秘密灌頂で、以心灌頂に当る。結縁・受明・伝法の三種は壇を設け儀式を行なうので具支灌頂に当り、支具を調達できない貧しい受者に対しては印法灌頂を行なう。（栂尾祥雲『秘密事相大系』『秘密事相の研究』、権田雷斧『伝法院流伝法灌頂私勘』）。（新井弘順）

天台では、毎年秋に延暦寺灌室が開かれている。天台宗僧侶は経歴法階の一つとして「登壇受戒」（灌頂を受ける）と「開壇伝法」（灌頂を授ける）を履修しなければならない。伝法灌頂を受ける（または授ける）前に三摩耶戒の受戒が行なわれる。ここでは*四智梵語讃*四智漢語讃*云《うん》何唄《がばい》*散華*対揚*唱礼*乞戒偈などがとなえられる。つぎの胎蔵界灌頂には、四智梵語讃・長音供養文・唱礼*驚覚*九方便*五大願*大讃*仏讃*諸天漢語讃（*呂《りょ》）*吉慶漢語讃*大日小讃*僧讃*吉慶梵語讃・諸天漢語讃（*律）*甲四智などがとなえられる。またつぎの金剛界灌頂には、四智梵語讃・長音供養文・唱礼・*五悔*五大願*百字讃*百八讃・諸天漢語讃（呂）・吉慶漢語讃・大日小讃・僧讃・吉慶梵語讃・四智漢語讃（律）・甲四智などがとなえられる。山家灌頂では以上の諸声明のほかに、*法讃*蓮華部讃・金剛部讃・法身讃・報身讃・應身讃が用いられる。（天納伝中）

かんじょう　勧請　曲　法要の前半で本尊・諸尊の来降臨を請い、法要の目的がとげられることを願う曲。例えば華厳宗では*修二会の勧請作法に「奉請東方提頭頼吒天全……」にはじまる「四王勧請」がある。真言宗では*御影供《みえく》に「帰命摩訶毘盧舎（那仏）……」、*理趣経に「帰命毘盧舎那仏……弘法大師増法楽」、胎蔵界曼陀羅供に「仰願胎蔵大八葉十三大会教令両部会……天下法界」の文による「勧請」がある。また智山派の*常楽会では「一心奉請沙羅林中涅槃教主釈迦善逝……唯願降臨道場受我供養」の偈がある。このほか天台宗の*法華懺法《ほっけせんぼう》・御影供*大導師作法に、また法相宗の*元《がん》三会《ざんね》・修二会*盂蘭盆会《うらぼんえ》にあり、日蓮宗や真宗（興正派・誠照寺派）でもとなえられる。（岩田宗一）

かんじょういれく　勧請入句　曲（真言）「かんじょうにっく」。*理趣経の勧請句、金胎唱礼の*勧請の句に、法会の目的に応じて新たに別の句を挿入することをいう。入句を*進流では「いれく」、*新義派では「にっく」と読む。進流では古来、理趣経の場合、切切《せぜ》経には勧請に入句なく*廻向に入句があり、*長音のときは逆に勧請に入句があり、廻向には入句無しと伝える。（新井弘順）

かんちょう　寛朝　人（真言）「かんじょう」。声明家。承平六年（九三六）〜長徳四年（九九八）。宇多天皇の孫。一一歳で出家。真言声明に精通し、加えてその美声は聴く者に深い感動を与えたという。そして彼の下で真言声明は全盛期を迎えている。音楽理論にも明るく、「*理趣経」「*大阿闍梨声明」などは彼の作曲といわれているなど、事実上の真言声明の創始者と見なされている。（岩田宗一）

かんのんけか　観音悔過　法　観世音菩薩を本尊とする*悔過法要。*十一面観音悔過が代表的であるが、如意輪

観音悔過、千手千眼観音悔過などもある。(高橋美都)　↓けかほうよう↓じゅういちめんかんのんけか↓おみずとり

かんのんぜんじょう　観音禅定　曲(禅)(黄)*唐音。*施餓鬼の中で*引磬《いんきん》だけで、しかもぬき引磬で読まれる節経。深く三宝に帰依し、菩提心を発し、心を澄まし目を閉じ、心中を観ずれば、八葉の蓮華の一葉おのおのに如来があって、観自在となって法界の諸衆生とおなじく福智を得るというもの。(田谷良忠)

かんのんせんぼう　観音懺法　法(禅)(曹・臨)詳しくは観音懺摩法。観世音菩薩の広大な霊感を請い、祈禱・報思・追弔のために行なう法式。現在修している観音懺法は北宋の咸平年間(九九八―一〇〇四)に浙江省天台山国清寺の遵式が、難提訳の『請観世音菩薩消伏毒害陀羅尼呪経』(大正蔵二〇・三四)を基にし、天台智顗の『法華三昧儀』(大正蔵四六・九四九)を例にならい撰したもので、『請観世音菩薩消伏毒害陀羅尼三昧儀』(大正蔵四六・九六八)が正式の名称。経説は前述の難提訳や法華経などの引用であるが、*懺悔文などは遵式の作といわれている。中国では宋代によく修され、一三世紀に入宋した円爾弁円や栄西によってわが国に紹介された。次第本は写本・冊子本・折本などが伝えられているが江戸期には盛んに修行され、読誦用の折本装が数版にわたって刊行されている。また『懺法註』『観音懺法註并起』『観音懺法註解』『請観音経三味儀注解鈔』などの注解書もある。折本装による実際の行持用の最初は『花園校本観音懺法』とされている。曹洞宗では、『重鐫円通懺摩儀』が一番古いとされている。ほかに『明和重正観音懺法大乗寺読点付』『新板陳白大乗寺誦点付』『寛政重正観音懺法大乗寺読点付』『*文政重正観音懺法大乗寺読点付』『明治新刻観音懺法鼎三校正』『*昭和改訂観音懺法』などがある。亨保一五年(一七三〇)序、宝暦五年(一七五五)刊の『観音懺摩法』一巻二帖の内容をみると、第一帖に、白華厳図、大悲呪、円通大士懺摩の式、ついで修懺摩法式の説明・配役、鼓鈸図・道場荘厳図・道場出入図、道場配列位並遶仏指南図を載せ、第二帖には祈禱陳白祈禱小回向・亡者陳白・亡者小回向・亡者回向・祈禱回向が載っている。明和本は懺摩法を十科に分けている。第一厳浄道場　第二作礼　第三焼香散華　第四繫念数息　第五請三宝　第六具楊枝　第七誦呪　第八披陳　第九礼拝　第十坐禅である。なお宝暦五年刊本は『続曹洞宗全書・講式』に写真版が載せてある。式法は『僧堂清規行法鈔』『小叢林略清規』(上)などに詳しい。「十八日、衆寮諷経、観音懺法、僧堂念誦、寮主、衆寮ニ鳴鐘集衆、両班常ノ如シ、観音諷経、大悲消災ニテ回向、飯後、衆寮或ハ大殿ニテ、観音懺法〈式別規アリ〉晡時念誦」(『僧堂清規』ニ・月分行法次第)とある。(渡會正純)

かんのんせんぼう　観音懺法(昭和改訂)　資(禅)(曹)*声明集。曹洞宗務庁編。昭和四一年同宗務庁刊。昭和五〇年再刊。折本五一頁。禅宗各派にとって重要な法要の一つ観音懺法の法要本。禅宗独特の譜*博士を付す。(岩田宗一)

かんのんせんぼう-だいじょうじ-くとうてんつき　観音懺法大乗寺句読點付(文政重正)　資(禅)(曹)

＊声明集。寛政八年（一七九六）に永田右京が「書並画」（奥書）したものを文政一三年（一八三〇）に若山屋喜右衛門が板行している。一字一字に＊博士が丹念に付けられている点が特徴といえる。この大乗寺本は、昭和四一年の『昭和改訂観音懺法』の底本となった。（岩田宗一）

かんぴょう　寛平　〔人〕（真言）法式作法作者。貞観九年（八六七）～承平元年（九三一）。宇多天皇譲位後の法皇名。＊寛朝の祖父にあたる。東寺で＊灌頂を、仁和寺で伝法灌頂を行なうなど、声明の興隆に力があった。「伝法灌頂三摩耶戒作法」「両界作法」などを作ったといわれる。（岩田宗一）

かんむりょうじゅきょう‐さほう
観無量寿経作法　〔法〕（真宗）（本）浄土真宗本願寺派の勤行式の一つで、昭和八年に従来用いていた＊阿弥陀懺法《せんぼう》を改作した勤行式である。＊懺法は諸仏諸菩薩を勧請し、敬礼して罪過を懺悔する式であり、『広弘明集』第二八悔罪篇には、中国の梁代に始められたことが記されている。随の天台智顗は修行の法規として四種三昧を定め、その中の半行半坐三昧に＊法華三昧をあて、また金光明懺法・請観音懺法を定めている。以後、湛然・知礼・宗密・遵式らによって、多くの懺法が作られた。阿弥陀如来を本尊とする阿弥陀懺法・西方懺法もその一つであって、日本でも数種の阿弥陀懺法が行なわれたが、浄土真宗および浄土宗で用いられたのは、宋代の慈雲遵式の『往生浄土懺願儀』に依ったものである。その次第は、＊敬礼三宝＊供養文・奉請段・敬礼段・普為句＊五悔＊十方念仏・経段（観無量寿経真身観文）＊四句念仏・無量寿経下巻の偈となっている。西本願寺では正徳元年（一七一一）に初めて用い、以後昭和初年まで用いられ、譜は＊法華懺法とおなじく、本譜と略譜の二種があった。しかし昭和八年、二三世門主勝如光照の継職にあたって声明を改正した際、遵式は真宗の伝灯ではなく、本文にも真宗にふさわしくない個所があるので全面的に改定し、＊観無量寿経作法として新定した。即ち敬礼三宝・経段・四句念仏を残して、供養文・奉請段・敬礼段・普為句を廃し、善導の＊般舟讃《はんじゅ》前序の文に換え、十方念仏も、諸仏の名号をとなえるのを、南無阿弥陀仏を十唱することとし、四句念仏の後に善導の玄義分の「願以此功徳　平等施一切　同発菩提心　往生安楽国」の文を＊回向句として用いている。譜は般舟讃前序が＊往生礼讃偈の広懺悔に依っているほか、すべて＊切音《きりごえ》法華懺法の譜に依っている。観無量寿経作法は、西本願寺において＊御懺法講《おせんぼうこう》に倣った＊亀山天皇聖忌法要に用いるのをはじめ、派内一般に永代経法要や年忌法要・追悼法要に用いている。（播磨照浩）

かんもくじゅ　灌沐頌　〔曲〕（真言）漢語讃。釈尊の誕生日、四月八日の＊仏生会（灌仏会）に、誕生仏に香水を注ぐときにとなえる、八句二頌からなる曲。初頌は「我今灌沐諸如来　浄智功徳荘厳身　願令五濁衆生類　速証如来浄法身」で、灌沐の功徳を説く。第二頌は「戒香定香解脱香　光明雲台遍法界　供養十方無量仏　見聞普薫証寂滅」（＊焼香偈）で、香の功徳を説く。＊博士は当初、＊大原流の＊伽陀の博士を用いていたが、＊新義派では*頼正の私博士に改め、*南山進流では、明和元年(一七六四)霊瑞が、五音譜に改めて刊行した(『新刻五音*仏生会法則』)。*弘法大師誕生会に用いるときは初頌の文を少しく換える。(新井弘順)

かんれつ　還列　作　進列に対す。*退堂のこと。法要が終わって*導師*職衆などが、*道場を退出して*集会所へ列をなして帰還すること。(新井弘順)

かんろすいしんごん　甘露水真言　→さんしんごん

きえもん　帰依文　曲　*讃仏偈に対応する。漢語、漢音「南無帰依三宝《ナムキエサンボウ》」。歎仏会(曹)の法要で歎仏の段の前にとなえる。主賛が「南無帰依三宝」と独唱し、ついで*大衆が「帰依仏」より*木魚に随って*同音する。観音懺法(曹・臨)礼拝の段でとなえるのは*三帰礼文。漢語、宋音「自帰依仏当願衆生《ズキイフトーゲンシュンサン》」である。(渡會正純)

きえん　喜渕　人(天台)声明家。円珠房。建長六年(一二五四)~元応元年(一三一九)以後不明。真言宗の南山(高野山)*進流声明にも通じていた天台宗*大原流声明の大家である。多くの声明本・理論書の書写を行ない、かつ、みずからも『*諸声明口伝随聞及注之』(文永九)や『当流三個変音図』(建治二)を著わして口伝や*変音理論を開陳している。(岩田宗一)→えんじゅ

きおく　貴屋　人(浄土)声明功労者。慶長四年(一五九九)~万治三年(一六六〇)。増上寺第二三代。明暦二年(一六五六)に上洛し、大原の声明家恵隆と、京都の「声明堪能の衆」を増上寺へつれ帰り、同寺の声明法式の整備に当った。(岩田宗一)

きがん　起龕　役　葬儀式のときの役名。棺を法堂から送りたたせることから起龕と称する。起龕*鎖龕《きがん》と役名では並び称されるが、所作の順序としては入龕・移龕・鎖龕・起龕となる。起龕師は、拈香・法語の後、起龕の念誦を唱する。その後、*大悲呪をとなえ、鼓鈸《くはつ》三通を奏して、葬列を整え出喪《すいそう》するのが、禅宗系統の作法である。(髙橋美都)

きぎょうばい　毀形唄　曲　天台・浄土・融通念仏宗などの得度式・剃髪式に用いる。諸徳福田経からの偈文を*云何唄《うんがばい》とおなじ旋律でとなえる曲。ほかの宗派では出家唄と呼ぶ。(岩田宗一)

ききょらい　起居礼　作　礼拝の一種。*合掌して立ち、両膝を前に屈して、上半身を垂直のまま腰を少しく沈め、再び膝を伸ばす。この屈伸礼をいう。わずかに頭をたれる小礼と、*五体投地礼との中間の礼法であるので中礼ともいう。起居三礼のときは、三度目に五体投地礼を行なう。この礼法は、*導師が*念珠と*柄香呂《えごうろ》を持ち、*礼盤の前で*三礼するときに用いられるが、真言宗では広く法会で*職衆も用いている。天台宗では、起居礼は導師が、大衆は*蹲踞《そんこ》礼を用いる。(新井弘順)

きく　祈句　曲(天台)*表白につづいて令法久住・利益人天・法界平等利益などのために、毘盧遮那如来・金剛手菩薩などの名号をとなえるもの。天台宗において、*光明供*論義法要などの*法則に用いる。(播磨照浩)

きげさ　黄袈裟　衣(真宗)(本)浄土真宗本願寺派で用いる木蘭色の*五条

袈裟。麻の単衣であって、本合仕立てに製する。宝暦五年(一七五五)に第五代能化義教が制定したもので、以来、現在でも得度の際に授与されることになっている。主として安居の際に用い、本講師は大五条、大衆(所化)は＊小五条を用いる。(播磨照浩)

きたに　北二　[役]〔南都〕(華)　東大寺＊修二会＊練行衆の役名。正式には北衆之二。北座で＊衆之一に次ぐ。(高橋美都)　→しゅのいち

きちじょうてん-の-さん　吉祥天讃　[曲]　梵語讃。『＊諸秘讃』などの＊朝意系の＊秘讃集に所収。毘沙門天の妃である吉祥天を讃嘆する。出典不明。詞章は「曩莫《ナウマク》室哩《シリ》耶曳《ヤエイ》　菩提《ボウチ》薩埵《サトバ》　摩訶《マカ》薩埵《サトバ》　某甲　南無《ナウボ》率都帝《ソトテイ》」。始終＊商。(新井弘順)

きっきょう-かんごのさん　吉慶漢語讃　[曲]〔真言〕〔天台〕＊灌頂のとき仏位に登った弟子のために阿闍梨が讃歎してとなえる＊伽陀。受者供養のとき阿闍梨自から歌詠すると経軌にあるが、今は＊讃衆が讃所で代ってとなえる。＊鈸は早(草)鈸を打つ。五段からなり、漢音読み。詞章は釈尊の八相成道に関するもので、第一段は降兜率天、第二段は出胎、第三段は降魔、第四段は初転法輪を説き、金剛頂瑜伽中略出念誦経第四にみえる。第五段は阿闍梨大曼荼羅灌頂儀軌に説く。現在＊南山進流＊新義派で用いられている『＊魚山蠆芥《たいかい》集』所収の曲は、＊隆然の「略頌文」により＊平調《ひょうじょう》＊律＊反音《へんのん》曲。初段の「諸仏」は、常には＊角＊商・商、晴のときは商・商を用いる。東京芸大本醍醐流『＊声明集』では＊呂《りょ》＊一《いち》越《こつ》反音曲で、初段は呂の商＊宮・宮で始まる。第三・第四段に秘曲の個所があり、その＊博士は『＊諸秘讃』などの＊朝意の＊秘讃集にみえる。また当讃は＊土砂加持会の中間讃・曼荼羅供・誕生会などにも用いられる。天台宗でも用い、呂曲＊黄《おう》鐘《しき》調、初段の＊出音《しゅっとん》位は宮である。(新井弘順)

きっきょう-ぼんごのさん　吉慶梵語讃　[曲]　＊灌頂のとき弟子が正覚の位に登るのを慶祝し、その徳を讃歎して＊大阿闍梨がとなえる梵語の＊伽陀。漢字で音写。三段。現在は傘蓋＊行道のとき讃所で＊讃衆がとなえ、終って早(草)鈸をつく。この＊讃に関係する伽陀は、大日経疏巻第八に吉慶阿利沙偈が一首、弘法大師請来の吉慶梵讃が九首ある。現行の三段は、大師請来の初めの三首、および＊吉慶漢語讃の第一(降兜率)・第二(出胎)・第三(降魔)の各段に相当する。＊南山進流＊新義派ともに『＊魚山蠆芥《たいかい》集』の当讃を用い、＊隆然の「略頌文」によって＊平調《ひょうじょう》唯律曲である。三段とも＊宮で＊出音《しゅっとん》し、＊商で終っている。東京芸大本醍醐流『＊声明集』所収の当讃の旋律型は『魚山蠆芥集』とおなじで、かつ唯律曲でもある。出音位は宮で、終音も商であるが、この＊律の商は、＊呂《りょ》の宮だと、手入れがしてある。また第三段の末の「婆縛都」以下に秘曲がある。『＊諸秘讃』などの＊朝意の＊秘讃集に、三説六例の＊博士を出している。その中の第二説は仁和寺の紫金台寺御室＊覚性法親王が醍醐の山本大納言覚喜から伝えられたものだという隆然の奥書がある。因に前述の東京芸大本にも最秘の伝ありと指南

していう。『魚山蠆芥集』も第二説を引いて、第三段の末を秘曲にするときは、頭人が第三段の*頭句の「曹」の字の博士を∽又は∨としてとなえよ、と指示している。なおこの讃は*土砂加持会の中間讃にも用いる。天台宗では、*律曲、*切音《きりごえ》、*一越調《いちこつ》で、出音位は宮である。（新井弘順）

きっしょう　乞声　役　「こつせい」。法要に際して、先唱者たる*頭《とう》、あるいは独唱者に対して声明の*発音の契機を示す役。文字通り、発声を乞うる役であり、大法会で威儀を正す場合、会場の配置などによって合図が必要な場合などに立てる。沙汰人《きたにん》などと称する役も類似の任務にあたる。（高橋美都）

きっしょうけか　吉祥悔過　法　〔南都〕南都各宗の鎮護国家のための法要で、吉祥天を本尊とするもの。（高橋美都）

↓けかほうよう

きゅう　宮　理　*五音*七声の第一音。すべての音階の最重要音で、洋楽の主音（ド）に対応する。*徴《ち》を*乙と別称するのに対し、*甲と称す。もと中国における宮調（教会旋法のリディア旋法にあたる）の主音。（塚本篤子）

きゅうたい　裘代　衣　長*素絹仕立てで*僧綱襟を立てるもの。裘代とは最高の礼服である大裘に代えて用いるとの意であり、上に*五条袈裟を懸け、下に*差貫をはく。現在用いられることはまれである。（播磨照浩）

きょうがくしんごん　驚覚真言　曲　〔天台〕〔真言〕梵語。*胎曼供*合曼供*御修法などの密教法会に用いる短い声明曲。*大導師が諸仏驚覚の印を結んで独唱し、諸仏を禅定から立たせて修法の成就を請うのである。天台宗では魚山声明十箇の中秘曲の一つで本来は伝授物であった。（天納伝中）

きょうかん　鏡寛　人〔真言〕〔智〕声明家。一八世紀初ごろ。武州鴻巣の正法院尊龍の弟子。正徳元年（一七一一）に『*魚山蠆芥集《たいかい》』を刊行。これは永正一四年（一五一七）の*長恵本を底本とし、それに貞享二年（一六八五）の英長の『開合名目』を付したものである。（岩田宗一）

きょうけ　教化　曲　仏の教化や経典*法会などの功徳を和語で讃え、*大衆に化益を施すことを願って平安時代の比較的早い時期から出現した声明曲種である。おそらく斉衡元年（八五四）に*円仁が延暦寺における天台大師供始修に際して作ったのが最初であろう。本来は法要ごとに作詞されたもので、その詞句は現在までに多数遺されている。しかし現在では法要ごとに特定の詞句が定着し、その上その種類も少なくなった。例えば天台宗*法華八講では「昔ノ大王ハ仙人ノタメニ千歳ノ給仕ヲ致シテ一乗ノ妙法ヲツタヘ今ノ諸徳ハ権現ノ御タメニ八軸ノ真文ヲ講シ御スソ貴カリケル」を*序曲旋律型によってとなえている。法相宗の*修二会の七曲の*教化は中心音の上下に従属音をもつ日本声明の特性を備えた旋律法でとなえている。新義真言宗（智山派）のそれは強力な中心音と上方にはね上がる語りもの的旋律法をとっている。真言宗のものは基本的には一字一旋律型（*スグまたは*ユリ）でとなえ進み、部分的に旋律型を多数連ねて引き延ばされている。（岩田宗一）

きょうしゃく　経釈　[曲]　経典の解説。経典の講讃の説草の一部。漢文体読み下し。*大般若転読会や経立仁王会などの経典の講讃法会や*伝法大会などの*論義法会の前講のとき、所用の経典の内容について、*説草師あるいは*導師*講師などが*如意を持って独唱する。形式は決まっていて、㊀経の大意、㊁題目（経題の逐語的解釈）、㊂入門判《にゅうもんぱん》釈《じゃく》（本文の略説）の三門、および経典講讃の功徳などを述べる文から成る。音楽的性格は大般若表白とおなじで、前半の三門の部分は*角の*博士を中心とした朗誦様式で、後半の功徳を述べる部分の*甲の句は音を高く上げ詠唱様式でそれぞれとなえる。*南山進流では、地の部分を*乙とし*黄鐘《おうしき》調*中曲で、甲の部分は乙甲*反音《へんのん》で*一越《いちこつ》調でとなえる。甲の終りの行の節無しの拾って早くとなえる部分を*岩原諦信は*中音と名づけている。*新義派では進流の甲の詠唱部分を甲と乙とに分け、*徴《ち》角の博士に*イロの無・有の区別をつけている。岩原の分類によれば、語る声明の一種である。（新井弘順）

きょうじゅーだいあじゃり　教授大阿闍梨　[役]　密教系の*灌頂会の役名。（高橋美都）→だいあじゃり

きょうじょく　経卓　[具]　経本を載せる小形の*卓《しょく》。*経机ともいう。黒または朱漆塗であり、上部に飾りのある引き出しをつけ、天板に筆返しをつけることが多い。*和讃を載せるときには和讃卓という。（播磨照浩）

きょうだい　経題　[曲]〔天台〕経典の題号に曲節を付してとなえるもの。*甲*乙の二様があり呉音で誦する。天台宗の経供養において用いるが、真宗興正派で用いることもある。（播磨照浩）

ぎょうどう　行道　[作]　*職衆が読経（経行《きんひん》）*念仏*散花・結界などのために*道場内の*大壇*須弥壇・戒壇・鏡間など、あるいは堂塔の周囲を右回りに遶ること。インドでは貴人の周囲を右遶する礼法があり、仏教でも仏舎利塔を右遶したりする遶堂・遶塔・遶仏が行なわれ、法会に取り入れられた。遶る回数は一*匝《そう》・三匝・七匝などといろいろで、普通本尊の後を通過した回数で数える。所作の別により、*無言行道・散華行道・傘蓋行道・念仏行道・経行道（経行）・行道供養（*練供養《ねりくよう》）などがある。また行道を行なう場所の別により、床行道・座行道・大行道などがある。行道の列の作り方の別により、押廻し行道・切り込み行道・大切り込み行道などがある。（新井弘順）

ぎょうねん　凝然　[人]〔南都〕（華）声明家。仁治元年（一二四〇）～元亨元年（一三二一）。音楽理論に湛能で、多数の註釈書・理論書を著わしたが、多くは焼失したものと見られる。しかし正和二年（一三一三）の『音曲秘要抄』や文保二年（一三一八）の『音律通致章』、また『声明源流記』『優婆梨唄』などは今日に伝わっている。（岩田宗一）

きょうばこ　経箱　[具]　経本を入れる箱。長方形のかぶせ蓋を持つ箱で、黒漆塗に金で定紋を入れたものが多い。（播磨照浩）

きょうぶぎょう　経奉行　[役]　法要の進行・行儀役。経典類の差配をする。（高橋美都）

きょうらいげ　敬礼偈　曲　法要の小段名。東大寺*修二会の*法華懺法《ほっけせんぼう》の場合は、*和上が*呪願の代りに*法華経中の偈文を授ける。「敬礼常住三宝」という当役の要請に答える形式であるが、*乞呪願と呪願の偈文というセットを、敬礼偈と称するものと思われる。（高橋美都）

きょうらいさんぼう　敬礼三宝　曲　法要の開始部で仏法僧の三宝に礼拝して唱える曲。三宝礼。（岩田宗一）

きょうらいもん　敬礼文　曲〔真宗〕（興）「敬礼大慈阿弥陀仏　為妙教流通来生者　五濁悪時悪世界中　決定即得無上覚也」の文に天台声明の*教化の譜を付した曲、呉音で誦す。真宗興正派で用いる。（播磨照浩）

ぎょきえ　御忌会　法〔浄土〕〔西山〕宗祖法然（一一三三～一二一二）の命日法要のこと。「御忌」は本来、天皇・皇族の命日法要名であるが、大永四年（一五二四）後柏原天皇の勅により、法然の命日に限りこの呼称が許されることになった。知恩院の御忌会は最も良く知られ、明治九年（一八七六）までは毎年一月一九日から一週間行なわれていたが、翌年以降は四月一九日からとなった。御忌会中は毎日、晨朝・日中・逮夜が勤められる。日中法要では門主が出座し、別に*唱導師と呼ばれるこの一座の*導師が*登高座して*唱導*諷誦を朗唱する。これらは、語り物声明の特徴をもつ知恩院独自のものである。御忌会は知恩院のほか、浄土宗・浄土宗西山派の各本山、末寺においても行なわれている。（岩田宗一）

きょくちゅうへん　曲中反　理〔真言〕四種*反音《へんのん》の一つ。*一越《いちこつ》調（*呂《りょ》）が*盤渉《ばんしき》調（*律）に、*双調（呂）が*平《ひょう》調《じょう》（律）に、あるいはそれらの逆でおのおの反音すること。ほかの*隣次反、*七声反、*甲乙反とは異なり、理論そのものには矛盾がなく、反音曲の構造を説明できるものである。（塚本篤子）

ぎょくばん　玉幡　具　60cmほどの小形の*幡。真鍮に金メッキしたものが多いが、まれに布製のものもある。柄の先の龍頭に吊し、*庭儀・椽儀のときには童子または従僧が持って*導師の後に従い、堂内では導師の両側に立てる。（播磨照浩）

きょくろく　曲彔　具　法要儀式の際に僧が坐る椅子。肘かけが曲線形をなしているところからこの名がある。中国の宋代に行なわれ、禅宗とともに日本にもたらされたものである。背板・肘かけを床板に固定したものと、折り畳み式のものとの二種がある。（播磨照浩）

きょこうぶん　挙香文　曲〔禅〕（黄）*唐音。今は和読みが多い。金剛上師がとなえる。香を薫じ、普ねく法界に供養を述べるとともに、仏法僧の三宝・刹海の萬霊・歴代の祖師・一切の聖衆等におなじく供養を述べる文。（田谷良忠）

ぎょさんしゅう　魚山集　→ぎょさん-たいかいしゅう

ぎょさんしゅう-かりふ　魚山集仮譜　資〔真言〕*声明集。*葦原寂照編。明治二四年（一八九一）大融寺刊。B5袋綴二一丁。『*魚山蠆芥《たいかい》集』中より肝要な曲を選び、それに*仮譜をつけている。初心者のための手引書とでもいうべきものである。（岩田宗一）

ぎょさんしゅう-りゃくぼん　魚山集略本　→ろっかんじょう

ぎょさんしょうみょう-ぜんしゅう　魚山声明全集　資（天台）＊声明集。＊中山玄雄著。昭和三一年、金声堂刊。袋綴二一六丁。声明曲五〇曲を、主として法要ごとに分けて収めているほか、一九種の法要次第を掲ぐ。天台声明のうち、今日最も良く演唱される曲目の集成である。（岩田宗一）

ぎょさんせいぎ　魚山精義　資（真言）（智）声明集解説書。＊上村教仁著。大正九年（一九二〇）西蔵院発行、B5本篇一三二頁・付六〇頁。『＊魚山蠆芥集《たいかい》』収載の声明曲ならびに楽理・用語に関する出拠や口伝を挙げ、解説を行なっている。『魚山蠆芥集』指導書。（岩田宗一）

ぎょさんそうしょ　魚山叢書　資（天台）声明本叢書。㈠＊宗渕編。全七五巻とも一〇〇巻ともいわれるが不詳。大原の伝を中心とした当時の天台声明の集大成である。現在、大原勝林院に四三冊、浄蓮華院に一二冊が確認されているが、そのほかの部分は散逸している。この叢書は次代の＊覚秀の叢書に多くの原資料を提供した。㈡覚秀編。全一九四冊。＊秀雄の蒐集資料や宗渕の叢書から多くの資料を得ながら自らも蒐集範囲を拡げ、さらに他宗派の声明資料をも多数収めて一九四冊の叢書とした。勝林院に蔵されていて、現在、欠本は実質的には一冊のみである。このうちの天台声明資料に関してみるならば、その一つ一つの成立から叢書に入るまでの書写者の約三分の二が、魚山相承血脈譜に名を連ねる声明家である。このことからみても、その資料的価値は高いといわなければならない。（岩田宗一）

ぎょさん-たいかい-しゅう　魚山蠆芥集　資（真言）声明曲集。魚山私鈔・魚山集。この名称は明応五年（一四九六）、＊長恵編の声明曲集（高野山桜池院蔵）の巻末にみられるのが最も古いが、おそらくこのときにはじまると考えられている。「魚山」は「声明」を意味し、「蠆芥」は訓読すれば「チリ・アクタ」であるところから『魚山蠆芥集』とは、声明をチリ・アクタほどに多く集めた曲集ということになる。また表題にこの名称を記して、内題に「魚山私鈔」と題したものも多く、さらに単に『魚山集』としたものもあるが、いずれもおなじものを指している。その内容は真言声明のうちで最もよく用いられる曲目の集成で、上中下巻より成り、全編に＊五音博士を付して初心者の学習の便がはかられている。正保三年（一六四六）に長恵本を底本として『魚山蠆芥集』がはじめて刊行された。それ以来、慶安二年（一六四九）・天和二年（一六八二）・天和三年（一六八三）・貞享二年（一六三五）・正徳元年（一七一一）・寛保三年（一七四三）と刊行が続いた。また明治二五年（一八九二）には、＊葦原寂照が寛保版を底本として『明治改正、魚山蠆芥集』を出している。（岩田宗一）

ぎょさんもくろく　魚山目録　資（天台）＊宗快書、嘉禎四年（一二三八）。天台宗＊大原流声明の記譜上の原則（＊出音図《しゅっとん》）を曲別に示した一覧表である。＊宗渕の『＊六巻帖』にも見えるように大原流声明を読譜する上でこの出音図は不可欠のものとなった。＊大正新脩大

蔵経八四収載。（岩田宗一）

ぎょさんよこう　魚山余響　資　〔真宗〕〔天台〕声明資料。*智影記。智影（浄土真宗）は二七歳の寛政元年（一七八九）から天台宗*大原流声明家恵観（のちの知観）の門に入って声明を学んだ。『魚山余響』は、そこで得た声明曲に関する口伝をはじめ、大原と他宗派との交渉の状況やそのほかの見聞を記録したもの。その記述は主として文化年間に関するものとなっているが、この期の大原流ならびに浄土真宗の声明の状況を示す重要な資料である。昭和五二年、松下忠文によって竜谷大学蔵の写本が飜刻された。（岩田宗一）

ぎょばん　魚板　器　〔浄土〕〔真宗〕（本）魚版《ぎょばん》。魚形の板か、あるいは魚の絵を刻んだ板で、刻を知らせ*大衆を集めるために使われる。黄檗《おうばく》宗の*魚梆《かいぱん》や曹洞宗の魚鼓《ほう》のように大型ではなく、寺院の入口につり下げられる。歌舞伎の下座音楽では寺院の場にこの板形の魚をよく用いる。（茂手木潔子）→かいぱん

きりごえ　切音　理　〔天台〕㈠天台の*序曲における*長音の対概念で、長音より詞章の各字に対する旋律が少し簡略化されている。㈡天台の*定曲における拍子の一つ。洋楽の四分の二拍子に相当する。㈢*論義における唱法の一つ。切声とも書く。各音節を明瞭に区切ってとなえること。この対概念が*引音《ひきごえ》（声）である。（塚本篤子）

きりさんげ　切散華　曲　〔法華〕章句は初・中・後の三段に分れており、初段は*法華経序品、中段は無量義経徳行品、後段は法華経化城喩品の偈文。切散華とは*切音《きりごえ》散華の意。（早水日秀）

きりばかま　切袴　衣　*差貫の裾を切って足首までの長さにした*袴であり、*素絹の下に着用する。差貫の略式であるが、ほとんどの宗派で多く用いられており、浄土真宗本願寺派では切袴のみを用いてほかは使用しない。色合・紋は差貫とおなじであるが、*表袴に用いる白地窠散の裂で切袴に仕立てる宗派もあるが、これは袴の区分が混乱してきたからである。（播磨照浩）

きん　磬・金　→うちならし　→けい

きんならてんのさん　緊那羅天讃　曲　梵語讃。唯授一人の*秘讃。唯呂曲。*出音《しゅっとん》*乙。八部衆の一つである緊那羅（音楽天）を讃嘆する。当尊の*真言「曩《ナウ》莫《マク》三曼多《サマンダ》付没駄南《ボダナン》　賀迦娑南《カキャシャナン》　尾賀薩南《ビカサナン》　枳那羅赦《キンナラダン》　娑婆訶《ソワカ》」（大日経真言蔵品・玄法軌・青竜軌）に*博士を付した曲。*覚意が*五音譜を付した金沢文庫の『秘讃類聚集』およびほかの一本に、この曲は琵琶の秘曲啄木に調べ合わせて作ったという。終音が*三重の*宮はこの曲だけである。仁和寺に*醍醐流の博士本がある。*南山進流所伝の当讃は覚意付博士のもので、*朝意系の秘讃集（『*諸秘讃』など所収。（新井弘順）

くいほうしょう　九位奉唱　曲　〔浄土〕*盂蘭盆会《うらぼんえ》（知恩院）の*散華*行道の際に仏・法・僧・釈迦・修多羅蔵・菩薩僧衆・縁覚僧衆・声聞僧衆・目連尊者の名号をとなえる曲である。（岩田宗一）

くうあ　空阿　人　〔浄土〕法式創始者。康治元年（一一四二）〜貞応三年（一二

二四)。法性寺に住す。法然門下のうち多念義の念仏者として*念仏と*和讃を交互にとなえる礼拝様式を創始したといわれる。この様式はその後とくに時宗・真宗の礼拝・勤行様式に受け継がれて行った。(岩田宗一)

くうかい　空海 [人]〔真言〕真言宗開祖。弘法大師。宝亀五年(七七四)~承和二年(八三五)。延暦二三年(八〇四)~大同元年(八〇七)入唐。帰国後の天長九年(八三二)、わが国初の*曼荼羅供を行なう。承和元年(八三四)、弟子および天台宗*円仁らとともに西塔院供養会で*論義を行なうなど、自らも声明をよくした。(岩田宗一)

くうでん　宮殿 [荘] *厨子《ずし》の一種。殿堂を形どり、屋蓋を設け柱を立て斗栱を飾る。和様を主としたもの、唐様を主としたもの、*内陣とともに造りつけにしたものなどがある。浄土真宗では、宮殿形をしていても扉がついていて祖師像を安置するものは厨子と称し、柱のみの吹き抜け構造で、阿弥陀如来像を安置するもののみを宮殿と称している。そして本願寺派では正面と両側面に入母屋の屋根を設け、正面に唐破風を付した単層のもので、全体を金箔押しとしたものを、大谷派では重層で軸部を黒漆塗をしたものを用いる。(播磨照浩)

くうや　空也 [人]「こうや」。光勝。市聖。平安中期の念仏唱導者。延喜三年(九〇三)~天禄三年(九七二)。*踊躍《ゆやく》念仏の原形は空也に始まる。天慶元年(九三八)念仏宗を開く。空也が製作したと思われる*和讃は、時宗に継承されている。(岩田宗一)

くげ　供笥 [具] 供物をのせる台。四角・六角・八角の形をしたものがある。四角のものを*三方(宝)、四方ともいい、素木・うるし塗の両方がある。六角・八角のものを特に華束(華足)という場合もあるが、華束とは元来、小餅を盛った供物の名称であったが、それを載せる台をも指すようになった。(播磨照浩)

くじゃくきょう-の-さん　孔雀経讃 [曲] 別称、天竜八部讃。*秘讃。諸天鬼神の供養に用いる。出典は孔雀経中。梵漢二種ある。梵讃は天竜八部の本地を讃嘆し、漢讃はその功徳を讃嘆するという。『*諸秘讃』など*進流*朝意の秘讃集では、梵讃を孔雀経讃、漢讃を天竜八部讃と別称し、毘沙門讃とともに三箇秘讃と伝える。梵讃は二句四頌の八句からなり、*呂《りょ》と*律とを交互に用いる。ただし第三句は上三字のみ呂である。詞章は「曩謨率都《ノウボソト》　没駄野《ボダヤ》　曩謨率都《ノウボソト》ホダ曳《エイ》」(第一頌)。醍醐流『*声明集』では呂*一《いち》越《こつ》*反音曲《へんのん》という。各頌とも一越調呂の*徴《ち》で*出音《しゅっとん》し、第二句の初字で律に反音し、同句の終字の末で呂の*宮にもどって終っている。進流の『諸秘讃』などは徴で出音し、*商で終っているが、全体が律の譜に書き換えられているので、第五句のごとく*羽《う》で始まるのが正しいと思われる。北斗法・星供などの法要に用いられる。(新井弘順)

くじゅう　供頭 [役]〔禅〕禅宗の役僧。供頭行者の略で、食事の際に粥・飯・茶菓などを配給する。(高橋美都)

くじょうげさ　九条袈裟 [衣] 条数が九つある*袈裟。*三衣《さんね》のうち*僧伽《そうぎゃ》梨《り》に相当する。中国宋代に鐶佩で着用し、中央上部を狭くした*南山衣形式の九条袈裟が広く行なわれ、日本の禅宗でも用いられるようになった。曹洞宗も古くは南山衣式の九条袈裟を用いていたが、江戸時代中期に南山衣はインド古来の風に非ずとして、*天竺衣形式の九条袈裟に改められた。浄土宗は室町時代中期以降、禅宗の影響を受け、南山衣形式の九条袈裟を用いていたが、のちに九条の右側の二条を略した形の七条が用いられるようになった。また平常は七条であるが、大法要のときに、二条をつけ足して九条袈裟として用いる「七九条」なるものも考案された。また法華宗では*七条袈裟に*横被をつけた姿を九条と称している。
(播磨照浩)

くじょう-しゃくじょう　九条錫杖　曲　漢語・呉音読み。八十華厳経第一四巻浄行品に第一条の最初の「手執錫杖　当願衆生　設大施会　示如実道」の四句が見えるが、それ以下は出典不詳。正宗分である九条の偈文と流通分から成っている。九条は㈠平等施会、㈡信心発願、㈢六道知識、㈣二諦修習、㈤六度化生、㈥捨悪持善、㈦邪類遠離、㈧三道消滅、㈨廻向発願の各段である。一般に声明曲「錫杖」というときは、この曲とは別の*三条錫杖(*四箇法要の第四の曲)を指す。三条錫杖は九条錫杖の第一・第二・第九条を抽出して一曲としたもので、第九条の詞章と*博士の一部を除いて全ておなじである。曲中の一定の個所で*錫杖が振られる。この音に特別な呪力があるとされ、その力による衆生の成仏を願ってとなえられる。その旋律に*長音と*切音《きりごえ》の二種がある。長音は長い旋律型の曲。慈覚大師*円仁相承の五箇秘曲の一つで、円仁—日蔵—公任—寛誓……*良忍と伝えられた。また日蔵が兜率天から習い伝えたともいう。真言宗へは良忍—家寛—妙音院*師長《もろなが》—孝道から仁和寺宮へ伝えられたともいい(潤恵博士本仁和寺蔵『法則集』)、あるいは相応院流(仁和寺)にはこの曲の相伝はないともいう(東京芸大本醍醐流『*声明集』)。潤恵本では三条・九条とも出し、東京芸大本では三条のみである。上野学園蔵の宣雅博士本(相応院流)も三条のみである。*南山進流の『*魚山蠆芥集《たいかい》』『声明集』には三条・九条ともにある。真言宗では普通の法会には用いられず、高野山で二一年目毎の奥院御廟の屋根の葺替の落慶法要に、また三月二一日の同奥院の通夜にも用いられるという。天台では*律*盤渉《ばんしき》調、進流では律*平調《ひょうじょう》。切音は博士の骨子は長音とおなじであるが、博士をやや短かくした曲。天台宗では*声《しょう》明《みょう》懺《せん》法《ぼう》などに用い、律平調(*出音《しゅっとん》*商)。真言宗では江戸期刊の『仏名会法則』にみえ、旋律型は天台宗の『*六巻帖』所載のものとおなじである。これは大原来迎院の円珠房*喜渕が金剛三昧院空忍に伝えた大原声明の一種か。以上の二種とは異なる更に短かい博士のついた九条錫杖が「長錫杖」(ちょうしゃくじょう・ながしゃくじょう)という曲名で真言宗*新義派に伝承されている。根来寺の遺韻といい、豊山長谷寺では毎朝の勤行で、智山智積院では陀羅尼会の日中の法事にそれぞれ用いている。(新井弘順)

くしょうねんぶつ　九声念仏　曲　〔天台〕〔真宗〕(興・誠)　天台宗の*例時作

法後半部(*懺悔《さんげ》・礼拝の部)でとなえる漢音の*念仏曲である。「阿弥陀仏《アビタフ》」を九回繰り返えすところからこの名がある。天台宗の旋律には、*切音《きりごえ》と声明の二種があるが、真宗の声明本にはこのうちの声明が収められている。(岩田宗一)

くとう　句頭　理　声明や経を先唱する者。おもに天台・浄土系における一般的用語。他宗では*頭《とう》・頭人*調声などという。各曲種の名のつぎに頭・師(士)などを付加して区別する場合が多い(*讃頭*経頭*散華師*伽陀師など)。(塚本篤子)

くとうし　句頭師　→とう

くほうべん　九方便　曲　別称、胎蔵界唱礼。仁海撰の*胎蔵界礼懺などを胎蔵界の修法次第(胎蔵法)に組み入れ、胎蔵界立の法要に曲節を付してとなえる一連の曲。通常、胎蔵界唱礼をその中心となる九方便の名で呼ぶことが多い。狭義には九方便のみを指す。その構成は金剛界唱礼とおなじで、前唱礼と後唱礼に分かれる。〈前唱礼〉㊀*敬礼三宝、㊁入仏三昧耶真言、㊂法界生真言、㊃九方便—第一作礼方便・第二出罪方便・第三帰依方便・第四施身方便・第五発菩提心方便・第六随喜方便・第七勧請方便・第八奉請法身方便・第九回向方便—、㊄転法輪真言、㊅無動金剛能成就真言、㊆*勧請、㊇五誓願。〈後唱礼〉㊈虚空蔵転明妃真言、㊉*三力偈、⑪祈願、⑫礼仏、⑬*廻向。㊀と㊃と⑫は漢音読み、ほかは呉音読み。となえ方は金剛界唱礼とおなじ。(新井弘順)→ごかい

くようし　供養師　役　㈠供養導師ともいう。開眼供養・落慶供養に際して、法要の責任者たる役。㈡弘法大師御影供の役名(供養法師)。(高橋美都)→かいげんし→こうぼうだいし-みえく

くようもん　供養文　曲　*修二会*曼荼羅供*法華《ほっけ》懺法《せんぼう》*観音懺法など多くの法要でとなえられる。一般には「一切恭敬　敬礼常住三宝　是諸衆等　人各胡跪……」の偈文をとなえる。ただし禅宗では中間にほかの偈文を挿入し、天台宗ではこのほかに初句を「一心敬礼十方一切常住仏」とするものがある。その大意は、「一同で三宝(又は一切の仏・菩薩)を礼拝し跪ずいて、香や華を作法通りに捧げて供養し奉る」である。各法要の前半部でとなえられる。天台宗の金剛界曼陀羅供では*唱礼師が漢音でほとんど全曲を独唱している。旋律は*序曲旋律型による。(岩田宗一)

くん　裙　衣　腰に巻いて用いるもので多くの襞をとる。インドで用いられていた涅槃僧(nivāsana)の変化したものであり、上に*偏衫《へんざん》を着ける。木蘭色の麻で作ることが多く、*如法衣《にょほうえ》とともに用いる。(播磨照浩)

ぐんりゅう　群立　作　*曼荼羅供や*灌頂の*上堂のとき、*庭儀あるいは*堂上で行なう場合、*大阿闍梨が*道場へ入る間、職衆が道場の外縁《そとえん》で、しばらく間をつめて列をなして待つこと。左右の外縁の両側に分れて群立するのを「両群立」、片側に列をなすのを「片群立」という。両群立のときは本尊に向って右側に*讃衆(*甲衆《かつしゅう》)、左側に*持金剛衆(*衲衆《なっしゅう》)が群立する。片群立のときは正面入口に近い方に持金剛衆がくる。庭儀には多く両群立、堂上には片群立を用い

る。(新井弘順)

げあんご　夏安居　[法]　安居・夏講ともいう。起源はインドの僧侶が雨季に籠って講経修学をしたことにあるとされている。日本でも天長二年(八二五)に叡山より法隆寺と四天王寺への夏安居講師が定められている。南都諸宗では現在までも夏安居の名残りをとどめるところが多いが、法隆寺では特に厳格に毎年五月一六日から八月一五日までの九〇日の間、説法がつづけられ、*法華経についてと勝鬘・維摩の両経について隔年に講じている。(高橋美都)

けい　磬　[器]　鉄・青銅・響銅で作られた山型の板で、上部左右の端に懸け金があり、紐を通して磬架につり下げて打つ。中国や朝鮮半島では石製・玉製の編《へん》磬《けい》(十数枚あるいはそれ以上の「へ」の字型の石を横に並べてつるした楽器)を用いたので「石」の字が残ったと思われる。日本の磬は左右対称のへの字型で、中央に撞座があり、その左右には孔雀や花鳥の紋様が刻まれ、声明をとなえるときの合図(例、金二打)に用いられる。大きさは下部の横巾が20～23cmで、上部の横巾はそれより短い。縦巾は7～8cm・厚さ約7～8mmである。桴《ばち》は、長さ約20cmの木製または骨製の棒の先端に、木・竹・石製の頭部をつけたもの。(茂手木潔子)

けいじく　慶竺　[人]　〔浄土〕法式制定者。応永一〇年(一四〇三)～長禄三年(一四五九)。知恩院第二一世。*御忌《ぎょき》会(法然の命日法要)の*法則《ほっそく》を定め、「諷誦」を作曲したとされている。(岩田宗一)

けいす　磬子　(一)[器]　磬子《けいす》・大磬《だいきん》・大《だあ》磬《きん》・銅磬《どうきん》・磬《きん》。錫と鉄、あるいは銅と亜鉛の合金で作られた大きな鉢形の鳴らし物で、読経や行香、頭を剃るときなどに用いられる。直径40～60cm・高さ30～40cm・厚さ1～2cm。大きな布団の上に置かれ、桴《ばち》は木製で、頭部を裏皮で包み、先端は皮が二重張りになっている。製造過程では一枚の厚い金属板をハンマーで叩きながら鉢の形にするが、何度も冷しながら作る。柔く余韻の長い独特の音色は、金属内部の厚みが一様でないために起るうなり現象である。桴で打つときは、鉢の側面を、口の方へこすり上げるように打つ。なお、黄檗《おうばく》宗でいう磬子《けいす》は、小さな*釣鐘のことである。(茂手木潔子)

(二)[役]　その演奏にあたる役の名称。法要全体に区切を与え、進行に関わる重要なきっかけを与えるので、演奏者も経験をつんだ重い役柄とされる傾向が強い。(高橋美都)

げう　下羽　[理]　〔天台〕*律曲の俗楽における*羽をいい、*宮より短三度下にある。*律や*呂《りょ》における常の羽に等しい。*宗渕が律曲の声明における羽を*上羽とし、俗楽と声明とで羽の音高を区別して称したことに由来する。(塚本篤子)

げおん　下音　[理]　(一)一般に低音域のことで、*初重に相当する。曹洞宗など中世仏教諸宗では基本的な音高表示として、下音*中音*上音の三者を用いることが多く、下音と中音とは完全四度か、それより狭い音程をなす。(二)*講式における最低音域の部分で初重の完全四度、または長二度下にある。初重の後につづく短い橋渡し的、付加的な部分で、ゆったりとした装飾的な旋律をもつ。(塚本篤

子）

けかほうよう　悔過法要　法　南都をはじめ、古代からの伝統をもつ諸大寺において勤修される。＊修正会＊修二会にのみ行なわれており、また、南都の修正・修二会に勤修される法要の多くは悔過の法要だといえる。悔過法要とは、人類すべての過ちを一身ににになって本尊の前に悔過懺悔し、心身清浄となって、改めて仏・菩薩の加護を祈願するという内容の法要である。＊薬師悔過・十一面観音悔過＊吉祥悔過が代表的で、そのほかにもさまざまな種類がある。実態としては、対象となる本尊によって部分的に章句が異なるが、法要の構成・次第・意図などはほぼおなじである。修正・修二会という春迎えの行事に勤修されるので、付帯行事・所作・道具などに迎春の民間習俗との混淆が強く認められる。奈良朝以前に源を発する悔過法要は、国家的な要請によった点、民俗行事を包摂した点などにより、現在までその伝統を永らえたものとされる。現行の悔過法要の執行例を種別に挙げていくと、薬師悔過がやはり多く、薬師寺修二会、興福寺修正・修二会、法隆寺修二会、新薬師寺修二会などがある。天台系の寺院である四天王寺修正会、国東半島岩戸寺の修正鬼会も薬師悔過がその主体となっている。悔過会の筆頭行事とされる東大寺修二会は十一面観音悔過である。十一面悔過にはほかに、法隆寺夢殿修正会、中宮寺修正・修二会、真言宗に改宗したが長谷寺の修正・修二会が挙げられる。＊吉祥悔過は法隆寺金堂修正会が現存の代表例であるが、薬師寺でも修正会として復活の気運があるという。そのほかの悔過の遺例としては、東大寺修正会の如意輪観音悔過、高野山金剛峯寺の＊釈迦(舎利)悔過がある。また、大和西大寺修二会は＊阿弥陀悔過、備前西大寺修正会陽は千手千眼観音悔過と見なしうると考えられている。いずれも本尊の功徳を頼りに除災招福・現世利益が目的とされており、古代の息吹きが、声明や所作からも充分伺える行事である。（高橋美都）

けかん　家寛　人　声明家。承安期（一二世紀後期）。＊良忍の弟子。＊後白河法皇の声明師範。承安二年（一一七二）または承安三年に後白河法皇の請により『＊声明集』を撰した。この『声明集』は、のちに＊憲真＊宗渕による『＊六巻帖』の原本となった。（岩田宗一）

けぎょうだん　華形壇　荘　＊修法壇の一種。正方形の壇の四周に蓮弁の彫刻をめぐらすところからこの名がある。根本様と発達様の二種があり、根本様は壇の四周に彫刻を施しただけのもの、発達様はこの下にさらに方形の台を加えた形式のものである。（播磨照浩）

げぎょうだん　牙形壇　荘　＊修法壇の一種。牙壇ともいう。天板の下四隅に脚をつけたもので、その脚が外側に象牙のように反り出ているところから牙形壇という。＊護摩壇に用いることが多い。（播磨照浩）

けこ　華籠　具　「けろう」とも読み、衣裓《えこく》ということもある。仏前に華を散ずる＊散華の際に用いるもの。はじめは竹で編んだ質素なものであったが、真鍮の薄板を透し彫りしたものに金メッキしたものとなり、下部の三ケ所に飾り紐を下げるものが多くなった。これに盛る花もはじめは生花であったが、紙で蓮弁形を作って彩色をした華葩《けは》を用いるようになった。また華籠を用いず花枝を直接手に持って、花を摘みながら散らす枝散華を行なうこともある。衣裓とは、古代インドにおいて衣の裾に花を包んで貴人になげかけることをいい、おなじく花を盛るところから華籠の名称として用いているものである。(播磨照浩)

けさ 袈裟 因 僧尼が身に纏うもの。釈尊在世当時から、比丘は使い古るして捨てられた布を集めて、濁った色に染めて用いていた。袈裟とは不正色、すなわち濁った色を意味する kaṣāya の音訳であって、色に由来する名称である。捨てられた布を用いるところから糞掃衣《ふんぞうえ》ともいい、布を小さく切ってから綴り合わせるので割切衣《かっせつえ》ともいわれる。一長一短から四長一短の布を五条から二五条までつないだものの四周に縁をつけ、四隅に揲(四天)をつけた形に仕立てる。律には糸の刺し方も細かに定められている。着用に際して、両肩を覆う場合と、右肩をあらわす場合があり、後者を偏袒右肩と称している。*五条は内衣(*安陀衣《あんだえ》)と称し、下着であり、坊内に居るときや作務のときに用いる。*七条は上衣(*欝《うっ》多羅僧《たらそう》)と称し、安陀衣の上に着けるので中衣とも称し、礼拝・読経などのときに着用し、*九条から*二五条は大衣(*僧《そう》伽梨《ぎゃり》)と称し、王宮や聚落へ行くときに用いる、いわば外出着であった。この内衣・中衣・大衣を*三衣《さんね》と称す。インドではこの三衣のみを用い、現在の南方仏教もおなじであるが、中国では三衣のみでは冬を過すことができず、下に別の衣服を用いるようになった。袈裟は出家服であり、糞掃衣の語が示すように粗末な布を綴ったものであるが、中国・日本で仏教が貴紳と密接な関係をもつようになると、金襴などの華美なものが用いられるようになった。日本で*如法衣と呼ばれる木蘭や茶色の袈裟は、古い戒律の精神を残している。日本では宗派によってさまざまな袈裟が用いられているが、天台宗・真言宗などの袈裟は中国の唐代の様式を伝え、臨済宗・浄土宗の袈裟は宋代の様式を残し、黄檗《おうばく》宗は明代の形をそのまま残している。また日本では袈裟の小形化も行なわれ、*小五条*三緒・折袈裟*輪袈裟*種子袈裟なども用いられている。(播磨照浩)

けじょえ 解除会 法〔南都〕(華)東大寺で除災与楽のために行なわれる仁王経講讃法要。民間の「なごしのはらえ」に相当すると思われる。現在は七月二八日に大仏殿を道場に五大明王を勧請して行なわれる。茅の輪をくぐる所作があり悪疫退散が祈念される。もとは舞楽を伴なう盛大な講問法要であったが、現在は*表白*神分のみの*導師作法で、*教化にも趣旨が明らかに示されている。(高橋美都)

げじん 外陣 荘 堂内における参拝者の席。平面のうち前三分の一ほどをあてることが多い。畳敷きが多いが、近年、椅子席の外陣も増えている。浄土真宗では*内陣より外陣の方がはるかに大きいが、これは多くの参詣者を収容する必要と、浄土真宗の本堂が、住宅建築の奥に本尊を安置した形から発展したが

ためである。（播磨照浩）

けっかふざ　結跏趺坐　作　略して結跏坐・結跏・本跏坐ともいう。＊坐法の一種。跏は足を組み、趺は足の背を意味する。両足を交結して、足の甲を交互に両ももの上に置いて坐ること。＊半跏趺坐に対し全跏趺坐、略して全跏坐・全結跏ともいう。この坐法に二種ある。㈠まず左足の甲を右ももの上におき、つぎに右足の甲を左ももの上におく。手は法界定印にして、左掌を下に右掌を上にする。如来坐・蓮花坐・吉祥坐ともいい、密教で用いる。㈡前の坐とは逆に、まず右足の甲を左ももの上に置き、つぎに左足の甲を右足ももの上に置く。手も逆で、右掌を下に左掌を上にする。降魔坐といい、天台・禅宗などの顕教で用いる。（新井弘順）

けっさん　結讃　曲（禅）（黄）＊唐音。法要の終結部でとなえられる曲。旋律などは＊香讃と全く変りはないが、意味がそれぞれ法要の主題にそった讃となったもの。例えば観音経中心の法要では観音経の功徳をうたっている。（田谷良忠）

けっしゅう　結衆　役　一山の＊集会の構成員という意味もあるが、浄土系の宗派では＊衲衆《なっしゅう》と＊甲衆《かっしゅう》を合わせて法会のために構成された組織をいう。結衆が組織されない場合を堂班参仕という。（高橋美都）　↓だいしゅ↓しきしゅう↓しゅうそう↓れっそう

けびょう　華瓶　具　広口で頸が細く、胴が膨らみ、腰の細い台を付した形のもの。インドの宝瓶をかたどったものといわれる。密教で五色の蓮の造花を挿すなど、花を挿す具として用いられているが、元来、薬あるいは香水を入れて花で蓋をしたものである。密教の法具であるが、浄土真宗でも用いる。この場合には樒を挿すことになっている。（播磨照浩）

けまん　華鬘　荘　＊厨子正面の＊戸帳の前あるいは堂内の長押に懸ける。団扇形の薄い金属板に透し彫りを施し、中央に紐を結んだ形を彫ったものに金メッキをしたものが多いが、木製や牛皮製のものもある。華鬘はもとインドの装身具であり、花を紐でしばって身体に懸けたものを指しており、中央の紐形はその名残りである。蓮華を連ねて輪にした形を木で彫って彩色した作例も見受けられる。（播磨照浩）

けもう　羯摩　曲（禅）（黄）毎月一四日と末日の晩課のときに懺悔経（八十八仏名経）を読む。三十五仏の＊拝懺《ばいさん》はなく、すべて素読み。月の一日より一四日まで、また一五日より末日までの諸諸の罪過を消滅し、明日（一日または一五日）から新たに精進せんと懺悔する疏（＊表白文）である。（田谷良忠）

げんうん　玄雲　人（天台）声明家。一四世紀前半。講式作曲家＊永観の流儀を大原に伝え、暦応三年（一三四〇）には『＊声塵要次第』を著わして＊講式の口伝を遺した。（岩田宗一）

げんざいしちぶつ　現在七仏　曲　中七仏ともいう。＊仏名会の第二日（現在中経）所用。三巻の仏名経中の現在賢劫千仏名経（中経という）を読経するのに、つぎにあげる最初の七仏の名号を曲節を付して唱名礼（＊起居礼）する。中経の

*導師がとなえ、*職衆は*次第を取って一仏ずつともに礼拝懺悔する。㊀南無拘《ナモク》那提仏《ナダイブ》、㊁南無拘那含牟尼仏《クナゴンムニブ》、㊂南無迦《カ》葉仏《ショウブ》、㊃南無釈迦牟尼仏、㊄南無弥勒仏、㊅南無師子仏、㊆南無明炎仏。『仏名会法則』に所収。（新井弘順）

けんしん　憲真　[人]〔天台〕声明家。明暦二年（一六五六）～寛文五年（一六六五）に大原浄蓮華院に住した。*家寛の『声明集』から抄出して六巻本とした『*魚山集略本』（『魚山声明*六巻帖』）を刊行。この声明曲集はその後しばしば改刻され、天台宗の基本的な声明本として普及していったが、*宗渕によって一冊本にまとめられた。また『*六道講式』に*博士譜を付し、「憲真」の印を押したものをのこしているが、これは天台宗の六道講式の現存の譜では最も古く、かつ最も信頼度の高いものである。（岩田宗一）

げんしん　源信　[人]〔天台〕声明作詞者・学僧。天慶五年（九四二）～寛仁元年（一〇一七）。*良源の弟子。その著『往生要集』『随意行願式文』『*六道講式』および、彼の製作になる「*来迎讃」をはじめとする多くの*和讃は、浄土思想の普及に大きな役割を果した。（岩田宗一）

けんちゃし　献茶師　[役]献茶僧。本尊への茶・菓・花などの供養は宗教上の意義から日常的に行なわれているが、儀式に際しては所作として次第に組みこまれることも多い。献茶・献花などがそれであり、所作にあたる役を献茶師・献茶僧などと称する。昨今の法要では各流派の家元が献茶を行なう例も多い。（高橋美都）

げんちゅうのげ　還籌偈　[曲]〔禅〕*受籌偈に対応する。漢語、漢音「具足清《グソクショー》浄受《ジョージュ》此籌《シチユー》」。菩薩戒大布薩式（曹）の法要で行籌の段の前後でとなえられる。旋律は*浄水偈と同様である。（渡會正純）

けんな　劔阿　[人]〔真言〕声明家。弘長元年（一二六一）～暦応元年（一三三八）。金沢称名寺流祖。*進流声明を*覚意から、*妙音院流声明を経玄から学ぶ。のち称名寺第二世となるや、同寺は妙音院流声明の関東進出の拠点となった。因に同寺に北条氏が設けた金沢文庫には妙音院流をはじめとする声明資料が多数蔵されている。（岩田宗一）

けんぶつ　見仏　[人]〔浄土〕声明家。一二世紀末。建久三年（一一九二）、八坂引導寺で行なわれたわが国最初の*六時礼讃法要で*調声をした。このとき、*住蓮房*安楽房が*助音をしている。（岩田宗一）

ごいん　五音　[理]*宮*商*角*徴《ち》*羽《う》の五つの音階音のこと。五声ともいう。これに*変徴*変宮、または*嬰羽*嬰商を加えたものを*七声という。五音はおのおの音階上固有の機能をもつ。まず宮が最重要音で、つぎに完全五度上にある徴が重要であり、これらは*甲*乙二音とされ、洋楽の主音と属音との関係に対応する。商は宮の長二度上、羽は長六度上にあるが、角の位置は*呂《りょ》、*律などにより異なり、呂では宮の長三度上、律では完全四度上となるため、*呂角*律角の区別がされている。また五音は固有の動きを示す。真言の*五音博士の作者*覚意の『博士指口伝事』には、宮―少シ働ク、商―ユルグ、角―スクム、徴―アソブ、羽―*塩梅《えんばい》と記され、五音の動きが古くから意識されている。実際、たとえば天台・真言ともども*ユリは宮と徴に、*ソリは商と羽におのおのつけられることが大半である。また真言では「角に色有り」といい、角には装飾音型のイロのつくことが多い。楽譜における五音の表示には、*博士の形態そのものにより示す方法と、博士の傍に五音名を添える方法があり、前者が五音博士である。後者はおもに*目安博士《めやすばかせ》の場合にみられ、宮→ウ、商→六、角→タ、徴→山、羽→ヨ、とそれぞれ略記されることが多い。(塚本篤子)

ごいんかだ-かりはかせ　五音伽陀仮博士　資（真言）*声明集。文政三年(一八二〇)諦空写。半紙袋綴写本二一丁。奥書に寛政元年(一七八九)*寛光書とあり、巻頭に「五音初二三重譜図」を載せ、それに天明三年(一七八三)寛光記と書いている。文化元年(一八〇四)に彔玉が写したものから諦空がさらに書写したものである。この声明集は、*葦原寂照が明治一八年(一八八五)に著わした『*五音声譜伽陀仮博士』の収録曲を全部含んでいる上に、四座講和讃*舎利讃嘆をも収めている。そして各曲の*博士への書き込みも明治本と部分的に粗密の相異はあるが、基本的には一致している。寂照は明治本の跋で「……梵唄之学徒展轉写得誤謬不少……」と慨嘆しているが、この写本はむしろ明治本の底本に匹敵するということができる。(岩田宗一)

ごいんばかせ　五音博士　理　声明の記譜法の一つ。*五音の音高を一定の記号で示すもので、真言では*覚意作の*博士を用いている。これは*二重の*宮を字に対して下向きの線分で示し、ついで右旋で四五度ずつ上昇して*商*角*徴《ち》というように表わす。天台では覚意以前に作られたが、*目安《めやす》博士が常用され、今日では用いていない。(塚本篤子)

ごいんふ　五音譜　→ごいんばかせ

こう　甲　理　(一)乙より一オクターブ高い音高。(二)*五音の*宮のこと。(三)真言の*表白・経釈における類型的な旋律をもった句の一つ。(四)講式における*初重*二重*三重のうち、初・三重を*乙とする場合の二重のこと。逆に二重を乙とする場合は初・三重が甲となるが、この形は天台・真言ともども今日伝わらず。(塚本篤子)

こうえ　香衣　衣　黄衣・紅衣・虹衣とも書くが、いずれも発音を写したものである。香色すなわち茶色がかった黄色で染めた*衣であるが、後世、色のついた衣を指すようになり、皇室の綸旨を受けて着用し、寺格の名称にもなった。現在、浄土宗などで用いているが、*色衣《しきえ》とは異なった取り扱いをしている。(播磨照浩)

こうおつへん　甲乙反　理（真言）四種*反音《へんのん》の一つ。*五調子のある*調が*甲*乙の関係にある調、すなわち完全五度上(順)か、完全五度下(逆)の調に反音すること。たとえば*一越《いちこつ》調が*黄鐘《おうしき》調か*双調に移るなど。*盤渉《ばんしき》調が長三度下の双調に反音するなど理論そのものにも矛盾があり、実際の反音曲の旋律も説明することができない。(塚本篤子)

こうおつへんのん　甲乙変音 理
〔天台〕三箇*変音の一つ。原調の*宮（*甲）の音高を*徴《ち》（*乙）とする調子に移ることで、逆に原調の徴を宮とする場合は乙甲変音という。次調の宮は前者では完全五度下降、後者では完全五度上昇する。原則的に*律から律、または*呂《りょ》から呂へ移る際に生ずるものとされている。（塚本篤子）

こうがんほんぞん　仰願本尊 曲
〔天台〕修正会の法儀の一つである*六時作法（*薬師悔過）の中の本尊に祈願する句。前後は*切音《きりごえ》になっているがこの部分のみ旋律が付されている。（天納伝中）

ごうぎょう-まんだらく　合行曼荼羅供　→まんだらく

こうぎょうろんぎ　講経論義 法
〔天台〕法華八講や*法華大会に準じた*論義法要の一つで、比叡山延暦寺において院内法要や一山法要に修されている。すなわち*元三会《がんさんね》・山家会・天台会に修され、*唄*散華*対揚*表白*神分*勧請*祈句・問答などと次第する。また比叡山の谷谷または院内の論義に*牒論義と呼ばれる勤行論義がある。例講法則に依り、*三礼*如来唄・神分・勧請*経釈・問答*六種回向と次第するもので、牒論義は、*問者のほかに聴衆が論衆となって難を発するが、講経論義は*探題より出された論題により、問者と*講師が行なう論義で、ほかは聴衆である。延暦寺浄土院においては毎月四日、牒論義が修され、六月四日の長講会には講経論義が修されている。（天納伝中）

こうげ　香偈 曲
〔浄土〕〔西山〕〔時宗〕〔融通〕日常*勤行をはじめほとんどすべての法要のはじめにおいて献香につづいてとなえられる。偈文は浄土宗・西山浄土宗・時宗が「願我身浄如香炉　願我心如智慧火　念念梵焼戒定香　供養十方三世仏」（法事讃）、融通念仏宗が「戒香定香解脱香　光明雲台徧法界　供養十方無量仏　見聞普薫証寂滅」である。旋律は各宗異なるが、いずれも勤行の最初を飾る曲としての荘厳さを備えている。（岩田宗一）

こうげ　香華 役
*観音懺法を行なう際の役名。観音懺法では、*主懺（*導師）に次ぐ重要な役である。主懺香華に三帰（自帰）をあわせて観音懺法の三役ともいう。焼香散華においては香華供養文の*頭をとり、観音説段、世尊説段をとなえるなどの役割をもつ。（高橋美都）

こうげさ　甲袈裟 衣
*七条袈裟の一種。模様のある緞子で作る。縁はすべて黒とし、甲を僧階配役などに依って、臚（黄）・青・紫・朱に分ける。同色の*横被および*修多羅《しゅたら》を併用する。天台宗・華厳宗・法相宗などで用いるほか、浄土真宗本願寺派においても、*庭儀*椽儀を行なう際に引頭*威従儀師などが用いることもある。（播磨照浩）

こうごう　香合 具
焼香に用いる香を入れる具。香盒とも書き、また香函ともいう。古くは鋺形で宝珠または塔のつまみのついた形のものが多かったが、現在では木製漆塗の浅い円形のものが多く用いられている。（播磨照浩）

ごうこ-ほっしき-ぼんばい-しょう　江湖法式梵唄抄 資
〔禅〕声明法式集。花園大学法儀所編。昭和三一年

同法儀所刊。B5和綴二〇三頁。禅宗各派の声明にはそれぞれ固有の旋律と、各派に共通して広く行なわれている(「江湖」の意味)旋律とがある。本書には「江湖」の唱法に基づいて譜*博士を付し、そこにあらわれる旋律定型の解説を掲げている。このほか、鳴らし物の奏法や法式作法に関する記述が豊富である。(岩田宗一)

こうこんげ　黄昏偈　曲　出曜経の「此日已過　命即衰滅　如少水魚　斯有何楽　諸衆等　如救頭燃　但念虚空　無常勤慎　莫放逸」の文を漢音でとなえるもの。天台宗では*例時作法で用い、黄《おう》檗《ばく》宗では「晩課警衆偈」と称している。(播磨照浩)

こうざ　高座　具　*礼盤の異称で、法要の際に*導師が坐す高い座。また説法の際に布教使(師)が用いる座も高座という。(播磨照浩)

こうさん　香讃　曲(禅)(黄)*唐音。黄檗《おうばく》宗の法要の開始時にとなえられる声明曲。香をたいて*道場を浄める意味。二・三のものを除いてほぼおなじもので、意味や形式(字数)もおなじ、したがって節も同様にとなえられる。(田谷良忠)

こうさんねんぶつ　光讃念仏　曲〔真宗〕(興)無量寿仏とその異名である宝積経無量寿如来会(無量寿経の異訳)所説の十五光仏の名号をとなえる曲。譜は*法華懺法《ほっけせんぽう》の*十方念仏の譜に依っており、真宗興正派で用いる。(播磨照浩)

こうじ　講師　役　講問論義の法要の主宰者。法会の目的・意義を申しあらわし、*論義の対象となる経、および、その経に関連する諸尊を会場に勧請し、その経についての講義を行なう。*問者との問答の形をとって経論を講説していく。講師の資格については、古来から厳しい規定があり、特に三会(宮中御斎会・興福寺維摩会・薬師寺最勝会)の講師は重んぜられた。(高橋美都)

こうしき　講式　法　曲　仏・菩薩・明王・天・権現・先徳などの徳を讃嘆した漢文読み下しの講讃文を、特殊な旋律(講式声明)を付して詠読し、その前後に法式を行なうもの。講式文(略して式文という)は、はじめに全体の趣旨を述べる*表白の段があり、つづいて三段式・五段式・六段式などの形式により具体的にその題目の由来・因縁・徳行・功徳などを講讃し、発願・回向するもので、各段の終りにはかならず*伽陀と礼拝が付随する。法式には種種の様式があるが、次の広略二様が一般的である。広式=総礼伽陀　*三礼　伝供《てんぐ》(用否随時)　法要(*唄*散華*梵音*錫杖《しゃくじょう》―略には*三礼*如来唄)　啓白　式文(各段ごとに伽陀・三礼)　*神分　祈願　六種回向　三礼。略式=総礼伽陀　三礼・如来唄　啓白　式文　回向伽陀　三礼。式文の旋律は講式節と呼ばれ、天台の講式においては、*乙音=*初重(*平調《ひょうじょう》を基本とした部分)を主体とし、やや高い*二重(*下無を基本とした部分)、さらに高い*三重(*黄鐘《おうしき》を基本とした部分)、乙音より低い*中音(*一越《いちこつ》―*上無を基本とした部分)、さらに低い*下音(*盤渉《ばんしき》を基本とした部分)などが一定の移調法のもとに繰り返されて作曲・構成されていて各式共通のものである。その音曲は、平家琵琶や謡曲など中世の邦楽に強い影響を与えたといわれている。*源信の*二十五三昧式（*六道講式）*永観の*往生講式などが古く、平安から鎌倉にかけて盛んに作成されている。『*魚山叢書』には、薬師・不動・涅槃・舎利・観音・地蔵・毘沙門・大黒・聖徳太子・熊野権現・天神・慈恵大師・知恩・報恩など百余の講式が収録されている。真言宗では*明恵の*四座講式が重用されている。（天納伝中）　↓にじゅうござんまいしき↓ろくどうこうしき↓しざこうしき↓らかんこうしき

こうしち　甲四智　曲〔天台〕梵語。曼荼羅供法要や*灌頂会の中でとなえられる。*四智讃梵語の*黄鐘《おうしき》調*乙様（*出音《しゅっとん》*徴《ち》）に対し、*宮音を中心とした黄鐘調*甲様（出音・宮）でとなえることからこの名がある。現在は略節が用いられ、曲中の「*ユリ一」はすべて「中由」で、「フミ上」にも独特の節回しがある。（天納伝中）

こうしょうらいもん　迎接礼文　曲〔真宗〕（高）真宗高田派の*報恩講初夜法要において「南無帰命頂礼尊重讃嘆祖師聖霊」の句を数回となえるもの。（播磨照浩）

こうじょく　香卓　具　*香炉を置く*卓。背の高い猫脚形の卓で、黒塗・朱塗・金箔おしなどがある。（播磨照浩）

こうぞう　香象　具　象炉ともいう。象がうずくまった形に造った*香焔。密教の*灌頂の際に用いる。またいで全身を薫ずるのが本儀であるが、片足を少し上げてまたぐ体にすることが多い。（播磨照浩）

こうどう　広道　人〔天台〕声明家。江戸末。大原塔之坊に住し、声明書の書写に専念した。のちの『*魚山叢書（*覚秀本）』にも広道の手を経た資料一二点が収められている。（岩田宗一）

こうとうのげ　香湯偈　曲〔禅〕*浄水偈に対応する。漢語（漢音「香湯薫《コウトウクン》沐澡諸垢《モクソウショク》」）。菩薩戒大布薩式（曹）の法要で浴浄水、香湯の段で繰り返えしとなえられる。旋律は浄水偈と同様である。（渡會正純）

こうどくし　講読師　役　*講師と*読師の総称。講読師*登高座ということで、両者が*高座にあがることになる。（高橋美都）　↓こうじ↓とくじ

こうねんぶつ　甲念仏　曲　*乙念仏に対置してこのように呼ばれる。漢語、漢音「南無阿弥陀仏《ナモアビタフ》」。*引声《いんぜい》阿弥陀経（天台・浄土）*例時作法*声明例時（天台）*阿弥陀懺法（真盛）*阿弥陀経作法（真宗）の各法要で経段の前後にとなえる。旋律は法要の種類によって異なる。（岩田宗一）

こうばん　香盤　荘　*香炉を載せる台。丸形・七角形・梅形のほか、洲浜形の平面に雲の彫刻の脚をつけたものや、長方形の角をとった夷《えびす》形などがある。主として浄土真宗で用い、平常は香盤に金香炉を載せ、その前に土香炉を置き、法要の際には土香炉を香盤に載せ、金香炉を手前に降ろすことになっている。（播磨照浩）

ごうびゃくだいしゅどう-たんぶつ　仰白大衆同歎仏　曲〔禅〕*散華偈に対応する。漢語、漢音「仰白大衆同《ゴウビャクダイシュドウ》歎仏《タンブツ》」。歎仏会（曹）の讃仏の偈の中でと

なえられる。旋律は*散華偈と同様である。（渡會正純）

こうぼうだいし-たんじょうえ

弘法大師誕生会　法（真言）青葉祭ともいう。真言宗の開祖弘法大師*空海の誕生日六月一五日にその生誕を祝って営む法会。稚児大師像に香水を灌ぐなど、法会の形式は釈尊の降誕会（*仏生会）に準ずる。『豊山派法則集』によれば、その次第はつぎの通りである。伝供（百味供）*着座*祭文・供養伽陀・弘法大師誕生会式（三段式）―讃嘆伽陀・廻向伽陀・弘法大師誕生和讃・灌沐師登壇・灌沐讃（*心略漢語*吉慶漢語）・頌徳講演・廻向伽陀*称名礼*退座。高野山関係では密立・講式立*二箇法用で行なう。伝供・祭文・別礼伽陀*称名礼・云何唄*散華・講式―讃嘆伽陀*灌沐頌《かんもくじゅ》*四智漢語・吉慶漢語*仏讃・廻向伽陀（明和三年霊瑞刊『*弘法大師誕生会法則』『昭和改板進流魚山蠆芥集《たいかい》』巻二）。講式は安永二年（一七七三）快弁撰・刊行。（新井弘順）

こうぼうだいし-たんじょうえ-ほっそく　弘法大師誕生会法則　資（真言）*声明集。霊瑞南龍が明和三年（一七六六）に上梓板行した。昭和一一年松本日進堂覆刻。折本。『*仏生会法則』と表裏に刷られている。（岩田宗一）

こうぼうだいし-みえく　弘法大師御影供　法（真言）*御影供と略。真言宗の宗祖弘法大師*空海の命日三月二一日に御影（画像・尊像）を安置し、生身供を奉げ、報恩謝徳のために営む。延喜一〇年（九一〇）三月二一日、東寺の長者観賢《かんげん》（八五三～九二五）が東寺灌頂院において始行して以来、毎年勅会として東寺長者が*導師、定額僧が*職衆となり勤修された。延応二年（一二四〇）より御影堂（西院）に移り今日に至っている。高野山では天喜五年（一〇五七）夏四月一日明算《めいざん》（一〇二一～一一〇六）が御影堂に一六口の山籠僧を置いて始修した。正御影供は保延四年（一一三八）三月二一日、良禅（一〇四八～一一三九）が始修したという。今日も密立の代表的法会として各寺院で厳修されている。三月二一日の吉祥命日に行なわれるのを正御影供、毎月二一日に行なわれるのを月並御影供という。*道場の壇構に三壇構・二壇構・一壇構の三種ある。三壇構は高野山御影堂で、普通は二壇あるいは一壇構である。三壇構のときは正面*大壇に*表白師、西側金壇と東側胎壇には甲年乙年と交互に*供養法師・片壇供師（無作法）が登壇する。二壇構のときは正面大壇に供養法師、御影の前の祖師壇に表白師が登壇する。一壇構のときは正面大壇のみで、最初に表白師が、次いで供養法師が登壇する。法会の構成は壇構に関係なくおなじである。表白師を立てないときは導師が表白師を兼ねる。法要は多く金剛界立*二箇法要で行なわれる。つぎに表白師を立てる場合の次第を示す。入堂・伝供―百味供―（*四智梵語*吉慶漢語五段*仏讃）*祭文・表白師*三礼*如来唄*表白*神分*仏名*教化*廻向・以下供養導師・金剛界前唱礼*前讃（四智梵語*心略梵語*東方讃）*中曲理趣経（高野山では大日*合殺《かっさつ》二一反の三匝《そう》*行道のみで*理趣経は用いない）*後讃（*四智漢語*心略漢語・仏讃（豊山では*西方讃））・後唱礼・廻向*退堂。（新井弘順）

こうみょうおう-だらに　光明王陀羅尼　曲〔禅〕〔黄〕聖無量寿決定光明王陀羅尼。朝課に読まれる十呪の一つ。*唐音。祝聖儀では*香讃の後に節経（声明）として読まれ、国家の聖寿萬安を祝し、十方常住三宝を祝す。（田谷良忠）

こうみょうく　光明供　法〔天台〕天台密教諸尊法の中で、仏部に属する光明真言法のことで、滅罪・息災・除病・亡者への追善のために修する秘法である。一尊法であり、行者（修法者）は伝法を受けて一八道七分法に依って修する。修法は、前方便、㈠行願分、㈡三昧耶分、㈢成身分、㈣曼荼羅分、㈤供養分、㈥作業分（根本印）、㈦三摩波多分の順に修せられる。光明供中心の法式は、光明供の単修法のほかに、光明供土砂加持法*光明供錫杖*光明供施餓鬼・光明供葬儀式・光明供都錫杖法・光明供蒙山施餓鬼作法・百光明供法（胎立）がある。（天納伝中）

こうみょうく-しゃくじょう　光明供錫杖　法〔天台〕天台密教の*光明供を*導師（修法者）が修している間に、*式衆が*九条錫杖曲を唱誦しながら*錫杖を振る法儀。*光明供施餓鬼法要や光明供葬儀式に使用される。（天納伝中）

こうみょうくせがき　光明供施餓鬼　法〔天台〕光明真言法（*光明供）の秘法を修する功徳と、台密の*施餓鬼作法を併修して百千万の餓鬼に諸種の飲食を施す善根により、亡者への追善供養などを行なう法儀。次第は、入堂*列讃・導師登坦*着座讃*法則《ほっそく》*発願*五大願・光明供正修法・（「この間*九条錫杖《しゃくじょう》」）*随方回向・導師降坦・施餓鬼作法*五如来念仏*十方念仏・経段（安楽行品）*後唄・導師登坦*光明真言*念仏・導師降坦・総回向・出堂。（大原三千院*盂蘭盆《うらぼん》会《え》の例）（天納伝中）

こうみょうざんまい　光明三昧　曲　梵語。*光明真言に簡単な*博士を付した曲。『*諸秘讃』などの*朝意の*秘讃集、『*新義声明大典』などに所収。*初重（*甲）*二重（*乙）*三重（甲）の三重の曲節からなる。光明三昧会に*行道しながらとなえる。（新井弘順）

こうみょうしんごん　光明真言　曲　*真言の一種。詳には不空大灌頂光明真言、略して「光言」という。大日如来の真言で、一切諸仏菩薩の総呪。五仏の五智の徳を表わす。罪障を除滅し、亡者得脱の力ある真言として信仰される。出典は、「不空羂索神変真言経」「不空羂索毘盧遮那仏大灌頂光明真言儀軌」「毘盧遮那仏説金剛頂経光明真言儀軌」。「オン　アボキャ　ベイロシャノウ　マカボダラ　マニ　ハンドマ　ジンバラ　ハラバリタヤ　ウン」。*土砂加持・光明真言講・日常勤行・葬儀・追善などに広く念誦される。*博士を付したものに*光明三昧と*光明真言秘讃とがある。（新井弘順）

こうみょう-しんごん-え　光明真言会　法　真言律宗の代表的法会。南都西大寺で十月三日から五日まで修されており、光明大会ともいう。晩秋の大和の大法会として一般にも親しまれている。（高橋美都）

こうみょうしんごん-ひさん　光明真言秘讃　曲　別称、光明真言讃・光言讃。梵語讃。『*諸秘讃』などの*朝意系の＊秘讃集に所収。＊光明真言に常の＊讃の＊博士を付した曲。二種あるがほぼおなじ。＊平調《ひょうじょう》＊反音《へんのん》曲。最初三字のみ＊呂《りょ》で、後は＊律というが、末の一字も呂と思われる。また「ジンバラ」より別の博士を付して反音とあるが、＊甲乙反で上音してとなえる意か。＊土砂加持会の＊後讃の第三に用いる。（新井弘順）

こうもくてんのさん　広目天讃　曲　梵語讃。四天王の一つで西方の守護神である広目天の＊讃。当尊の＊真言「オン尾《ビ》魯《ロ》縛《バ》乞《キ》刃《シャ》那《ナウ》迦《ギャ》地《ヂ》跛《ハ》多《タ》曳《エイ》ソハカ」に＊博士を付した短かい曲。出典、陀羅尼集経一一。博士は増長天讃とほとんどおなじ。＊呂《りょ》＊反音《へんのん》曲。『＊諸秘讃』などの＊朝意系の＊秘讃集に所収。（新井弘順）

こうもんるいさほう　広文類作法　法（真宗）（本）浄土真宗本願寺派の勤行式。＊総序＊正信偈（＊切音《きりこえ》＊五念門の譜）＊合殺《かっさつ》＊回向の次第であり、すべて呉音で誦す。大正一二年浄土真宗開宗七〇〇年記念に制定された正信偈念仏偈作法を昭和八年に改正したものであり、＊報恩講法要および立教開宗法要に用いる。（播磨照浩）

こうや　空也　→くうや

こうゆう　幸雄　人（天台）声明家。天台宗。寛永二年（一六二五）～元禄一五年（一七〇二）。幸円の弟子で大原宝泉院に住し、大僧都に進んだ。宮中御懺法講はじめ多くの法要に出仕し、楽理書や声明帖を多く書写した。また西本願寺へ出向し、門主寂如はじめ派内の人人に声明を指導し、本願寺派声明の興隆に尽くした。（播磨照浩）

こうよう　甲様　理　(一)一般に＊甲すなわち＊宮を基層的な音として作られた様式の曲をいい、＊乙様の対概念。今日、天台に伝わる用語。＊講式では甲曲・甲式といい、この様式が天台・真言に文献上みられるが、現在その旋律は伝わらず、乙の方が伝わっている。(二)天台の＊呂《りょ》曲に多くみられる宮を基層とする様式の曲。宮が中心的に用いられ、その多くに＊ユリが施される。『魚山＊六巻帖』収載の曲ではすべてが＊黄鐘《おうしき》調によるものであり、＊云何唄《うんがばい》＊散華（密教用）＊供養文＊唱礼＊九方便＊五悔＊百八讃＊四智梵語讃＊心略讃＊毀形《きぎょう》唄がある。このうち散華と四智梵語讃には乙様によるものもある。（塚本篤子）

こうろ　香炉　具　仏前に香を焚く具であり、古くインドにおいても用いられていたことが＊法華経第五分別功徳品・金光明経・浄飯王般涅槃《ねはん》経などに見えている。日本では奈良・平安時代には＊火舎《かしゃ》が多く用いられていたが、中世以降多くの種類の香炉が用いられるようになった。形のうえからは、脚つきの杯の上に山岳型の蓋を載せた鋳造製の博山炉・蓮華の中心の開敷蓮華の部分が火炉になった蓮華形香炉・鍔状の縁をもち外広がりの胴のある金山寺香炉・中国の鼎の姿を写した鼎形香炉・桶形の炉に三足をつけた三足香炉などがあるが、材質から見ると、金属製の金《かな》香炉と陶器製の土香炉に分けることができる。浄土真宗では＊卓《しょく》の上に土香炉・金香炉の両方を載せるが、平常は土香炉を前に、金香炉を奥の＊香盤の上に載せ、法要時には金香炉を手前に置いている。（播磨照浩）

ごえねんぶつさほう　五会念仏

作法 法（真宗）（本）浄土真宗本願寺派の勤行式。中国唐代の法照が製した浄土五会念仏略法事讃に依って造られた勤行式である。本願寺派の勤行式は三部経・七祖（龍樹・天親・曇鸞・道綽・善導*源信・源空）・宗祖親鸞および本願寺歴代の著作からのみ用いているが、この五会念仏作法のみは、上述の伝灯諸師以外の述作である。これは法照が後善導と称されたほど善導の教義を祖述敷延した人であり、五会法事讃は善導の法事讃とは密接な関係を有し、また親鸞もその著作においてしばしば引用しているので、江戸時代以降本願寺において重要な法要に用いられている。五会とは*念仏を第一会平声緩急念・第二会平上声緩急念・第三会非緩非急念・第四会漸急念・第五会四字転急念の五段階にとなえるものであり、実唱の伝承がないので詳しいことは不明であるが、低く緩やかにとなえるものから次第に速くなり、阿弥陀仏の四字のみを急調に高唱するものであったと思われ、東大寺二月堂*修二会における観音*宝号のとなえぶりを想起せしめるものがある。西本願寺所蔵の応永八年（一四〇一）書写の*文讃《もんさん》に数首の五会法事讃中の偈を収め、安政四年（一八五七）開板の『声明帖』に*荘厳讃と、「如来尊号……」の偈に天台声明の*諸天漢語讃の譜を付したものを収めている。また同書には「五会念仏」なる一〇句の念仏を載せている。これは*四智梵語讃*伽陀など数首の天台声明の譜を合糅して作譜した曲のようであるが、どのような次第でいずれの法要に用いられたか不明である。現行のものは昭和八年に製定されたものであって、*三奉請・念仏*誦讃偈・荘厳讃*回向の次第であり、三奉請で起立散華・誦讃偈で*行道散華することになっている。譜は念仏が天台声明の*八句念仏に依っているほかは本願寺で天台声明に倣って作譜された。西本願寺では親鸞・覚如・蓮如・顕如・鏡如の例月逮夜法要に用い、別院および一般寺院では主として*報恩講法要に用いている。（播磨照浩）

ごおうどうしさほう　牛王導師作法 法（天台）*修正会法要の一つ。*阿弥陀悔過や*六時作法（*薬師悔過）とともに正月に天下泰平・万民豊楽を祈願して修される。*三礼*如来唄・事由（*表白）*発願*五大願・牛王加持真言*仏名*教化と次第する。（天納伝中）

ごかい　五悔 曲（天台）（真言）天台宗では「ごげ」という。別称、金剛界唱《しょう》礼《れい》。広義には金剛界唱礼全体を指し、狭義にはそのうちの五悔のみを指す。金剛界の修法の次第（金剛界念誦次第）に我が国で組み込まれた*金剛界礼懺中の五悔などを始めとする文に曲節を付して、諸尊に対し礼拝・懺悔・讃歎する。法要次第の中心部の前後に配される。前半を前唱礼といい、五悔が中心で懺悔を行なう。後半を後唱礼といい礼仏が中心である。〈前唱礼〉㈠*敬礼三宝、㈡浄三業真言、㈢普礼真言、㈣五悔―第一至心帰依・第二至心懺悔・第三至心随喜・第四至心勧請・第五至心廻向、㈤発菩提心真言、㈥三昧耶戒真言、㈦*勧請、㈧*五大願。〈後唱礼〉㈨普供養真言、㈩*三力偈、(十一)祈願、(十二)礼仏、(十三)*廻向。*伝法灌頂*弘法大師正御影供など密教立の重要な法要にはかならず用いられる。*導師が重々しくとなえ、*職衆が*助音する。ともに*合掌してとなえる。前唱礼の㈠は導師独唱、㈡と㈢は導師独唱ののち職衆が*次第を取る(復唱)。㈣の五悔は、導師が各段の初句四字を独唱、以下職衆が助音斉唱。㈤以下および後唱礼は、廻向を除き職衆が次第を取る。㈠と㈣と㈩は漢音読み、ほかは呉音読みである。曲節は漢字のアクセント四声に基づいて付されている。*隆然の諸声明略頌文では「五悔*双調唯呂曲」「勧請*中曲*黄鐘調《おうしきちょう》」という。五悔の部分は拍節を付してとなえ、『*魚山蠆芥集《たいかいしゅう》』に「楽拍子」という。各段の初句四字は非拍節に導師が独唱し、第四字目の最後を「能断」の唱法にすると、以下は職衆が一字一拍乃至二、三拍の拍を付して助音する。これを*長音という。素読を短音という。*新義派にはその中間に雨垂節《あまだれぶし》というとなえ方がある。*南山進流・醍醐流では*出音位《しゅっとん》は*乙(*徴《ち》)、相応院流では金剛界唱礼は*甲(*宮)、胎蔵界唱礼は乙(徴)という。博士の付してある字数は事相上の流派によって異なる。(新井弘順)

ごかんじょうのさん　後勧請讃
曲　漢語讃。『*諸秘讃』などの*朝意系の*秘讃集に所収。祈雨・出産などの法会にとなえる。前に諸尊を勧請する句があり、その後に当讃があるので、その名があり、単に後勧請ともいう。七言四句。詞章は「諸《ショ》有《イウ》清《セイ》浄《セイ》波《ハ》羅《ラ》門《ボン》　能《ノウ》除《チヨ》一《イツ》切《セイ》諸《ショ》悪《アク》業《ゲウ》　如《ジョ》是《シ》等《トウ》衆《シウ》我《ガ》帰《キ》依《イ》　擁《ヨウ》護《コ》我《ガ》身《シン》並《ヘイ》眷《ケン》属《ジョク》」。漢音読み。*出音位《しゅっとん》*呂《りょ》*徴《ち》。(新井弘順)

こき　跽跪　作　*坐法あるいは礼法の一種。胡人の坐法というので、胡跪とも書く。跽は「うづくまる」、跪は「ひざまづく」の意。左膝を立て、右膝を地につけて坐る。『南海寄帰伝』には*長跪《ちょうき》の異名、『慧林音義』に互跪の異名といい、道宣の『釈門帰敬儀』には長跪・互跪・胡跪の三種を挙げるが、みな膝を屈して地をささえるとのみいって、両膝か片膝かの別を説いていない。私案するに、これらは今日の長跪で両膝を地につけ、上半身を支える坐法で、右膝着地の跽跪とは異なるか。天台宗では*供養文などをとなえるときに用いる(『天台宗法式作法集』)。真言宗*南山進流では常楽会の*勧請などのときに用いる(『真言宗諸法会作法解説』)。豊山派・智山派では跽跪を*蹲踞《そんこ》と称して、*三宝礼・勧請などに用いている(『豊山派法則集』乾・『智山法要便覧』第一集)。(新井弘順)

ごき　五器　具　護摩の修法の際に用いる漱口器《そこう》・灑浄器・蘇油器・五穀器*飯食器の五つをいう。形は*大壇の二器に類似している。(播磨照浩)

こきょう　挙経　曲〔禅〕読経の際、読誦する経名・題号をとなえ始めること。*維那《いのう》がこれをつかさどる。*大磬三声、押磬一声で維那は*合掌し、*経題をとなえる。(渡會正純)→ようきょうだい

こくえ　黒衣　衣　黒色の*衣。インドでは黒は五正色の一つであって、*法衣には使用しない色であった。しかし日本の平安時代の公卿装束では黒は上位の色であり、その影響を受けて古くは黒の*袍裳を用いていた。また中国の宋代でも、官服に黒を用い、その風は法衣に及び、禅宗とともに日本にもたらされた。現在では*色衣を法要の際に用いる

のに対し、黒衣は平常に用い、また下位の僧や修行僧の所用となっている。(播磨照浩)

ごぐそく　五具足　[荘]　中央に置いた＊香炉と、その左右に配した花瓶一対＊燭台一対を指していう。＊前卓の上に置く。通常の荘厳は＊三具足とし、法要の際に五具足とすることが多い。また大法要には蠟燭立を二対・三対とした七具足・九具足とすることもある。(播磨照浩)

こくぶつさん　哭仏讃　[曲]　釈尊の入滅を悲しんで涕哭する讃。常楽会涅槃講の最後、＊釈迦合殺《かっきつ》のつぎにとなえる。漢音読み。詞章は「説《セツ》夢《モ》以《イ》不祥波離《フシヨウハリ》　忽来悲傷《コツライヒシヨウ》　報言我《ホウゲンガ》　仏化身亡慈母落《フツクワシンボウジボウラク》　金《キン》床《ショウ》　痛聞物語断《トウブンモツギョダン》　悲腸涙垂天上衣《ヒチヨウルイスイテンショウイ》　裳《シャウ》　総皆垂涙下天《ソウカイスイルイカテン》　堂哭我法中王《ドウコクガハッチウオウ》」。＊平調《ひょうじょう》の曲と伝えるが、＊盤渉《ばんしき》調の方が妥当ともいう。始終音とも商。＊反音《へんのん》曲か。(新井弘順)

ごくようげ　五供養偈　[曲]〔禅〕(黄)普通「ごこんやん」と＊唐音で呼ばれる。＊施餓鬼の中の節経。花《ファ》(布施、淡紅色)・香《ヒヤン》(持戒、黄色)・灯《テン》(忍辱、紅赤色)・塗《ト》(精進、白色)・杲《コウ》(禅定、紅黄色)・楽《ヨウ》(智慧、青緑色)の六波羅密で供養するもの。一切の餓鬼衆等、甘露の法食を得、福徳智慧を得、菩提心を発し、六波羅蜜を修して仏の大慈悲を願って輪廻の苦を脱する。(田谷良忠)

ごくらくせいか　極楽声歌　[曲]〔天台〕和語。題名は雅楽の曲名そのもの乃至は同音のあて字で一五曲ある。慶雲楽・想仏恋・往生急・万才楽・倍臚・大平楽破・三台急・褁頭楽・甘州・郎君子・廻忽・廻忽又様・五聖楽破・五聖楽急・蘇合急。平安後期に演奏されていた雅楽曲に合わせて唱詠できるよう作詞され雅楽の伴奏によって歌われたもので、詞はいずれも弥陀の浄土を讃嘆するものである。平安後期に修された記録のある順次往生講式の次第の中では、極楽浄土讃嘆の文と置き換えた催馬楽とともに法要に用いられた記録はあるが、ほかに法儀の中で用いられた記録はみあたらない。(天納伝中)

ごげ　後偈　[曲]〔浄土〕〔真宗〕＊六時礼讃(＊往生礼讃偈)の本文である礼文・重礼の部分につづく一連の諸偈類をこのように呼ぶ。すなわち「要(略)懺悔」「作《き》梵《ぼん》」「説偈発願」「＊三帰礼」「＊回願《えがん》」「＊無常偈」「＊発願文」を指す。(岩田宗一)

ごげ　五悔　→ごかい

ごげんさん　五眼讃　[曲]〔真宗〕(本)無量寿経下巻の文「肉眼清徹　靡不分了　天眼通達　無量無限　法眼観察　究意諸道　慧眼見真　能度彼岸　仏眼具足　覚了法性」を呉音でとなえるもの。譜は天台声明の＊四智梵語讃に依っており、浄土真宗本願寺派の＊大師影供作法で用いられる。この曲は伝供を行なう際に用いられるものであって、伝供を行なわない場合には省略される。西本願寺では江戸時代中期より天台声明を用いるようになったが、その当初においては、＊四智梵語讃＊仏讃＊法讃など、梵語の声明もそのまま用いていた。そして宝暦一一年(一七六一)親鸞五五〇回忌に際して陳善院僧樸の建言に依って、梵語讃をそのまま用いることを廃して、詞は所依の経論の文に依り、譜は天台声明に依りつつ新たに作譜した。当曲はその中の一つで

ある。（播磨照浩）

ごごじょうげさ　小五条袈裟　[衣]　小形の*五条袈裟。融通念仏宗では衣体と同地質の緒と縫紐でもって着用する。浄土真宗では衣体と同地質の大小の*威儀をつけ、主として晨朝法要に用いるので晨朝袈裟ともいう。古くは萠黄色の裂で製したので青袈裟ともいう。絹の青袈裟を着用する資格のある僧が住職する寺を絹袈裟、国許でのみ着用を許された僧が住職する寺を国絹袈裟といい、寺格の名称にもなっていた。（播磨照浩）

ごさん　後讃　[曲]　㈠法要の中心的な経や偈文などの読誦の後でとなえられる讃の総称。たとえば曼供における*四智漢語讃*心略漢語讃*仏讃など。㈡〔真宗〕（興）親鸞の*和讃の中から「弥陀ノ浄土ニ……」「弥陀ノ本願……」「一切ノ功徳ニ……」などの数首に*伽陀の譜をつけた曲。法要の最後にとなえるので後讃という。真宗興正派で用いる。（播磨照浩）

ごさんし　後讃師　[役]　法要の本体となる勤修部分の後にとなえられる*讃の*頭《とう》をとる役。（高橋美都）↓さんとう

ごしちにちーみしゅほう（みしほ）　後七日御修法　[法]　単に後七日あるいは*御修法ともいう。玉体安穏・皇祚無窮・鎮護国家・五穀豊穣を祈る呪立法会。毎年正月一日からの宮中前七日節会につづいて、八日より七日間行なわれるので、宮中後七日御修法といわれる。弘法大師は鎮護国家の法として、従来行なわれていた顕教の*論義法会である最勝講に対して、密教の修法の優れていることを主張し、仁明天皇承和元年（八三四）正月に、勅を奉じて中務省で始修、翌年宮中真言院で恵果付嘱の法具をもって勤修、御斎会とともに恒例の朝儀となった。のち東寺長者が*大阿闍梨を勤め、また野沢一二流が交替で出仕したこともある。何度か中断をみたが明治一六年に東寺灌頂院に移して再興し、今日も真言宗最高の法儀として各山から出仕して勤修されている。修法は御衣を奉じて、甲（エ）年は勧修寺流の金剛界立で、乙（ト）年は西院流の胎蔵界立で、それぞれ五壇構の大法立で行なわれる。五壇とは㈠*大壇（東に胎蔵界、西に金剛界）、㈡*護摩壇（息災と増益の二壇）、㈢聖天壇、㈣十二天壇（各別）、㈤神供（*道場外）で、そのほか五大明王と二間《ふたま》観音の供養も行なわれる。七日間に当界の*大壇供・両護摩・五大尊供各二一座、十二天供・聖天供各一四座、諸神供三座、二間観音供一座を修す。*伴僧は修法の間、仏眼・当界大日・薬師・延命・不動・吉祥天・一字金輪呪の七種の真言を誦ずる。また一二日から三か日香水を加持し、結願の後に玉体に注ぎ加持を行なったが、今日では御衣加持を行なっている。声明は*唱礼のみで*南山進流を用い、*新義派の*大阿闍梨のときは南山進流あるいは新義声明を用い、*助音は全て南山進流で行なっている。（松永昇道『後七日御修法大阿闍梨肝心記』）。（新井弘順）

ごじゅうそうでん　五重相伝　[法]　〔浄土〕〔西山〕宗派の教義の伝承を受けたことを証す法要。信仰相伝上、最も重要な儀式である。浄土宗第七代了誉聖冏が弟子西誉聖聡に伝えたのが始まりであるが、その形式や構成は、その後幾度かの

変遷を経て今日に到っている。「五重」とは、往生記・授手印・領解抄・決答疑問抄・凝思十念の法を指し、この法によって宗派の教義を伝受し、五通の血脈を、師より口伝にて授かる。七日間にわたる毎日の勤行式とならんで、剃度式・懺悔式・別行要偈式・別行密室式などの諸法要が行なわれる。（岩田宗一）

ごじょうげさ　五条袈裟　因　条数が五つある*袈裟で*三衣《さんね》のうち*安《あん》陀衣《だえ》に相当する。安陀衣は内衣であって、室内あるいは作務のときに用いるものであり、大きさも*鬱多羅僧《うったらそう》とおなじであったが、中国で袈裟を衣服の上に着用するようになってから小形化した。日本では平安時代中期以降、法要儀式にも用いるようになった。天台・真言・華厳・法相・浄土真宗などでは、*威儀と称する紐を左肩に掛けて着用し、袈裟の上隅につけた小威儀で両端を結んで用いる。禅宗では小形の衣体の両端に長い威儀をつけた*絡子《らくす》と称する五条を用いるが、安陀衣の作務衣としての性格を残し、法要には用いていない。浄土宗は室町中期以降、禅宗の法衣を用いており、禅宗の絡子から鐶をとった*威儀細《いぎぼそ》と称する五条袈裟を用いるが、現在では天台系の五条袈裟も用いる。このように浄土宗において天台系の五条を用いるようになったのは近世のことと思われ、元祖大師が用いられた袈裟との意で大師衣と称している。日蓮宗・法華宗では大威儀・小威儀をともに肩に上げて紐で結んで着用しているが、この風も江戸時代中期以降のことと思われる。時宗では浄土宗の威儀細に似たものを左肩から右脇に掛けて着用する。五条袈裟は多くの場合に用いるので、*大五条*紋白袈裟・威儀五条をはじめ、*小五条*墨袈裟*三緒*割切*山門五条*折五条・加行袈裟など多くの変形を生じている。（播磨照浩）

ごしょうそくばこ　御消息箱　具〔真宗〕門主・法主の消息（手紙）を入れる箱。細長いかぶせ蓋造りで、黒漆塗に金で定紋を蒔絵にし、紐のついた形のものが多い。（播磨照浩）

ごしらかわ-ほうおう　後白河法皇　人〔天台〕声明家。大治元年（一一二六）～建久三年（一一九二）。『梁塵秘抄』の著者として知られる法皇は、同時に名だたる声明家であった。声明を天台宗*大原流の*家寛から学んだ。承安三年（一一七三）、その家寛が法皇に献上した*声明集は、のちに天台宗の基本的な声明集『*六巻帖』の原本となった。（岩田宗一）

ごせい　後誓　曲〔真言〕〔南都〕〔法〕〔天台〕真言宗では*仏名会、法相宗では*修二会、天台宗では*大導師作法でとなえられる。「南無令法久住利有情　天衆地類……」にはじまる文をとなえるが、この文は*対揚と共通部分が多い。神や国家や仏教の安穏・興隆ならびに衆生の除災・豊楽を祈願してとなえられる。対揚が法要開始部の*散華につづいてとなえられるのに対し、この文は法要の中心部で大導師によってとなえられるところから「後」と呼ばれると考えられる。（岩田宗一）

ごせいがん　五誓願　曲〔真言〕胎蔵界前唱礼の最後にある。漢語、呉音読み。真言行者が発すべき五種の誓願。「誓

願断除一切悪　誓願度脱一切生　誓願修習一切法　誓願奉仕一切仏　誓願証得大菩提」。経典・儀軌には典拠が見られないが胎蔵法に用い、胎蔵界前唱礼には＊黄《おう》鐘調《しき》＊中曲でとなえる。＊博士は各句とも初めの数文字につけられていて、字数は流派により異なる。金剛界唱礼の＊五大願に相当する。『＊魚山蠆芥集《たいかい》』などに所収。（新井弘順）

ごぜんじゅ　御前頌　曲　略法要に用いる頌文。出典不明。本来は顕教の法要の場合、一座の法要が終ったとき、＊導師が本尊の前に進んで独唱したので御前頌といった。真言宗でも顕教立の法要のとき、＊四箇法要などを略すときにその代りに用いる。常楽会の遺跡講・仁王会の下経＊仏名会などに用いる。上﨟の役で扇を立てて発音、＊職衆＊助音。詞章は「我於無量無数却　恭敬供養釈迦尊　恭敬供養諸如来　堅持禁戒趣菩提　求証法身安楽処」。呉音読み。＊平調《ひょうじょう》＊律曲、あるいは＊盤渉調《ばんしき》律曲という。始（＊出音《しゅっとん》位《い》）、＊乙（＊徴《ち》）、終（終音位）、＊甲（＊宮）。『常楽会法則』所収。（新井弘順）

ごせん-しょうみょうしゅう　五線声明集　資〔真宗〕〔仏〕＊声明集。真宗仏光寺派声明集。昭和五二年仏光寺刊。A5洋綴一八二頁。＊五音を示す五線上に線描にて同派所用の偈＊念仏＊和讃および＊常行三昧声明を収めている。（岩田宗一）

ごせんふによる-おおたにしょうみょう1　五線譜による大谷声明1　資〔真宗〕〔大〕＊声明集。同宗務所。声明作法委員会編。昭和五三年法蔵館刊。A5洋綴六二頁。同派所用声明のうち、＊正信偈＊念仏＊和讃（二八曲）＊回向の代表的なとなえ方を洋譜五線譜で記したもの。（岩田宗一）

ごだいがん　五大願　曲〔真言〕〔天台〕金剛界前唱礼の最後にある。漢語、呉音読み。顕教の四弘誓願に対し、密教で用いる五つの大願。総願ともいう。「衆生無辺誓願集　福智無辺誓願集　法門無辺誓願学　如来無辺誓願事　菩提無上誓願証」。出典は、不動八大童子軌・無畏善要など。＊勧請に引き続き＊黄鐘調《おうしき》＊中曲でとなえる。＊博士は各句とも初めの数文字のみにつけられており、字数は流派により異なる。『＊魚山蠆芥集《たいかい》』などに所収。また、天台宗では＊七仏薬師法で第三句を「法門無量誓願学」、第五句を「仏道無上誓願成」としてとなえている。（新井弘順・岩田宗一）

ごたいとうちらい　五体投地礼　作　仏を礼拝する最上の作法。頭・首・胴・手・足の五体、すなわち全身を大地に投げ出して、仏に帰依（帰命）することを表示する。額を仏の足に接するように礼拝するので、頭面接足礼《ずめんせっそくらい》ともいう。インドにおける礼法の一種。仏教における礼拝形式中もっとも丁寧なもの。日本では一般的に、まず＊合掌し低頭、次いで右足を引き右膝を地に着け、次いで左膝を地に着け膝まづき、つぎに右手、次いで左手をそれぞれ地に着け、最後に額を地に着ける。両手は背を地に着け、五指は互につけて開いたまま、あるいは大指と頭指とを捻して持花の印にする場合もある。真言密教では礼拝のとき普礼真言《ふらいのしんごん》「オン　サラバタタギャタ　ハナマンナノウ　キャロミ」（一切如来の御足を礼し奉つる)をとなえ、自身の有漏の五大を、阿字の大地に投じて、五智を証すと観念する。つねには三度礼拝(*三礼)する。チベットの僧は、手足を伸ばし全身うつぶせになって、文字通りの姿態で、五体投地礼を行なう。(新井弘順)

こだま-せつげん　児玉雪玄　人〔真言〕声明家。~昭和四〇年。*鈴木智弁のあと醍醐寺などで声明講師を勤めたが、昭和四〇年『*南山進流声明類聚』の録音テープとその解説刊行(六大新報社)の直前に没した。この著は現在の*進流声明とその法要の実際を平易かつ明快に解説したもの。(岩田宗一)

ごちょうし　五調子　理〔真言〕声明曲に用いられる五種の調子で、*呂《りょ》曲には*一越《いちこつ》調と*双調、*律曲には*平《ひょう》調《じょう》と*盤渉《ばんしき》調、*中曲には*黄鐘《おうしき》調がある。(塚本篤子)

こつ　笏　具〔禅〕〔曹〕小形の*如意のような形をし、柄の端に房をつけたもので、曹洞宗で用いる。(播磨照浩)

こっかいのげ　乞戒偈　曲〔天台〕漢語。*灌頂会・三摩耶戒儀の中で、*受者が阿闍梨に向って授戒を請う偈文で、*中曲*下無調である。現行は受者が多いので代表者一名が*長跪《ちょうき》*合掌してとなえ、阿闍梨は杵を持ってこれを受ける。(天納伝中)

こっかい-の-しょうみょう　乞戒声明　曲〔真言〕結縁灌頂の三昧耶戒のとき、*受者に代って*大阿闍梨に授戒を乞う役を乞戒師(乞戒導師)といい、そのとなえる声明を「乞戒声明」という。その作法および*博士を書いたものを『乞戒導師作法』という。乞戒師の制は日本で始められたもので、*寛朝は真言宗の声明に三重の許可《こか》を設け、初重を*秘讃、第二重を乞戒、第三重を大阿闍梨の声明とした。今日でも乞戒声明は声明の最奥で、声明皆伝のとき大阿闍梨の声明とともに伝授される。*南山進流および智山派に現在伝承されている。醍醐・相応院両流の写本現存。南山進流所伝の譜本は、宝暦一三年(一七六三)快弁撰、*廉峯譜になるもので、明治四二年(一九〇九)*葦原寂照により刊行された。その主な曲は、*礼仏頌*表白*神分*伝戒勧請頌*羯磨《こんま》頌*仏名*教化などである。(新井弘順)

ごでんぎ　御伝記　曲〔真宗〕御伝鈔ともいう。本願寺三世で親鸞の曽孫の覚如宗昭が著わした『本願寺聖人親鸞伝絵』の詞書きを読むもので、*報恩講法要の際に行なわれる。絵巻物を解説する絵解きが法要の中に組み込まれたものである。(播磨照浩)

ごにょらい　五如来　曲　五如来名号・五如来念仏。*施餓鬼会でとなえられる。偈文は二句を一偈として五偈からなる。天台宗では全文となえるものを「五如来名号」と称し、各偈の上句のみをとなえるものを「五如来念仏」という。浄土宗では全偈文をとなえて「五如来」と呼んでいる。両宗で旋律は異なっている。(岩田宗一)

ごねんもん　五念門　曲　阿弥陀仏の浄土に往生するための行業を、礼拝門・讃嘆門・作願門・観察門・廻向門の五つに分って述べた偈文。天台宗には「声明(本節)」・「*切音《きりごえ》」・「和讃節」の三種の旋律がある。なかでも十二偈からなる礼拝門は「＊十二礼（文）」の名で最も良くとなえられ、その旋律のうち、本節は真宗興正派で、切音は浄土真宗本願寺派で親鸞の＊正信偈の読誦に用いられるなど、ひろく知られている。（岩田宗一）

ごばい　後唄　曲　ほとんどの宗派で用いる。例えば華厳宗（＊修二会）・真言宗（＊布薩—廈麗陀）・新義真言宗智山派（＊金剛界曼荼羅供）・天台宗（＊法華懺法＊引声《いんぜい》阿弥陀経ほか）・天台真盛宗（＊阿弥陀懺法）・浄土宗・融通念仏宗・真宗興正派・同仏光寺派・禅宗（大布薩＊略《ふさつ》布薩—「＊処世界梵」と呼ぶ）などである。偈文は「処世界如虚空　如蓮華不着水　心清浄超於彼　稽首礼無上尊」。法要の終結部でとなえられる。天台宗・天台真盛宗・浄土宗（知恩院）・真宗興正派は天台宗とおなじ旋律でとなえ、融通念仏宗は天台宗に基づきながらも各旋律型の形態がやや異なり、真宗仏光寺派は天台の＊切音《きりごえ》懺法に相当しているが、やはり旋律型の形態ならびに＊五音上の位置が異なっている。（岩田宗一）

こはかせ　古博士　理　最も古い声明の記譜法で、それ以降に成立した＊五音博士や＊目安博士《めやすはかせ》などの＊博士と区別して称す。詞章の各字の四声に基づく旋律が、相当する声点から発する細線状の博士によって示されている。（塚本篤子）

ごふじゅ　御諷誦　曲〔浄土〕法然の命日法要＊御忌会《ぎょきえ》の日中で、＊唱導師がとなえる和文の語り物声明である。法然の生い立ちや研鑽歴および奇瑞のさまを述べ、その徳を讃歎する内容である。旋律は強力な中心音が上下に付属音を従える典型的な語り物声明の特徴を備えている。また途中で中心音が上昇して、＊二重的構造をなしている。（岩田宗一）

ごぶつごみょう　五仏御名　曲〔南都〕〔華〕法要の小段名。東大寺＊修二会で悔過作法の一部として六時のおのおのにとなえられている。本尊に対する諸祈願が詞章の内容であるが、大時（初夜・後夜）でもかなり略した文句であり、小時はさらに句数を省略する。五体という荒行の直後に＊時導師が＊頭をとって短く鋭く唱する。（高橋美都）

ごぶんしょう　御文章　↓おふみ

ごぶんしょうばこ　御文章箱　具〔真宗〕＊御文章（＊御文ともいう）を入れる箱で、浄土真宗で用いる。薄いかぶせ蓋造りで、黒塗りに定紋を金蒔絵したものが多いが、梨子地に散蓮華を描いた意匠のものもある。また五帖の御文章を一帖ずつ収めるようになった引き出しのついたものもある。（播磨照浩）

ごまし　護摩師　役　密教で＊灌頂儀などの際に＊護摩壇で護摩供を修する役。護摩は四度加行のうちの一つで密教僧はかならず修行しているが、法要中に単立の役として立てる場合に護摩師と称する。＊呪師が護摩を焚く場合、あるいは大護摩供などでは法要の中心的な役割をなす場合もある。（高橋美都）

ごまじゃく　護摩杓　具　護摩の修法のときに焼く供物を掬う杓であり、大小の二種ある。大は瓢形をし、小は円形であり、ともに長い柄をつけ、鋳銅製のものが多い。（播磨照浩）

ごまだん　護摩壇　荘　護摩を行なうための壇。護摩は火中に供物を投じて祭祀を行なう儀式である。古代インドで盛んに行なわれていたものが次第に仏教に取り入れられ、密教の重要な儀式となったものである。護摩壇は*大壇とおなじく正方形の壇を設け、中央に護摩炉を置き、四隅に四橛、正面に*門標を立て、*壇線を張る。壇上四面の荘厳は大壇とおなじであるが、漱口器・灑浄器・蘇油器・杓など護摩独特の法具もある。(播磨照浩)

ごやげ　後夜偈 曲〔真言〕〔天台〕真言宗の*灌頂、天台宗の*法華《ほっけ》懺法《せんぼう》でとなえる。天台宗の偈文は善導編『*往生礼讃偈』の中の「後夜無常偈」と三文字が異なるほかはおなじである。すなわち「白衆等聴説(礼讃―諸) 後夜無常偈 時光遷流轉 忽至五更初 忽至五更初 無常念念至 恒与死王居 勧諸行道衆 修道至無余(礼讃―勧修)」を漢音でとなえる。真言宗では「白衆等各念 此時清浄偈 諸法如影像 清浄無瑕穢 取説不可得 皆従因業生」の偈文をとなえる。(岩田宗一)

ころも　衣 衣 僧侶が着用する衣服の通称であって、広義には*袈裟《けさ》*袴を除いたすべての衣服を指し、狭義には*直綴《じきとつ》を指す。(播磨照浩)

ごんき　厳祈 曲〔南都〕(聖) 法要の小段名。国家万民が加護されるよう祈念する行法であり、法隆寺*修正会*吉《きっ》祥《しょう》悔《け》過《か》では、七日間のうち最後の三日間に行なわれる。*呪師が先導して、十二神将や四天王の御名をとなえて、堂内を小走りに加持(加持杖で柱や机を叩く)して回る。堂内を巡る回数は、日ごとに三・五・七と増やされる。行法後に半夜導師が*厳祈文をとなえる。(高橋美都)

ごんぎょうしゅう　勤行集 資〔真宗〕(仏)*声明集。仏光寺派式務部編。昭和三〇年宗務所刊。A6和綴一六四頁。同派所用の行譜正信偈*念仏*和讃・文類正信偈などを*博士をつけて収めている。(岩田宗一)

こんごうかいごぶつ　金剛界五仏 曲 結縁灌頂*大阿闍梨声明の一種。金剛界立の結縁灌頂の三昧耶戒のとき大阿闍梨が戒壇上で金剛界曼荼羅中の五仏の*宝号を梵語で*博士を付してとなえて運心《うんじん》礼拝する。まず「次《ニ》礼《セン》二五仏《ヲ》」ととなえ、最初に中央大日如来(文句は胎蔵界九尊とおなじ。ただ写字が三字異なる。博士は全く同じ)を礼し、以下東方阿閦如来「ン曩謨《ナウボ》 阿梨耶《アリヤ》 阿乞《アキ》蒭瓢《シュビ》 薩駄多誐都《サタタギャト》」・南方宝生如来・西方世自在王如来(阿弥陀)・北方不空成就如来を礼し、最後に*胎蔵界九尊とは前後が異なるが、金剛界および大悲胎蔵界の一切の如来を礼する。「ン曩謨」で始まり、全部で七句からなる。*南山進流では*中曲*黄鐘《おうしき》調でとなえる。『*南山進流声明集付仮譜』下巻 『*昭和改板進流魚山蠆芥《たいかい》集』第三。(新井弘順) ↓だいあじゃり‐しょうみょう

こんごうかい‐まんだらく　金剛界曼荼羅供 ↓まんだらく

こんごうかい‐れいさん　金剛界礼懺 曲〔真言〕礼懺文。一巻。不空訳。*空海請来。内題、金剛頂経金剛界大道場毘盧遮那如来自受用身内証智眷属法身(仏最上秘密三摩地)礼懺文。別称、金剛頂瑜伽三十七尊礼。金剛頂道場礼懺文。伝本により内容が異なる。金剛界大曼荼

羅中の大日如来以下の三十七尊を礼拝し懺悔・讃歎する文。漢音読み。真言宗常用の文は、大正蔵経第一八巻所収の高麗本を再治したものと思われる。高麗本・明本では三十七尊礼が最初にあるが、常用本では㈠*敬礼三宝、㈡*五悔、㈢三十七尊礼、㈣嘆徳、㈤*発願、㈥結偈の順である。金剛界唱礼はこの礼懺文中の㈠㈡などに曲節を付したものである。常には四度加行・夕勤行に素読する。また金剛界三昧には*導師供養法の間、*職衆は三十七尊礼の文に曲節を付して一仏づつ*蹲踞《そんこ》礼を行なう。これを曼荼羅礼という(『豊山派法則集』『豊山声明大全』)。真言宗常用経典。大正蔵一八・三三五―三三八。(新井弘順)

こんごうしょ　金剛杵　具　密教の法具であり、杵の形の両端に刃をつけたものを基本型とする。もとインドの武器であったものを、煩悩を砕く具として法具に用いるようになったものである。鈷と呼ぶ枝の数に依って独鈷杵・三鈷杵・五鈷杵・九鈷杵に分けられる。また、鈷の部分が宝珠や塔になったものもある。(播磨照浩)

こんごうしょげ　金剛杵偈　曲　〔禅〕(黄)*唐音。*施餓鬼の中の節経。浄水や花米(花と米を混ぜたもの)と鈴杵で加持し、*道場を浄めるとともに*金剛杵で魔を払うもの。つぎの自性偈・浄池偈・音楽呪もおなじく浄めるための偈と陀羅尼である。(田谷良忠)

こんごうばん　金剛盤　具　*金剛鈴と*金剛杵を置く台。縁どりのある鋳銅製の盤の下に低い三つの脚をつけたもの。盤の平面はほぼ三角形に近いが、輪郭は不整四葉形となっている。(播磨照浩)

こんごうれい　金剛鈴　器　〔天台〕〔真言〕密教の修法に用い、妙なる音を出して仏を歓喜させるために振り鳴らす風鈴型の楽器。内部に舌《ぜつ》のある小型の*鐘に柄(杵《しょ》)を取りつけたもので、杵の頭部の形と分かれ方によって、独鈷・三鈷・五鈷・九鈷・宝珠・塔の*鈴があり、総称して金剛鈴と呼ぶ。また九鈷鈴以外の五つを五種鈴と呼ぶ。文献によれば、金・銀・銅・鉄・石・水晶・紫檀などで作られたものもあるらしいが、実際は、金銅の鋳造か、銅製・真鍮製である。鐘部分の直径は約10㎝。ただし、*灌頂大壇供《かんじょうだいだんぐ》のときに壇上に置く五種の鈴は、実際には鳴らさないが大型である。わが国では、法会の中心の僧一人が手に持って鳴らす。(茂手木潔子)

ごんしょ　権処　役〔南都〕(華)東大寺*修二会*練行衆の役名。正式には権処世界。雑用の多い*処世界に準ずる役の意であるが、処世界が末席で権処はそれに次ぐ若輩が勤めることになる。処世界と分担して雑用(*内陣の掃除など)をこなす。初夜・後夜の*上堂鐘ははじめ処世界が撞くが、権処が上堂すると撞き役を交代し、*堂司の入堂まで撞き続ける。(高橋美都)

こんぺい　金錍　具　独鈷錍の先に宝珠をつけた形のもので、両端に珠をつけた両珠金錍と、片方だけの片珠金錍とがある。もとインドの治療器具で、眼病の眼膜を除去するのに用いたものであるが、煩悩の膜をとって仏心の眼を開かせる意味で法具に採り入れ、密教の*灌

頂などで用いる。（播磨照浩）

こんまじゅ　羯麼頌　曲〔真言〕*乞戒声明の一つ。結縁灌頂三昧耶戒のとき、乞戒師が戒を授ける*大阿闍梨に対し、*伝戒勧請頌のつぎに戒を授けてくれるようにと、一同を代表して懇願する頌。「大徳一心念　我某甲等　今請大徳為大阿闍梨耶　為受仏性戒　我依阿闍梨故　得受仏性戒　慈愍故　慈愍故　慈愍故」。『結縁灌頂乞戒導師作法』所収。（『*南山進流声明集付仮譜』巻下、『昭和改板進流魚山蠆芥《たいかい》集』）。（新井弘順）

こんまんく　金曼供　→こんごうかい-まんだらく

さいえん　宰円　人〔天台〕月蔵房。声明家。一三世紀後半。*湛智の弟子*宗快の門流に属する。建治元年（一二七五）に『*弾偽褒真抄《たんぎほっしんしょう》』を著わす。その中で湛智が*良忍以来の伝承を正統に継いでいることを具体的な事例を掲げて開陳している。（岩田宗一）

さいしょうたいし　最勝太子　曲　梵語讃。『*諸秘讃』などの*朝意の*秘讃集に所収。毘沙門天の五太子の一人の最勝太子を讃嘆する。出典は孔雀経中。詞章は「オン ジャヤ マムダ ク バラヤ ソ ワカ」。（新井弘順）

さいほうのさん　西方讃　曲〔真言〕別称、金剛法菩薩讃・金剛法讃・法菩薩讃。梵語讃。四方讃の一つ。金剛界三七尊中の十六大菩薩の一つ、西方無量寿仏の四親近の第一の金剛法菩薩を讃嘆する。出典、蓮花部心軌・二巻教王経上。『*魚山蠆芥《たいかい》集』は*隆然の略頌を引き*双調唯呂《りよ》曲というが、譜は*反音《へんのん》曲と思われる。『*新義声明大典』では、根嶺所伝は*吉慶讃のごとしというが*平《ひょう》調《じょう》反音曲の意か。東京芸大本醍醐流『*声明集』は*一越《いちこつ》反音曲という。阿弥陀・観音・勢至などの法要、伝法灌頂の*前讃あるいは*後讃に用いられる。（新井弘順）

さいもん　祭文　曲〔真言〕〔天台〕〔禅〕〔法華〕真言宗の*御影供《みえく》・明神講・*涅槃会《ねはんえ》、天台宗の御影供、禅宗の*羅漢講式、日蓮宗の御報恩会式（*御会式）などでとなえる。漢文訓読体。供物を献じて仏や祖師の徳を讃歎すると述べ、法要の趣旨を明らかにする。法要の都度、一定の書式に従って製作される性質のものであるが、頻繁に行なわれる法要については文章が定着している場合が多い。書式の例としては、天台宗では「維時〇〇年〇月〇日」ではじまり「……伏願……同垂納饗」で終り、真言宗各派では「諸徳三礼維〇〇年〇月〇日」で始まり「……庶幾幽覧照察徴志尚饗」で終る。また禅宗では、「維〇〇年〇月〇日……伏願……此道場同垂納享尚饗」となっている。旋律は天台宗・日蓮宗・真言宗智山派では各文句の切れ目に短い旋律定型が現われるほかは朗誦される。真言宗*進流のものは全文に*博士が付せられ、変化に富んでいるが、豊山派では二音からなる旋律でとなえられる。（岩田宗一）

さいもんし　祭文師　役　*祭文は法要の日時・趣旨を明解にあらわした散文であり、法要の本体となる部分に先立って朗唱される。祭文師は朗唱にあたる僧であるが、通常は若手から中堅の声のよく通る者がその任にあたる。特に祭文師をたてずに、*導師がとなえることもある。（高橋美都）

さかじょうえ　坂浄衣　衣（天台）　半素絹形式の墨染麻製の＊衣。袖に狩衣とおなじ露がある。天台宗で用いる。古くは平常衣として広く用いられていたが、明治初年に略衣が作られてからは、戸津説法の道中など特殊な法儀に用いられている。（播磨照浩）

さがん　鎖龕　役　葬儀式のときの役名。棺を法堂に移して仏事を行ない、鎖で棺の蓋を閉じることから鎖龕と称する。（高橋美都）→きがん

ざぐ　坐具　具　坐臥のときに敷くもので、梵語 nisidana の訳。比丘六物の一つで、釈尊在世のころから比丘のかならず持つものとされ、『四分律』はじめ多くの書物に記されている。元来、坐臥の具であったが、次第に礼拝の際にも用いられ、『南海寄帰伝』には坐具を礼拝の際に用いることの当否に触れている。現在日本では主として禅宗で用いられ、長方形の裂に、別裂で縁どりをし、＊袈裟《けさ》とおなじように四天をつけ、携行するときは細く畳んで左腕に懸ける。浄土宗は禅宗系の＊法衣を用い、坐具も使用するが、芯を入れて畳み、糸でとじて帯のようにしたものを胸前に斜に持ち、礼拝のときは膝の前に置いている。また浄土真宗本願寺派では＊庭儀・椽儀に際して、従僧が所持して＊導師に従い、堂内では＊礼盤の前に敷くこともある。（播磨照浩）

ざじ　座次　作　法会のとき＊職衆の並ぶ席順。僧侶の席順は元来出家してからの年数（臈《ろう》）に順じていたので臈次ともいうが、現在では僧階に順ずる。僧階の高い方を上臈、低い方を浅臈（下臈）という。(一)奥上臈《おくじょうろう》。上臈の僧が本尊あるいは＊導師の近くに坐し、順次入口に近くになるにつれ浅臈となる。集会所ではこの坐次が普通である。＊道場では希で、東寺の御影堂などで用いる。(二)口《くち》上臈。上臈が堂の正面近くに坐し、順次本尊に近い方へ浅臈が坐る。奥上臈とは逆。道場で一般に用いられる。集会所・道場における右・左は、高野山では、集会所においては導師を中心とし、その右手を右、左手を左とする。道場では本尊を中心とし、その右手を右、左手を左とする。いずれの場合も左を上座（一臈側）、右を下座（二臈側）とする。京都各山では集会所・道場とも導師を中心に左（上座）・右（下座）を決める。豊山派では集会所では導師の左を上臈、道場では口上臈のときは導師の左を、奥上臈では本尊の左を上座とする習わしである。職衆の席を座坪ともいう。また列をつくって坐る場合（列座）の形式には、屏風折《びょうぶおり》・駒取座《こまどりざ》・布繰座《ぬのくりざ》（一列）などがある。

屏風折		駒取座		布繰座	
一	十二	一	二	一	七
二	十一	三	四	二	八
三	十五	五	六	三	九
四	九	七	八	四	十
五	八	九	十	五	十一
六	七	十一	十二	六	十二

（新井弘順）

さしぬき　指貫　衣　差抜とも書く。＊鈍色＊素絹の下に着用する＊袴。長い袴に紐をつけ、足首がかくれる程度に括り上げて用いる。紫と浅黄があり、大紋・綽白・無地などがあり、浅黄大紋を上位とする宗派が多いが、公卿装束では若年は紫、四〇歳以上は浅黄であった。

紋は八つ藤が多いが、浮線綾・又木などの有職《ゆうそく》紋を用いることもある。（播磨照浩）

さはり　響銅　器　胡銅器・佐波理・沙張・沙羅《さわり》・鈔羅《さわり》・砂張《さはり》。底辺の広い椀型の鳴らし物。「サハリ」とは、もともと、銅・錫・鉛・銀の合金のことで、転じて鳴らし物をさすようになった。真言宗の場合、底の部分は、*梵鐘の上部のように、細かい突起が打ち出されている。錦の布団の上に置き、錦で包み込んだ木製の桴《ばち》で打つ。ジャーンという倍音の多い音を出す。サハリという金属は、雅楽の笙のリードにも使われ、複雑な音色を出す点で、わが国の伝統音楽において重要視されている。（茂手木潔子）

ざほう　坐法　作　自行や法会などに用いる坐り方。*平座（正座・堅座）*結跏趺坐*半跏趺坐*蹲踞《そんこ》*踞跪《こき》*長跪（*長跪合掌）などがある。おなじ法会の中でも*職衆は、法式や声明に応じて各種の坐法を用いる。（新井弘順）

さまやかいしきもん　三摩耶戒式文　曲〔天台〕*灌頂会の三摩耶戒の儀式において*教授阿闍梨がとなえる*式文。ほとんどは棒読みであるが、有流海と呼ばれる戒体の式文の部分には特別の旋律が付されている。（天納伝中）

さん　讃　曲　諸仏や祖師の徳を讃えた偈文ならびに、その偈に旋律を付した曲。歌詞の種類により梵讃・漢讃・和讃の別がある。（岩田宗一）↓しちぼんごさん↓しちかんごさん↓きょうけ

さんきえ　三帰依　曲〔禅〕〔黄〕*唐音。朝晩の念経《ねんきん》の最後にとなえるもので、「自から仏に帰依し……」という仏法僧の三宝に帰依する偈で、一句ごとに礼拝をする。唐音で読まれる節経である。（田谷良忠）

さんきえさん　三帰依讃　曲〔禅〕〔黄〕*唐音。節経。*施餓鬼や演浄儀の中にあって、*道場を浄めたのちに、仏宝・法宝・僧宝の三宝に帰依する功徳を讃文にしたもの。（田谷良忠）

さんきんそう　参勤僧　役　法要の出勤者全体をさす。（高橋美都）↓だいしゅ↓しきしゅう↓しゅうそう↓れっそう

さんきもん　三帰文　曲　仏・法・僧に今後帰依する意志を示す。詞章は「我弟子盡未来際　帰依仏　帰依法　帰依僧」。（高橋美都）

さんきょうらい　三敬礼　曲〔真宗〕〔興〕「一心敬礼十方法界常住仏　一心敬礼十方法界常住法　一心敬礼十方法界常住僧」の三句を漢音でとなえるもの。譜は*法華懺法《ほっけせんぼう》の*敬礼三宝の譜。真宗興正派で用いる。（播磨照浩）

さんきらい　三帰礼　曲〔浄土〕〔禅〕〔法華〕三帰。この名で呼ばれる声明曲の偈文には二種類ある。一つは「帰仏得菩提　道心恒不退　願共諸衆生　回願往生無量寿国　帰法薩婆若　得大総門　回願往生無量寿国　帰僧息諍論　同入和合海　回願往生無量寿国」（*往生礼讃偈）であり、浄土宗の日常勤行をはじめとする同宗のほとんどの法要の終結部分でとなえられる。もう一つは「自帰依仏　当願衆生　体解大道　発無上意　自帰依法　当願衆生　深入経蔵　智恵如海　自帰依僧　当願衆生　統理大衆　一切無礙」であって、禅宗の「菩薩戒大布薩」

「*略布薩」、日蓮宗の「*報恩会式」(「三帰」と称する)などでとなえられる。いずれも法要の終結部において三宝への帰依と善根の回向・往生を願って敬礼するための曲である。一方、後者の禅宗・日蓮宗の偈文は、浄土宗を除くほかの宗派では「*三礼」の名のもとに法要の開始部でとなえられている。天台宗の*例時作法、真言宗の*曼荼羅供、真宗興正派・仏光寺派の*常行三昧などがそれである。華厳宗*修二会・法相宗*元三会《がんざんね》などでは、おなじ偈を「*三礼文」と呼んでいる。(岩田宗一)→さんらい

さんくねんぶつ　三句念仏　曲　〔天台〕漢語。*二十五三昧式(*六道講式)の中で用いられている略用*和讃節*念仏。*定曲で通常は*鉦を入れる。(天納伝中)

さんげ　懺悔　曲　㈠法要の趣旨から転じた小段名あるいは声明曲名。懺悔とは文字通り過去の罪障を悔いることであり、法要そのものや声明曲・所作などに懺悔の諸相がさまざまに反映されている。懺悔のための法要は*懺法《せんぼう》と称され、*法華懺法*観音懺法*阿弥陀懺法などがあり、広義には*拝懺《ばいさん》などが含まれる。また*悔過法要は懺悔がその重要な局面である。懺悔の意による声明曲はさまざまであるが、最も一般的なのは、「我昔所造諸悪業……一切我今皆懺悔」という詞章で、*懺悔頌と呼ばれる。特に懺悔の意を示す詞章は悔過会に代表的に用いられ、法要の各部分の重要な構成要素となっている。まず*大懺悔は華厳宗・天台宗などでは、「おおいさんげ」と呼び、法相宗においては、「だいさんげ」と呼んでいる。その唱法は各宗各派ごとに異なるが、詞章はほぼ同様である。禅宗でも特に名称を付すことはなく、この詞章を用いている。「至心懺悔如是」に始まり、「今於十方三世諸仏前懺悔発露皆悉懺悔」で終わるが、法相宗では終りの数句を欠く。東大寺*修二会では初夜と後夜には大懺悔につづいて小懺悔がとなえられる。小懺悔の内容は*発願であって、初・後夜を除く四時に勤められる*小発願に相当する。日没と晨朝には胡跪《こき》懺悔が小発願につづいてとなえられる。また東大寺*修二会中の特定の日には、日中法要後、数取懺悔という行が修されている。行法中の誤ちを悔いるという明確な趣旨のために、三千返の礼拝がなされるが、その所作に先立ち*次第懺悔という形で、それぞれの罪を申告する。以上の悔過に関する懺悔のほかにも、さまざまな法要の中で懺悔を意味する声明曲はとなえられている。所作として懺悔の意志が関連しているのは、前述の三千返礼拝のほか、五体を悔過板にうちつける東大寺修二会の五体、牛王杖を手に小走りで堂内を加持する法隆寺金堂*修正会の*厳祈《ごんき》などがある。(高橋美都)

㈡〔浄土〕〔真宗〕『*六時礼讃』の中に収められている懺悔。「南無懺悔十方仏願滅一切諸罪根……」の十句と「自従無始受身来　恒以十悪加衆生……」の八句の偈文がある。前者は浄土宗の日没、浄土真宗の日中・日没・初夜・後夜・晨朝で、後者は両宗の中夜でとなえられる。浄土宗ではほぼ一字二拍でほとんど旋律らしき動きをせずに、浄土真宗では中心音をめぐる旋律でとなえる。なお浄土宗

の礼讃本にはこのほかに漢文読み下し文が収められている。（岩田宗一）

さんげ　散華　曲　*四箇法要中の四箇曲の一つ。その偈文は上・中・下の三段から成り、うち上・下段はどの法要においても一定しているが中段は本尊により異なる。すなわち上段は「願我在道場　香華供養仏」（金剛頂経）（願わくば私は*道場にあって香や花を仏にお供えしようと思います）、下段は「願以此功徳普及於一切　我等与衆生　皆共成仏道」（妙法蓮華経巻第三）（願わくばこの功徳を以ってあまねくすべてのものに及ぶことを。そしてわれら一同と衆生とが皆ともに仏道を成就できますように）である。中段では本尊の威光や徳を讃える偈文がとなえられる。密立では大日、顕立では釈迦・薬師・弥陀・観音などがあるほか、『声実抄』上には多くの文が見える。*修二会（華厳宗・法相宗）では中段のみが繰り返しとなえられる。また禅宗（*羅漢講式）には二つの「*散華偈」があるが、一つは「散華」とおなじ偈文で、もう一つは異なる。さらに日蓮宗（*御会式）の「*切散華」も偈文を異にしている。*散華は法要の開始部で、所作としての散華を伴ってとなえられ、中段では*行道《ぎょうどう》が行なわれることが多い。天台宗では、顕立のときは*呂曲*一越調《いちこつ》*乙様を、密立のときは呂曲*黄鐘調《おうしき》*甲様を用いる。真言宗の仁和寺系では古くは甲乙両様を用いていたが、今日では顕立・密立の別なくみな『*魚山蠆芥集《たいかい》』に引く*隆然の「略頌文」により一越調乙様*変音曲を用いている。*盤渉調《ばんしき》呂へ*反音する個所は、初段の「場」、中段第一句の四字目、後段の「功」と「道」である。散華のとなえ方に、*同音散華と*次第散華とがある。同音散華は、*散華師が頭句をとなえるとそれ以下は*職衆が*助音するもので、普通散華・略散華・頸散華・皆散華ともいう。次第散華は散華師がまず一段をとなえ終ると次いで職衆が再び一段を*次第をとってとなえ、別別に三段をとなえる方法で、連《つれ》散華ともいう。また散華師が頭句をとなえると途中を省略し職衆はすぐ「香華供養仏」をとなえる極略の方法を香華散華という。また行道する場合としない場合がある。散華の数は、普通六波羅蜜を表わす意味で六枚（初一・中二・後三）であるが、豊山派では一五枚（初三・中六―二枚を三度・後六―二枚を三度）を用いる。広沢方は「香華」ととなえるときに、小野方は「供養仏」ととなえるときに華を散らすというが、豊山派では「仏」で散らす。（岩田宗一・新井弘順）

さんげ　散華　作　全宗派で行なう。法要の前半で、本尊を*道場に迎え供養するために*散華*奉請*念仏などの声明曲をとなえつつ、道場に花を散じる作法をいう。花は早くから華葩《けは》と呼ばれる蓮弁を形どった紙製のものが用いられてきたようであり、その紙面に華麗な絵画がほどこされていることが多い。その花は*華籠《けこ》と呼ばれる平型のかごに入れられ、*大衆はそれを持ち、起立のまま*行道しながら声明曲中の定められた数個所で散華をする。（岩田宗一）

さんげし　散華師　役　散華頭。*四箇法要*二箇法要に用いられる*散華という曲の*頭をとる役。通常は*職

衆から一人を立てる。*讃頭などの、ほかの役と兼ねる場合も多い。(高橋美都)

さんげじゅ　懺悔頌　→さんげ

さんげしゅう　散華衆　役　声明の斉唱者集団をさす用語。密立の*二箇法要などの一般的な場合に用いる。*散華*対揚・讃などを斉唱する。(高橋美都)
→さんしゅう→ぼんのんしゅう

さんげのげ　散華偈　曲〔禅〕(曹)　この名で呼ばれる偈文に二種類ある。一つは「散華荘厳偏十方　散衆宝華以為帳　散衆宝華偏十方　供養一切諸如来」で、菩薩戒*布薩*羅漢講式*歎仏会においてとなえられる。もう一つは広く*散華に用いられている「願我在道場　香華供養仏……」であって、羅漢講式で前記のものとともに「散華の偈」と呼んで用いられる。(岩田宗一)

さんげもん　懺悔文　曲〔禅〕*唱礼に対応する。漢音。「我昔《ガシャク》所造《ショゾウ》諸悪業《ショアクゴウ》……」。*略布薩(曹)の法要でとなえる。七言四句からなる韻文体で、各句ごとに独唱、つぎに斉唱と二度ずつとなえる。音の高低をつけずにとなえる。(渡會正純)→さんげ

さんごうしょく　三綱職　役　寺院組織で上位の三者、あるいは三番目の者をさす。僧尼令の規定では上座・寺主*都維那《といな》を三綱とする。ただし法要の際に役名として加わる例としては、四天王寺*聖霊会で、*一舎利*二舎利に次ぐ重要な役として*祭文を読む三綱の役がある。(高橋美都)

さんしゅう　讃衆　役　「さんじゅ」。声明の斉唱者集団をさす用語。特に*灌頂会の場合などに用いる。また真言宗の場合、役つきや上位の僧によって構成される*持金剛衆《じこんごうしゅう》に対して、一般の出勤者を讃衆ということがある。*讃をはじめとする斉唱用の声明曲のほとんどを集団で担当する。*散華*唱礼・讃などのそれぞれの曲ごとに、句頭の独唱部分をとなえる*頭役を割りふり、そのほか多勢は定められた個所からつけて斉唱する。讃衆からは上記の頭役のほか、音具役としての*鐃師*鈸師も出す。(高橋美都)

さんじゅう　三重　理　(一)*五音が属する音域の一つで高音域にあり、一オクターブ下を*二重、二オクターブ下を*初重という。上重ともいう。(二)一般に高音域の部分のこと。二重の完全五度、または完全四度上にあるが、より狭い場合もある。(三)講式における高音域の朗々とした旋律をもつ部分。*乙とも書く。(塚本篤子)

さんじゅうごぶつ-ごじゅうさんぶつみょう-ざんげきょう　三十五仏五十三仏名懺悔経　法〔禅〕(黄)　仏説八十八仏名経懺法の一つ。全一巻本。上午(午前＝上巻)と下午(午后＝下巻)に分かれている。上巻は演浄儀(懺法の*道場を浄めるもの)、下巻は宋専良耶舎訳の仏説三十五仏五十三仏名懺悔経である。この中の三十五仏を*拝懺《ぱいさん》する。また、この懺悔経は毎月一四日と月の末日の*羯《け》摩《もう》(晩課のとき)には、節なしの素読みで使われる。(田谷良忠)

さんじゅうにそう　三十二相　曲〔南都〕〔天台〕三十二相とは仏の身体に備わった三二個の超自然的なすぐれた特性のこと。声明曲ではその特性を列挙して

徳を讃えた「*五念門」中の文を用いている。法相宗の*修二会では*鈸を打ちつつ朗誦されるが、天台宗では拍子物の旋律によってとなえられる。天台宗ではもと雅楽と合奏されたが絶えて久しかった。近年、雅楽「散吟打球楽」との合奏復元が行なわれた。（岩田宗一）

さんじょう　散杖　具　灑《しゃ》（洒）水《すい》のときに用いる30㎝ほどの細い木の棒。先端を*灑（洒）水器の中の水につけて、水をそそぐ作法をする。梅の木を用いることが多いが、白檀などの香木を用いることもある。（播磨照浩）

さんじょう-しゃくじょう　三条錫杖　曲　*四箇法要中の四箇曲の一つ。全体は三つの部分からなり、偈文はそれぞれ*九条錫杖の一・二・九条とおなじであるが、旋律は九条錫杖と異なる。*錫杖を振って生じる音に特別な呪力があるとされ、その力による衆生の解脱菩提を願ってとなえられる。初めの四句は華厳経第一四にあるが、以下は出典不詳。（岩田宗一）

さんしょうらい　三唱礼　曲（浄土）「南無阿弥陀仏」を三回となえて一礼することを三回繰り返すところからこの名がある。日常勤行をはじめ、諸法要の終結部で本尊や諸仏と別れるときの礼拝でとなえられる。一つの中心音の上下二律に各一個の従属音を持ったきわめて単純な旋律である。（岩田宗一）

さんじょうわさん　三帖和讃

㈠曲（真宗）親鸞の作になる五百数十首五帖にわたる*和讃のうち、「浄土和讃」「高僧和讃」「正像末和讃」の標題を持つ三帖（計三四三首）を総称していう。いずれも平易な和文によっているとはいえ、この三帖に収められた和讃は、親鸞の最も肝要な教説が盛り込まれたものとして、早くから注目されていたようである。同時期に属する他の作者による和讃が、多数の句節を連ねた形式であるのに対して、親鸞の和讃が四句を一節としてそれ自体で完結している点が特徴である。㈡資『三帖和讃』の開版は文明五年（一四七三）に蓮如によって行なわれたが（西本願寺蔵）、それには博士はつけられていない。一般門信徒用に流布したいわゆる町版に、いつから博士をもつものが現われたかは詳かでないが、明和四年（一七六八）刊本に克明に記されている博士は、現在の興正派・本願寺派・大谷派の勤行時の旋律との共通点が多い。（岩田宗一）↓

わさん

さんしんごん　三真言　曲（禅）（黄）蒙山施食文（小施食文）の中にある三つの真言「変食真言・甘露水真言・普供養真言」である。仏前に茶・湯・供物「上供《シャンコン》」を供えて読む真言で、大部分の法要で使用される。仏（または餓鬼）に飲食物を供え供養する真言。（田谷良忠）

さんぜんしょう　三選章　曲（真宗）（本）源空の『選択本願念仏集』の中の文「速欲離生死二種勝法中……」に*声《しょう》明《みょう》懺法《せんぽう》*呂《りょ》の経段の譜を付したもの。浄土真宗本願寺派の円光大師会作法に収められ、源空の祥月法要に用いる。（播磨照浩）

さんぞんらい　三尊礼　曲（浄土）（西山）（時宗）*六時礼讃の中の日中礼讃の一部を指した通称である。すなわち阿弥陀仏・観音菩薩・勢至菩薩に対して礼拝しつつ、その勝れた姿と徳を讃嘆する偈文およびその声明をいう。観無量寿経の文意に基づいている。浄土宗では現今、大概、ほかの時刻(初夜・晨朝など)の勤行にも、この三尊礼をとなえている。(岩田宗一)

さんたんげ　讃歎偈　曲〔真言〕別称、善哉《ぜんざい》。漢語讃。漢音読み。*理趣経の巻末にあって当経を讃歎する偈。七言一四句。「善哉」の文から始まるので「善哉」と通称する。*中曲*理趣三昧のときは『*魚山蠆芥集《たいかい》』所載の*博士で、勤行・法事などには、切切経《ぜぜ》の簡略な博士でとなえる。『魚山蠆芥集』では、*隆然の「略頌文」に経文の最後の四字「金剛手言盤律反」というのに準じて当偈も*盤渉調《ばんしき》*律反音曲と解する。「持此最」「如来」などが*曲中反により*一越調《いちこつ》*呂へ反音するが、実際は全て律でとなえられているという(*岩原諦信『*南山進流声明の研究』)。東京芸大本醍醐流『*声明集』では盤渉調唯律曲で、最後の「行」の末で一越調呂の*宮に転じて、*合殺《かっさつ》へ移っている。また第九句の「勝」の*徴《ち》からつぎの句の末までと、第一三句の「成」の徴から最末まで*甲乙反により、*職衆の二・三人が*平調《ひょうじょう》に高声にとなえる。ほかの職衆はそのまま盤渉調でとなえる。両方反音にするのを「諸反」、後のみするのを「片反」という。今日では用いることは希である。当偈の音律については再考が必要である。(新井弘順)

さんとう　讃頭　役　讃頭師。声明曲の一種の*讃を演奏するに際して、唱句の冒頭を単独にとなえ始める人をいう。讃頭は、ほかの声明曲の*頭も兼ねることが多い。(高橋美都)

さんね　三衣　衣　*安陀衣《あんだえ》(内衣)*鬱多羅僧《うったらそう》(中衣)*僧伽梨《そうぎゃり》(大衣)の三種類の*袈裟《けさ》を指す。インドでは比丘はこの三衣のみを用い、*鉢とともに比丘の必須の具であったので、三衣一鉢と称した。(播磨照浩)

さんねばこ　三衣箱《すえばこ》　具　*三衣を入れる箱。形は居箱とおなじ。麻製の三衣を、三衣袋に収めて入れる。略して袋のみで代用することもある。*庭儀・椽儀の場合には弟子が奉持して*導師に従い、堂内では*脇卓に置く。(播磨照浩)

さんねんぶつ　賛念仏　曲〔浄土〕知恩院に伝承されてきた*念仏である。同寺の*御忌会《ぎょきえ》日中法要でとなえられる。天台声明の「イロユリ」または「大マワシ」の変型とでもいうべき旋律により「南無阿弥陀仏」を三回となえ、つづいて*念仏一会へと移行する。(岩田宗一)

さんぶじょう　三奉請　曲〔浄土〕〔真宗〕〔融通〕法要の開始部で*道場に弥陀・釈迦・諸仏の来臨を請う曲である。法事讃上の「行道讃梵偈」からとった偈文「奉請弥陀如来入道場散華楽　奉請釈迦如来入道場散華楽　奉請十方如来入道場散華楽」を浄土宗・融通念仏宗は「散華楽」を略して呉音で、浄土真宗本願寺派・真宗興正派では全文を呉音または漢音でとなえる。このほかに奉請の曲として*四奉請があるが、請じる仏の順序が逆であること、観音勢至諸大菩薩が加わること、漢音であること、ならびに所作としての*散華が伴うことなどが異なる。三奉請には観音勢至がないが、弥陀

仏の常随として略されている。（岩田宗一・播磨照浩）

さんぶつげ　讃仏偈　曲〔真宗〕（本）無量寿経上巻の偈「光顔巍々　威神無極……」に天台声明の*大懺悔《おおいさんげ》の譜を付したもの。*律曲であるところから「讃律」と略称することもある。浄土真宗本願寺派で用いる。（播磨照浩）

さんぶつこうしき　讃仏講式　曲〔真宗〕（本）西本願寺第一四世寂如が阿弥陀如来を讃嘆して述作した*講式。五段に分ち、譜は同派の*報恩講式の譜に準じ、彼岸の中日に西本願寺阿弥陀堂で読誦する。（播磨照浩）

さんぶつのげ　讃仏偈　曲〔禅〕*散華偈に対応する。漢語。漢音、「大慈《ダイズ》大悲愍衆生《ダイヒミンシュショウ》」。歎仏会法式(曹)の讃仏の段にとなえる。前半の七言四句は同一音高、各音節等音価でとなえるが、後半は「散華の偈」とほぼおなじ旋律でとなえる。（渡會正純）

さんぼ（ぽ）う　三方（宝）　→くげ

さんぼうさんふぎん　三宝讃諷経　法〔禅〕（黄）*唐音。在家法要の典型であって、つぎの次第で行なわれる。*香讃（節経）・三宝讃*大悲呪・心経・往生呪*三真言*結讃（節経）*西方讃（蓮池海会云云）*回向文（日本人在家の場合ー和読み）。（田谷良忠）

さんぼうらい　三宝礼　曲　法要の開始部で仏・法・僧に対して礼拝する際にとなえる。偈文は「一心敬礼　十方一切常住仏（法・僧）」。（岩田宗一）

さんもんごじょう　山門五条　衣〔天台〕天台宗で用いる*五条袈裟。*大五条より小形で縁を金襴、甲を緞子で作る。*大五条より一格下がったものであり、正式の法会には用いず、回向法楽などに着用する。（播磨照浩）

さんらい　三礼　曲　別称、三宝礼。顕教立の法会の最初に、*導師が*柄《え》香呂《ごうろ》を持って、仏法僧の三宝に対して*蹲踞《そんこ》礼を三度しながら独唱する。六十華厳第六浄行品の文の一部に*博士を付す。『*魚山蠆芥《たいかい》集』所収の詞章は「一切恭敬　自帰依仏　当願衆生　自帰依法　当願衆生　自帰依僧　当願衆生」。*隆然の「略頌」に*双調唯呂曲という。*出《しゅつ》音《とん》位*徴《ち》。仁和寺『法則集』や醍醐流『*声明集』はそれぞれ句数および博士が異なる。「三礼如来唄」といって短音の*如来唄と常に一緒に用いられる。（新井弘順）

さんらいもん　三礼文　→さんきらい→さんらい

さんりきげ　三力偈　曲〔南都〕（華）〔真言〕〔天台〕華厳宗の*修二会、真言宗の*曼荼羅供*御影供、天台宗の曼荼羅供などの金剛界立て法要において*唱礼（*五悔）*五大願*普供養につづいてとなえられる声明である。大日経供養儀式品などにみえる五言四句の三力偈の一部に*博士を付したもので、天台宗・華厳宗は「以我功徳力　如来加持力　及以法界力　普供養而住（華厳ー諸尊）」であるが、真言宗ではこれを略して、「以我　如来　及以　普供養」ととなえる。なお高野山では、普供養と同様、導師が微音で独唱する。真言宗では通常、「三力」と称する。偈文中に見える三つの力すなわち行者の功徳力と如来の加持力と法界力との三種の力が相応して普く供養を成就することを説く。法要の終結部でとなえられる。なお浄土真宗本願寺派では、「讃弥陀偈作法」の中の＊回向句を、天台宗の「三力偈」の旋律によってとなえている。（新井弘順・播磨照浩）

じえかしようさん　慈恵和尚讃　曲〔天台〕＊慈恵大師御影供のなかで唱詠される慈恵大師＊良源を讃嘆する讃のことで慈恵和尚徳行讃ともいう。天台大師＊画讃や＊伝教大師廟讃に準じた旋律づけがされている。＊盤渉調《ばんしき》で＊序曲と＊定曲（四分全拍子と＊切音拍子《きりごえ》）である。（天納伝中）

じえだいしみえく　慈恵大師御影供　法〔天台〕天台大師御影供に準じて組み立てられた慈恵（元三《がんざん》）大師報恩謝徳の法儀で四月一八日延暦寺横川大師堂で修される。＊讃は＊慈恵和尚（徳行）讃という。（天納伝中）

じおんね　慈恩会　法〔南都〕（法・聖）法相宗祖慈恩大師窺基の御忌法要。一一月一三日に行なわれ、現在では興福寺と薬師寺を交代に＊道場とする。また法隆寺においても復活された。法相宗の主たる教義である唯識についての＊論義が、法要の中心である。なお厳格な試験である研学＊竪義《りゅうぎ》を行なう法相宗唯一の場でもあり、竪義の希望者のある年は、通常の法要の後にあらためて、この竪義が修される。通常の法要は前作法と＊表白＊神分・講問論義＊番論義から成る。竪義を行なう場合、＊竪者《りっしゃ》は慈恩会に先立ち二一日間の不眠不休の前加行を行なう。竪義の法要に入れば、竪者表白の後、三問と重難の論義をこなさなければならない。＊精義者の詰問に耐え、＊探題の成否の判定により資格を授与される。慈恩会は、天暦五年（九五一）に興福寺で勤修された記録があるというが、近世には一度中断しており、明治二九年（一八九六）に再興されて現在に至っている。（高橋美都）

じかくだいしみえく　慈覚大師御影供　法〔天台〕＊天台大師御影供に準じて組み立てられた慈覚大師（＊円仁）報恩謝徳の法儀で、延暦寺大講堂で春の叡山講中に修せられる。讃は慈覚大師徳行讃という。（天納伝中）

じがげ　自我偈　曲〔法華〕妙法蓮華経如来寿量品第一六の偈。「自我得佛来」という文で始まっているところから、自我偈と呼ばれている。久遠本佛の寿命無量なることを説き明かした経。（早水日秀）

しかほうよう　四箇法要　法　法要は古くは「法用」と書いた。法会の最初に法会を荘厳するためにとなえる四種の曲を指し、あわせて法会の種類も表わす。顕立法会に用いる。四箇とは、㊀＊唄（＊長音の＊如来唄）㊁＊散華（中段釈迦、あるいは相当本尊）㊂＊梵音㊃＊錫杖《しゃくじょう》（＊三条）の四曲。散華には＊対揚《たいよう》をつけない。日本における声明曲および法要形式の最も古いもので、天平勝宝四年（七五二）の東大寺大仏開眼供養が奈良時代の代表的四箇法要で、平安期には舞楽付四箇法要として常用され、興福寺の常楽会は有名であった。平安後期より鎌倉期に盛んにつくられた＊講式の最初に「法用」とのみあるのは、四箇法要の意味である。今日真言宗では、常楽会＊仏名会などに用いられている。顕立の法会で四箇を略して＊二箇を用いる場合は対揚を用い

る。(新井弘順)

しきあいわさん　式間和讃　[曲]　(真宗) 報恩講式の間で誦する*和讃。誠照寺派では「しきまわさん」と呼ぶ。正像末和讃・高僧和讃の中から二首ずつ用いる。本願寺派で用いる譜は、大原魚山の*幸雄が元禄八年(一六九五)*早引和《はやびきわ》讃《さん》の譜をもとにして作譜したものである。大谷派で用いる*坂東曲《ばんどうきょく》も式間和讃の一種である。(播磨照浩)

しきえ　色衣　[衣]　色のついた*衣。*法衣は元来*壊色《えしき》を用い、青黄赤白などの色は用いなかったのであるが、中国で俗服の上に*袈裟《けさ》を掛けるようになると、俗服の色がそのまま法衣に用いられるようになり、紫などの高貴な色も天子から下賜されるようになった。この風は日本にも伝わり、緋・紫・香の衣を綸旨を受けて着用し、紫衣地・香衣地など寺格の名称にもなっていた。明治以後は各宗派で独自に色衣の制度を定め、管長の許可を得て被着するようになった。各宗ともおおむね緋を大僧正・権大僧正級、紫を僧正・権僧正級とし、以下宗派によりさまざまな色が用いられている。浄土真宗は緋・紫は門主・新門主に限って用い、しかも紫を上位としている。また浄土真宗では僧の序列をこまかく分け、宗派の役職者の法衣も厳格に定めているので、色衣の種類は非常に多い。とくに大谷派は僧階・寺格・堂班・学階のそれぞれに法衣を定めているので、実に複雑である。日蓮正宗・日蓮本宗は薄墨色の*素絹しか用いず、律宗も壊色しか用いていない。また時宗では浄土宗とおなじく荘厳服の名称で金襴の袈裟および、緋・紫・松襲などの色衣も用いるが、律衣を主体とし、足下位と称する高位の僧は袈裟・法衣ともに薄墨色のみを用い、下着から足袋までも薄墨色を用いている。薄墨色は壊色であるが浄土真宗では色衣として扱う。また茶色も浄土宗では壊色として扱うが、真言宗・浄土真宗では色衣扱いである。(播磨照浩)

しきし　式師　[役]　*講式を中心とする法要(真言宗常楽会・天台宗*二十五三昧式など)において講式を朗読する役。*導師が式師となる場合もあるが、特定部分ごとに分担する場合も多く、部分主役と考えることができる。(高橋美都)

しきしゅう　式衆(職衆)　[役]　色衆。法要の出勤者全体を指す用語。*大衆*衆僧*列僧などとほぼ同様の意味あいである。*導師などの法要主宰者の下で、一団となって法要の趣旨の遂行のために、各各に与えられた任務を果たすことになる。各声明曲の*頭、*灑《しゃ》(洒)水《すい》*祭文*表白などの作法、音具役などは式衆が力量や位に応じて分掌していく。(高橋美都)

じきとつ　直綴　[衣]　腰から下に多くの襵をとった*衣。*偏衫と*裙をただちに綴り合わせたので直綴という。*円仁が入唐の際、会昌の法難を避けるために用いた儒服を伝えたものとの説があるが、中国の俗服が*法衣にとり込まれたものであろう。浄土真宗本願寺派・日蓮正宗以外の多くの宗派で用いられていて、「ころも」というときには直綴を指すことが多い。(播磨照浩)

しきもん　式文　→ほっそく→こうしき

じきょう　慈鏡　[人]（真言）声明家。正平二二年(一三六七)～不詳。応永三年(一三九六)に『声明*声訣書』を著わす。声明史にとって興味ある内容を多く含んでいる。一例をあげれば久安年間(一一四五～一一五〇)に*覚性親王が真言声明の権威一五名を仁和寺に集めて流派の整理統合を行なった結果、四流が認められたと述べている。しかし、その際の出席者名と流派との不一致など、多くの問題点が指摘されているが、それにもかかわらずこの文献は、声明史上重要な位置を占めているといえる。(岩田宗一)

しぐ　四弘　→しぐぜいがん

しぐぜいがん　四弘誓願　[曲]　四弘。すべての菩薩に共通した四種の誓願、すなわち(一)一切の衆生を済度し、(二)無数の煩悩を断ち、(三)一切の教法を学び知り、(四)仏の位に到達しようとする願望をとなえる曲である。宗派によって依拠する経典が異なるところから、わずかながら偈文を異にしている。禅宗では*略布薩などで「衆生無辺誓願度　煩悩無盡誓願断　法門無量誓願学　仏道無上誓願成」を音程の高低なく、リズムの変化のみでとなえる。融通念仏宗では大般若法則で第三句の終りが「知」、第四句は「無上菩提誓願証」、それに「護持施主成大願一切諷誦」を加え、中心音とその上2律、一部分下に3律の音でとなえる。日蓮宗では前掲の偈のうち第二句を「煩悩無数誓願断」、第三句を「法門無尽誓願知」ととなえ、真宗では第二句は日蓮宗と同じで第三句は「法門無尽誓願学」ととなえる。真言宗では大般若法則で「衆生無辺　煩悩無辺　法門　無上菩提　一切諷誦」と略して、梵唄系声明の旋律でとなえ、これを「*四弘」と呼んでいる。天台宗では*御修法大法の一つ*七仏薬師法で第四句が「無上菩提誓願成」となり、第五句に「大悲護念一切諷誦」を加え、各句上四字に序曲旋律型をつけたものを、やはり「四弘」と呼んでとなえている。なおおなじ七仏薬師法で第二句が「福智無辺誓願集」となり、第四句に「如来無辺誓願事」を挿入して五句としたものを「*五大願」としてとなえている。さらに浄土宗では諸法要で前掲の融通念仏宗のものとおなじ本文につづいて「自他法界同利益　共生極楽成仏道」を加えたものを、「*総願偈」として旋律をつけずにとなえている。(岩田宗一)

しぐそく　四具足　[荘]（真宗）浄土真宗で用いる仏前の供養具。*火舎一*華瓶《けびょう》二*燭台一から成り、*上卓《うわじょく》に置く。天台・真言両宗の荘厳具の中から*六器を略したもので、華瓶に樒を挿すことになっているなど、平安時代以来の古い荘厳形式を残している。(播磨照浩)

しくねんぶつ　四句念仏　[曲]（真宗）真宗で「南無阿弥陀仏　南無観世音菩薩　南無大勢至菩薩　南無清浄大海衆菩薩」の四句をとなえるもの。おおむね呉音でとなえるが、*観無量寿経作法の場合のみ漢音である。(播磨照浩)

じげ　自下　[理]（真言）名称をもつ旋律型の中で最も長く複雑なもので、真言の*五音博士の作者*覚意の『博士指口伝事』にもすでにこの記述があり、古来重要視されている。今日、自下の拡大解釈、唱法上の変型のため、本自下・略自下・浅自下・二字(似)自下の区別があるが、*徴《ち》↓*角↓*羽《う》など、*二重の徴、または*三重の*宮から一位下降・二位上昇の形をとり、*呂曲のみに用いられる本自下が、本来の自下である。本自下の第一の博士には、二種の*ユリがあり、かつ博士の示す音高より長二度上昇する旋律が特徴的である。*進流ではこの部分を簡略化したものを浅自下・略自下という。智・豊両山では*律曲にある宮↓*初重の羽↓*商の博士を貞享二年(一六八五)板『魚山私鈔』以来、浅自下と称しているが、旋律は別のものである。二字自下は、一字目に第一・第二の博士、二字目に第三の博士が対応するものであり、智・豊両山ではすべて浅自下の旋律でとなえている。等拍のリズムによる曲*九方便の自下は、智・豊両山では四ツ打・五ツ打という特別な旋律(骨組は本自下とほぼ等しい)であるが、進流は略自下を用い、その部分のみ不等拍のリズムとなる。(塚本篤子)

しげ　四悔　曲〔天台〕〔南都〕*法華懺法でとなえる*勧請*随喜*回向*発願の四つの曲を指す。ちなみに、この法要中のこの部分を四悔段という。天台宗には*声明懺法で用いる本譜と法華懺法で用いる*切音《きりごえ》の二種があり、いずれも漢音でとなえる。なお本譜は浄土真宗本願寺派の*総序の旋律としても用いられている。また、東大寺*修二会の法華懺法では詞章に省略が多く、さらさらと早口でとなえられる。(播磨照浩・高橋美都)

じごう　慈業　人〔真言〕声明家。一三世紀前半。*進流声明の本拠大和中川寺に住したが、嘉禎元年(一二三五)、高野山の*勝心から、高野山に進流の本拠を移してほしいとの要請を受け、奈良・京都の諸寺の賛同を得るなど尽力して実現させた。これ以後、進流はしばしば「*南山(=高野山)進流」と呼ばれることとなった。これよりさきの建暦二年(一二一二)に醍醐蓮花院の堅覚が関東へ趣いた際、慈業より音曲の大事など悉く受け終ったといわれていることからも、声明に長じていたことがうかがわれる。(岩田宗一)

しこうもうす　誌公帽子　衣　法要儀式に用いる冠り物。丈の低い冠に緘のついた形式であり、主として浄土宗で用いる。中国の粛斉宝誌が始めて用いたとの所伝によってこの名がある。中国では古くから僧も冠り物を用いていたようであり、宝誌は武帝の尊崇を受け、しばしば怪異があったと伝え、冠り物をつけて神秘の修法を行なったのが印象的であったので僧冠の名称となったものであろう。(播磨照浩)

じこくてんのさん　持国天讃　曲　梵語讃。『*諸秘讃』など*朝意の*秘讃集に所収。四天王のうち東方の守護神持国天の*讃。阿吒薄倶儀軌下の領乾闥婆軍衆の呪である持国天の真言「ॐ地《チ》馀《レイ》多《タ》羅《ラ》瑟《シュ》吒《タ》羅《ラ》囉《アラ》鉢《ハ》羅《ラ》末《バ》駄《ダ》那《ナウ》娑《ソ》婆《ワ》賀《カ》」に*博士を付した短かい曲。*呂《りょ》*反音曲《へんのん》か。(新井弘順)

じこんごうしゅう　持金剛衆　役　密教で*灌頂を受けた有資格者が常に*金剛杵を持つことから、大法会に金剛杵を持して阿闍梨に随従する者をいう。特に真言宗では僧列を構成する際に、*讃衆などと称する一般僧に対して、已講などの高位の僧の列を持金剛衆と称する。なお金剛杵には五種あり、通常は小型で軽量の独鈷が用いられる。金剛の如く堅固な仏の智恵を示し、煩悩を摧破する象徴的な法具として用いられている。（高橋美都）

しざこうしき　四座講式　法（真言）＊明恵の製作・作曲になる＊講式。真言宗では非常に重要な曲目となっている。建仁三年（一二〇三）に原形を、そして建保三年（一二一五）に現在の形を完成させた。四座とは四つの法座（法要）のこと。ここでは、舎利・遺跡・羅漢・涅槃それぞれの威徳や事績を讃える式文をとなえることを柱とする法要を指す。（岩田宗一）→みょうえ

しじき　四職　役　四つの重要な職務の意味で、東大寺＊修二会の場合は＊大導師＊和上＊呪師＊堂司をさす。＊練行衆十一人のうち上記の四人は特定領域（たとえば呪師は密教、和上は戒律）の任務を負っていて、ほかの七人の＊平衆とは＊袈裟の色が異なる。食堂への出入口や＊上堂＊下堂の作法なども平衆とは区別される。（高橋美都）

じしゃ　侍者　役　本来は住職もしくは高僧の身辺に侍して雑用を行なう僧をいう。また開山堂や祖師堂にあって灯明や香華を守る役の僧も侍者あるいは侍真という。法要に参加する場合は＊導師の傍らに控えて所作の手助けをするなど随伴役である。禅宗の場合、東西に侍者をたて諸客侍者と焼香侍者と称し、前者を侍者、後者を侍香と呼ぶことがある。（高橋美都）

じしゅう-しょうみょう-きょうてん　時宗声明教典　資（時宗）＊声明集。天海良之編。原悦道監修。＊中居戒善校閲。昭和三三年日輪寺刊。和綴活版刷袖本一八三頁。昭和一五年の同寺刊の『時宗法要軌範』を底本としている。＊往生礼讃偈＊居讃・来迎讃ほか二〇曲の＊和讃＊念仏＊施餓鬼の声明曲を収む。居讃・和讃・念仏の＊博士は文政八年（一八二五）の同宗はじめての和讃集『＊浄業和讃』のそれをおおむね引き継いでいる。昭和三一年の中居戒善指導・中居良光編による『＊時衆踊躍念仏儀』とともに、この時期以後盛んとなる同宗声明関係出版や録音の先きがけとなった。（岩田宗一）

じしゅう-ゆやくねんぶつぎ　時衆踊躍念仏儀　資（時宗）声明解説書。㈠＊中居戒善指導・中居良光編。昭和三一年刊。孔版刷。＊踊躍念仏の衰微を憂い、その再興を期して著わされたもの。その後、踊躍念仏は昭和三七年に、兵庫真光寺において修された。㈡『時宗踊躍念仏儀』。内藤察純著。昭和五〇年、常念寺刊。九八頁。一遍上人開宗七〇〇年を記念してまとめられたもので、踊躍念仏全体の把握にとって恰好の解説書であり、教本でもある。㈢踊躍念仏に関する研究論・著には、大橋俊雄著『踊り念仏』のほか、声明家秋山文善（兵庫荷松院）による『踊躍念仏儀の構成』『踊躍念仏儀について』などがある。（岩田宗一）

しじょうこうほう　熾盛光法　法（天台）天台宗＊御修法大法の一つ。熾盛光仏頂尊を本尊とし、熾盛光曼荼羅を懸けて行なわれる。妖星・兵乱を鎮める修法。（岩田宗一）

ししょうふぎん　四聖諷経　曲（禅）（黄）毎月一日・一五日の祝聖儀（朝課

の始めにとなえる）。国家安泰を祝し、祈願する儀式で朝課の中頃に行なわれる祝韋駄儀・祝伽藍儀・祝祖師儀・祝監斎儀の四堂に対する諷経である。いまは早い調子でとなえられる。古い＊禅林課誦（朝晩課の経本）にはそれぞれ＊疏がついていて、一つごとに疏を読んでとなえられたものらしい。（田谷良忠）

ししん　四心　曲（天台）修正会法儀の一つである六時作法（＊薬師悔過）の中の四心を正発する偈文に旋律が付されたもの。（天納伝中）

しせい　四誓　曲（法華）四弘誓願の略。現行法要式においては、＊回向の後にこの文をとなえている。旋律はきまっておらず、文をとなえた後に＊唱題三反する。（早水日秀）→しぐぜいがん

しだいさんげ　次第懺悔　曲（南都）（華）法要の小段名。東大寺＊修二会では、三月の五・七・一二・一四日に、数取懺悔と称する行が、日中の後に修されている。＊練行衆が行中に犯した小さな罪（念珠をもてあそぶ。気が散る。眠気をもよおすなど）を悔いて、身心清浄を確認するのが目的とされる。次第懺悔とは下座から順に一人ずつ懺悔の詞をとなえることより付された名称で、＊平衆が南座・北座の順に＊司の指図で「念珠くくり余念睡眠貝鈴額木」と唱していく。次第懺悔が終わって練行衆それぞれの定位置において、千遍（＊大導師＊和上＊呪師）・二千遍（＊衆之一から＊南二まで）・三千遍（＊中灯以下）の懺悔立礼を、司の数取りに従って繰り返す。（高橋美都）

しだいどり　取次第　理　演唱形態の一つで、先唱者（＊句頭）があるフレーズをとなえると、声が切れぬうちにそのほかの随唱者（＊助音＊同音）がおなじフレーズを復唱すること。（塚本篤子）

したうず　襪子　衣「べっす」と音読することもある。足指の分けられていない足袋で、正規の＊法衣にはこれを用いるのが本儀である。元来、公卿装束で用いられていたものである。（播磨照浩）

しだんばい　始段唄　曲（天台）（真言）（浄土）＊如来唄。天台宗・浄土宗（増上寺）では勝鬘経中の偈文「如来妙色身　世間無与等　無比不思議　是故今敬礼　如来色無盡　智恵亦復然　一切法常住　是故我帰依」のうち、はじめの「如来妙色身世」までを一字ごと（とくに「妙」以下）に＊序曲旋律型を多数連ねてとなえる曲を始段唄と呼ぶが、真言宗＊進流では同様の曲を「如来唄」と呼んでいる。また真言宗智山・豊山両派では「如来妙色身　世間無与等如来色無盡　一切法常住」をほぼ一字一旋律型の比較的早いテンポでとなえる曲を、如来唄と呼び、真言宗（進流）では「＊中唄」と呼んでいる。なお真言宗の古い声明本『＊魚山蠆芥《たいかい》集』では「世」以下「敬礼」までを中唄、「如来色」以下を＊行香唄《あんぎゃんばい》として分けて示している。また天台宗や真宗（興正派）では初掲の偈文を短縮して、やはりほぼ一字一旋律型の比較的早いテンポで「如来妙世間　如来色　一切法常住　是故我帰依」ととなえる曲を如来唄と呼んでいる。「始段唄」の名称の由来については諸説あるが、初掲の偈文の始めの部分をとなえることによると考えるのが自然のようである。（岩田宗一）

しちかんごさん　四智漢語讃　曲

「しち(の)かんごのさん」。四智讃漢語・四智讃。金剛頂瑜伽略出経巻第四の偈文で*四智梵語讃の漢訳である。金剛界大日如来を讃える「金剛薩埵摂受故　得為无上金剛宝　金剛言詞歌詠故　願成金剛承仕(天台—事)業」を漢音でとなえる。密教法要(*曼陀羅供など)*施餓鬼会・葬儀式などでとなえられる。真言宗のものは「略出経」、東京芸大本醍醐流『*声明集』、仁和寺系『*法則集』および天台宗では第四句の末の三字は「勝事業」である。『*薹芥集《たいかい》』は*隆然の「略頌文」を引いて*平調《ひょうじょう》*反音《へんのん》曲という。*呂《りよ》の*羽《う》で*出音《しゅっとん》し、「埵」で*律に反音し(文保本は「摂」より律という)、第三句の「金」で呂にもどり、「詞」で律に、最後の「業」の末の*商で呂にもどって終っている。第二句の「宝」の末の商から呂という説も挙げている。仁和寺系の『法則集』の多くも平調律で始羽終商である。東京芸大本『声明集』は呂*一越《いちこつ》調反音曲。呂一越調の*徴《ち》で出音し、「埵」の末で律*盤《ばん》渉《しき》調へ反音し、「宝」の末で呂にもどり、「詞」より律へ、最後の「業」の末の*博士で呂の*宮にもどって終っている。仁和寺の潤恵本『法則集』は羽調反音曲で呂の徴で出音し宮で終っており、反音の部分は東京芸大本とおなじである。『薹芥集』の当讃の呂の部分は四智梵語讃とおなじ疑問があるので再考を要する。『*新義声明大典』に頭句の「金」字を当流では*断金《たんぎん》に出すと註記してあるが理由は不明。天台宗では法要の開始にあたり、*道場の所定の位置に*出仕僧が*着座してとなえるところから*着座讃の別名がある。この着座讃のときは*呂曲*乙様*黄鐘《おうしき》調、*灌頂のときは*律曲*下無調・出音位羽である。(新井弘順)

しちさん　四智讃　↓しちかんごさん↓しちぼんごさん

しちじょうげさ　七条袈裟　［衣］条数の七つある*袈裟。*三衣のうち*欝《うつ》多羅僧《たらそう》に相当する。天台宗・真言宗・浄土真宗・南都諸宗では*横被と*修多羅《しゅたら》を併用し、禅宗・浄土宗・日蓮宗では衣材の右端に環佩をつけ、余った部分を左腕にたくして着用する。また*壊色《えしき》の*如法衣の七条袈裟を用いる宗派もある。なお日蓮正宗・日蓮本宗では七条袈裟を用いていない。(播磨照浩)

しちせい　七声　［理］*五音に二つの派生音を加えた七つの音階音のこと。*呂《りよ》では*宮*商*角*変徴《ち》*徴*羽《う》*変宮、天台の*中曲、真言の*律では宮・商*嬰商・角・徴・羽*嬰羽をいう。今日の声明の旋律では規定の派生音に対応する音階音は多くの場合、経過的なもの以外には用いられていない。(塚本篤子)

しちせいへん　七声反　［理］(真言)四種*反音《へんのん》の一つ。*五調子に*下無調*上無調を加えた七調子のうちのある*調が二位上方、または下方の調に反音すること。たとえば*一越《いちこつ》調が上方の下無調、下方の*盤渉《ばんしき》調に反音するなど。元来、真言宗では五調子のみを用いており ながら七声反では七調子が対象となるなど矛盾が多い。(塚本篤子)

しちぶじょう　七奉請　［曲］(融通)「一心奉請　真如実際徧法界　微塵刹土中一切三宝」を天台声明旋律型のスグ・オル・アタリ上・ウツリ・ウケ下などによってとなえる曲である。(岩田宗一)

しちぶつつうかいげ　七仏通戒偈　曲〔天台〕「願諸衆生　諸悪莫作　諸善奉行　自浄其意　是諸仏教　和南聖衆」の句を漢音でとなえるもの。天台宗において*例時作法*法華懺法で用い、本譜と*切音《きりごえ》の二種の唱法がある。（播磨照浩）

しちぶつほうごう　七仏宝号　曲〔禅〕*仏名に対応する。漢語。漢音「南《ナ》無毘婆尸仏《ムビバシブツ》」。歎仏会法式（曹）の法要中に遶匝しながらとなえる。旋律はすべておなじである。（渡會正純）

しちぶつやくしほう　七仏薬師法　法〔天台〕天台宗の*御修法大法の一つ。薬師如来の七仏体を本尊として四年ごとに延暦寺根本中堂で修される。*長音供養文*唱礼*発願*五大願*能陀羅尼などがとなえられる。（岩田宗一）

しちぼんごのさん　四智梵《しちのぼん》語讃　曲「しち（の）ぼんごのさん」。四智梵語《ご》・四智讃《しちさん》ともいう。梵讃。金剛界の大日如来の讃で総讃。因位の金剛薩埵を通じて、四仏の四智の徳を讃嘆するのでその名がある。*庭讃・奠供*前讃の一つに用いる。梵讃の代表的な曲として、各宗で用いられている。出典は三巻本「金剛頂一切如来真実摂大乗現証大教王経」および「金剛頂経一字頂輪王瑜伽一切時処念誦成仏儀軌」。詞は「唵嚩曰囉薩怛嚩《オンバンザラサトバ》蘇蘗囉賀《ソウギャラカ》……嚩曰囉羯磨迦嚕婆嚩《バンザラキャラマキャロハンバ》」。天台宗などでは「オンバサラサタンバ　シギヤラカ……バサラゲルマキヤロハバ」と読み方が異なる。また天台宗では*甲様と*乙様の二種（ともに*呂《りょ》曲*黄鐘調《おうしき》）がある。真言宗でも仁和寺の『*法則集』などに二種見られるが、現行曲は甲様のみである。『*魚山蠆芥《たいかい》集』では*隆然の「略頌文」を引いて「四智*反音《へんのん》*一越《いちこつ》調、常途平座*双調呂」という。庭讃のときは一越調の高い調子で、堂内では双調の低い調子でとなえる意味である。豊山派ではともにさらに一調子高くとなえることが多い。『蠆芥集』は呂一越調の*商で*出音《しゅっとん》し、「磨」で*律*盤渉《ばんしき》調（*曲中反*羽《う》調反音）に反音し、「那」の商で呂に、「麼」で律に、最後の「縛」で呂にもどり商で終っている。呂の部分では*五音の*博士の特性と矛盾している点が二つある。一つは呂曲の出音終音は宮（甲）あるいは*徴《ち》（乙）であるのに、ともに商となっている。二つに*由（ユリ）は宮と徴のみの特性であるのに商に由がついている。この矛盾について、*南山進流の声明家が、西大寺の相応院流の博士を*覚意の*五音譜に書き移すときにまちがえたというのが今日通説となっている。ところで東京芸大本醍醐流『*声明集』では、一越調呂反音曲で、反音の個所は『蠆芥集』と同一であるが、出音および終音はともに呂の宮で、呂の部分は『蠆芥集』より一位低い五音で、律の部分は同位で、旋律型は全くおなじである。また仁和寺蔵の『法則集』の多くは『蠆芥集』とおなじで、潤恵の博士本のみ醍醐流『声明集』とおなじである。『大原声明博士図』や『東寺声明決疑抄』によれば当讃は始終甲（宮）である。また天台宗の*宗快の『*魚山目録』には出音位が記されているが、呂と律の両用が墨と朱で書いてある。例えば出音位が呂の宮の場合、隣りに朱で「律商」とあるが、これは羽調反音の関係にあり、同一曲で呂曲と律曲がある場合の出音位を示しているものと考えられる。これらのことを考え合わせると、当讃の博士の書き方には、㈠醍醐流のごとく呂と律と書き分けた場合と、㈡南山進流などのごとく呂の部分をすべて律に書き換えた場合の二系統があったと考えられる。とすれば『薑芥集』の博士は盤渉調律にすべて統一して書いてあり、出音・終音は盤渉調の商(正しくは*嬰商)で、一越調呂でいえば宮に相当する。なお西大寺の当讃の博士は乙様(出音位徴)であり、『薑芥集』は甲様(出音位宮)であり、進流の声明家がまちがえたわけではない。以上の問題は反音曲の諸讃にあてはまる。「曲中反を行なうと呂と律とでは博士の位が一位ずれる」という口伝は、天台声明でいう羽調反音(あるいは商調反音)のことを指すと考えられる。これらの問題については、諸流の比較研究が必要である。天台宗では、*光明供などの*列讃では呂曲・乙様・黄鐘調、曼供では呂曲・甲様(列讃・入堂讃などには乙様)・黄鐘調《おうしき》、常楽会では律曲*下無調でそれぞれ用いられる。(新井弘順)

しちらい　七礼　曲〔真宗〕〔誠〕中国唐代の善導編「法事讃」の中の「南無本師釈迦牟尼仏等一切三宝……」の七句をとなえる曲。真宗誠照寺派で用いる。(播磨照浩)

じっしゅ　十呪　曲〔禅〕〔黄〕十の陀羅尼の経文。*唐音。朝課に読まれるもので、また演浄儀の中でも読む。如意宝輪王陀羅尼・消災吉祥神呪・功徳宝山神呪・仏母準提神呪・聖無量寿決定光明王陀羅尼・薬師灌頂真言・観音霊感真言・七仏滅罪真言・往生浄土神呪・善天女呪をいう。これらも雲棲珠宏の編集といわれる。(田谷良忠)

じっぽうねん　十方念　→しほうねんぶつ

じどうし　時導師　役　→どうし

じねんぶつ　路念仏　曲〔真宗〕葬儀の際に火葬場へ向う途中でとなえられる*念仏。室町時代から「四反」の名称で用いられ、六斉念仏にも「四遍」と称する曲があり、民間信仰の葬送儀礼が真宗教団内に持込まれた曲である。本願寺派では数種類の唱法が伝えられ、高田派では*引声《いんぜい》念仏が路念仏として用いられ、興正派は天台声明の*八句念仏を用いている。(播磨照浩)

しはらみつのさん　四波羅蜜讃　曲　梵語讃。金剛界三十七尊中の中央大日如来の四親近の金剛波羅蜜・宝波羅蜜・法波羅蜜・業波羅蜜の四波羅蜜菩薩を讃嘆する。出典は瑜祇経下、金剛吉祥大成就品百八名讃。『*魚山薑芥集《たいかい》』に引く*隆然の「略頌」に*平調《ひょうじょう》*反音《へんのん》曲という。二句一頌で四頌からなり一讃をなす。各頌とも*博士はおなじ。報恩院流・中性院流の*灌頂の*後讃の第三に用いられる。(新井弘順)

じひかんろ-ざんまい-すいさん　慈悲甘露三昧水懺　法〔禅〕〔黄〕*懺《せん》法《ぼう》の一つ。全三巻(上・中・下巻)になっており、さらに上巻は前巻(演浄儀)と後巻(水懺上巻)とに分かれている。それぞれ*香讃があり、*讃仏偈から*拝懺《ぱいさん》(*過去七仏と弥勒仏)となり、懺悔経から結讃・送仏讃・回向讃となっている。下巻の回向讃は第一日・第二日・第三日と分かれている。八十八仏名経もおなじ。(田

谷良忠）

しぶじょう　四奉請　曲〔天台〕〔浄土〕〔真宗〕〔西山〕〔時宗〕「しほうぜい」。法要の開始部で、「奉請十方如来　入道場散華楽」の偈ではじまり、つづいて釈迦・弥陀および観音勢至諸大菩薩の*道場への来臨を請う曲である。曲中の所定の個所で*散華が行われる。発音は漢音。偈文は法照の「五会法事讃」によっている。（岩田宗一）

しほうさん　四方讃　↓えじゅうろくだいぼさつのぼんさん

しほうねんぶつ　十方念仏　曲〔南都〕〔華〕〔天台〕〔真宗〕〔興〕華厳宗では*十方念《じっぽうねん》ともいい、*修二会中の*法華懺法でとなえる。天台宗では法華懺法でとなえる。真宗興正派でも声明本に収めている。天台宗と華厳宗の偈文は「南無十方仏　南無十方法　南無十方僧　南無釈迦牟尼仏　南無多宝仏　南無十方身釈迦牟尼仏　南無妙法蓮経　南無文殊師利菩薩　南無普賢菩薩」であるが真宗のものは四句以下が異なっている。漢音によってとなえられる。天台宗には*切音《きりごえ》と声明の二種の旋律が存する。（高橋美都・岩田宗一）

しめんき　四面器　具　*大壇上の四周に並べる*火舎*六器*飲食器*灯台のこと。四面に並べるので四面器という。*密壇では一面器だけを用いる。（播磨照浩）

しもむ　下無　理　㈠日本の*十二律の第五音。中国の十二律の姑洗、洋楽のF♯・G♭音（嬰ヘ・変ト）にほぼ相当する。龍吟ともいう。㈡*調の一つ、下無調の略称。（塚本篤子）

しゃかかっさつ　釈迦合殺　曲〔真言〕釈尊の名号「釈迦牟尼仏《セッキャボヂフツ》」を漢音で二一反となえること。因に*釈迦念仏は呉音である。*合殺《かっさつ》の意味は明らかでなく、一説に唐時代の楽曲名で、曲の最後に演奏されるという。常楽会涅槃講の後讃のつぎに、*讃頭が*発音し、一同第二句より*助音する。一と七、二と八、三と九はおなじ*博士。『諸法則聞書』に*毘盧遮那合殺のごとしというので*盤《ばん》渉調《しき》*律曲か。『常楽会法則』所収。（新井弘順）

しゃかけか　釈迦悔過　法〔南都〕舎利悔過ともいう。南都各宗の鎮護国家のための法要で釈尊の遺骨を本尊とするもの。（高橋美都）↓けかほうよう

しゃかねんぶつ　釈迦念仏　曲　真言宗常楽会所用。釈尊の*宝号「南《ナ》無《ム》釈《シャ》迦《カ》牟《ム》尼《ニ》仏《ブツ》」（呉音）に*博士を付してとなえること。*涅槃講・羅漢講・遺跡講の各*和讃のつぎに、*初重三反、*二重三反、*三重三反、二重三反、初重三反の計十五反となえる。初重と三重が*乙で、二重が*甲の音程でとなえる。『常楽会法則』所収。釈迦念仏は、鎌倉時代釈迦信仰とともに盛んに行なわれ、解脱貞慶は唐招提寺で釈迦大念仏会を始め、今日も行なわれている。*明恵の始めた高山寺の*涅槃会（四座講）およびその形式を発展させた真言宗の常楽会も、*講式が中心であるが、釈迦念仏がもう一つの柱となっている。高山寺涅槃会では各講の間は*大衆が*念仏を行なう。高野山の常楽会では*導師の釈迦法の振鈴より一字金輪呪の金まで*職衆は念仏行道を行なう。（新井弘順）

しゃきょうえ　写経会　法　経典を書写し供養する法会。各宗で行なわれている。わが国では天武天皇二年(六七四)川原寺で一切経を書写した(日本書紀)のを始めとし、華厳経・涅槃経・大般若経*法華経などの写経が行なわれるようになった。天台宗の『如法経現修作法』(嘉禎二年*宗快記)によれば、その次第は、「一、正懺悔・開白作法　二、御料紙并水迎作法　三、筆立・分経・写経作法(妙法蓮華経)　四、筒奉納作法　五、十種供養作法　六、奉納(埋納)作法」となっている。法華経法師品に「妙法華経の一句一偈を受持し、読誦し、解説し、書写し、仏の如く敬いて華香*瓔珞《ようらく》・抹香・塗香・焼香・繒蓋*幢幡・衣服・伎楽*合掌の一〇種の供養をして恭敬すれば、一〇万億の仏を供養したことになり、未来世においてかならず仏に成ることができる」と説かれている。延暦寺横川や鞍馬寺では古儀による如法写経会が毎年修されている。(天納伝中)

しゃく　笏　器〔浄土〕割笏《かっしゃく》・戒尺《かいしゃく》。*阿弥陀経*笏念仏の際に打つ、いちいの木で作った打楽器。雅楽の謡物《うたいもの》で使う笏拍子と同型。中広の剣《つるぎ》型の板を真中で二つに割り、片方の面に、他方の面を垂直に当てて、下部は接触させたまま上部を扇型に開いて打つ。長さ35〜37cm、上部の巾7〜8cm、下部の巾5〜6cm・厚さ約1cm。(茂手木潔子)

しゃくじょう　錫杖　曲　*四箇法要の第四番目の曲。*三条錫杖を用いる。錫杖の功徳を説く九条錫杖経のうちの最初の二条と最後の一条の計三条から成る曲。諸宗で用いるが、真言宗の場合について略述する。『*魚山蠆芥集《たいかい》』では*隆然の「略頌文」を引き*梵音とおなじく*盤渉《ばんしき》調唯律曲という。醍醐・相応院の両流も唯律曲。「ン南無」以下の「仏名」は「略頌文」に*黄鐘《おうしき》調律という。錫杖師は右手に錫杖を持ち、各段の頭句を*発音し、段の終りごとに錫杖を三度振る。第三条の頭句の「三世」の「三」の処で、「サ」と発音し、途中しばらく間を置いて「アン」と再びとなえ、あたかもとなえるのを忘れたかのように聴えるので、これを「三世の忘れ博士《ぶし》」という。(新井弘順)

→くじょう-しゃくじょう

しゃくじょう　錫杖　器〔天台〕〔真言〕〔浄土〕〔禅〕(曹・黄)インドから伝来した鳴らし物で、振ってガラガラ鳴らし、蛇や毒虫を追い払うために使われた。天台・真言両宗には声明の錫杖の中で用いる小型のものと、屋外で用いる大型のものとがある。木製の柄の上部に、銅と錫の合金の金具をとりつけてある。頭部が二又に分かれ、おのおのに三環ずつ金輪がはめてあるものを二《に》鈷六環《ころっかん》、四又に分かれ、おのおのに三環あるものを、四鈷一二環と呼ぶ。天台の場合、大型の錫杖に、大錫杖と兜《と》錫杖があり、兜錫杖は柄も金属製で、環の直径が20cmもある大きなもので、これを扱えるのは、特別の位の僧に限られる。小型の錫杖の金属部分と柄のつなぎ目は、ガタガタするように作られ、音を出し易く工夫されている。(茂手木潔子)

しゃくじょうとう　錫杖頭　役　錫杖師。*四箇法要のうちの*錫杖という曲の*頭をとる役。通常は*讃頭・散華頭などと同様に、*職衆から一人を立て

る。ほかの役（梵音頭など）と兼ねる場合が多い。（高橋美都）

しゃくじょうのげ　錫杖偈　曲　〔禅〕（曹）＊散華偈＊梵音偈に対応する。漢語、漢音「手執《シュジュウ》錫《シャク》杖《ジョウ》」。＊報恩講式＊洞上伝灯講式＊羅漢講式・達磨講式・大般若講式＊涅槃講式の各法要の＊四箇法要の段でとなえる。旋律は各法要ともおなじ。（渡會正純）

しゃくねんぶつ　笏念仏　曲　〔浄土〕＊御忌会《ぎょきえ》逮夜＊法要の＊行道でとなえられる＊念仏である。笏を縦に割った形状の板を打ち合わせてとなえるところからこの名がある。笏の打点はつぎのように変化する。「南無阿弥陀仏　南無阿弥陀仏　南無阿弥陀仏　南無阿弥陀仏　南無阿弥陀仏」。ゆるやかな＊塩梅《えんばい》にはじまり、天台声明の「律＊ユリ」「タレゴエ」に近い旋律をまじえてとなえられる。（岩田宗一）

しゃすいき　灑（洒）水器　具　香水を撒いて＊道場や供具を清浄にする灑水に用いる具。高台つきの鋺に台皿と蓋をつけたもので＊塗香器よりやや大きい。塗香器と合わせて二器と称する。密教の法具であるが、浄土宗でも用いている。また、日蓮宗では＊華瓶に花一枝と＊散杖を挿したものを、灑水器として用いている。（播磨照浩）

しゃすいし　灑（洒）水師　役　法要に参加する＊大衆のうち香水を散らし注《そそ》いで＊道場を清める役。加持によって力を具えた香水は、法要の場への災厄の侵入を退けると考えられている。灑水師は＊灑水器に入れた香水を＊散杖で撒く。ただし灑水師をとくに立てず、＊導師や＊呪師が灑水を行なう場合も多い。（高橋美都）

しゃすいてんぐ　灑（洒）水奠供　作　＊讃頭が法要の最初に奠供の讃を＊発音するときに、＊導師が＊散杖で＊灑水器の端を打つ音を合図とすること。灑水まで待たずに、護身法が終ればすぐ発音するのを着座奠供という。灑水奠供が一般である。（新井弘順）

しゃすいもん　灑（洒）水文　曲　〔禅〕（曹・黄）曹洞宗では＊歎仏会法式の浄道場の段で「揚枝浄水《ヨウシジョウスイ》　遍洒三千《ヘンシャサンゼン》　性《ショウ》空八徳《クウハットク》……」の偈を漢音でとなえ、＊散華の偈へとつづく。旋律は「円節」「下げ節」「小鍵節」「ろの字節」「のの字節」によっている。（渡會正純）

黄檗《おうばく》宗では洒水文《しゃすいぶん》というが、＊施餓鬼では祝水文となっている。おなじ偈文を＊唐音で「夫此水者《フッスイチェ》　八功徳水《パコンテスイ》……」ととなえている。現在は和読みが多い。仏勅浄水で＊道場を浄めるために読む文。＊主懺（施餓鬼では金剛上師）がとなえ、つぎの＊大悲呪で祭壇や堂内外を浄水で浄める。（田谷良忠）

しゃりこうしき　舎利講式　曲　＊講式の一種。釈尊の遺骨である舎利を供養讃嘆する＊式文。漢文体訓読。舎利会＊涅槃会《ねはんえ》（常楽会）の舎利講などに用いられる。釈尊の入滅後、舎利は八分骨され、アショカ王はさらに八万四千塔を建立して分骨供養した。仏教の東漸には仏舎利塔の建立が盛んにみられ、中国・日本での初期の仏教受容には仏舎利の神変や感得が大きな力となった。司馬達などの舎利感得や百済からの仏舎利の贈呈、鑑真＊空海・円行＊円仁などの仏舎利の請来など舎利信仰は次第に盛んになった。円仁は入唐帰朝後、貞観二年(八六〇)に叡山で舎利会を始めた。密教立の舎利供と顕教立の*舎利讃歎会(舎利讃歎がとなえられた)が行なわれた。*講式を初めて作った恵心(*源信)に五段の舎利講式がある。密教の立場からの舎利信仰を説いた当式は数が多い。偽作ではあるが*空海に一段の舎利講秘式がある。*新義派の宗祖覚鑁(一〇九五～一一四三)は多くの講式を作ったが、五段の舎利供養式と一段の舎利供養略式がある。仁和寺の北院御室守覚法親王(一一五〇～一二〇二)には五段式があり、高野山の舎利会にも用いられた。醍醐の勝賢(一一三六～一一九六)には六段式があり、元晟(九一四～九九五)にも一本あるという。舎利信仰が最も盛んであったのは鎌倉期の南都仏教である。貞慶(一一五五～一二一三)は五段式を撰し唐招提寺の釈迦大念仏会に用い、今日もとなえられている。この式は舎利講式の代表作として、常楽会四座講にも*明恵の三段式の代りに用いられることが多く、また舎利会にも用いられた。そのほか貞慶には三段式(誓願舎利講式)と一段式がある。貞慶と親交のあった*明恵には七段の十無尽院舎利講式と*四座講式のひとつである三段式がある。三段式は今日、真言宗の常楽会でほかの三式とともに用いられている。そのほか浄土宗には源空作、臨済宗には大典顕常作があるというが、未確認のものがほかにもある。(新井弘順)

しゃりさんだん　舎利讃嘆　[曲]　現存する三種の讃嘆の一つ。仏舎利の遺徳を讃える日本語による最も古い曲。慈覚大師*円仁作。貞観二年(八六〇)比叡山で舎利会を始修したときに作られたという。その後、堯雲房*頼澄が多武峯の古老から伝習したこの曲を大原の*良忍に伝えた(『声明源流記』)。叡山の舎利会では三段用い、初段は讃の始めに、中段は*梵音の始めに、後段は*錫杖の始めにとなえる。この曲は流布し、真言宗でも用い、とくに初段は常楽会舎利講に*釈迦念仏の代りに用いられるようになり、*覚意の*五音譜で伝承されている。『常楽会法則』。*平調《ひょうじょう》唯律曲。初段「仏ノ御舎利ハ遇フコト難シヤ……」。金沢文庫旧蔵・尊経閣文庫蔵の『*声明類聚』には初段が、おなじく金沢文庫蔵『顕教声明集』には三段がともに笛譜で収められている。また箏譜で金沢文庫蔵『声明集』(仁治三年、聖宣授深寛房印円。古典文庫『歌謡集』上所収)には初段が、魚山叢書の『顕要略集』には三段がそれぞれ収められている。(新井弘順)

しゃりさんだんえ　舎利讃歎会

[法](天台)舎利会ともいわれ仏舎利を供養する法会で、延暦寺大講堂では五月八日に修している。*仏讃*舎利伽陀*散華(*乙様)*五大願*舎利讃歎(*円仁作)*如来伽陀*釈迦合殺*頌讃などがとなえられる。(天納伝中)

しゃりらい　舎利礼　[曲]　舎利礼文の略称。漢語・呉音読み。釈尊の遺骨舎利=法身大日如来の法界塔婆を崇め、礼拝讃歎する四字一八句七二字からなる偈文。常楽会では*博士を付して、初・二・三・二・初と*重を違えて、五反、七反あるいは一五反*蹲踞《そんこ》礼をしながらとなえる。諸宗派で広く用いられ、火葬・

墓前供養などに多くとなえられる。不空三蔵の撰とも伝えられるも、撰者不祥。『常楽会法則』など所収。（新井弘順）

しゃりわさん　舎利和讃　曲　釈尊の遺身舎利の徳を讃歎する七五調四句一節の一連の日本語による曲。㈠四座講法則（常楽会法則）所収舎利和讃。*永観作（高野説『日本歌謡集成』）。「沙羅林中円寂塔　三世の諸仏ことごとく　非滅なれども滅ありと　示現し給ふ処なり。」以下計九節。うち八句二節が『梁塵秘抄』中にみえる。常楽会の舎利講に用いる。*初重で詠い始め、第八節のみ*二重にハネ上げ、最後の第九節は再び初重に下げる（智・豊）。*進流では一座講のとき第七節の二句目から七行*上音。㈡覚鑁作「舎利講式」（舎利供養略式、江戸初期刊祐宜奥書）および*凝然作「舎利講式」（東大寺図書館）の巻末、ならびに「天台智者大師和讃荻原鈔」（『日本歌謡集成』四）に収められている舎利和讃。「帰命毘盧舎那仏　変化法身仏舎利　大悲神変妙にして　化導利生勝れたり」以下計二一節と五言四句一偈からなる。三本とも*博士はない。この*和讃に安永七年（一七七八）、六波羅蜜寺快説鑁瑞が所伝の博士を点じて刊行した。根来寺の遺風で、毎年夏に智積院でとなえ来ったと刊記にある。（新井弘順）

じゅう　重　理　主として平安後期から鎌倉・室町期にかけて現われた講式をはじめとする語り物的声明、および平曲や謡曲などの語りもの的声楽曲の旋律または曲の構成原理。曲種によって、その意味するところを異にしている。一つの中心音とその上下に付随する音から一つの重を形成していて、その中心音が移動するとき、低い方から順次、*初重*二重*三重または*下音*中音*上音などと呼んでいる場合のほか、一定の音域を指す場合があり、また大旋律型とでもいうべきものを指す場合などがある。（岩田宗一）

じゅういちい　十一位　理（真言）声明曲で用いる音域内の一一の*五音をいう。*初重から*三重までの三オクターブには一五の五音があるが、音域が広すぎるため、初重の*宮*商*角、および三重の*羽《う》の計四音は有位無声として実際の*博士としては用いられず、初重の*徴《ち》から三重の徴までの一一音が有位有声として用いられる。この「十一位」、すなわち二オクターブを*五調子でとなえると、最低音の*双調における初重の徴から最高音の*平調《みょうじょう》における三重の徴まで二オクターブ+長六度という広い音域に及ぶ。しかし「十一位」のうち、初重の徴、および三重の商角徴の四音は限られた曲の一部分にみるのみであるため、二オクターブが標準的な音域としてみてよい。ただし今日の真言における実際の演唱では博士や*調の規定する音高よりも、曲種の性格や個人の伝承上の習慣による音高が優位にあるため、この限りではない。（塚本篤子）

じゅういちめん-の-さん　十一面讃　曲（真言）（豊）十一面秘讃ともいう。梵語讃。*秘讃。十一面観音を讃嘆する。「十一面法」の本尊讃。譜曲は『*諸秘讃』などの*朝意の秘讃集に所収。*博士は*四智梵語に類同。*呂《りょ》*一越調《いちこつ》*反音曲。豊山派総本山長谷寺の本尊の開帳

法要の*後讃に用いられている。（新井弘順）

しゅうえ　集会　作　「しゅえ」ともいう。法会を営むにあたり、*導師をはじめ*職衆などの関係者が集会所に集合すること。初め装束の*鐘が鳴り自室で衣体を着け、次いで集会鐘で集会所に集まる。導師は上座に正面を向いて着す。職衆は導師から見て左を上座とし奥上《おくじょう》臈《ろう》に、普通は駒取《こまどり》に対向、あるいは若蕨《ほとろ》座《ざ》に着く。一同が*着座し終ると、法会の進行役の*会奉行《えぶぎょう》（故実者）が法要について申し合せ事項を披露する。次いで上堂鐘の合図で一同*上堂する。（新井弘順）

じゅうえ　重衣　衣　*素絹の一種。等身の黒麻で*僧綱襟を立て、下に白麻の下襲を着ける。襴の襞はつけ根がつまみ上げられ、裾が少し広がった形になっている。南都諸宗で用いる。（播磨照浩）

しゅうえん　宗渕　人（天台）真阿・竹円房・霊妙房。声明家。天明六年（一七八六）～安政六年（一八五九）。声明・悉曇をはじめ天台教学全般に通じた学僧。大原からのち西来寺に住す。当時の声明資料を大原を中心に蒐集・書写して『*魚山叢書』を編纂した。また天台宗で現在使用されている大原魚山板の『*六巻帖』『例懺譜』『声明例時』『声明懺法』などの版本は彼の手により重版されたものと考えられている。天保一三年（一八四二）には『*声律羽位私記』を著わし、声明の*五音の中の*羽《う》の位置、およびこの音の特性について*秀雄と論争した。（岩田宗一）

しゅうかい　宗快　人（天台）声明家。一三世紀前期。*湛智の弟子。嘉禎四年（一二三八）に『*魚山目録』を著わす。また現在伝わる湛智の『*声明用心集』には湛智の原本から宗快が抄出した部分が含まれている。（岩田宗一）

しゅうかん　宗観　人（真言）大進。声明家。一二世紀初ごろ。*進流声明の祖。大和の中川寺に住した。実範の弟子。忠縁（*寛朝の門流）にも学ぶ。久安年間（一一四五～一一五〇）、*覚性親王が真言声明流派の乱立を整理統合するため、仁和寺に声明大家一五人を集め、七三日間にわたる検討を行なった結果、四流派にまとめられたが、宗観の流れはその一つとして認められ、進流と呼ばれて今日に伝わっている。（岩田宗一）

じゅうぎし　従儀師　役　法要の進行役である*威儀師の補佐。（高橋美都）→いぎし

じゅうくわさん　十九和讃　曲〔時宗〕時宗の勤行でとなえられる*和讃のうち、一ケ月にわたり毎日となえる日が定められている別願讃（九・二三日）・往生讃（一二・二七日）・無常讃（一〇・二五日）などの十九首の和讃をいう。実際にはこのほかに常課に用いる小恩徳讃を含めて呼んでいる。旋律はいずれも「*重」ごとの旋律定型によっている。（岩田宗一）

しゅうこう　周興　人（天台）声明本刊行者。宝徳二年（一四五〇）～不詳。文亀二年（一五〇二）、*例時作法と*法華懺法の*声明集である『*例懺伽陀』をはじめて板本で刊行した。「南谷蔵板」と呼ばれるのがそれで、今日まで天台宗の両作法集の底本となっている。（岩田宗

二）

じゅうしこうげ　十四行偈　曲　中国唐代善導の玄義分の帰敬偈を呉音でとなえる曲。元禄七年（一六九四）大原魚山の＊幸雄が＊声明懺法と＊声明例時の経段の譜を合わせて作譜した曲であり、真宗興正派で用いられている。また偈文は、時宗の和讃集『＊浄業和讃』下巻にも収められている。（播磨照浩）

じゅうせいげ　重誓偈　曲〔真宗〕（本・興）無量寿経上巻の「我今超世願……」の偈に、天台声明の＊大懺悔《おおいさんげ》の譜を付した曲、西本願寺において江戸時代中期から用いられているが、作者は不明である。＊律曲であるところから「＊重律」と略称することもある。なおこの曲は真宗興正派でも用いている。（播磨照浩）

しゅうそう　衆僧　役　法要の出勤者全体をさす用語。ただし＊導師・呪願師・＊唄《ばい》師などの役つきの者を除く場合もある。（高橋美都）↓だいしゅ

しゅうそらいもん　宗祖礼文　曲〔真宗〕（興）「大衆諸共奉拝曩祖大師尊影」の文をとなえる曲。天台宗の＊御影供《みえく》に依っている。真宗興正派で用いる。（播磨照浩）

じゅうでし　従弟子　役　十弟子。法要における随伴役。（高橋美都）↓じしゃ

じゅうにこうさん　十二光讃　曲〔真宗〕（本）曇鸞の讃阿弥陀仏偈のうち、阿弥陀仏の十二光を讃嘆する偈に天台声明の＊切音《きりごえ》＊五念門の譜を付した曲。浄土真宗本願寺派で用いる。この曲を中心とする讃弥陀偈作法は、前後に、＊四智梵語讃の譜に依る総礼頌と＊対揚の譜による＊頂礼文、および＊三力偈に依る＊回向句を付して体裁を整えている。（播磨照浩）

じゅうにらいもん　十二礼文　曲㈠〔天台〕「じゅうにらい」。漢語。＊五念門（礼拝・讃歎・作願・観察・＊回向）の中の礼拝門一二偈に旋律の付されたもので、天台宗の＊二十五三昧式の＊三句念仏と併用される和讃節と、＊例時作法の中で用いられる＊切音《きりごえ》節と＊声明例時の中で用いられるところのいわば本節とでもいうべき＊平調《ひょうじょう》＊律曲＊定曲とがある。（天納伝中）

㈡〔真宗〕「稽首天人所恭敬……」の一二偈をとなえるもので、天台宗の＊例時作法に用いられる＊五念門の中の礼拝門である。龍樹造として迦才の『浄土論』に引用されている。本譜＊切音《きりごえ》・和讃節の三種の唱法がある。元来、天台宗の曲であるが、真宗でも多く用いられ、本願寺派では略譜を、興正派・誠照寺派では本譜を用いている。また本願寺派では＊正信偈＊念仏正信偈・入出二門偈＊十二光讃にも切音の譜を付し、＊讃仏偈＊重誓偈・正信偈を意訳した勤行式にもおなじ譜を用い、さらに十二礼そのものも意訳してとなえ、本願寺派では切音十二礼の旋律が最も多く用いられている。（播磨照浩）

じゅうにりつ　十二律　理　声明をはじめ、雅楽、俗楽で用いられる音律。一オクターブを一二の半音に分け、基音を＊一越《いちこつ》とし、以下＊断金《たんぎん》＊平調《ひょうじょう》＊勝絶＊下無＊双調＊鳧鐘《ふしょう》＊黄鐘《おうしき》＊鸞鏡《らんけい》＊盤渉《ばんしき》＊神仙《しんせん》＊上無と称す。十二律は中国から入ったもので、中国の十二律は黄鐘《こうしょう》を基

音とし、三分損益法で十二律を算出する。日本では順八逆六法というが、三分損益法とおなじで、ギリシャのピュタゴラス音律の算定法とも等しい結果となる。すなわちまず基音の一越の律管を三等分し、うち一を除いて三分の二の長さの律管を作り(三分損一)、完全五度高い黄鐘を求める。つぎに黄鐘の律管の長さの三分の一を加えて三分の四の律管を作り(三分益一)、完全四度低い平調を求め、この損益を順次行なって平調→盤渉→下無→上無→鳧鐘→断金→鸞鏡→勝絶→神仙→双調と十二律を算出する。十二律は六律六呂といい、奇数律を*律、偶数律を*呂《りょ》として、陽・陰に配したり、一二か月や十二支に配するなど、陰陽道の立場から説明されることも多い。(塚本篤子)

日本律名	中国律名	音名(洋楽)
一越	黄鐘	ニ
断金	大呂	嬰ニ・変ホ
平調	太簇	ホ
勝絶	夾鐘	ヘ
下無	姑洗	嬰ヘ・変ト
双調	仲呂	ト
鳧鐘	蕤賓	嬰ト・変イ
黄鐘	林鐘	イ
鸞鏡	夷則	嬰イ・変ロ
盤渉	南呂	ロ
神仙	無射	ハ
上無	応鐘	嬰ハ・変ニ

じゅうねん　十念 曲 「南無阿弥陀仏」を十唱する曲である。浄土系諸宗でひろく唱えられている。浄土宗では第一唱から第七唱まではおなじ音高で「ナームアーミダーブ」を三拍子で繰り返し、第八唱の「ナ」の途中から、ゆっくりと約五律上昇して「ムアーミダーブ」と徐徐に下降する。ここで息継ぎの後、第九唱は、初めの音より二律下から「ナ」をとなえ出し、途中から二律上って「ブツ」の「ツ」をはっきりとなえ、第十唱は第八唱とほぼおなじようにとなえ、最後になめらかな下降に合わせて礼拝をする。同宗のほとんどの法要の終結部でとなえられる。(岩田宗一)

じゅうぶつみょう　十仏名 曲 〔禅〕*香華供養文に対応する。漢語、宋音「一《イ》心《シン》頂《チン》礼《リン》本《ホン》師《ス》釈《シ》迦《キャ》牟《ム》尼《ニ》世《シ》尊《ソン》」。*観音懺法(曹・臨)。十仏名の各句の頭句では一句目を除き「一心」の前に「尊尼」という本来の詞章にない部分をつけてとなえる。これを「尊尼節」と呼んでいる。(渡會正純)

しゅうゆう　秀雄 人 〔天台〕声明家。寛政一一年(一七九九)〜明治初?。大原宝泉院に住す。天保二年(一八三一)に『*律羽位之事』を著わし、*五音の中の*羽《う》の位置や特性について*宗渕と論争した。また当時の大原を中心とした声明資料の蒐集・書写にも努め、その資料類は叢書にまでは至らなかったが多数遺されているばかりでなく、宗渕や*覚秀の『*魚山叢書』に多数の原資料を提供している。(岩田宗一)

じゅうれん　住蓮　人〔浄土〕声明家。一二世紀末〜一三世紀初。建久三年（一一九二）、八坂引導寺において行なわれたわが国初の*六時礼讃の際、*安楽房らとともに*助音を勤めた。また建永元年（一二〇六）にも鹿ヶ谷で同法要を営んだ。安楽房とならんで美声の誉れ高く、その礼讃は聴く者を深く感動させ、彼らのもとに帰依するものが続出したという。承元元年（一二〇七）、宮中女官の出家をとがめられて処刑された。（岩田宗一）

じゅうろくらかん-こうしき　十六羅漢講式　曲　略して、*羅漢講式ともいう。*明恵作『*四座講式』の一つ。建保三年（一二一五）正月二四日亥時草。四座講の第二（初夜）羅漢講の講式文。釈尊から法を付嘱され、釈尊入滅後に正法を伝え広めた一六人の羅漢を讃嘆する。五段式。*表白・第一段「挙㆓羅漢住処㆒」・第二段「挙㆓如来付嘱㆒」・第三段「挙㆓福田利益㆒」・第四段「讃㆓現在神徳㆒」・第五段「発願廻向」。羅漢講の本尊は十六羅漢画像である。羅漢は鎌倉時代禅宗の興隆とともに自由豁達な精神の持主の理想的修行者として崇拝された。栄西は『興禅護国論』下に、年中月次行事とし正月に羅漢会を規定し、道元は羅漢供養式（羅漢講式ともいう。五段式）を撰し、建長元年（一二四九）一月一日、羅漢供法会を行なった。明恵は建久九年（一一九八）頃、文覚より唐本の十六羅漢図像を付嘱され、元久二年（一二〇五）頃、『羅漢供式』を撰している。（新井弘順）↓しざこうしき

しゅがん　呪願　曲〔南都〕（華・法）〔天台〕〔浄土〕呪願文。華厳・法相の*修二会、天台の*声明懺法、浄土の*盂蘭盆《うらぼん》会《え》などで、*呪願師が仏を讃歎し、法要の主旨を述べ、祈願してとなえる。宗派や法要の種類によって内容は異なる。（岩田宗一）

しゅがんし　呪願師　役　悔過会などにおいて、法会の趣きを述べて功徳を乞う文章を*呪願文という。四文字一句を単位とする漢詩文体をとることが多く、四文字四句の短いもの（小呪願）や、非常に長文のもの（*大呪願）がある。呪願文をとなえ、読みあげる単立の役を立てる場合は呪願師と称するが、*導師が兼ねる場合も多い。（高橋美都）

しゅがんをこう　乞呪願　曲〔天台〕*修正会法儀の*六時作法や*阿弥陀悔過の次第の中で*導師が*呪願師に*呪願を乞う偈文に旋律の付されたもので導師の独唱曲である。（天納伝中）

じゅきょうどうし　誦経導師　役　密立曼供法要などの役名。（高橋美都）↓どうし

じゅきょうどうし-さほう　誦経導師作法　曲　「ずきょうどうし-さほう」。*灌頂*曼荼羅供などにおいて*大阿闍梨の徳を讃嘆する*諷誦文を読むことを誦経といい、その役を*誦経導師、その*法則を誦経導師作法（誦経導師表白という。誦経導師はつぎの一連の声明曲を独唱する。*三礼*如来唄*表白（「景気の句」あり）・諷誦文（微音）*発願*四弘・小祈願*仏名*教化。写本流布。刊本『*南山進流声明集付仮譜』・『*昭和改板進流魚山蠆《たい》芥《かい》集』・『伝法院流伝法灌頂手鏡』（豊山派）・『智山法要便覧』第二集。（新井弘順）

じゅくじきげ　粥食偈　曲〔南都〕（華）東大寺*修二会の晨朝で、仏前に粥食を供えるに際しとなえる*呪願の偈文。*堂童子が桂桶に入れた粥食を捧げて呪願を乞うと、*和上がのびやかに唱誦する。きびきびした晨朝の法要の中に、静かな趣きを添える旋律である。（高橋美都）

しゅくしん　祝聖　法〔禅〕禅宗において、一日と十五日に行なう法要。祝聖とは『荘子』第五天地篇に「請祝聖人使聖人寿」による語で、皇帝の長寿を祝禱する法要であるが、天下安穏を祈る意味も有している。中国では『勅修百丈清規』に見え、唐代から行なわれていた。曹洞宗では*般若心経を読み、臨済宗では*大悲心陀羅尼・消災呪を読む。黄檗《おうばく》宗では*香讃・光明王陀羅尼・疏・祝韋駄儀・祝伽藍儀・祝監斉儀・祝祖師儀の次第で修する。この香讃は「宝鼎爇名香　普遍十方　慇懃奉献法中王　端為皇王祝聖寿　地久天長」の句であるが、中国仏教では「端為皇王祝聖寿」を「端為世界祝和平」としておなじ句を用いている。（播磨照浩）

じゅさん　頌讃　曲　(一)〔天台〕舎利讃嘆会の最後にとなえる四句の偈文からなる曲。正しくは頌文讃嘆という。同宗序曲旋律型により盤渉調《ばんしき》でとなえられる。（岩田宗一）(二)〔真宗〕親鸞の『教行信証』の中の「如来興世之正説……」の偈に天台声明の*揚勧請《あげかんじょう》の譜を付した曲であって、*大師影供作法*二門偈作法・正信念仏偈作法などで用いられる。またこのほかに、*修正会作法で用いられる曲がある。その曲は無量寿経の異訳である如来会讃仏偈の「如来無量無辺光……」の文に*三十二相の譜を付したものである。（播磨照浩）

しゅさん　呪讃　曲〔法華〕梵語讃に属する。*法華経勧発品の普賢呪に*ユリ・上《じょう》のキリなどを旋律の主体として節つけしたもの。なお呪讃をとなえた後には、*鐃鈸《にょうはち》を奏する。本鈸は、二・四四三三・四四二二・四四一である。（早水日秀）

じゅさんげ　誦讃偈　曲〔真宗〕（本・興）中国唐代法照の五会法事讃から「如来尊号……」「五濁修行……」の二句、善導の法事讃から「四十八願……」「行者見已……」「直入弥陀……」の三句を呉音でとなえるもの。それぞれ浄土真宗本願寺派の勤行式*五会念仏作法*浄土法事讃作法で用いる。譜は江戸時代中期に本願寺において、天台声明に倣って作譜されたものである。また法事讃の二偈は、真宗興正派の如法念仏作法でも用いられる。（播磨照浩）

しゅし　呪師　役　*悔過法要である*修正会*修二会に出仕する役名。密教的な力によって、法会の場に魔障の侵入するのを防ぎ、護法善神を勧請するなどして、法会を円満に成就させる。悪魔や外道に相対する修法を行なうので、挙措動作や声明に気力と迫力を要す。特殊な装束を身につけたり、刀を切り結んだり派手な力強さを内外に示す。（高橋美都）

じゅじげ　授地偈　曲〔天台〕〔真言〕天台宗密教音用の一つ。大日経義釈の「諸仏慈愍有情者……」の偈を呉音でとなえるもの。修法に際し、地神に土地の授与を乞い、加護を願う偈。天台宗十八道法では持地偈と称し、真言宗では地神勧請偈と称している。*中曲*下無調であり、*六巻帖第五密宗下に収められているが、現在用いられることは稀である。なおこの曲の譜は浄土真宗本願寺派の親鸞聖人*画讃に用いられている。(播磨照浩)

しゅじげさ　種字袈裟　衣　*輪袈裟の上半分に飾り紐をつけた形の*袈裟で、呪字袈裟・半袈裟ともいう。極略の袈裟であって、僧侶も着用する宗派もあるが、檀信徒の所用としている宗派も多い。(播磨照浩)

じゅしゃ　受者　役　密教で*灌頂会において、法灯の所伝を受ける僧をいう。顕教では*竪義《りゅうぎ》の受験者たる*竪者《りっしゃ》に相当する。密教入門の修業たる四度加行をすませた者に、密教僧として一定の資格を授ける儀式が*伝法灌頂で、その受験者は、受者あるいは弟子と称される。(高橋美都)

しゅしょうえ　修正会　法　正月にあたり、その年の国家の安穏を祈る法要。大寺院では境内の堂塔ごとに行なうことがある。(岩田宗一)→けかほうよう

しゅしょうえさほう　修正会作法　法〔真宗〕(本)西本願寺阿弥陀堂の元旦法要に用いる勤行式。*頌讃・至心礼・和順章の次第であり、頌讃は天台声明の*三十二相の譜であって、*太鼓羯《かっ》鼓《こ》・鐘鼓を打ち鳴らしながらとなえる。和順章は*声明例時の*回向の譜である。(播磨照浩)

しゅせん　主懺　役〔禅〕法要の中心となる役名。曹洞宗の観音懺法、黄檗《おうばく》宗の*拝懺《ばいさん》など禅宗系統の*懺法法要の主唱者という意味と思われる。通常の法要の*導師に相当するが、自らの修行を本来の目的とするために、主唱者という意識で称されたものであろう。*調声の役割とほぼ同様である。(高橋美都)

しゅたら　修多羅　衣　*七条袈裟の背後に垂れる組紐。修多羅とは梵語の sūtra を音訳したもので、「たていと」の意であり、一般に経典を指しているが、組紐を*華鬘《けまん》結びにして*袈裟《けさ》の装飾としたものもこのように呼んでいる。唐代に行なわれたものと思われ、道宣も修多羅について述べており、東寺の*空海将来の七条袈裟にも付属している。真言宗・天台宗・華厳宗・法相宗・浄土真宗・融通念仏宗で用いている。(播磨照浩)

しゅだら　呪陀羅　曲〔法華〕陀羅尼呪のこと。妙法蓮華経陀羅尼品第二十六には、鬼子母神・十羅刹女などの*法華経の行者守護の陀羅尼を載せており、日蓮宗の祈禱ではかならず、この陀羅尼呪をとなえて所願成就を祈念する。(早水日秀)

じゅちゅうのげ　受籌偈　曲〔禅〕*還籌偈に対応する。漢語。漢音、金剛《コンゴウ》無《ム》礙《ゲ》解《ゲ》脱《ダッ》籌《チュウ》。*菩薩戒大布薩式の法要で行籌段の前後にとなえる。旋律は*浄水偈と同様である。(渡會正純)

しゅっけばい　出家唄　→きぎょうばい

しゅっしそう　出仕僧　役　法要の出勤者全体をさす。(高橋美都)→だいしゅ→しきしゅう→しゅうそう→れっそう

しゅっせぶぎょう　出世奉行　役

*竪義《りゅうぎ》を伴なう法要で*竪者《りっしゃ》を案内する役。法相宗*慈恩会にこの役名が認められる。真言宗*伝法大会の来浄来言に相当すると思われる。（高橋美都）

しゅっとん　出音 理　曲のとなえ始めの音高。*目安博士《めやすはかせ》を用いる天台声明で特に重要視され、声明譜の冒頭に「出音*徴《ち》」などと*五音名によって示される。真言では*五音博士を用いているため、さほど重視されていないが、実際の演唱面で、曲種により高声に出すもの、低声に出すものとしての区別はなされている。（塚本篤子）

しゅにえ　修二会 法　毎年二月一日から二週間行なわれる法要。二月を歳の初めとするインドの暦によったといわれる。わが国では天平勝宝四年（七五二）に東大寺二月堂において実忠が十一面観音悔過法によって行なったのが最初である。現在では、旧暦の二月にあたる三月に行なわれている。（岩田宗一）↓けかほうよう

しゅのいち　衆之一 役〔南都〕（華）東大寺*修二会*練行衆の役名。正式には総衆之一、または北衆之一。*平衆の筆頭者で*司を補佐する。平衆の束ね役として*内陣の掃除や荘厳について平衆全員を指揮し、*時導師そのほかの配役を勘案する。行始め三月一日の「開白の日中」と、一四日の最後の「名残りの晨朝」の時導師となり、一二日の*お水取り当日に過去帳読役など要となる役をこなす。*頭にふさわしい器量と細やかな心配りが求められる。（高橋美都）

しゅび　麈尾 具　麈鹿の毛を団扇形にしたもの。麈とは大鹿のことで、群鹿が大鹿の尾を振るのを見て、その後につづくということから、*導師の持物になった。講経のときに持つことが多い。（播磨照浩）

しゅほうだん　修法壇 荘　密教で修法を行なう際に用いる壇。インドでは土の壇を築いて、仏菩薩の画を壇上に描いたものであったが、中国では木製の壇を造るようになった。日本でも木壇が通常用いられている。形によって*華形壇*密壇*牙形壇*箱壇の四つに分けられる。華形壇・箱壇・牙形壇は正方形であって、*大壇ともいい、*四面器を置くが、密壇は長方形であって、一面器だけを置く。（播磨照浩）

しゅみだん　須弥壇 荘　堂内で仏像を安置する高い壇。古代インドの世界観では、世界の中心に須弥山と称する高い山がそびえ、帝釈天が住するとする。そこで、仏像を安置する所を、この高く尊い山に擬えて、須弥壇と称するようになった。飛鳥・奈良時代は堂内が土間であり、須弥壇も石造または土で築いたものであったが、平安時代以降、堂内を板敷とするようになってから、木造のものが多くなった。形も正方形・長方形・八角形・円形などがあり、鎌倉時代になると和様・唐様の別が生じた。和様は平安時代からの伝統的な形であり、上下の框《かまち》（横木）の間に束を立て、束の間の羽目板に連子や格狭間を入れ、格狭間の中にも各種の模様を入れることが多い。壇上の周囲には勾欄をめぐらすが、勾欄の四隅や正面には親柱を立て擬宝珠を飾る。唐様（禅宗様）は禅宗の渡来とともにもたらされた中国宋代の様式である。上框と下

框の中間を多くの繰形でつなぎ、中央部を細くした形式で、全体の姿は中央の締った臼のような形となる。また最下部に彫刻のある脚をつけることもある。壇上には和様とおなじく勾欄をめぐらすが、束は蓮葉形となり、親柱も「胡麻殻決《しゃく》り」と称する筋を彫り、上部に伏蓮弁や蓮台宝珠を飾る。室町時代になると、上下の框の間に唐様の繰形をつけ、さらに和様須弥壇とおなじ束を立て、羽目板を入れた折衷様の須弥壇もあらわれるようになる。唐様の須弥壇は禅宗とともに移入された様式であるので、禅宗寺院に多く見受けるが、ほかの宗派でも用いられ、とくに浄土真宗ではほとんどが唐様の須弥壇を用いている。浄土真宗では本尊として阿弥陀如来しか安置しないので、幅の広い須弥壇は必要なく、狭くて背の高い須弥壇に適した唐様が用いられているのである。（播磨照浩）

しゅもく　撞木　器　楽器を打つ桴《ばち》の名称。黄檗《おうばく》宗以外の宗派で用いる*梵鐘《ぼんしょう》*半鐘《はんしょう》*雲版《うんぱん》・木版《もっぱん》*磬《けい》などを打ち鳴らす桴の総称で、すりこぎ形と、T字形、先端が円型のものなどがある。（茂手木潔子）

じゅりょうぼん-ふしどっきょう　寿量品節読経　曲〔真言〕仮称。鳩摩羅什訳の妙法蓮花経第一六巻「如来寿量品」の読曲。寿量品会に用いられる。古来、御遠忌法会などに寿量品会・三問一講・大曼荼羅供がそれぞれ初日・中日・結願に行なわれた。現在、豊山派では興教大師覚鑁の命日、一二月一二日の陀羅尼会法楽論義の最初に寿量品を読経する。また一〇月の*伝法大会の前行にも読む。経本は、卓胤法印が四声点*博士を付したもので、元文五年（一七四〇）京都梅井藤五郎刊の複製版。品号・長行の一部および偈文に博士が付してある。長行は*初重、長行の最後の「爾時世尊」から*二重となり、偈文の最後から六句目で再び初重にもどる。呉音読み。智山派でも冬報恩講出仕論義のときに読経する。（新井弘順）

しょ　疏　曲　各宗派で用いる和語の*表白文のことをさす。例えば禅宗では吉凶慶弔の儀式につかう四六駢儷体を用いた表白文をいう。住持を請し開堂を祝し、仏祖・尊宿を供養するときの*回向文など、みな疏を用いる。入寺疏・山門疏・諸山疏・江湖疏などがある。*維那《いな》が独唱する。（渡會正純）

じょ　助　役　*頭《とう》に対する用語で、声明の斉唱者集団をさす。（高橋美都）
→じょいん→がわ→どうおん

じょいん　助音　理役　声明や経で先唱者（*頭《とう》*句頭）に引き続き斉唱すること。あるいは斉唱する人人。譜本中には助（音）と表記される。*同音ともいう。（塚本篤子）

しょう　商　理　*五音*七声の第二音。*宮の長二度上にある。これより半音高い音を*嬰（揚）商という。（塚本篤子）

じょうう　上羽　理〔天台〕*律曲の声明における*羽をいい、*宮より長二度下にある。*宗渕が律曲の俗楽における羽を*下羽とし、声明と俗楽とで羽の音高を区別して称したことに由来する。（塚本篤子）

じょうおん　上音　理　一般に高音

域のこと。*三重に相当し、曹洞宗など中世仏教諸派の多くで通用している。下の*中音とは完全四度、あるいはより狭い音程をなす。（塚本篤子）

じょうおん　長音　理　*短音の対概念で、短音よりも長く複雑な*博士による旋律をもつ声明曲の様式をいう。たとえば一箇法要の*如来唄を短音とし、*四箇法要の如来唄（*始段唄）を長音とするなど。（塚本篤子）→ちょういん

じょうか　常花　荘　真鋳や木で造った蓮の造花。浄花とも書く。*前卓の*花瓶に挿す。金箔押しが多いが、写生風に彩色したものもある。浄土真宗では常花は用いず、いかなる場合にも立花を用いている。（播磨照浩）

しょうぎ　証義　役　証義者。竪精論義（*竪義《りゅうぎ》）法要の役名。（高橋美都）→せいぎしゃ

じょうぎょう-ざんまい　常行三昧　法　(一)〔天台〕→れいじさほう　(二)〔真宗〕（仏）真宗仏光寺派の勤行式。天台宗の*例時作法に依った勤行式で、次第も例時作法とおなじである。経段のみは例時作法とは別の読み方である。この*阿弥陀経の読法は、本願寺派で「百済読み」と称されているものに相当し、浄土真宗では室町時代から伝えられているもので、天台宗の勤行式に浄土真宗の読法をはめ込んだものである。（播磨照浩）

じょうごうかじゅ　浄業課誦　資〔浄土〕勤行本。(一)*忍澂編。天和元年（一六八一）刊。袋綴五四丁。(二)享保一九年（一七三四）宝州飜刻校訂。袋綴板本五七丁。続、宝州編。享保二〇年（一七三五）村上勘兵衛梓行。袋綴板本五三丁。正本には経・偈類ならびに六時礼讃偈を収め、なかでも*六時礼讃が大部分を占める。いずれも譜*博士はつけられていないが、六時礼讃には「*重《じゅう》」（*初*二*三重）の指示が書かれている。この「重」は、どの高さで、どのような旋律パターンでとなえるかの指示であり、実質上、譜博士とおなじ働きを持っていたものと考えられる。そして、ここに書かれた「重」の種類とその位置は、この『浄業課誦』初版とおなじ年（一六八一）に、西山浄土宗深草派で編纂された勤行本『*蓮門課誦』（博士つき）の中の六時礼讃のそれと全くおなじである。また、正本飜刻の際に宝州は新たに続編（「附録」と記している）を編纂し、正本に収められていない「要用須知の事」を続録したと跋文で述べているが、この中の「讃念仏」の博士は『蓮門課誦』の六時礼讃中の晨朝・日没・後夜念仏のそれとほとんどおなじである。正本での「重」の一致とも考え合わせると、この『浄業課誦』は、浄土宗の六時礼讃が『蓮門課誦』を規範としていたことを示す資料である。（岩田宗一）

しょうこうのげ　焼香偈　曲〔禅〕（曹）*散華偈に対応する。漢語。漢音、「戒香《カイコウ》定香《ジョウコウ》解脱香《ゲダッコウ》」。*菩薩戒大布薩式（曹）の浄道場の法要でとなえる。旋律は一、三句の末字に「引唱—上げ節—るの字節—上げ節—二重鍵節」が、二、四句の下三字に「下げ節—上げ節—小鍵節」が用いられている。（渡會正純）

じょうこうばん　常香盤　荘　抹香を盛って、常時香煙を立てるようにしたもの。*須弥壇形に中央を細くした木製漆塗の箱に、格子蓋をかぶせた形式が

普通であるが、浄土真宗では六角または八角の浅い箱で、彫刻のある高い台の上に置いて*前卓の代用とすることがある。(播磨照浩)

じょうごうわさん　浄業和讃　資(時宗)厭欣時衆―浄業和讃。*声明集。一道編。上・中・下巻。文政八年(一八二五)刊。袋綴板本上巻五七丁、中巻七四丁、下巻七五丁。上巻には六時勤行の*和讃*念仏、中巻には、*来迎和讃と*十九和讃(となえる日が一か月に亘って決められている)のうちの一二首、下巻には十九和讃の七首とほかに一〇首の和讃*十四行偈*踊躍念仏を収む。*博士を持った時宗の和讃集で、現在確認ができるのはこれが最初であるが、序文や凡例には、先行する和讃本が存在したことを記している。なお時宗勤行のもう一つの柱である*六時礼讃は、上巻の凡例中に「獅谷大徳校正ノ*浄業課誦見流セリ具ク是ニ幷テ新参ニ授習セシメハ恒例ノ行軌念誦ノ大槩コレニ足ン欤……」とあることによって、この時期には浄土宗と共通した礼讃本に依っていたことが知られる。(岩田宗一)

しょうごんさん　荘厳讃　曲(真宗)極楽荘厳讃とも称し、中国唐代の法照の五会法事讃の中の文を呉音でとなえる。浄土真宗本願寺派の勤行式『*五会念仏作法』に収められている。譜は本願寺において、江戸時代中期に天台声明に倣って作譜されたものであろうと思われる。またこの曲は真宗興正派の『*梵唄《ぼんばい》集』にも収められている。(播磨照浩)

しょうさんのげ　称讃偈　曲(浄土)*念仏と偈文(出典、善導*般舟《はんじゅ》讃)から成る曲である。浄土宗では*忍澂の『*浄業課誦』(享保一九)に掲げられてから、単独曲として広まったが、現在では増上寺のみに伝えられている。浄土宗の中では半音を含まない数少ない声明曲の一つであったが、最近、半音が聞かれるようになっている。増上寺の*御忌会《ぎょきえ》*涅槃会などでとなえられる。(岩田宗一)

じょうじ　承仕　役　法会の際の役僧。*職衆には加わらず、法会に必要な雑事をする比較的若い僧をいう。*会奉《えぶ》行《ぎょう》*会《え》行事《ぎょうじ》などの指示に従って*道場の荘厳を整え、法会の次第に必要な用具の配布・徹去などにあたる。法要執行中は常に堂内に気を配り、後見のような任にあたる。伝令をすることも多い。(高橋美都)

しょうしゃ　小者　役　真言宗などで授戒会・布薩会における立会い後見役。(高橋美都)→じしゃ

じょうじゅうろくだいぼさつ-の-かんさん　定十六大菩薩漢讃　曲(真言)金剛界三十七尊中の四波羅蜜菩薩・八供養菩薩・四摂菩薩の定門の十六大菩薩を讃嘆する一六曲の漢語讃。出典は不空訳の三巻大教王経で、全曲「奇哉」で始まる五言四句の偈。この讃は醍醐に入った*進流の伝えで、玄慶が乗願房宗源から習い伝え、のちに*南山進流でも*覚意の五音譜に書き換えて用いた。*朝意の『十六定恵梵漢讃』(写本流布)および真源刊の『醍醐進流定十六大菩薩漢讃』(元文二)所収。(新井弘順)

じょうじゅもん　成就文　曲(真

宗〕（本）無量寿経下巻の「諸有衆生聞其名号……」の句を*導師と*結衆と交互にとなえるもので、*無量寿経作法に収められている。天台声明の*例時作法の*回向の唱法に準じたものである。（播磨照浩）

しょうじょうさん　清浄讃　曲〔真宗〕（誠）中国唐代善導の法事讃の文「道場清浄希難見　弥陀浄土甚難聞　難門難見今得会　如説修行専意専」に天台声明の*四智漢語讃の譜を付した曲。真宗誠照寺派で用いる。（播磨照浩）

しょうしん　勝心　人〔真言〕声明家。寛喜四年（一二三二）から嘉禎三年（一二三七）の間、高野山寺務検校。当時、*進流声明の本拠であった大和中川寺の*慈業に対し、その本拠を高野山に移して欲しいと請い、慈業および諸寺高僧の賛同を得て実現させた。彼自身も声明を*観験と宣雅に学び、門流からは多くの声明家を輩出した。（岩田宗一）

じょうしん　浄心　人〔天台〕蓮界房。声明家。一二世紀後期〜一三世紀前期。智俊（*家寛の弟子）の門下。同門の*湛智と激しく競合した。湛智が声明を理論的に整備し、改革した新流とされているのに対し、浄心は古風な唱法に依拠し、女院の重病を声明をとなえて治癒したと伝えられるなど、その保守的性格から古流と呼ばれた。この二流はしばらく併存したが、やがて浄心流は衰滅した。（岩田宗一）

しょうしんげ　正信偈　曲〔真宗〕詳しくは正信念仏偈という。親鸞が元仁元年（一二二四）に著わした教行信証の行巻にある七字一二〇行の偈文であって、真宗各派で用いる。正信偈と*和讃が本格的に勤行に用いられるようになったのは本願寺第八世蓮如兼寿が文明五年（一四七三）に始用して以来であるが、和讃は真宗初期教団において用いられていたことが知られている。しかし正信偈が蓮如以前に勤行に用いられていたかどうか、資料を見出し難いが、全く用いられていなかったともいい得ない。また親鸞自身も口に誦していたのではないかと思われる。このことは*文類偈《もんるいげ》と比較すれば一層その感が強い。文類偈と正信偈は内容はおなじであるにもかかわらず、文章は後者の方がはるかにこなれ、諷誦に適した文体となっている。蓮如以前の本願寺の勤行は礼讃と法事讃が中心であったが、以後、正信偈と和讃が主となり、間もなくほかの真宗各本山へも普及し、真宗各派において、日常勤行はもとより、諸種の法要に用いられるようになった。そして室町時代末期には法要の軽重による唱法の区分が生じ、江戸初期には一〇種の区別があったことが、西光寺祐俊の『法流故実条々秘録』に見えている。現在、大谷派で用いられている句淘・句切・真四句目下・行四句目下・草四句目下・中拍子・真読・中読・舌舌の九種の唱法は江戸初期のありさまを伝えていると思われる。本願寺派では昭和八年に天台系声明の*荘厳讃によって改譜され、真・行・草の三譜がある。興正派は真譜*墨譜・舌舌に分けられ、本願寺派の改譜以前の姿を伝えている。仏光寺派では真譜・行譜・舌舌、木辺派では真引・中引・舌舌、誠照寺派では真偈・行偈・草偈に区分している。高田派では正信偈は棒読みされるだけであり、出雲路派は日常勤行用の簡単な譜のみが伝えられ、重要な法要には大谷派のものを用い、三門徒・山元両派は大谷派のものをそのまま用いている。
(播磨照浩)

しょうじんよう-しだい　声塵要次第　資〔天台〕声明口伝書。*玄雲著。正和二年(一三一三)序・暦応三年(一三四〇)奥書。主として*講式の発生と伝承の経緯ならびにとなえ方を記している。当時の講式の唱法についての文献として貴重である。(岩田宗一)

しょうす　鐘司　役〔禅〕禅宗の法要で鳴らし物をつかさどる役。殿行《でんなん》ともいう。法要において、あるいは日分行持《にちぶんぎょうじ》と称される日常の修行生活において、堂衆に刻限を知らせ、行動をおこすきっかけを与える役。*大鐘・小鐘などを用いて、特別な意味をもつ音型、たとえば百八声・十八声・擬声《うちだし》三下などを奏することにより、全山に指示を伝えることもできる。(高橋美都)

じょうすいのげ　浄水偈　曲〔禅〕*香湯偈に対応する。漢語。漢音、「八功《ハック》徳水浄諸塵《ドクスイジョウショジン》」。*菩薩戒大布薩式の浴浄水香湯の段でとなえる。旋律は一、三句に「円節」が、二句に「円節」と「下げ節―上げ節―小鍵節」が、四句に「円節」と「上げ節―大鍵節」が用いられている。
(渡會正純)

しょうせいここん　召請孤魂　曲〔禅〕〔黄〕*唐音。現在は和読みされている。*施餓鬼の中の文。地蔵王菩薩を奉請して、種種の孤魂を招き、地蔵菩薩の大願力で六道の面然大士(餓鬼)が率いるすべての餓鬼衆を救うというもの。焰口には一三の文、蒙山施食(略施食)には三つの文がある。(田谷良忠)

しょうぜつ　勝絶　理　日本の*十二律の第四音。中国の十二律の夾鐘、洋楽のF音(ヘ)にほぼ相当する。(塚本篤子)

じょうぞう　浄蔵　人〔天台〕声明家。寛平三年(八九一)～康保元年(九六四)。*寛平法皇の弟子。美声の持ち主であったばかりでなく、絶対音感をも持っていたと伝えられる。すなわち天暦四年(九五〇)、宮中*仏名会のとき、村上天皇の求めにより*平調《ひょうじょう》で*仏名をとなえたが、天皇が簾のかげにあらかじめ調絃して用意しておいた箏で、その正確なことを確かめ、驚嘆したとの逸話がある。
(岩田宗一)

しょうだい　唱題　曲〔法華〕*法華経の肝要の法である南無妙法蓮華経の七字をとなえることをいう。(早水日秀)

しょうちょう-へんのん　商調変音　理〔天台〕三箇*変音の一つ。原調の*商の音高を*宮とする調子に移ること。次調の宮は原調より長二度上昇する。原則的に*呂《りょ》から*律へ移る際に生ずるものとされている。(塚本田篤子)

しょうどう　唱導　曲〔浄土〕知恩院の*御忌会《ぎょきえ》日中法要で朗誦される語り物声明の一つ。他宗の*表白にあたるもので、法要を開くことの目的を述べる。旋律は中心音とその上下に従属音を持つ旋律法によっている。(岩田宗一)

じょうどう　上堂　作　入堂・進列。法会のとき法要を行なうために*導師*職衆などが*会奉行《えぶぎょう》の先導で*集会所を出発し*道場へ赴くこと。行列してゆくので進列ともいう。上堂の形式に、*庭儀*堂上《とうしょう》*平座・無職衆の四種がある。普通の法会は平座のことが多い。*灌頂や*曼荼羅供などの大法会のときは、庭儀あるいは堂上を用い、進列の途中で*庭讃をとなえたりする儀式が伴う。(新井弘順)

じょうどうえ　成道会　法　中国やわが国で、釈迦がブッダガヤの菩提樹の下で悟りを開いた日を一二月八日として記念し、行なう法要のこと。(岩田宗一)

しょうどうし　唱導師　役　一般には説法をする僧、法要の主座で経文をとなえはじめて*衆僧を導く役をいう。浄土宗の*御忌会《ぎょきえ》では、法要の主旨を告げる文章を、節をつけて朗読し、本尊や*大衆に聴かせることを唱導という。唱導師は、本山住職になりかわり朗読する役のことである。(高橋美都)

じょうどしゅう-ほうようしゅう　浄土宗法要集　資(浄土)声明集。㈠大正一三年(一九二四)同宗宗務所刊。上下二巻。折本。増上寺・知恩院合同の法式調査会がまとめた最初の声明集。上下巻とも*修正会*御忌会《ぎょきえ》などの法要ごとにその次第を追って声明および読誦文を掲げている。下巻にはこれに加えて*六時礼讃(日没・日中―*三尊礼のみ)を収む。㈡昭和一四年同宗宗務所刊。二七六頁。全体の構成は*威儀部*犍稚部・音声部・法式差定部から成っている。㈠との相異は体裁が変ったことのほかに、音声部に六時礼讃の日没・初夜・中夜五悔・後夜と晨朝の無常偈・日中を収めていることである。㈢昭和一五年にはおなじく宗務所から音声部を独立させた折本が出されたが、これには六時礼讃の全文が収められた。(岩田宗一)

じょうどしんしゅう-らいさんげ　浄土真宗礼讃偈　資(真宗)(本)声明集。安永四年(一七七五)永田調兵衛刊。折本。浄土真宗の名を冠した最初の礼讃本。その*博士は延宝九年(一六八一)に編纂された西山浄土宗深草派の『*蓮門課誦』を引き継いでいる。その後、浄土真宗本願寺派では、数度に亘る声明の改革が行なわれたにもかかわらず、礼讃は今日に到るまでその博士を守り、かつその*博士にきわめてよく対応した旋律を伝えている。(岩田宗一)

じょうどほうじさん-さほう　浄土法事讃作法　法(真宗)(本)浄土真宗本願寺派の勤行式。中国唐代の善導の転経行道願往生浄土法事讃に依ったもので、江戸時代から「*如法念仏」の名称で用いられていた。現行のものは昭和八年に制定されたもの。*召請偈*至心礼*三奉請*誦讃(甲二偈・乙一偈)*念仏*回向の次第であり、前後に*無言行道を行なう。主として*報恩講法要に用いる。(播磨照浩)

じょうど-らいじゅほう　浄土礼誦法(昭和新訂)　資(浄土)*声明集。八百谷孝保編。昭和三九年一行院刊。折本一六二頁。天台*梵唄《ぼんばい》系声明や本山での大法会などで用いられる声明を除く浄土宗固有の声明をほとんど網羅した曲集であり、同時に法要本でもある。経典には和訳を添えているほか、日常勤行と礼讃の洋譜を収めている。(岩田宗一)

しょうねんさん　称念讃　曲(真宗)(興・誠)中国唐代善導の*般舟《はんじゅ》讃の文

「門門不同八万四　為滅無明果業因　利剣即是弥陀号　一声称念罪皆除」に天台声明の*九方便の譜を付した曲。真宗興正派・同誠照寺派で用いる。（播磨照浩）

しょうほつがん　小発願　[曲]　法要の小段名。東大寺*修二会では、初夜と後夜を除く四時（日中・日没・半夜・晨朝）に、衆生が菩提心を起すように、「至心発願」以下*時導師が*頭をとり、となえる。内容は、初夜・後夜の小懺悔と同様である。（髙橋美都）

しょうみょう　声明　[資]〔浄土〕*声明集。㈠題箋は失なわれているが㈡の底本と見なされる。成立不詳（江戸末の説あり）。袖本折本板本。巻末尾に「華頂闔山蔵本」および印あり。収載曲は*唄《ばい》*散華*梵音*錫杖《しゃくじょう》*仏名*四智讃（梵ほか一三曲。*博士は天台声明とおなじ。㈡折本板本。成立不詳（明治初の説あり）。巻末尾に「総本山知恩院蔵版」とあり。収載曲はすべて天台声明曲。㈠より曲数は多い。いずれも天台声明と浄土宗（知恩院）声明との密接な関係を示すものといえよう。（岩田宗一）

しょうみょうきはん　声明軌範　[資]〔禅宗〕（曹）*声明集。昭和四一年同宗宗務庁刊。昭和五〇年再刊。折本。「*歎仏会法式」「*羅漢講式」「*菩薩戒大布薩式」「*観音懺法」「声明軌範付録」の五巻からなる。「付録」には記譜法についての解説、ならびに*略布薩の*博士を載せ、大部分ほかの巻では、各講式の洋譜に、大部分をあてている。（岩田宗一）

しょうみょうけか　称名悔過　[曲]　法要の小段名。*悔過会の悔過作法の中心部分となる。悔過懺悔の具体的な手立てとして、諸尊の名号をとなえて礼拝を繰り返すものだが、その数を重ねることが功徳の条件と考えられる。そのため唱句・唱法・所作などに様様な変化様式が作られる傾向が強い。悔過会の本尊（十一面観音・薬師如来・吉祥天・阿弥陀如来など）に縁の深い名号をつぎつぎにとなえていく形式が基本で、おのおのの法要の性格を反映しつつも唱句はおおむね似通っている。東大寺*修二会の場合には、六時のおのおのに特徴があり、それに日ごとの変化が加わって、極めて多様な展開が認められる。*時導師が*頭をとって*大衆（ガワ）が*次第を取る。旋律・唱法・リズム・ノリ・所作などに様様な細かい約束ごとがある。東大寺修二会の称名悔過の様式を、最も正式なものから最略式まで大きく四つに区分すると、称揚・一称一礼・常・モミ日中となる。（髙橋美都）

しょうみょうしゅう　声明集　[資]　広義にはそれぞれの宗派の博士を付した基本的な声明曲をおさめた曲集。たとえば『魚山蠆芥集《たいかい》』（真言）や『六巻帖』（天台）などから、特定の法要や勤行のために編まれた実用本にいたるまでの総称。真言声明においては、仁和寺の*相応院流では*法則集、西大寺系の相応院流では、*要略集、*醍醐流では声明集、*南山進流では法会用の小型折本を声明集、伝授用の教授本を*魚山蠆芥集という。（新井弘順）

しょうみょうしゅう　声明集　[資]〔真言〕*声明集。*南山進流や*新義派で用いる法会用の小型の折本。章句と*博士のみで、註は施されていない。南山進流では声明集と*魚山蠆芥集の中間的な譜本(*覚意の*五音博士による)として文保二年(一三一八)の普一の写本三巻があり、*三礼で始まり竜女の*教化で終り、収録曲の配列は両集と同じである。声明集としては応永一三年(一四〇六)玄海の写本が最も古いが、*五悔から始まっている。

南山進流の声明集の刊行は早くから行なわれ、文明四年(一四七二)に、龍全筆成秀博士で快禅により高野山で開版された(上野学園日本音楽資料室に一本、兵庫県城崎の温泉寺に二本所蔵されている)。この版本は世界の楽譜印刷史上現存するものとしては最古に属する。文明十年に忠義により再版された(京都大学付属図書館、上野学園日本音楽資料室)。その後、天文一〇年・永禄四年・元亀元年・天正四年・文禄二年と刊行され、江戸時代にも引き続き開版された。新義派では延宝八年(一六八〇)に山秀が慶宣の譜本を刊行し、元禄一〇年・一一年に俊忍が再校改刻した。また元禄九年(一六九六)には祐宜の本をもって校合した小型の二帖本が高野山で刊行された。さらに安永七年(一七七八)には、先に鏡寛が刊行したという譜本を、快説が二帖本として刊行し、のちに天保一五年、昭和五年に再刊された。慶応元年には隆栄が一冊本を刊行した。現在では、法会ごとに次第・法則がつくられており、声明集は用いられなくなった。(新井弘順)

しょうみょうしゅう　声明集

資(真言)醍醐流の声明曲集を『声明集』という。その代表的なものは、建長六年(一二五四)に玄慶(?~一二九八)が、任賢の流布の博士を用いて編纂した譜本で、醍醐寺に写本が数多く伝存し、東寺宝菩提院にも『*法則集』の名で一帖所蔵されている。この玄慶本の*反音曲に、*呂と*律とで*博士を朱と墨とで色分け記譜した聖尊(一三〇三~一三七〇)の譜本を『秘本声明集』あるいは『声明集秘本』という。東京芸術大学付属図書館に大正時代の写本『声明集全』と『声明集第三第四秘本』がある。(新井弘順)

しょうみょうしゅう　声明集

資(真言)(智)*声明集。慶宣校訂、享保元年(一七一六)*鏡寛校訂、安永七年(一七七八)快説再校。上下巻。折本。上巻は*理趣経からはじまり、金剛界と合行の二種の法会に則って曲を収め、下巻は『*魚山蠆芥《たいかい》集』から理趣経(上巻に収める)を除くほかの全部を収めている。*博士は両巻を通して『魚山蠆芥集』と全くおなじであるが、書き入れは異なるところが多い。『大正新刻*新義声明大典』(*内山正如)の序文によると新義所用の『魚山蠆芥集』は、貞享年間(一六八四~一六八八)に英長が慶長校本によって大校訂を加えたのち、正徳元(一七一一)に鏡寛が補訂したとあるから、鏡寛はその五年後に、これとは別の実用的な『声明集』の校訂刊行を行なったことになる。(岩田宗一)

しょうみょうしゅう　声明集(改正)資(真宗)(高)*声明集。石室静洞編。明治四三年(一九一〇)刊。袋綴四一丁。静洞は天台宗*大原流の声明家であるが、真宗高田派の請に応じて編んだものである。内容は*四智讃*仏讃などの天台声明と、*三重念仏*寄句念仏などの

高田派固有声明が含まれている。大原流声明と他宗派との交渉を示す資料の一つである。(岩田宗一)

しょうみょうしゅう　声明集 資 (天台)*声明集。*多紀道忍編。昭和一三年芝金声堂刊。折本。天台声明の基本的曲集である『魚山集略本(『*六巻帖』)』から抜粋して板をおこしたもの。*博士および克明な旋律型などについての書き入れは、編者の伝承を自らが示したものとして重要である。収載曲はつぎの通り。*始段唄*散華(*乙)*錫杖《しゃくじょう》(*九条)*伽陀 (我此道場　衆罪如霜露　願以此功徳)*五大願*四智讃(梵)*四智讃(漢)*云何唄《うんがばい》*散華(*甲)*対揚*諸天讃*三礼*如来唄*揚勧請《あげかんじょう》*六種。(岩田宗一)

しょうみょうーしょうけつしょ　声明声訣書 資 声明史書。*慈鏡が応永三年(一三九六)に著わしたもので、声明流派の成立や声明曲の伝来、ならびに楽理に関する記述が含まれている。その中には真言声明諸流派の統合のために開かれた久安年間(一一四五〜一一五〇)の仁和寺評定など、これまでの声明史にはかならず引用されてきた記事があるが、流派と人名の不一致など、その信頼性に疑問を持つむきもある。(岩田宗一)

しょうみょうーせんぼう　声明懺法 法 (天台)大原魚山三千院宸殿で行なわれる*御懺法講《おせんぼうこう》や、比叡山延暦寺大講堂で行なわれる天皇講に用いられる法儀の一つ。声明懺法*呂《りょ》様と声明懺法*律様がある。現行の三千院で行なわれている御懺法講の次第について呂律の差異を含めて記すとつぎのごとくである。

先伶倫参堂・次吹調子(*盤渉《ばんしき》調)・入堂楽(越天楽)・入堂・捲御簾・総礼*伽陀(盤渉調・付物《つけもの》)・賦華筥*総礼三宝(*黄鐘《おうしき》調)*供養文(呂様=盤渉調、律様=黄鐘調)*呪願(呂様=*双調、律様=盤渉調)・敬礼段(黄鐘調・付楽《つけがく》)・六根段(黄鐘調・付楽)*四悔(黄鐘調・付楽)*十方念仏(*一越《いちこつ》調)・経段(妙法蓮華経安楽行品、呂様=*平調《ひょうじょう》、律様=一越調)*後唄(呂様=平調、律様=一越調)*三礼(呂様=平調、律様=一越調)*七仏通戒偈(呂様=平調、律様=一越調)・回向伽陀(盤渉調・付物)・垂御簾・退出楽(千秋楽)・出堂。(天納伝中)

しょうみょうーちょうしのこと　声明調子事 資 (天台)声明楽理書。*覚秀(一八一七〜一八八三)編。声明曲の調子・音律に関する一覧表。(岩田宗一)

しょうみょうのれきしーとーおんりつ　声明の歴史と音律 資 (真言)声明研究書。大山公淳著・昭和五年、密教研究会刊。A5三八〇頁。豊富な資料を駆使して真言宗ならびに天台宗の声明の歴史的展開をあとづけるとともに楽理の解釈および解説を行なう。昭和三四年には改訂のうえ、『仏教音楽と声明』と題して刊行された。(岩田宗一)

しょうみょうぼん　声明品 資 (法華)*声明集。井上治作編。昭和六年、平楽寺書店刊。折本。収載曲、「初伽陀」「讃」「惣礼」「*唄」「*散花」「*梵音」「*薪句(*法華讃嘆)」「受持」「*仏名」「*対揚」「*回向」「神前・後門・立筆(訓伽陀)」「三礼」。同宗固有のテキストを含めて、いずれも天台声明の*博士に依っている。(岩田宗一)

しょうみょうーもくろく　声明目

録 資〔天台〕声明楽理書。*湛智著。諸法要の構成ならびに声明曲の配列・旋法*出音《しゅっとん》・拍子などを示す。『法要出音記』『諸声明記』ともいう。（岩田宗一）

しょうみょうようじんしゅう
声明用心集 資〔天台〕声明楽理書。*湛智書。現在伝えられているものは、湛智が承久元年（一二一九）から数回に分けて書いた覚え書きの中から、その弟子*宗快が弘長元年（一二六一）に抄出してまとめた部分を含んでいる。覚え書きの年代には承久元年のあと寛喜三年（一二三一）・天福元年（一二三三）などがある。内容の主要部分は、雅楽理論によって声明を体系的に理論づけようとしたものである。（岩田宗一）

しょうみょうらい **称名礼** 曲 教主・経王などの名をとなえて礼拝するときの詞。三句から成り、各句とも「南無」で始まり、初めの六字のみ*博士を付し、それ以下は微音で素読み。総礼伽陀・廻向伽陀のつぎに用いられ、最初と最後の*三礼に相当する。*伽陀師が独唱し、次いで*職衆が*次第を取って*助音復唱する。一句ごとに*蹲踞《そんこ》礼を行なう。三句目の終りは*五体投地礼。常楽会詞章は、「南無大恩教主《ナモダイオンケウシユ》（釈迦如来）　南無護持遺法（十六羅漢）　南無雙林提河（人天大会）」。呉音で読むが「無」は「モ」と読む。（新井弘順）

しょうみょうらいはい **称名礼拝** →らいはいねんぶつ

しょうみょうるいじゅう **声明類聚** 資〔天台〕*声明集。*家寛の序文を持つ。写本。尊経閣文庫蔵（旧金沢文庫本）。二軸。上巻には奥書きはないが紙背は文永五年（一二六八）に書かれた翌年用の仮名暦である。下巻の末尾に『本云　文永十一年於河州瀧尾寺奉徳何師伝受之云云』とあり、紙背は弘安四年（一二八一）に書かれた翌年用の仮名暦である。上巻には*唄《ばい》（四曲）*散花（五曲）*対揚（三曲）*梵音*錫杖《しゃくじょう》—*三条*九条并血脈、下巻には讃嘆（三曲）・讃（七曲）・頌（三曲）・句（八曲）*勧請（三曲）のほか九曲を収めている。すべての曲に*博士があり、そのほとんどに笛譜をつけている。序文・曲目・博士の形態および笛譜によっていることなどから推して天台*大原流の声明集であることがわかるが、その中に見える堯雲房（*頼澄）・玄澄・澄円らの名は大原流から*妙音院流が分立する系譜であり、また妙音院流の関東における拠点であった称名寺の金沢文庫に旧蔵されていたことなど、この過渡期の声明を知るうえで重要な資料といえよう。（岩田宗一）

しょうみょうれいじ **声明例時** 法〔天台〕大原魚山三千院宸殿で行なわれる*御懺法講《おせんぼうこう》や、比叡山延暦寺大講堂で行なわれる天皇講に用いられる法儀の一つ。三か日・五か日・七か日の御懺法講においては中日の午後に修された法儀で、中心の*散華*行道《ぎょうどう》（*甲念仏・経段*合殺《かっさつ》）には宸儀御行進（天皇が行道の列に参加される）が行なわれた。*声明例時には雅楽の演奏はないものであったが、現行は声明例時だけを一座の御懺法講として修しているのでつぎの次第のごとく雅楽を入れている。先伶倫参堂・次吹調子（*盤渉調《ばんしき》）・入堂楽（越天楽）・入堂・捲御簾・総礼*伽陀（盤渉調・付物）・賦華

筥*三礼(*上無調)*七仏通戒偈(上無調)*六為*法則*四奉請(*平調《ひょうじょう》)*甲念仏(平調)・経段(*阿弥陀経・平調*曲中反音《へんのん》*黄鐘《おうしき》調・盤渉調)・甲念仏(盤渉調)・合殺(盤渉調)*廻向(上無調)*後唄(上無調)*大懺悔(平調)*五念門(平調)・垂御簾・退出楽(千秋楽)・出堂。(天納伝中)

しょうむてんのうーさい　聖武天皇祭　法(南都)(華)　東大寺の本願、聖武天皇の忌日法要。毎年五月二日に大祭が、毎月二日に月並法要が行なわれている。大祭には最勝十講の*論義が行なわれ、舞楽が献納されている。(高橋美都)

しょうらい　唱礼　曲〔浄土〕㈠浄土宗では一般に阿弥陀仏の名号をとなえつつ礼拝すること、およびその際の*念仏を意味する。礼拝の数や、法要の種類によって「*三唱礼」「*一唱一礼」などと呼ばれ、それぞれ旋律が異なる。㈡狭義には増上寺伝承のものを指す。この「唱礼」は阿弥陀仏ではなく、法然の七つの大師号をとなえるのが特徴である。(岩田宗一)

じょうらくえ　常楽会→ねはんえ

しょうりつういしき　声律羽位私記　資〔天台〕声明楽理書。*宗渕著。天保一三年(一八四二)。この著の中で宗渕は、雅楽との関連や古伝に基づいて、声明の*五音の一つ*羽《う》の位置について論じ、*秀雄との間に論争を展開している。(岩田宗一)

しょうりょうえ　聖霊会　法　広義には尊い物故者の霊を供養する法会であるが、通常は聖徳太子供養会をさす場合が多い。聖徳太子ゆかりの寺院ではそれぞれ御忌会を行なっているが、その中でも法隆寺と四天王寺の聖霊会が有名である。法隆寺では一〇年ごとに*庭儀舞楽法要を行ない、例年は三月二二日に管絃講を修している。前者を聖霊会、後者を会式と称している。また四天王寺では毎年四月二二日に庭儀舞楽*四箇法要を行なっている。(高橋美都)

しょうれい　唱礼　曲〔真言〕〔天台〕〔禅〕　真言宗・天台宗ではともに*曼陀羅供で、禅宗では*略布薩でとなえる。真言宗と天台宗とでは唱礼の内容や範囲が異なる。すなわち真言宗では*五悔(金剛界)または*九方便(胎臓界)を中心とした一連の曲群を指しているが、天台宗ではこの名をもつ特定の曲を指している。いずれも漢音で*唱礼師がとなえる。禅宗の略布薩中の曲は諸仏・菩薩・祖師名を繰り返している点、天台宗と共通するものがある。(岩田宗一)

しょうれいし　唱礼師　役　唱礼は礼讃ともいい、仏を恭敬礼拝する意を表した声明で*曼荼羅供などでとなえられる。天台宗では唱礼の*頭《とう》をとる役を*導師と別に立てることが多く、その役を唱礼師と称する。真言宗では導師が唱礼をとなえる場合が普通で、仮に若輩の者が唱礼をとなえるときも、重重しく低い声でとなえることになっている。(高橋美都)

じょきょうじゅだいあじゃり　助教授大阿闍梨　役　密教系の*灌頂会の役名。(高橋美都)→だいあじゃり

じょきょく　序曲　理〔天台〕*大原流声明曲の二大リズム様式の一つで、等音価の拍をもたぬ自由なリズムの曲を

いい、もう一方の様式を＊定曲という。序曲でありながら曲中に定曲に似たリズムをもつものを破曲、序曲と定曲の両方を備えているものを倶曲と呼ぶ。声明曲の大部分が序曲に属するが、特に＊引声《いんぜい》と＊短声、＊長音と＊切音《きりごえ》という対概念により分類することもあり、たとえば＊引声阿弥陀経と短声阿弥陀経、＊長音九条錫杖と切声九条錫杖などがある。破曲には＊唱礼など、倶曲には＊百八讃、＊大懺悔などがある。真言宗では、天台宗のようなリズムに関する用語は特になく、ほとんどの声明曲が序曲に相当するリズム様式である。ただし晋一写の『声明集』(文保二)より、序曲のリズム様式に相当する部分に、只拍子という語が用いられている。(塚本篤子)

しょく　卓　[具]　仏堂内で用いる机。案ともいう。＊内陣の中央に置き、＊三具足＊五具足を載せる＊前卓、＊須弥《しゅみ》壇《だん》上に置く＊上卓、経本を載せる＊経卓、＊香炉を載せる＊香卓などがある。古くは甲板の下の欄間に格狭間を入れ、鷺脚と称する細い優雅な曲線の脚をつけたものや、蝶形卓という天板の平面が半月形をしたものであったが、鎌倉時代以後、彫刻を施した豪華なものが多くなった。(播磨照浩)

しょくだい　燭台　[具]　蠟燭を立てて仏前に供える具。＊三具足＊五具足の一つ。仏前に灯火を献ずることは古代インド以来行なわれているが、古くは＊灯台を用いて油火を献じていた。蠟燭を献ずることは後代の制で、燭台の遺品も室町時代を溯るものは見当らない。しかし中国宋代の至元四年(一三三八)に編集された『勅修百丈清規』には「燭台」の語が見え、宋代にすでに用いられていたと思われる。日本へは鎌倉時代末期に禅宗に依ってもたらされたものであろう。また燭台の一種に、亀の上に鶴が立った形をしたものもあり、菊灯台にも蠟燭を立てられるようにして、灯台と燭台を兼用したものもある。(播磨照浩)

しょじゅう　初重　[理]　(一)＊五音が属する音域の一つ。低音域にあり、＊二重は一オクターブ上、＊三重はさらに一オクターブ上にある。真言宗では有位無声といい、伝統的に初重の＊宮＊商＊角は低すぎるため、ないものとしている。真言宗の＊五音博士の作者＊覚意はこれを下重、二・三重を中・上重とも称した。(二)一般に低音域の部分のこと。上音域の二重とは完全四度、または完全五度をなすが、実際にはより狭くなる場合もある。＊念仏や真言宗の智・豊両山の仏遺教経＊論義、真宗の＊和讃や＊往生礼讃偈など、中世以降の仏教声楽曲の音高表示に用いられている。(三)＊講式における基層的な部分で、低音域にあり特有の旋律をもつ。＊乙・乙音ともいい、理論的には上の二重とは＊甲乙の関係、つまり完全四度をなす。実際には真言宗の智・豊両山では長二度、天台宗では伝承上の相違があるが、やはり完全四度より狭い音程となっている。ただし元来、講式には甲式(曲)・乙式(曲)の二種があり、甲式では初重が甲となり、二重とは完全五度をなすことになるが、今日天台・真言とも甲式の伝承は絶えている。三重とは乙乙の関係、つまり一オクターブをなすが、実際には智・豊両山では完全五度、天台では二重同様狭い音程を示している。真言の*南山進流の旋律は以上の初重と、ほかの*重との関係がほぼ理論通り成立している。初重の旋律は二音高ほどでシラビックに読誦し、フレーズ末が装飾的に長く引き伸ばされるものである。(塚本篤子)

しょしょうみょうくでん-ずいもんきゅうちゅうし　諸声明口伝随聞及注之 資(天台)声明口伝書。諸声明口伝随聞注。円珠房*喜渕著。文永九年(一二七二)四月一八日に書き始めたと記している。「五音呼様古今相違事」に始まり、「塩梅事」に到るまで二八箇条に亘って楽理・故実・口伝を書き留めている。当時の天台声明の*博士とその旋律に触れる記述を多く含んでいる。(岩田宗一)

しょせかい　処世界 役(南都)(華)東大寺*修二会*練行衆の役名。名称の由来は不明。*平衆の末席。*上堂鐘を撞く。*内陣の掃除、灯明の維持などの雑用を最も多く勤める。常にほかの練行衆に先駆けて上堂し、最後に下堂する。初夜勤行にはほかの人より一時間半も早く上堂して内陣の諸準備にあたる。そのほか、ことあるごとに*導師*呪師*司などに付き従って、目につかぬように細かい仕事を勤める。若手の修行の役どころであるが、手落ちが許されない。(高橋美都)

しょせかいぼん　処世界梵 曲(禅)*如来唄に対応する。漢語。呉音、「処世界如虚空《ショセカイニョコクウ》」。*菩薩戒大布薩式(曹)の処世界梵の段でとなえる。また法会の終結部分でとなえられるところから「*後唄」とも称される。*中音を中心とした単純な旋律である。このほかに食事作法・得度作法の中でも用いられている。(渡會正純)

しょちさん　諸智讃 曲(真宗)(本)無量寿経下巻の「仏智無辺智……」の文を呉音でとなえる曲。浄土真宗本願寺派で用い、譜は天台の声明の*心略讃に依っている。同派は元禄二年(一六八九)以来天台声明を多く採り入れ、梵語の声明もそのまま用いていたが、宝暦一一年(一七六一)、譜は天台声明に依りながらも唱句は所依の経論の文を用いることとした。本曲もその一つである。主として大谷本廟の*報恩講(龍谷会)で用いる。(播磨照浩)

しょてん-かんごさん　諸天漢語讃 曲(天台)漢語。天台声明では*呂《りょ》曲*黄鐘《おうしき》調と*律曲*下無調の二曲の音用が付されている。護法の諸天神を讃嘆する曲で上段(勧請段)・中段(供養段)・下段(発遣段)の三段がある。呂曲は*灌頂会(取水作法・十方神供作法など)*大般若転読会・地鎮祭など用いられる。律曲は灌頂会の胎臓界密印伝法と護摩の間にとなえられる。*定曲四分全拍子(呂律ともに)であるが、近年は*序曲でとなえている。出典は、不空訳の大雲輪請雨経・仏母大孔雀明王経。(天納伝中)

じょどうし　助導師 役 大法要の場合などの*導師の補助役。脇導師・副導師ともいう。(高橋美都)→どうし

じょはきゅう　序破急 理(天台)もとは舞楽の用語で、序は不等拍のリズムの部分、破と急は等拍、かつ拍子によるリズムの部分で、急の方がより速い速度である。声明では*湛智の『*声明用心

集』などにみられ、湛智は*序曲と破急曲（急破曲）の二種に大別している。序曲は「具さに載すこと能わず」とて、*始段唄、*中唄など今日の序曲に分類される曲を例として挙げているが、今日の序曲のリズムとは異なるものと考えられる。破急曲は「音楽の程に付く」、つまり雅楽における拍をもち、さらに長短二種の拍の組合わせによりいくつかの拍子となるものとされるが、今日の*定曲に相当する拍子構造をもつリズムを意味するものであろう。また序曲・破急曲はそれぞれ、一拍子・二拍子・一二拍子に分類され、さらに序曲では三種の拍子を長短に細分類して計六種に、破急曲では同様に早・中・延などに分け計一〇種のリズムに分類している。しかしこれらの分類は現行の拍子と一致する部分が少なく、湛智の規定したリズムが現行のものと脈絡がないものか、あるいは歴史的に変遷してきた結果なのか定かではない。（塚本篤子）

しょひさん　諸秘讃　資（真言）声明集。*葦原寂照刊。明治二三年（一八九〇）。折本。*朝意が文禄四年（一五九五）に良尊に授けた、真言宗に伝わる秘讃集を底本として再刻したもの。現在、真言宗の*秘讃はこれに基づいている。（岩田宗一）→ひさん

しょやげ　初夜偈　曲（天台）坐禅三昧《ざんまい》経の「煩悩深無底　生死海無辺　度苦般未立　云何楽睡眠」の句を漢音でとなえるもの。天台宗において*例時作法で*回向につづいて用いられている。なおこの句は*往生礼讃偈でも初夜無常偈として用いている。（播磨照浩）

しらきのねんぶつ　白木念仏　曲（西山）粟生《あお》光明寺の*御忌会・御遠忌で*双盤に合わせてとなえられる。もと、この*念仏は法要*道場の中で念仏講社員の主導のもとにとなえられていたが、現在では*式衆のみがとなえている（「*白木念仏について」―『仏教儀礼』上田良準著）。「ナー・マー・ダー・ブー」を一唱する間に双盤が四八打される。「白木」は自力を捨てた他力だけの念仏を意味し、法然の弟子証空が語った言葉（『法然上人行状絵図』四七）の中に出ている。（岩田宗一）

じれんげ　持蓮華　具　蓮華形の*柄香炉を木で造り彩色したもの。柄香炉の代用として用いる。時宗所用のものは蓮の萼の形にしたもので、*合掌の間にはさんで用いる。（播磨照浩）

しんが　真雅　人（真言）声明家。延暦二〇年（八〇一）～元慶三年（八七九）。*空海の弟子。弘福寺から東寺の経蔵主管、そして東大寺別当を経て貞観寺に住した。嘉祥元年（八四八）に仁明天皇から宮中に請われた際、尊号をとなえる声の美しさが一同を驚嘆させたとある（『元亨釈書』）。（岩田宗一）

しんぎ-しょうみょう-たいてん
新義声明大典　資（真言）（智）*声明集。*内山正如著。大正六年（一九一七）、平間寺刊。袋綴B5変型一四五丁。声明三二曲を*博士・解説を付して収め、附録として、「新義声明伝来記」「三発見記」「声明練習初学心得」を載せている。同派声明の集大成といえよう。この声明集は、昭和三九年刊の第五版より書名を『昭和新訂智山声明大典』と改められた。（岩田宗一）

しんぎりゅう　新義流(派)　[流]
〔真言〕高野山金剛峯寺を中心とする古義真言宗声明の*進流に対し、長谷寺(豊山《ぶざん》派)・智積院(智山派)を中心とする新義真言宗の声明の流れを指していう。(岩田宗一)

しんごん　真言　[曲]　明・呪・明呪・神呪・密呪などともいう。サンスクリット mantra の訳。原意は「思念する」man・「器」tra。如来の真実語・真理を意味する。法会においては諸仏・菩薩・明王・天などに帰依し祈願し讃嘆するために素読み、あるいは*博士を付して誦ぜられる。マントラは古くヴェーダに発し、除災招福のために神神に帰依し祈願し、その徳を讃嘆するときにとなえる聖句で、バラモン教では法験ある呪文として盛んに用いられた。釈尊は原則的には呪法を禁止されたが、毒蛇の害や歯痛・腹痛などを除くための呪は認められた。大乗仏教ではマントラは呪力ある文句として用いられ、さらに密教に至って永遠の真理を表わす真実語として用いられ、遂には教団の名称ともなった。真言を含めた呪文を総称的には「呪」という。これにはマントラ、ダーラニー(dhāraṇī　陀羅尼)、ヴィドヤ(vidyā　明)がある。陀羅尼は総持と訳され、仏の教えの心髄を収めた記憶しやすい聖句で、よく仏の教えを総摂し憶持する意味である。大乗仏典に多く説かれており、比較的長い呪である。ヴィドヤは知識・さとりの智恵の意味をもち、無明の業障を除く功力があり、単に「明」ともいい、真言と同義語として用いられる。呪には、その長短により大呪(根本呪・大心呪)・中呪(心呪)・小呪(心中心呪)の三種がある。また内容上からは、㈠その尊の種字からなるもの、㈡名称からなるもの、㈢本誓を説いてその功徳を讃嘆するもの、㈣三昧耶形を示す言葉からなるものなどがある。一般的に語句の最初にオン(Oṃ　唵)ナウマク(namaḥ　南無・曩莫)などの帰命の句と、最後に成就の意味を表わすソワカ(svāhā　娑嚩賀)の句がある。真言は、真言密教の即身成仏のための三密行の語密に当る。真言に*博士を付してとなえる例は*唱礼の一部、ならびに*秘讃中に見られる。また金沢文庫蔵の「念誦」(『秘讃類聚』二)の音曲は、現在伝承されてはいないが代表的なものである。(新井弘順)

しんしゅうｰじしゅうｰほうようきはん　新修時宗法要軌範　[資]〔時宗〕*声明集。声明研究会編。昭和五二年、同宗宗務所刊。上下二巻。袋綴上巻三〇三頁、下巻一四九頁。昭和五〇年の一遍上人開宗七〇〇年大法要を機に企画され、二年後に完成した。上巻には*六時礼讃*居讃*念仏*和讃(二〇首)など、下巻には*阿弥陀経・般若心経*来迎讃のほか、日常勤行*施餓鬼・葬儀・年回・食経などの法要の次第に沿って声明曲を収めている。*博士は細かい動きの多い時宗声明の旋律を線描によって、でき得るかぎり忠実に表記することに努力が払われている。(岩田宗一)

しんしんふがんげ　清晨普願偈
[曲]〔禅〕〔黄〕唐音。朝課の警策文。*維那・悦衆・副衆(三悦衆)だけが大小の両*引磬でとなえる節経の一つで、これに合わせて香灯師(*太皷を打つ者)が足を運ん

で太鼓の所まで行く。（田谷良忠）

しんせん　神仙　理　日本の＊十二律の第一一音。中国の十二律の無射、洋楽のC音（ハ）にほぼ相当する。（塚本篤子）

じんたつ　深達　人〔天台〕姓は滝本。声明家。嘉永三年（一八五〇）〜大正四年（一九一五）。＊覚秀と良海に学ぶ。大正から昭和にかけて希代の名声明家とうたわれた＊多紀道忍は彼の門から出た。また浄土宗知恩院や真宗興正寺など他宗派の声明指導にも力があった。（岩田宗一）

じんちょうげ　晨朝偈　曲〔天台〕出曜経　摩訶僧祇律の「欲得寂滅楽　当学沙門法　衣食繋身命　精麁随衆得」の句を漢音でとなえるもの。天台宗において＊法華懺法《ほっけせんぼう》で用いる。また＊往生礼讃偈にも晨朝無常偈として収められている。（播磨照浩）

じんぶん　神分　曲〔南都〕〔真言〕〔天台〕〔法華〕仏教の守護神として位置づけられているインドや日本の神神を＊道場に請じ、読経・法要の功徳を分かち与えるためにとなえる和語声明である。華厳宗の＊修二会では、この神分を二分し、その間で＊神名帳が読み上げられる。通常、併せて施主・加供者・願主・信徒・寺領などのための祈願が行なわれる。したがって神分の文句は、法要によって異なる。旋律はいずれも朗唱風である。（岩田宗一）

じんぽうじゅ　深法頌　曲〔真宗〕（興）「南無阿弥陀仏」の名号八句に天台声明の＊散華の譜を付した曲。西本願寺で安政四年（一八五七）に出版された『声明帖』に収められているが、現在では興正派で用いている。（播磨照浩）

じんみょうちょう　神名帳　曲　本来は祭祀の台帳として神神の名を列記したものだが、法会の場への勧請用に奉読する場合、声明の曲種と考えうる。東大寺・法隆寺など南都諸寺の＊悔過会で、神名帳読役が祈願の意味をこめて単独で朗唱する。旋律は数種のパターンの組み合わせからなる。（高橋美都）

しんりゃく－かんごさん　心略漢語讃　曲　しんりゃく－かんごのさん。心略漢語と通称。漢讃。漢音読み。＊心略梵語讃の漢訳の曲。胎臓界の大日如来を讃嘆する大日大讃の心要を略出したのでその名がある。＊後讃の第二に用いる。出典『青竜儀軌』（別称『標幟普通真言蔵』）。『＊魚山蠆芥集《たいかい》』をはじめ諸流の詞章は、「一切善生主《イッセイセンセイシュ》　妙用體無礙《ベウヨウテイブカイ》　三界如大王《サンカイジョタイヲウ》　遍照我頂禮《ヘンセウガテイレイ》」。「儀軌」では「主」が「種」である。曲調は、『蠆芥集』は＊隆然の「略頌文」により＊平調《ひょうじょう》＊反音《へんのん》曲である。＊律の＊羽《う》で＊出音《しゅっとん》し、「三界如大」の四字が＊呂《りょ》で、＊商で終っている。第二句と第四句の終りの字の末の商は呂という説もあると注記している。仁和寺の『＊法則集』の多くは平調律始羽終商で『蠆芥集』とおなじであるが、潤恵本のみは羽調反音曲で始呂＊徴《ち》終呂＊宮として「人皆律ノ羽ヨリ出ス不可然」と注記している。東京芸大本醍醐流『＊声明集』では反音曲。呂＊一越《いちこつ》調の徴にて出音し、「善」から律＊盤渉《ばんしき》調に反音し、「礙」の末で呂（＊上無）にもどり、「王」より律（＊断金《たんぎん》）へ、最後の「禮」の末で呂（＊神仙）の宮で終っている。『大原声明博士図』や『東寺声明決疑抄』巻下ではともに呂始*乙終*甲という。*四智漢語讃と*博士を比較するに形式は類同しているので、『蠆芥集』や仁和寺『法則集』などは全体を律に書き換えたものと考えられる。『*諸秘讃』に依れば、「善」字に一六節、「生」字に四節、「主」字に三節あり、最初の「善生主」に秘曲がある。初句の『蠆芥集』とおなじ博士は心南院の口伝という。豊山長谷寺蔵の*朝意が良学へ、天正二〇年(一五九二)に伝えた『進水柚・声明秘讃伝授集』では最後に「二十一善」と題して、「善」字二一種、「生」字六種、「主」字三種の博士をそれぞれ出している。(新井弘順)

しんりゃくさん　心略讃　曲〔天台〕別名を大日小讃という。青竜軌に出典がある。天台宗の*灌頂会では胎蔵界・金剛界ともに用いられる。*呂《りよ》曲*黄《おう》鐘《しき》調の*序曲である。(天納伝中)

しんりゃくぼんごのさん　心略梵語讃　曲　心略梵語。胎臓界の大日如来を讃嘆するので、大日讃ともいう。大日如来の徳を讃嘆した三七句の、阿利沙偈＝大日大讃の心要を略出した*讃ゆえ「心略」の名がある。『青龍軌』に法報応の三身の讃を挙げるうち、法身讃に相当する。漢訳の讃を心略漢語讃という。奠供あるいは*前讃に用い、三讃を略して一讃のみとなえるときは、この讃を用いるので、「総讃」ともいう。「薩嚩尾也比婆嚩《サラバビャヒハンバ》……曩謨率覩帝《ノウボソトテイ》」。*伝法灌頂の中台讃《ちゅうだいのさん》および*後讃に用いるときは最初に「唵《オン》」の字を加える。*隆然の「諸声明略頌文」に「大日*双調唯呂曲」と伝えるが、『*新義声明大典』には「但シ中古以来常途ニ*一越《いちこつ》*反音《へんのん》二唱来レリ」という。醍醐流の『声明集』も一越*呂《りよ》反音曲という。『*魚山蠆芥《たいかい》集』所載の今日伝承の*博士は、始終音とも*商で、曲の終り近くの「謨」の*角から「律ニナルカ」(文保本)という。筆者は当曲は一越調呂反音曲で、『魚山蠆芥集』の譜は、*盤渉《ばんしき》調*律に書き換えたものであると思う。(新井弘順)

しんりゅう　進流　↓なんざんしんりゅう

↓しちぼんごさん

しんりょうだん　津梁段　曲〔真宗〕(興)中国唐代法照の五会法事讃中の文「五濁修行多退転不如念仏往西方到彼自然成正覚還来苦海作津梁」を天台声明の*諸天漢語讃供養段の譜でとなえるもの。真宗興正派で用いる。なお、この文は本願寺派の*五会念仏作法でも*誦讃偈として用いられている。(播磨照浩)

すいかん　水冠　衣〔浄土〕法要儀式に用いる冠り物。前後に長い形のものを頭に載せて用いる。前面の折り目が水の字の形をしているところから名づけられた名称であり、また廬山の慧遠が雨請いのときに冠ったので水冠と名づけるともいう。浄土宗・臨済宗で用いるが、水冠は浄土宗での名称であり、臨済宗では烏帽子《からすもうす》と称している。(播磨照浩)

ずいき　随喜　曲〔天台〕天台宗の*法華懺法《ほっけせんぼう》の*四悔の一つ。*声明懺法《しょうみょうせんぼう》で用いる本譜と*切音《きりごえ》の二種があり、漢音でとなえる。なお本譜は浄土真宗本願寺派の*総序の譜に用いられている。(播磨照浩)

すいびょう　水瓶　具　梵語でkundikaといい、古代インド以来、僧の必須の持ち物であった。上部が細くなり、胴の広い瓶で、胴部の上方にも横に注口をつける。主として*布薩で用いる。すなわち水瓶の水を注いで手を洗い、水を盥で受け、手を手拭で拭う作法に用いる。手拭掛や盥にも平安時代の遺物がある。(播磨照浩)

ずいほうえこう　随方回向　曲
〔天台〕*曼荼羅供や*光明供の終末に*導師が独唱する偈文で特別の旋律はない。今まで修した修法の功徳を他に施す文である。(天納伝中)

すえばこ　居箱　→せっそうばこ

すぐ　直グ　理　スグ。「まっすぐ」の意で、*ユリや*ソリなどの装飾的な音型の施されない音。多くは*博士の傍らに「ス」と略して書かれる。(塚本篤子)

ずこうき　塗香器　具　塗香を入れる具。*灑《しゃ》(洒)水《すい》器と合わせて二器という。塗香は身体に香を塗るもので、暑熱の地のインドでは日常の重要な行儀であったと思われるが、日本では指先に香末をつけて、掌にすりひろげてから身体に塗る動作をするだけである。小形の鋺で、高台つきの台と蓋をつけ、灑水器より少し小形である。密教の法具であるが、浄土宗や浄土真宗本願寺派でも用いる。(播磨照浩)

ずし　厨子　具　豆子・厨司とも書く。仏像・経巻・舎利などを収める容器である。仏龕ともいう。古くは調度品を収めるものも厨子といったこともある。多くは木で作り、漆塗を施し、金箔をおし、彩色や金具で飾る。正面あるいは三方に扉を設けるが、扉の無いものもある。殿堂を模して造った*宮殿形厨子、偏平な四注造の屋蓋を設けて下方に壇上積形式の台を付した簡素な形式の春日厨子、楕円形の平面をもつ木瓜《もっこ》厨子などの種類があり、携帯に便利なように工夫されたものもある。また仏画を懸けるための奥行の浅い厨子もあり、中には後壁の内部に直接仏画や曼荼羅を描く例もある。仏舎利を安置する厨子は、基壇の中央に舎利容器を置き、上に屋蓋をのせた吹き抜け式のものと、奥行の浅い春日厨子の中央に舎利を嵌め、扉の内側に諸天像を描いたものとがある。(播磨照浩)

すずかけ　篠懸　衣　〔修験〕修験道で用いる*衣。鈴懸・鈴掛とも書き、裾掛《すそかけ》の意であるとの説もあり、山中にわけ入るとき篠に裾がかかるから篠懸というとの説もある。青と黒で石畳文様を摺った摺衣と、柿渋で染めた柿衣がある。着装には*袴の上から上衣を着け当帯で結ぶ掛衣と、上衣の上から袴をはく著籠との二種がある。(播磨照浩)

すずき-ちべん　鈴木智弁　人〔真言〕声明家。明治七年(一八七四)～昭和四一年(一九六七)。長年に亘って仁和寺・醍醐寺で声明講師を勤め、多くの弟子を育てた。昭和三二年には『*南山進流声明集・附仮譜』を著わしたほか、麻尼清之と共同でレコード六枚を作成した。(岩田宗一)

すすきねんぶつ　薄念仏　法　曲
〔時宗〕時宗の念仏法要、またはその中で唱えられる中磬《なかがね》念仏。仏前に薄を供え、その前で*鉦鼓を打ち鳴らしながらとなえる。一遍が弘安三年(一二八〇)に、奥州江刺にある祖父河野通信の墳墓に詣で、薄の中の墓を巡って転経念仏したのに由来するといわれている。元来は八月一四日に行われていたが、現在では九月一四日に行なわれている。*踊躍《ゆやく》念仏*別時念仏と並んで、時宗の重要な行儀になっている。（播磨照浩）

すみげさ　墨袈裟　衣　〔真宗〕黒色の*小五条袈裟に白*威儀をつけたもので、浄土真宗で用いる。金襴の上に黒の紗を重ねた螢袈裟と称するものもある。（播磨照浩）

すみぞめ　墨染　衣　*法衣の色。鼠色に染めた衣。墨染とは薄墨色のことであって、*壊色《えしき》の一つである。*黒衣を墨染とすることが多いが墨染は黒でない。室町時代には薄墨が一般に用いられ、黒は改まった色であり、本願寺でも薄墨の*素絹を用いていたが、他宗との接触の多い連枝は黒と薄墨の両方を所持し、たまたま黒衣をつけたままで、法主の蓮如の前に出ると、蓮如ははなはだ不興気であったという話が伝えられている。（播磨照浩）

せいぎしゃ　精義者　役　顕教で学僧の資格試験にあたる*竪義《りゅうぎ》の判定者。*証義者ともいう。*探題が選定した論題を*問者が発するが、さらに難問を付加して吟味して可否を下すのが精義者の役割である。精義とは本来は竪義に際して*竪者《りっしゃ》と問者の問答を整理して議論を深めていくことであったが、後に探題の代りに竪者を精難し、その判定を下す役を精義者というようになった。ただし今日の*伝法大会などでは、未講者が精義者として竪者と組になって勤めるようになっている。（高橋美都）

せいざん-れんもんかじゅ　西山蓮門課誦　資　〔西山〕*声明集。霊空賢龍編、昭和三六年刊。西山浄土宗門主の編者が法然上人七五〇年忌を記念して上梓した。同宗では長年に亘って『*蓮門課誦』が日課の規範であった。昭和二五・六年ごろに天台宗の*多紀道忍を招いて声明の整備を行なったが、この『西山蓮門課誦』は、その後に使われるようになった*博士によって記されていて、『蓮門課誦』とは明らかな相異を示している。そして旋律の骨組みが、浄土宗のそれとほぼ共通している点が注目される。（岩田宗一）

せがき　施餓鬼　法　施餓鬼会の略。施食会。悪道におちて飢餓に苦しむ衆生や餓鬼に食物を施す法会。真言宗・禅宗・浄土宗・時宗など広く各宗派で行なわれる。阿難尊者が一日餓鬼（面然大士または焔口という）に会って、餓鬼から「三日後に汝の命は尽きて、餓鬼の中に生れるであろう」といわれ、阿難は惶怖を生じて餓鬼に問うたところ、「明日の朝、無数の餓鬼衆等に飲食を施し、我がために三宝に供養せよ……」といわれ、阿難は世尊に「どうすればこの苦しみより免れるでしょうか」と問えば、世尊は「我に一切徳光無量威力という陀羅尼がある。無数の餓鬼衆等に食を施し、この陀羅尼を誦すならば、汝は苦海より脱するであろう」と告げられた由来から来ている。黄檗《おうばく》宗では、施食（スーシー）または焔口（エンクー）と呼ばれているもので、『瑜伽集要焔口施食壇儀』に依っている。これは上下二冊本で、経文の大部分は陀羅尼と*真言である。唐三蔵不空訳の仏説救抜焔口餓鬼陀羅尼経から、明時代に雲棲袾宏(浄土教)が編集したものが、隠元禅師の渡来とともに入り、当時、長崎の三福寺で使用されていたものを、黄檗山開創時代に日本版として作られたものらしい。経本には、「まず香を薫じ、浄水で*道場を浄める。つぎに*金剛杵で魔を除き、花香灯塗果(五供養)で荘厳し、三宝に供養す。餓鬼衆を招き、飲食物を施して、福徳円満になって、天上界に送る」となっている。大本山萬福寺では、毎年八月一五日の*盂蘭盆会・秋の彼岸会(中日)・旅日華僑の*普度勝会または大法要(遠諱)などの最後の日に満散施餓鬼として行なわれる。各地の黄檗寺院ではお盆や春秋の彼岸会を中心に行なわれている。(田谷良忠)

せじきげ　施食偈 曲〔禅〕(黄) 放饅の偈。*唐音。*施餓鬼の中の節経。この偈は『瑜伽焰口』にはなく、焰口の「来所受飲食文」の代りに「蒙山施食文」より取り入れられたもの。金剛上師が一句ずつとなえ、饅頭を投げる。経衆はそれに和してとなえる。全部で八句。最後の句は投げないので饅頭は七個投げられる。*引磬《いんきん》だけでとなえる。(田谷良忠)

せっそうし　説草師 役 *大般若転読などに際して法要の趣旨などにかかわる説草文をとなえる役。*導師が兼ねることが多い。(高橋美都)

せっそうばこ　説相箱 具 居《す》え箱《ばこ》・科註箱ともいう。長方形の木箱である。台の四方に香狭間《こうざま》を造り、外側を薄い金属板で包み、内側を金襴や錦でうちばりする。説相とは説草であり、説法の際の草案の意である。このほか、中に入るものに依って、香炉箱・三衣《さんね》箱という場合もある。また、法要に用いる*法則や仏具を入れて座の近くに置く場合は、居箱という。*庭儀・縁起のときには、弟子が持って随従し、登壇すると*礼盤の左あるいは前に置く。(播磨照浩)

ぜんさん　前讃 曲 (一)法要の中心となる経や偈文などの読誦に先だってとなえられる*讃の総称。たとえば曼供における*四智梵語讃*心略梵語讃*不動讃など。(二)親鸞の*和讃のうち「真宗念仏……」「若不生者ノ……」など数首に*伽陀の譜を付した曲をいう。真宗興正派で用いる。(播磨照浩)

ぜんさんし　前讃師 役 法要の本体となる勤修部分に先立ってとなえられる*讃の*頭《とう》をとる役。(高橋美都)→さんとう→てんぐし

せんぼう　懺法 法 過去に犯した罪障を悔いること(*懺悔)を行なう行事から転じて、除災・招福の祈願のための儀式となった法会。奈良時代の悔過にかわって、平安以降盛んに行なわれた。*法華懺法*阿弥陀懺法*観音懺法などが現在行なわれている。

黄檗《おうばく》宗においては、仏説八十八仏名経*慈悲甘露三昧水懺・慈悲道場観音懺法の三種がある。八十八仏名経は三十五仏と五十三仏に分かれていて、そのうち三十五仏を*拝懺《ぱいさん》する。また水懺では*過去七仏に弥勒仏を加えて拝懺する。現在行なわれているのは八十八仏名経が多く、大本山萬福寺で正月三か日・七月の*盂蘭盆会三か日・一〇月の*普度勝会と、神戸関帝廟の普度勝会である。また慈悲水懺は長崎崇福寺の普度勝会だけで、*観音懺法は現在行なわれていない。

(田谷良忠)

ぜんりんかじゅ　禅林課誦　資　〔禅〕(黄) *声明集。其中堂刊。折本。黄《おう》檗《ばく》宗日課の文を中心に収む。末尾に「黄檗宗*梵唄譜略」を掲げ常用の声明には、その記譜法により*博士を付している。(岩田宗一)

そえびきわさん　添引和讃　曲　〔真宗〕浄土真宗において*和讃を二首つづけてとなえるもので、本願寺派・大谷派・興正派などで用い、二首目の一行目を省略してとなえる。主として読経・葬儀の際に用い、*短念仏・三重念仏につづいてとなえる。大谷派・興正派は通常の念仏和讃の節であるが、本願寺派では、昭和初年に通常の念仏和讃の譜を礼讃の譜に改めたので、この添引和讃にのみ古い唱法が残されている。(播磨照浩)

そう　匝　作　法要中における所作の繰り返しの単位のこと。例えば*行《ぎょう》道《どう》の一めぐりや*鐃鈸《にょうはち》*双盤などを打つときの一定のリズム型をいう。(岩田宗一)

そうおういんりゅう　相応院流　流　略して相流ともいう。真言声明の流派の一つ。久安年中(一一四五~一一五〇、一説に仁安二年)に仁和寺の*覚性法親王が声明談合を行ない、真言声明を四流に統合整理し、自らは本相応院流(後の菩提院流)を、能覚に新相応院流(西方院流)を主宰させた。両流は仁和寺を中心に広まり、行遍・尊遍など多くの声明家を輩出した。とくに後醍醐・後宇多天皇の頃は隆盛を見、西方院流では宣雅が、菩提院流では潤恵が従来の『*法則集』の*博士を改めて標準的な譜本を編纂した。東寺では*醍醐流とともに菩提院・西方院の両流が行なわれ、金沢称名寺・奈良西大寺には西方院流が伝えられた。当流は明治中期頃まで仁和寺に伝えられたが廃絶し、今日では*南山進流が用いられている。(新井弘順)

そうか　双華　荘　〔真宗〕浄土真宗において*燭台を用いず、花一対だけにする荘厳法。西本願寺阿弥陀堂では平常は*常香盤を置き、*前卓は用いない。しかし軽い法要の際には常香盤の前に*礼盤を置き、向卓に*華瓶《けびょう》に色花を挿し、重い法要の場合には、常香盤の替りに前卓に*花瓶《かびん》一対と*香合を置き、*上卓に土香炉を載せる。東本願寺阿弥陀堂では平常は前卓に双華と土香炉を置き、法要時には*五具足としている。花一対に*香炉のみの荘厳形式は、本願寺第三世覚如宗昭の伝記である『慕帰絵詞』に見え、『祖門旧事記』にも「両花」とあるところから古い荘厳の形式であると思われる。(播磨照浩)

そうかい　草鞋　具　*法衣着用の際に堂内で履く沓。木の沓に赤・紫・萌黄などの金襴を張ったもの。(播磨照浩)

そうがんげ　総願偈　→しぐぜいがん

そうぎゃり　僧伽梨　衣　梵語 saṅghāti を音訳したもの。*三衣《さんね》のうち最も大きいので大衣といい、インドでは王宮や聚楽に入るときに着用したので入王宮聚楽衣ともいわれた。*九条から*二五条まである。九条と二五条が多く用いられ、まれに一三条がある。(播磨照浩)

そうごう　僧綱　役　一般の仏教

用語としては僧尼を統領し、教法の維持に努める官職であるが、法要中での役名としては、真言宗*伝法大会において*探題*精義者に次ぐ重要な審判者の名称に用いられている。公式の立会人の意味あいかと思われる。また天台宗*法華大会などの大行列において僧綱とは二列に並ぶ際の上位にある列(奇数臈があたる)をさし、凡僧(偶数臈があたる)に対する用語とされている。(高橋美都)

そうごうえり　僧綱襟　衣　*法衣の襟を立てて着用するもので、*袍裳《ほうも》*鈍色*素絹を着用するとき、襟を折らずに立てたままにすることであり、僧綱領・襟立衣とも呼ばれる。元来、巾広の襟の処理方法であり、僧正・僧都・律師の*僧綱のみに許されたが、僧綱が名前のみの空位になるに従って、僧綱襟も広く行なわれるようになった。浄土真宗本願寺派では、明治以降僧綱襟の部分のみを切り離して「でんち」のように仕立て、*七条袈裟を着用するときにのみ用いるようにしている。また日蓮宗・法華宗では、*直綴《じきとつ》の襟裏に袋状の裂をつけ、中に板の芯を入れ、さらに金具で身体に固定して用いる方法が近年案出されている。(播磨照浩)

そうざ　草座　具　*導師が*着座するときに座上に敷く*坐具。70cm四方ほどの畳表に白裂を張り、四方を別裂で縁取りし、左右に白・黄・青の飾り糸を垂れる。釈尊が吉祥草に坐して正覚を成じられたのにかたどるといわれる。*庭儀・椽儀には弟子が二つ折りにして持つ。浄土真宗本願寺派では*礼盤の上に敷くが、天台寺門宗では礼盤の前に敷いている。(播磨照浩)

そうざん　僧讃　曲　(天台)　梵語。天台宗の仏・法・僧の三宝讃の一つで*灌頂会や*御影供にとなえられる。*呂《りょ》曲*黄鐘調《おうしき》である。(天納伝中)

そうじょ　総序　曲　〔真宗〕(本)　親鸞の『教行信証』の序文に*声明懺法《しょうみょうせんぼう》の*四悔の譜を付した曲。浄土真宗本願寺派において、大正一二年の立教開宗七百年記念に作譜されたものである。現在は*広文類作法に収められ、一月一五日の*報恩講日中法要に用いられている。(播磨照浩)

そうじょう　双調　理　(一)日本の*十二律の第六音。中国の十二律の仲呂、洋楽のG音(ト)にほぼ相当する。(二)*調の一つ。(塚本篤子)

そうそうのさん　葬送讃　曲　漢語讃。『*諸秘讃』などの*朝意の*秘讃集所収。漢音読み。「諸行無常《ショガウブショウ》」の四言四句の無常偈と「迷故三界城《ベイコサンカイセイ》」および「如来《ジョライ》証涅槃《ショウデツバン》」でそれぞれ始まる五言四句の三段からなる。*平調《ひょうじょう》*反音《へんのん》曲という。各段とも*出音《しゅっとん》は*羽《う》、終音は*商。葬儀のとき庭上で*四智梵語のつぎに第一段、あるいは第二段を用いるという。(『*南山進流声明集付仮譜』巻下・『*昭和改板進流魚山蠆芥《たいかい》集』の諸秘讃)。(新井弘順)

ぞうちょうてん-のさん　増長天讃　曲　梵語讃。四天王のうちの一天、南方の守護神増長天の*真言に*博士を付した短かい*讃。出典は、陀羅尼集経一一。「オン尾《ビ》嚕《ロ》荼《ダ》迦《キャ》薬《ヤ》乞《キ》刃《シャ》地《チ》跛《ハ》多《タ》曳《エイ》ソハカ」。*呂《りょ》*反音《へんのん》曲。『*諸秘讃』などの*朝意系の*秘讃集に所収。(新井弘順)

そうばん　双盤　器　〔浄土〕　真鍮製

の、中央に突起部があるお盆形の*銅羅。インドネシアのガムラン音楽のゴングに似ている。浄土宗では二種(双)の音高の異なるものを、大衆法会や十夜法要などに用いる。直径は30～45 cm・高さ約10 cm。突起部分をT字型の木製の桴《ばち》で打ち、低く余韻の長い音を出す。双盤は歌舞伎の下座音楽に取り入れられ、いろいろな用途に使われる。(茂手木潔子)

そうばんねんぶつ　双盤念仏　曲　大型の鉦鼓二個を打ち鳴らしながらとなえる*念仏。僧侶が法会の中でとなえる場合と、俗人のみでとなえる場合がある。(播磨照浩)

そうぶつじゅ　送仏頌　曲〔真宗〕(興)法事讃下の「諸仏随縁還本国　普散香華心送仏　願仏慈心遙護念　同生相勧尽須礼」の偈に天台宗の*大乗広布薩式の慶賀偈の譜を付した曲。真宗興正派で用いる。(播磨照浩)

そうらいさんぼう　総礼三宝　曲〔天台〕天台宗で用いる。「一心敬礼十方一切常住仏　一心敬礼十方一切常住法　一心敬礼十方一切常住僧」の句を漢音でとなえるもの。*声明懺法《しょうみょうせんぼう》で用いる本譜と*法華懺法《ほっけせんぼう》で用いる*切音《きりごえ》とがある。切音譜は真宗興正派でも用い、浄土真宗本願寺派の*至心礼の譜にも使われている。(播磨照浩)

そうらいし　総礼詞　曲〔天台〕「大衆諸共ニ大師聖霊ヲ拝ミ奉ツ玉フベシ」の文を*中曲でとなえる曲。天台宗の*御影供《みえく》で用いる。真宗興正派では「大師尊霊」を「曩祖大師尊影」として*宗祖礼《しゅうそらい》文《もん》の名称で用いている。(播磨照浩)

そうらいのげ　総礼偈　曲〔禅〕(曹)*祭文に対応する。漢語。漢音、「能《ノウ》礼所礼性空寂《ライショライショウクウジャク》」。*羅漢講式*報恩講式*洞上伝灯講式・達磨講式*涅槃講式・大般若講式・法華講式の各法要でとなえる。旋律は曹洞宗声明一般によくみられる「下げ節―上げ節―小鍵節」である。ほかに涅槃総礼「拘尸那城《クシナジョウ》 跋提河《バツダイカ》」、羅漢総礼「我此道場 如帝珠《ガシドウジョウニョタイジュ》」がある。(渡會正純)

そくしょうさん　即生讃　曲〔真宗〕(誠)中国唐代善導の法事讃の偈「上尽一形至十念　三念五念仏来迎　直為弥陀弘誓重　致使凡夫念即生」に天台声明の*四智漢語讃の譜を付した曲。真宗誠照寺派で用いる。(播磨照浩)

そくん　祖訓　曲〔法華〕宗祖日蓮の書きのこした文章のこと。御妙判《ごみょうはん》・御《ご》書《しょ》・御遺文《ごいぶん》などともいう。(早水日秀)

そけん　素絹　衣　裾の左右および背面に襞をとった*衣。古くは白の生絹で作ったのでこの名があるが、のちに諸種の色目を用い、生地も精好・緞子・紋紗などを用いるようになった。平安時代に公卿の装束を転用したものであり、現在でも天皇が特殊の神事に用いられる御斉衣は素絹によく似た仕立てである。上に*五条袈裟を掛け、下に*差貫を穿くのが本儀であるが、*七条袈裟を用いることも多い。公卿が晴装束のときに裾を長く曳くのに倣い、長く仕立てて裾を曳いたが、のち、短かくして等身に仕立てるようになった。通常、素絹というときは等身のものをいうが、ときにはおなじものを半素絹・短絹と称することもある。これと対照する場合、長く仕立てたものを、長素絹・長絹と称している。等身に仕立てる際に裾をたくし上げた形にする場合と、途中を切った形にする場合があるが、前者が古く行なわれ、鎌倉時代の絵巻物によく見る姿であり、親鸞の「鏡の御影」もこの姿である。またこれは現在でも南都諸宗で用いられ、奈良素絹と称している。素絹は通常服をはじめ、諸種の法要に広く用いられたので、多くの異なった仕立てのものがあり、名称も*裳付《もつけ》*空衣《うつお》・等身衣・居士衣*重衣・浄衣などの異称がある。薄墨色の素絹に白五条袈裟は鎌倉・室町時代の常服であり、現在も日蓮正宗や日蓮本宗のように、薄墨の素絹と白五条袈裟しか用いていない宗派がある。また浄土真宗本願寺派のように、古くは*袍裳《ほうも》*鈍色*直綴《じきとつ》も用いたが明治四一年(一九〇八)に素絹以外の衣を廃し、素絹に色物と黒の二種を設け、単に*色衣*黒衣と称するようになった宗派もある。なおこの浄土真宗本願寺派では*僧綱襟も切離して別に作り、七条袈裟を着用するときにのみ付装するようにしている。(播磨照浩)

そらんてんくのさん　麁乱天供讃　曲　漢語讃。『*諸秘讃』などの*朝意系の*秘讃集に所収。『密教大辞典』に「麁乱天のこと未だ経軌の説を見ず。蓋し三宝荒神の異名か」とある。詞章は「此酒芳美　祭諸神祇　祭諸神等　天福皆来　地福円満　急々如律令」で、初五句は呉音、末の一句は漢音で読む。詞章の内容は、諸神に酒を奉げる功徳を詠んだもの故、「麁乱」は酒の意の梵語surā(蘇羅)の漢写語で、酒を諸天神祇に供養するときの讃と思われる。*呂《りょ》*反音曲《へんのん》か。(新井弘順)

そり　反り　理〔天台〕〔真言〕〔浄土〕　声明における代表的な装飾的音型の一つで、音高上昇のためのもの。「ソ」と略記される。本来*五音のうち*商と*羽《う》はそる性格をもつため、ソリは商と羽に施されることが圧倒的に多いが、時には*角にもみられ、特に今日、真言宗では*博士にソリの手入れがなくとも、角は*徴《ち》にひきつけられて、そり上る傾向にある。天台のソリは商→角→商→角(商のソリ)のように、もとの音から一往復して上昇するものであるが、後半の部分は付加的なものと考えられる。羽のソリは羽*宮間、または徴羽間で行なわれる。ソリの幅が短三度のものを律性のソリ、短二度か長二度のものを呂性のソリというが、後者は少ない。真言宗では羽のソリは後続する博士が徴の場合は徴の音高のままか、徴から短二度か長二度上昇し、宮が後続する場合は羽が*上羽となり、そこから長二度上昇する。商のソリは商から長二度、または完全四度上昇する。智・豊両山にはソリの変型である大ソリ、雲雀返シがあり、一定はしていないが大変広い音域にわたって音が上昇するものである。天台・真言両宗および天台声明の影響下にある浄土系以外の流派ではソリという用語は特に意識されていない。(塚本篤子)

そんこ　蹲踞　作〔天台〕〔真言〕「そんきょ」とも読む。*坐法の一種。また礼法にも用いる(蹲踞礼)。蹲踞坐・蹲坐・踞坐ともいい、梵語で嗢倶吒《ウクタ》坐(utktam)ともいう。蹲・踞ともに「うずくまる」意。膝を立ててしゃがむこと。降伏法のときに用いる坐法というが、経軌によってその坐り方に多少の相違がある。㈠『略出経』一に「右脚を以て左脚の上を踏み、蹲まりて臀を地に著けず」という。㈡『瑜伽護摩軌』(略本)に降伏法に用いる坐法として「降伏には皆黒を用い、蹲踞坐。左足の大指を以って右足の大指の甲の上を履む」という。㈢義浄の『南海寄帰伝』三に、律にいうとして梵語の嗢屈竹迦(utkutaka)を蹲踞と訳し、「隻足地を履み、両膝皆竪て」て坐すという。㈣大日経七に「右脚の跟を以って左脚を支え、地に至らず、膝やゝ前に向う」とある。今日用いているのは㈢の説で、相撲で用いる「ソンキョ」の姿勢である。天台宗では、衣体を着し外儀(晴れ)の法会のとき*大衆が蹲踞礼をするときの一般の坐法である(『天台宗法式作法集』)。真言宗豊山派・智山派では、左足を立膝とし、右膝を地に着ける跽跪を蹲踞といい、*三宝礼などのとき用いている(『豊山派法則集』乾『智山法要便覧』第一集)。*南山進流では両膝を立てて蹲踞して*三宝礼をとなえる(『真言宗諸法会作法解説』)。(新井弘順)

だいあじゃり　大阿闍梨　役〔天台〕〔真言〕阿闍梨とは師の意味があり、僧の官名にも用いる。大日如来に発して師資相伝される法統の継承に際しては師となり、また*曼荼羅供や灌頂会の統率責任者である。*灌頂は密教の重要な儀式で、一人前の僧たる資格を与えるものなどである。授ける側の阿闍梨には、最高責任者たる大阿闍梨のほか、教師でありながら自らも大阿闍梨から資格を問われている教育実習者的な立場もある。天台宗と真言宗では名称に若干の差違がある。最高責任者は大阿闍梨であるが、天台では*教授大阿闍梨と称し、真言では大阿闍梨を大阿、または*開壇阿闍梨ともいう。大阿闍梨の下で、実習の形で授者となる立場を、天台では開壇阿闍梨、真言では便坦阿闍梨という。伝法に先立つ三摩耶戒儀の授戒や、灌頂儀での密印の伝授などは大阿闍梨自らが行なう。一方、本尊曼荼羅の供養、受者への灌頂、秘密法具の伝授などは、単に阿闍梨とも称される開壇阿闍梨(天台)・便坦阿闍梨(真言)が行なう。受者への灌頂を行なった阿闍梨は、自らの一定の修行と*伝法灌頂を経た上に、さらに他者を教化する資格を受けることになり、曼荼羅供の*導師などが認められる。つまり阿闍梨の役を勤めることが一種の資格試験とみなされている。書物や宗派によりこの阿闍梨を、蓮台阿闍梨・助阿闍梨・小阿闍梨とも称するようである。一方、灌頂会の法儀進行に不慣れな受者や、初めて役を勤めることになる阿闍梨の後見のような役割を*教授阿闍梨(真言)・助教授阿闍梨(天台)という。これらの役割を勤める人も資格は大阿闍梨である場合が普通であるが、主に所作についてのみの関与である場合が多い。(高橋美都)

だいあじゃり-の-しょうみょう
大阿闍梨声明　曲〔真言〕結縁灌頂三昧耶戒のとき*戒師の*大阿闍梨がとなえる一連の声明。乞戒声明と対になる。真言声明の中興の祖*寛朝が作曲したと伝えられる。また寛朝は真言密宗の声明に三重の許可を設け、初重を*秘讃、第二重を乞戒、第三重を大阿の声明とした。『大阿闍梨声明系図』によれば寛朝に発し、仁和寺・醍醐に相伝されたが、両流は廃絶し現在写本が伝えられるのみで、声明曲としては*南山進流にのみ伝承されている。主な曲は、*胎蔵界九尊*金剛界五仏・請戒師・請羯磨阿闍梨・請教授阿闍梨・請証戒阿闍梨・請同学伴侶*仏名*教化など。写本流布。刊本は『*南山進流声明集付仮譜』下巻(*鈴木智弁編、昭和三二)および『*昭和改板進流魚山蠆芥集《たいかい》』第三(*岩原諦信編、昭和一七)。(新井弘順)

たいかいしゅう　蠆芥集　→ぎょさん-たいかいしゅう

だいきん　大鏧　→けいす

たいこ　太鼓　[器]　法鼓《ほうこ》・大太鼓。一般に樽形の大太鼓をさし、読経のときに打つ。黄檗《おうばく》宗の場合*磬子《けいす》(小さい釣鐘)と*鈸《ばつ》(小型シンバル)と樽型太鼓がセットになったものを法鼓《ほっく》と称し、その太鼓のことを香灯《ひゃんてん》と呼ぶ。一般の太鼓の桴《ばち》は木製のスリコギ形。このほかに、仏寺で用いられる太鼓の類には、つぎのようなものがある。柄太鼓《えだいこ》=日蓮宗の二枚皮の平たい円形柄付太鼓。*団扇《うちわ》太鼓。鼓《く》=曹洞宗で使う二枚皮の平たい円柱形太鼓。腕にかかえて打つ、桴は長丸棒形。同型のものを、天台宗・真言宗・浄土宗では太鼓と呼び、真言宗の場合「し」の字形に曲った自然木を桴に用いる。総じて、太鼓の皮は牛皮を使う。(茂手木潔子)

だいごりゅう　醍醐流　[流]　真言声明の流派の一つ。久安年間(一一四五~一一五〇、一説に仁安二年)に仁和寺で*覚性法親王により行なわれた声明談合のとき定められた四流のうちの一流。定遍が主宰したというが、定遍は仁和寺の寛遍の付法で、醍醐流との関係は明らかでない。醍醐流の血脈によれば、当流は*宗観—*観験—勝賢—任賢、あるいは宗観—聖海—*慈業—[堅覚/宗源]—玄慶と相伝され、*南山進流と同様に大進上人*宗観の流(進流)を源としている。それゆえ醍醐進流ともいわれた。醍醐流の標準的な譜本を『*声明集』といい、代表的なものに建長六年(一二五四)に玄慶が編纂したものがある。当流は江戸時代まで行なわれていたが廃絶し、現在醍醐寺では南山進流を用いている。(新井弘順)

だいさん　大讃　[曲]　(天台)　梵語。胎蔵界曼荼羅の本尊讃で大日大讃ともいう。天台宗では*律曲の*下無調で*九方便(*呂《りょ》*黄鐘調《おうしきちょう》)より*羽反音《うへんのん》してとなえ、終句で*曲中反音(下無調*律の*宮を黄鐘調呂の*羽《う》に)する曲であるが、現行は上段のみをとなえるので*反音は行なわない。*定曲の四分全拍子であるが、現行は略用として*同音より*切音《きりごえ》拍子を用いている。出典は大毘盧遮那胎蔵悲生広大成就儀軌第一・大日経第七巻・金剛頂四巻など。(天納伝中)

だいさんげ　大懺悔　[曲]　(南都)　→おおいさんげ

だいしえぐさほう　大師影供作法　[法]　(真宗)(本)　浄土真宗本願寺派の勤行式。*頌讃*画讃*念仏正信偈*回向の次第であり、伝供を行なう場合には*五眼讃を加える。*報恩講法要に用いる。(播磨照浩)

たいしほうさん　太子奉讃　[曲]　(真宗)(本)　親鸞が聖徳太子を讃嘆した*和讃二首に、天台声明の*九方便の譜を付してとなえるもの。浄土真宗本願寺派の勤行式「上宮太子会作法」で用いる。(播磨照浩)

だいしゅ　大衆　[役]　法要の出勤者全体をさす用語。*式衆*衆僧*列僧などとほぼ同様の意味あいである。また特殊な法会の場合は*練行衆（東大寺*修二会など）*結衆（浄土系統）などと称されるが、それも同様の内容である。法要の出勤者全体といっても、*導師などの一定の役つきの者を除いた、一般の参列僧をさすと考える場合が多い。声明斉唱者としての意味あいを強調する場合は*讃衆*散華衆*梵音衆*平衆などという用語が用いられるようである。ただし、その区別はあいまいである。単に*出仕僧*参勤僧などと称する場合もある。大衆は、導師*大阿闍梨*調声*主懺などと称される法要の主宰者の下で、一団となって法要の趣旨の遂行のために、各自の責務を果たすことになる。あたかも指揮者の指示によりおのおののパートを演奏するオーケストラのようだといえる。各声明曲の頭《とう》役・音具役・進行役・随伴役などが、それぞれの役割を果たすことによってはじめて、法要はその意味をなすことになるのである。（高橋美都）

だいじゅ　大呪　[曲]（天台）梵語。*修正会法儀の一つである*六時作法の中の仏眼呪に旋律が付されているもの。（天納伝中）

だいしゅがん　大呪願　[曲]　法要の小段名。悔過会などの法会の趣旨を示す文で、通常は漢字四字一句を連ねた定型をとる。長文の場合を*大呪願と称する。*時導師が*呪願を乞い、*大導師や*呪願師が一定の旋律パターンに則して唱誦する例が多い。（高橋美都）

だいじょう-こうふさつ　大乗広布薩　[法]（天台）僧侶が毎月二回（一五日・晦日）一堂に会して戒律を読みあげて、罪を懺悔する法会。*唄《ばい》*散華*供養文*唱礼*伽陀などがとなえられ、魚山声明五箇秘曲の一つ梵網戒品もとなえられたと思われるが、今は行なわれていない。*略布薩には声明曲は用いられない。（天納伝中）　→ふさつ

だいじょう-こうふさつ-しだい　大乗広布薩次第　[資]（天台）*声明集。貫信校合・写、文久三年（一八六三）。天台宗の広布薩本として、最も充実した法要本である。奥書によれば、承元二年（一二〇八）本・貞治三年（一三六四）本・享禄二年（一五二九）本の三本を校合しているところから古式の姿を留めているものと見られる。*多紀道忍は昭和一五年にこの貫信本から*博士を除いたものを専修院生の教本として孔版刷で刊行している。（岩田宗一）

たいしょうしんしゅう-だいぞうきょう　大正新修大蔵経　[資]　全一〇〇巻。このうち第八四巻は声明文献集。大正一三年（一九二四）～昭和九年（一九三四）、大蔵出版・大正一切経刊行会刊。収載内容は悉曇蔵・魚山声明集・魚山私鈔*魚山目録・大原声明博士図・音律菁花集・声明口伝・大阿闍梨声明系図・十二調子事・声明源流記・音曲秘要抄・講式（一二一本）・如法経現修作法である。声明史の基本文献がこのように大量に翻刻されて一個所に収載された最初。宗派別に見ると真言宗のものが大部分を占めている。（岩田宗一）

だいしん　大進　→しゅうかん

だいせんりゅう　大山流　[流]（天

台）*引声《いんぜい》阿弥陀経を伝える流派名。鳥取県大山寺に伝えられてきたが、近年、その伝承は絶えた。しかし京都の真如堂にその伝統は移されているといってよい。（岩田宗一）

たいぞうかいくそん　胎蔵界九尊 曲〔真言〕結縁灌頂*大阿闍梨声明の一種。胎蔵界立の結縁灌頂の三昧耶戒の儀式のとき*大阿闍梨が戒壇上で胎蔵界曼荼羅の中台八葉院の九尊の梵号を*博士を付してとなえて運心礼拝する。最初に「次《ユ》礼《セン》ニ九尊《ノ》号《ヲ》」ととなえて、まず中央の大日如来「ン南謨《ナウボ》　毘瑟駄《ビシュダ》　達磨《タラマ》駄都《ダド》　摩訶毗盧遮那《マカビルシャナ》　薩他誐多《サタギャタ》」（清浄なる法身大日如来に帰命し奉る）を礼し、以下、東方宝幢《ほうどう》如来・南方開敷華王《かいふけおう》如来・西方阿弥陀如来・北方天鼓雷音《てんくらいおん》如来・東南方普賢菩薩・西南方文殊菩薩・西北方弥勒菩薩・東北方観自在菩薩を礼し、最後に大悲胎蔵界と金剛界の一切の如来を礼す。文句は全て「ン南謨」で始まり、全部で一一句ある。*南山進流では*中曲黄鐘調《おうしきちょう》でとなえる。『*南山進流声明集付仮譜』下巻、『*昭和改板進流魚山蠆芥集《たいかい》』第三。（新井弘順）→だいあじゃり-しょうみょう

たいぞうかい-まんだらく　胎蔵界曼荼羅供 →まんだらく

たいぞうかい-れいさん　胎蔵界礼懺 曲〔真言〕礼懺文。一巻。仁海撰。*金剛界礼懺に準じて仁海《にんがい》（九五一―一〇四六）が編纂した（亮汰『胎蔵界礼懺文鈔』）。胎蔵界曼荼羅の中台八葉院の九尊と遍智院の仏眼仏母尊と五大院の五大明王の一五尊に、礼拝・懺悔・讃歎を行なう。㈠*敬礼三宝、㈡*九方便、㈢礼仏（一五尊礼）、㈣歎徳、㈤*発願、㈥結偈。㈡の九方便は、大日経巻七、㈢の礼仏の諸尊の密号は胎蔵次第、ほかは金剛界礼懺に依った。金剛界礼懺と同様に、四度加行や夕勤行に用いられる。諸種の真言宗常用経典所収。また胎蔵界三昧には、*導師供養法の間、*職衆は一五尊および三部の諸尊に対し曲節を付して一六返*蹲《そん》踞《こ》礼（曼荼羅礼）を行なう（豊山派『法則集』『豊山声明大全』）。（新井弘順）

だいだん　大壇 荘 大坦。*修法壇のうち、平面が正方形であって、*四面器を置く*華形壇*箱壇*牙形壇をいう。（播磨照浩）

だいだんく　大壇供 荘 密教で*大壇の上に置く修法用具。四隅に四橛を立て*壇線を張り、壇の中央に塔鈴・塔杵・大形の*華瓶《けびょう》・*輪宝をならべ、四方に金剛鈴と*金剛杵を組み合わせたものを置き、四隅に*羯磨《かつま》を置く。壇上の四周には*火舎を中心に*六器*飲食器と草瓶を置くが、これを*四面器という。なお正面に修法用の五鈷鈴・五鈷杵・三鈷杵・独鈷杵を*金剛盤にのせて置き、壇の前に*礼盤*脇卓*磬を置く。（播磨照浩）

たいどう　退堂 作 出堂・下堂・退出。法会のとき法要を終えて*道場から退出すること。普通の*平座のときは*上堂とは逆にまず*導師が、次いで上《じょう》﨟《ろう》前に退出する。*庭儀のときは上堂とおなじく先﨟前に、導師は最後に退堂し、*庭讃も行なわれる。（新井弘順）

だいどうし　大導師 役 各宗共通。（高橋美都）→どうし

だいどうしさほう　大導師作法 法〔南都〕〔天台〕*修正会法要の一つ。

*牛王《ごおう》導師作法や*阿弥陀悔過作法とともに正月に天下泰平・万民豊楽を祈願して修される。*礼仏頌*三十二相・讃嘆頌文*仏名*教化*唄《ばい》*散華*梵音・仏名・教化*表白*後誓・教化*勧請*六種*錫《しゃく》杖《じょう》・仏名・教化*回向と次第する。南都の修正・修二会の次第もほぼ同様である。(天納伝中・高橋美都)

だいにちしょうさん　大日小讃　↓しんりゃくさん

だいばほん　提婆品　曲〔法華〕妙法蓮華経提婆達多品第一二のこと。この経は女人成仏を明かした章であるところから、女人供養の仏事のときに読誦する。(早水日秀)

だいはんにゃーてんどくえ　大般若転読会　法　大般若波羅蜜多経六百巻を*転読する法会。大般若経会または般若会ともいう。唐の高宗顕慶五年(六六〇)に玄奘が飜訳を始め、四年後に完成し、斎を設けて供養し講読したのが始まりで、日本では文武天皇大宝三年(七〇三)を初例とし、宮中または諸大寺で、鎮護国家・除災招福の祈願法会として行なわれ、平安以降は南都北嶺を問わず、顕密の別なく全国に勅して修せしめた法会である。天台宗で修される厳儀の次第は、入堂・導師登坦・鳴磬二下*唄《ばい》(*始段唄)*散華(*乙様)*対揚(大般若用)・諸天讃(上・中段)*神分*表白*発願*五大願・転読(導師理趣分読誦作法)・結願作法(*三礼*如来唄・補闕分・神分*勧請*経釈*六種回向)・諸天讃(下段)・法楽(心経・御牘加持)・釈迦呪*宝号・祈願・総回向・導師*降礼盤・出堂である。唄・散華・対揚・諸天讃の声明曲を略した法儀も行なわれている。(天納伝中)

だいはんにゃーほっそく　大般若法則(校正)　資〔真言〕*声明集。霊瑞南龍校訂、明和九年(一七七二)刊。これ以後に出された同法則本の底本となったものと思われるが、*博士の細部で現行と相異する個所が見られる。(岩田宗一)

だいひしゅ　大悲呪　↓だいひしんだらに

だいひしんだらに　大悲心陀羅尼　曲〔禅〕唐の伽梵達摩訳の「千手千眼観世音菩薩広大円満無礙大悲心陀羅尼経」に含まれる陀羅尼を指す。この経は、仏法僧の三宝と観世音菩薩とに帰命し、その広大無量の威徳を讃歎し、所願の成就を願うことが主意とされている。「南無《ナム》喝囉怛那哆囉夜耶《カラタンノウトラヤーヤ》」(曹・臨)「南無《ナンム》喝囉怛《ハラタ》那哆囉夜耶《ノトラエエ》」(黄)と読む。曹洞宗では誦経のしかたに二通りのものが伝えられている。(渡會正純)

たいまんく　胎曼供　↓まんだらく

だいもく　題目　曲〔法華〕*法華経の首題である南無妙法蓮華経の五字七字のこと。本門の題目という。この題目をとなえることを*唱題という。(早水日秀)

たいよう　対揚　曲〔真言〕〔天台〕〔真宗〕〔法華〕対揚とは、仏の説法の場において対告衆《たいごうしゅう》と呼ばれる*大衆の代表者が法を聞き、かつ問答を起して仏意を発揚する意味である(金光明経巻第四―「諸仏説法必有対揚寄一以訓衆」)。しかし現在ではその偈文の内容は祈誓文となっていて、かつ宗派によって部分的にではあるが異なっている。真言宗では教主句

＝教主毘盧舎那仏等（法会の本尊により異なる）への帰依、証誠句＝密教の証誠、神祇句＝神祇の法楽倍増、霊句＝霊の皆成仏道、聖朝句＝聖朝の安穏、伽藍句＝伽藍と仏教の興隆、妙典句＝経典への讃歌、対告衆句＝金剛手菩薩への願文などから成っている。＊南山進流や智山派では＊灌頂に九句、常には一一句、多いときは一三句（これを越えることはない）などの奇数を用い、豊山派では教主句を除いて慶賀・祈禱には奇数を、滅罪・追福には偶数を用いる。天台宗では証誠の句はとなえないほか、教主は毘盧舎那仏以外にも＊修正会や＊論議では釈迦尊となる。また真宗（読経会）や日蓮宗は釈迦尊である。この曲は＊散華師が＊散華につづいて＊蹲踞《そんこ》をしながら独唱し、＊職衆は自席に坐って＊次第を取って＊助音をする。真言宗の『＊魚山蠆芥《たいかい》集』には＊隆然の「略頌文」を引いて＊盤渉《ばんしき》調唯律曲という。＊出音《しゅっとん》位は＊宮。また最勝講・大般若＊法華経・盂蘭盆経・仁王経の主要な句と＊墨譜を挙げている。天台宗では律曲＊下無調の出音宮で、＊序曲旋律型によっているが、半ば拍子物的テンポでとなえられる。（岩田宗一・新井弘順）

たきぎのく　薪ノ句　曲〔天台〕〔法華〕天台宗法華会でとなえられる和文の声明で「讃歎」の一つ「＊法華讃歎」のこと。文中の「……タキギコリ……」からこの名で呼ばれる。法華宗系もこの曲を用いる。（岩田宗一）→ほっけさんだん

たき-どうにん　多紀道忍　人〔天台〕声明家。明治二三年（一八九〇）〜昭和二四年（一九四九）。＊深達の門下。＊大原流声明に精通し、天与の美声と旺盛な活動とによって、天台宗のみならず、浄土宗・西山浄土宗・日蓮宗・融通念仏宗など諸宗の声明の復興整備にも協力し、絶大な影響を及ぼした。＊吉田恒三とともに『＊伽陀音楽論』『＊天台声明大成』を著わしたほか、「天台声明の梗概」などの論文、『天台宗法式儀則』などの法要本・声明本の刊行、レコード吹込みなど、その活動は多岐に及んでいる。（岩田宗一）

たく　柝　→おんぎ

たっしゃ　答者　役　論義法要における解答者をいう。＊論義には、講問論義・竪精論義＊番論義などの種類があるが、答者は番論義において、＊問者と問答を行なう。おなじような力量をもった問者と答者が論義を行ない、決択がつくと問者と答者が入れかわる場合もある。（高橋美都）→ろんぎ

たてもうす　立帽子　衣〔禅〕〔曹〕曹洞宗で法要儀式に用いる冠り物。丈の高い仕立てであるのでこの名がある。＊袈裟《けさ》とおなじ裂で作る。略式のものを鼓山帽子と称する。また曹洞宗では利休帽子または六角帽と称する緘のない＊帽子も用いている。（播磨照浩）

だるまき　達磨忌　法〔禅〕禅宗の主要な法要の一つ。二祖三仏忌（二祖忌は達磨忌と百丈忌。三仏忌は釈尊の＊涅槃《ねはん》会《え》・降誕会＊成道会のこと）の一つ。達磨入滅の忌日に修する法会。一〇月五日の忌日に行なう。達磨は禅宗の伝灯における西天の第二八祖であり、禅をインドより中国に伝えたことにより、中国禅宗の初祖と呼ばれている。前日一〇月四日に㊀疏調認㊁僉疏式（斎罷）㊂宿忌準備㊃迎真諷経（愚中）㊄特為献湯諷経（晡時）を行

ない、一〇月五日に㈠献粥諷経㈡正忌諷経(午時)㈢送真諷経を行なう。献粥諷経の回向文のほかに達磨忌疏がある。なお毎月四日を達磨大師月忌逮夜にし、五日を達磨大師月忌にしている。また永平寺においては、一〇月五日の斎罷に達磨講式を営弁している。内容は、浄道場*四智讃*祭文*総礼偈*梵唄《ぼんばい》・散梵錫*式文・普回向である。(渡會正純)

たんぎほっしん-しょう 弾偽褒真抄 資 〔天台〕声明史書。*宰円が建治元年(一二七五)に著わしたもの。*湛智の門流である著者は、この中で湛智が*良忍*家寛・智俊と続く声明の正統な伝承者であることを、湛智の兄弟弟子*浄心への激しい非難を交えながら述べている。このことは、湛智没後約四〇年を経た時点でも、湛智の声明理論や唱法に対する非難がいかに強かったかを物語るものであり、これに反論しなければならなかったことを示しているともいえよう。そしてこの湛智への非難がさらに二〇年後の『*野守鏡』にまでつづいていることは注目されるところである。(岩田宗一)

だんぎょうじ 壇行事 役 〔真言〕真言宗で*灌頂会の進行役をいう。(高橋美都) →えぎょうじ→どうじょうちじ

たんぎん 断金 理 日本の*十二律の第二音。中国の十二律の大呂、洋楽の$D^{\sharp}$・$E^{\flat}$音(嬰ニ・変ホ)にほぼ相当する。(塚本篤子)

たんざんえ 談山会 法 〔真宗〕(本)西本願寺阿弥陀堂において、一一月一七日の藤原鎌足の忌日に行なう法要。鎌足は親鸞の出自の日野家の始祖であるところから、本願寺では古くから修せられている。*阿弥陀経作法を用いるが、樒の枝を直接手に持って、葉を摘みながら散らす枝散華を行なう。(播磨照浩)

たんぜい 短声 理 〔天台〕天台の*序曲における*引声《いんぜい》の対概念で、引声が詞章の一字一字を長く引き伸ばすものであるのに対し、簡略化したとなえ方をするもの。(塚本篤子)

だんせん 壇線 荘 坦線。*大壇や*護摩壇の四周にまわす紐。白青黄赤黒の五色の糸をより合わせて作る。色の組み合わせ方や、くくり方など各流派で相異がある。(播磨照浩)

たんだい 探題 役 顕教で学僧の資格試験にあたる*竪義《りゅうぎ》の*論義の最高責任者。論題を選定するということが役名の由来であろうと思われる。*竪者《りっしゃ》の答えを*精義者が審査するが、最終的な判定を行なう重要な役が探題である。長老の僧が勤めることが多い。(高橋美都)

たんだいぼう 探題帽 衣 天台宗で*帽子《ぼうし》を頭からかむって着用するもので、座主*探題・已講《いこう》が用い、已講は耳を出し、座主・探題は耳を隠して着用する。また天台寺門宗・天台真盛宗の管長も用い、法華宗管長も*裹頭《かとう》の名称で用いることもあり、浄土真宗本願寺派において論義法要を行なう場合に題者が用いることもある。(播磨照浩)

たんち 湛智 人〔天台〕蓮入房。声明家。長寛元年(一一六三)〜嘉禎三年(一二三七?)。智俊(*家寛の弟子)の門下。同門の*浄心との間で、声明の正統性や理論づけをめぐって激しく対立した。湛智が雅楽理論に基づいて声明の旋法・拍

子・楽曲構成などに関する音楽理論を立てて新流と呼ばれているのに対し、浄心は古風な唱法を守ったとして古流と呼ばれている。この二流はしばらく競合していたが、やがて浄心流は衰亡した。湛智の声明理論の概要は、彼の遺した『*声明用心集』によってうかがうことができる。また湛智の声明伝承の正統性と浄心の不適性を主張した文献に*宰円の『*弾偽《たんぎ》褒真抄《ほうしんしょう》』があり、これとは逆に、湛智が*良忍の伝承を乱したと非難するものに源有房の『*野守鏡』がある。(岩田宗一)

たんどくし　嘆徳師　役　密教で*伝法灌頂が終わったときに、新阿闍梨の徳を讃嘆する文を読誦する役。または葬儀式で死者の徳を讃嘆する文を読誦する役。(高橋美都)

たんどくもん　歎徳文　曲　(真宗)本願寺覚如の息存覚光玄が*報恩講式を補うために述作したもの。報恩講式とともに用いられるところから、式嘆と称することもある。譜は報恩講式に準じている。(播磨照浩)

たんねんぶつ　短念仏　曲　(真宗)「ナーマンダーブー」と*念仏を数回ゆるやかに唱するもので、真宗各派で簡単な勤行の際に用いられる。第一声は*句頭でとなえられ、つづく*同音との間で*沙鑼《さはり》または*大磬《だいきん》を一打する。通常、*添引念仏和讃がこれにつづくが、極略の勤行の場合には、すぐ*回向をとなえる。(播磨照浩)

たんぶつえ　歎仏会　法　(禅)(曹)曹洞宗の法要の一つ。「洞上五講式」(達磨・涅槃・羅漢・歎仏・大布薩)、「洞上六講式」(羅漢・報恩・大布薩・洞上唱礼法・歎仏・甘露門)の一つ。仏の名を讃歎する法要儀式。元の時代に定められたと伝えられている。歎仏会法式の次第は、先ず殿鐘三会を打ち、*大衆入堂*導師上殿して普同三拝・般若心経*洒水《しゃすい》・散華偈*讃仏偈*帰依文*歎仏偈・仏名礼(*過去七仏・五十三仏・三十五仏)*懺悔文*七仏宝号*回向*三帰依である。曹洞宗に伝承されているのは嶂禅山編による元禄四年(一六九一)本。(渡会正純)

たんぶつえほっしき　歎仏会法式　資　(禅)(曹)*声明集。(一)「重正歎仏会法式」元禄四年(一六九一)嶂禅山撰。其中堂蔵版。折本。(二)昭和四一年、同宗宗務庁刊。昭和四九年再刊。折本。『*声明軌範』(四巻)の一つ。(岩田宗一)

たんぶつのげ　歎仏偈　曲　(禅宗)(曹)*歎仏会でとなえられる。わずかに旋律的な部分があるのみで、ほとんどはリズム的変化を伴って朗読される。偈文は「四八端厳微妙相　僧祇三大劫修来　面如満月目如蓮　天上人間咸敬仰　一切恭敬　一心帰命三世諸仏　一心帰命三世諸仏」。(岩田宗一)

だんもり　段盛　具　供物を段段に盛る具。三本の柱の数個所に板を渡して、全体を黒塗または金箔押しとしたもの。通常、供笥《くげ》の上に載せるが、台つきで直接*須弥壇《しゅみだん》に置くものもある。(播磨照浩)

ち　徴　理　*五音の第四音、*七声の第五音。*宮より完全五度上にある。宮に次いで重要な音で、洋楽の属音(ソ)に対応する。宮を*甲と別称するのに対し、*乙と称す。これより半音低い音を*変

(反)徴という。(塚本篤子)

ちえい　知影　人〔真宗〕　智影。声明家。宝暦一三年(一七六三)～文政八年(一八二五)。寛政元年(一七八九)、大原の恵観(のちの知観)の門に入り、大原声明を極め、その伝承者として『魚山声明相承血脈譜』に列せられている。そして、*大原流声明の状況を記した『*魚山余響』を遺した。この記録は当時の天台大原流声明の状況を知る上で非常に重要であるばかりでなく、同声明と他宗との交渉史の一端をも明らかにしてくれている。(岩田宗一)

ちくう　知空　人〔天台〕声明家。一四世紀前期。*宗快の弟子宗真の門下。*湛智*宗快によって立てられた*大原流の理論をさらに体系的にまとめ上げ、貞和五年(一三四九)に『声明音律』を著わした。(岩田宗一)

ちさん-しょうみょう-たいてん　智山声明大典　資〔真言〕(智)　*声明集。昭和新版。*内山正如遺著。昭和三九年、平間寺刊。A5洋綴二四二頁。(岩田宗一)　→しんぎ-しょうみょう-たいてん

ちさんは　智山派　→しんぎりゅう

ちしきく　知識供　法〔南都〕(華)　華厳宗独特の行事で、東大寺開山堂で四月二四日に修されている。華厳五十五所の善知識の図を掲げて勧請し、*祭文を述べ、華厳経の講問論義を行ない、*講式(*明恵作)と*伽陀をとなえ、終りに五十五善知識の御名をとなえて礼拝して知識を送るという非常に丁寧な法要である。この法会は鎌倉時代に高山寺の明恵により始められたともいわれている。(高橋美都)

ちゃくざ　着座　作　定められた自席(座坪《ざつぼ》ともいう)に着いて坐ること。*職衆が先に入堂し、次いで*導師が十弟子を率いて入堂し、*礼盤の前に至り、*柄香呂を持って*三礼する。これに合わせて職衆も*合掌して三礼し、導師は*登礼盤し着座、職衆は自座に着座する。*半跏坐もしくは*平坐(賢坐)が普通である。(新井弘順)

ちゃくざさん　着座讃　曲　(一)〔天台〕→しちかんごさん　(二)〔真宗〕(誠)　中国唐代善導の*般舟《はんじゅ》讃の文「念々称名常懺悔……」に天台声明の*四智漢語讃の譜を付した曲。元禄七年(一六九四)に大原魚山の*幸雄が西本願寺で作譜した曲であるが、現在は真宗誠照寺派にのみ伝えられている。(播磨照浩)

ちゅう　籌　具　*布薩の際に用いる具。布薩は戒本を読みあげ、戒の所制を犯したものが懺悔する式である。古く釈尊在世のときから行なわれていた。籌は竹・木・金属で造った薄板で、出席者全員に配り、回収して人数を調べるために用いるものである。(播磨照浩)

ちゅうおん　中音　理　(一)一般に中音域のことで、*二重に相当し、多くは中世仏教諸宗で用いられる。*下音と*上音の中間にあり、おのおの完全四度、あるいはより狭い音程をなす、(二)*講式における中音域の部分で、かならず二重の後にある。二重の基音とおなじ音高で詞章を早口に読み流し、末尾の音のみを引き伸ばして音高を変化させる旋律をもつ。(三)天台の*定曲における拍子の一つ。洋楽の四分の三拍子に相当する。(塚本篤

子）

ちゅうき　注記　役　註記。法要の進行役あるいは記録の役。実際に*道場の荘厳にあたり、声明の発声を促したり、礼拝の合図をしたりもする。密教系の*灌頂でも顕教系の*竪義《りゅうぎ》にも役名としてあげられており、裏方のような多様な任務をこなす。（高橋美都）

ちゅうきょく　中曲　理　伝統的な理論では*呂《りょ》*律とならぶ声明における旋法の一つ。またはこの旋法によって作曲された曲のこと。中曲の旋法については解釈が一様ではない。天台では律の*五音に*嬰商、*嬰羽を加えた*七声、すなわちレ・ミ・ファ・ソ・ラ・シ・ドに相当する音階をいうが、真言では律の五音の*羽《う》を嬰羽とし、嬰商、*嬰徴《ち》を加えた七声とする説、呂の五声の角を半音下げ、*変徴、*変宮を加えた七声とする説、あるいは呂・律が混用された半呂半律と称する、天台の合曲に相当するものとする説などがある。今日の中曲の音階は律の五音による音階と考えてよく、天台や真言が設定した派生音は音階構成音としては現われない。中曲の指定のある曲は天台・真言ともども、*仏名*教化などの和製声明曲であり、外来系の呂律曲と区別すべきものとして、理論上別の旋法を設定したとも考えられるが、明らかではない。今日、中曲の特性は旋法や音階の問題よりも、装飾的音型や旋律型に依存するものとして考えた方が実際的であろう。たとえば天台ではツキ上ゲ・教化下リ・早上ゲ・早下ゲなど、真言では早重・由下、また*進流・智山・豊山各各固有の数種の*ユリなど中曲独得の装飾的音型が用いられ、詞章の各字に対する旋律型の配し方も呂律曲とは異なる。また真言では*表白などの、いわゆる「語り物」の前身の曲と中曲の声明曲とは、旋律構造が近接しており、中曲は声明の日本化の過程を示すものであろう。（塚本篤子）

ちゅうけい　中啓　具　竹の骨に紙を張った扇子で、たたんだときも中央からさきが開いているので中啓という。朱骨・白骨・黒骨などがあり、紙も金箔をおしたものや無地のものがある。*素絹*五条袈裟のときに持つのが正式であるが、*桧扇の代用として*七条袈裟のときに持つことも多い。禅宗では元来扇子を使用しないが、威儀を正すときに持つことがある。（播磨照浩）

ちゅうどう　中灯　役　〔南都〕〔華〕東大寺*修二会*練行衆の役名。正式には中灯之一。壇の南北の中央にある中灯を守る役の意であるが、実際の主任務は書記役で、会中のあらゆる書き物をひきうけ、参籠所でのできごとをも記録する。練行衆がもっと多人数であったときには、中灯之二以下も存在したようである。法要時には平衆の一員としての役割のほかに、*処世界が*時導師のときにその代理も勤める。小観音の日に御厨子の前の荘厳をする。（高橋美都）

ちゅうばい　中唄　曲　〔天台〕〔真言〕*如来唄の四句を二つに分け、前半を*始段唄、後半を中唄という。天台声明などでは、始段唄は「ン如来妙色身世」（真言声明の*長音の如来唄）、中唄は「間無与等　如来色無尽　一切法常住」で、ともに長大な*博士を付している。真言声明では、中唄という独立した曲はなく、短音の如来唄のうち、『*魚山蠆芥《たいかい》集』の正保板などは「世間無与等」以下を、明治板などは「如来妙色身」以下を、『*新義声明大典』では天台におなじく「間無与等」以下をそれぞれ中唄と称している。西大寺の相応院流の『顕要略集』には天台とおなじく独立した曲として中唄がみえる。（新井弘順）

ちょう　調　理　㈠日本ではある絶対音を主音とする音階・旋法を*一越《いちこつ》調、*黄鐘《おうしき》調などとその律名を付けていう。単に調という場合、調子ともいう。古くは『悉曇蔵』などに記されるように「條」とも書く。雅楽では六調子とし、旋法によって*調が限定され、*呂《りょ》—一越調*双調・太食調、*律—*平調《ひょうじょう》*盤渉《ばんしき》調・黄鐘調がある。真言は雅楽に準じ、太食調を除いた*五調子を、呂・律*中曲の三旋法に配して呂—一越調・双調、律—平調・盤渉調、中—黄鐘調とし、また*反音曲は一越調（呂）と平調（律）に限っている。天台では雅楽や真言のように旋法と調とは規則的・意識的に対応させず、調としては一越・平調・双調・黄鐘・盤渉*下無の六調をおもに用いる。また*湛智の『*声明用心集』ではこの六調に*上無調を加えた七調があり、呂・律・中曲の三旋法がおのおのこの七調によって示されている。調は声明曲の絶対音高を規定するものであり、現在、天台ではその規定を重視し、実際の演唱にも配慮がなされることが多い。真言では規定の調とは別次元で演唱がなされ、曲の絶対音高はその曲の機能に依存し、たとえばおなじ一越調であっても、*云何唄《うんがばい》は低く、*散華は高くとなえることになっている。㈡中国唐代における旋法で、*五音*七声のいずれの音を主音とするかにより決まり、*宮調*商調などという。この名称が天台の三箇*変音に用いられているが、その場合、旋法の機能はなく、新調の宮の原調における位置をいう。（塚本篤子）

ちょうい　朝意　人（真言）声明家。永正一五年（一五一八）～慶長四年（一五九九）。*長恵の孫弟子。天文四年（一五三五）『魚山私抄』、永禄一二年（一五六九）『*魚山蠆芥《たいかい》集』をはじめ、*声明集を多数書写するとともに、*秘讃の伝承の上でも重要な役割りを果した。また、音楽理論にも明るく、近世初期のきわだった名声明家といわれている。（岩田宗一）
→しょひさん

ちょういん　長音　理（天台）（真言）㈠天台の*序曲における*切音《きりごえ》の対概念で、切音よりも詞章の各音節を長く引き伸ばす旋律をもつ。「*じょうおん」と読む場合、短音の対概念を示し、短音よりも複雑な*博士《はかせ》による長い旋律をもつ。㈡真言の智・豊両山における*五悔*九方便の博士の音高に則った拍節的なとなえ方をいう。長韻とも書く。（塚本篤子）

ちょういん-くじょうしゃくじょう　長音九条錫杖　曲（天台）*律曲*双調。天台宗魚山声明曲五箇秘曲の一つ。*錫杖《しゃくじょう》には*四箇法要に用いる*三条錫杖と*光明供法要に用いる*九条錫杖（*長音に対して*切音《きりごえ》九条錫杖という）と*長音九条錫杖の三種の曲が伝承されている。出典は得道梯橙錫杖経との説があるがその偽文はない。九条錫杖そのものを錫杖経という説もあるが編者は不明である。始めの四句の偈文は華厳経常行品にあるが、字句に異同があり、以下同文そのままではない。長音九条錫杖と三条錫杖の音曲はほとんどおなじであり、三条錫杖は長音九条錫杖の一・二・九条より成りたっている。また長音九条錫杖と切音錫杖とは同系列の魚山声明であるので骨組みは似ているが別の曲である。長音九条錫杖は法儀の中の声明曲として実唱はされていない特殊な曲である。（天納伝中）

ちょうき　長跪　[作]〔天台〕〔真言〕*坐法あるいは礼法の一種。両膝を並べて地に着け、両足の指で身を支え、両膝から上を真っすぐに伸ばして*合掌する。『南海寄帰伝』一には胡跪ともいう。天台宗では*懺悔・祈願のとき用いる（『天台宗法式作法集』）。真言宗では*礼文をとなえるときや得度式のとき新発意が*和上の前で*長跪合掌して坐る。（新井弘順）→こき

ちょうきがっしょう　長跪合掌　[作]〔真言〕礼拝の一形式。跪《ひざまず》いて両足指を地に着けて身体を支さえ、上半身を伸ばし、*合掌して首をたれて礼拝すること。主に女性の礼法。真言宗では、*礼文をとなえるとき、得度式*伝法灌頂などのとき受者が用いる。（新井弘順）

ちょうけい　長恵　[人]ちょうえ〔真言〕声明家。長禄二年（一四五八）～大永四年（一五二四）。高野山明王院から醍醐清浄光院へ、そして鎌倉の二階堂別当を経て再び高野山に戻り、さらに往生院谷に住した。明応五年（一四九六）当時、最もよく使われていた声明曲を集めて、『魚山私抄』を著わした。これはその後に出る『*魚山蠆芥集《たいかい》』の底本となった。その名称も彼自身によりつけられたと考えられている。（岩田宗一）

ちょうしょう　調声　[役]「ちょうせい」。法要の中心となる役名、あるいは法要のある部分の主役。*法華《ほっけ》懺法《せんぼう》*例時作法などの場合と、浄土系の各法要などでは*導師に相当する法要全体の統括役を調声と称する。また真言宗の*理趣経の場合は旋律つきの経典を斉唱する際のリーダー、または*中曲理趣経の唱法をさして調声という場合がある。上記の各法要は本来は自分の修行のために行なう点が特色である。したがって導師が最高責任者として備わった徳をして祈願や教化を行なうという別格の立場であるのに対して、調声は自行としての法要で仲間うちの第一人者という意味あいになる。*発音した声の調子に*大衆が従って、全体として法要の進行も定まるのである。（高橋美都）

ちょうしょうげ　召請偈　[曲]〔真宗〕（本）中国唐代の善導の法事讃中の文「般舟三昧楽　大衆同心……」を呉音でとなえる曲。浄土真宗本願寺派の*浄土法事讃作法で用いられ、譜は江戸中期に本願寺で天台声明に倣って作譜されたものである。（播磨照浩）

ちょうじょうこうみょう-しんごん　頂上光明真言　[曲]〔天台〕「曩謨伐蘖婆帝毘逝闍」の*真言を*次第を取ってとなえる曲。天台宗の*修正会作法で用いる。（播磨照浩）

ちょうらいもん　頂礼文　[曲]〔真宗〕（本）浄土真宗本願寺派で法要の始め

に「南無帰命頂礼西方阿弥陀仏」の文を呉音でとなえる曲。数種の唱法があり、讃弥陀偈作法に収められている曲は、天台声明の顕教*対揚の譜に依っている。(播磨照浩)

ちょうらいろくい　頂礼六位　曲〔浄土〕*盂蘭盆会でとなえられる。唱句は各句とも「一心頂礼」で始まる六句から成る。それぞれ釈迦・修多羅・菩薩・縁覚・声聞・目連尊者に対し礼拝し奉ると述べていて、各句ごとに礼拝が行なわれる。六句とも「頂」と各句の終りから二字目に下への動きがあるほかはおなじ音高でとなえられる。(岩田宗一)

ちんじょうやしゃほう　鎮将夜叉法　法〔天台〕*御修法の一つ。仏法護持の天部である毘沙門天を本尊として四年ごとに延暦寺根本中堂で修される。*長音供養文*唱礼(鎮将夜叉唱礼)*発願*五大願・後加持発願*能陀羅尼などがとなえられる。(天納伝中)

ついちん　槌砧　器　槌椎《ついちん》・槌碪《ついちん》・白槌《びゃくつい》・静《しょう》。禅寺で、食時《じきず》作法のときの合図として、八角柱の台に、八角の樽型の柄のない槌を右手に握って打ち降して音を出すもの。黄檗《おうばく》宗では、晋山式に八角の板を八角の板で打つ方法がある。真言宗では、律院の*布薩や食時作法の中で、各作法の最初に槌で砧を打って*大衆を静粛にさせるので、とくに「静」の名がある。曹洞宗の場合、槌砧の大きさは、槌の長さ約11cm・高さ10cm、八角面の直径5×5.4cm、砧の長さ44cm、八角面の直径26cmである。(茂手木潔子)

ついな　都維那　↓いな↓といな

つがいろんぎ　番論義　曲〔天台〕*法華大会の五巻日(第四日目に*法華経の第五巻が講ぜられる日)に、三方の出合(勅使と新*探題と已講が大講堂の前庭で出合う儀式)につづいて行なわれる稚児論義のこと。童僧一〇人で行なわれたので、十論匠の名もある。已講《いこう》が*磬を打って*論匠の名を二人ずつ読みあげ、末座から二人ずつ勅使の前に出て*論義を披露する(天台宗の教義や比叡山の歴史を分かりやすく問答形式で)。最後の論匠は問答のあと*仏名*教化の声明をとなえる。(天納伝中)

つかさ　司　役〔南都〕〔華〕東大寺*修二会では*堂司のことを司、あるいは「お司」と通称する。修二会全般の事務の取締り役。(高橋美都)↓どうす

つりがね　釣鐘　↓かね

つるかめ　鶴亀　荘〔真宗〕〔大〕*燭台の一種。亀の背に乗った鶴が蓮茎をくわえた形をした燭台であって、蓮茎に蠟燭を立てる。真鋳製が多い。室町時代の床飾りが仏具になったもので、現在では主として真宗大谷派で用いている。(播磨照浩)

ていぎ　庭儀　法「にわのぎ」とも読む。*上堂の一形式。*灌頂*曼荼羅供などの大法会のとき、*集会所から庭上を進列して*道場へ入る儀式。竜猛菩薩が南天鉄塔を開いて両部大経を相承したとき、塔内で讃の声がしたという故事(『金剛頂経義訣』)に基づく。道場を鉄塔と見なし、その前で*庭讃をとなえる。庭上に幔門《まんもん》・三枚莚道《えんどう》・庭幡《にわばた》を設ける。集会所を浅薦前に一列(あるいは二列)で進発する。*職衆は鼻高、*大阿闍梨は輿に乗るか鼻高を履く。列は、伶人・引頭(*会《え》

奉行《ぶぎょう》)・螺吹(吹螺師)・職衆・大阿の順で、大阿には持幡童＊十弟子・執蓋・執綱などが随従する。列の順序は流により若干異なる。幔門で鼻高を＊草鞋《そうかい》に履き替える。螺吹は＊法螺《ほら》を＊讃頭は＊鈸を、＊鐃持は＊鐃を、持幡童は＊玉幡《ぎょくばん》をここで受け取る。これより二列となり三枚莚道を進む。引頭・職衆は外莚道を、大阿は中莚道を、ほかは莚道の外あるいは中間を歩む。列が幔門に入り終わると、讃頭が庭讃《ていさん》を＊発音《ほっとん》、職衆＊助音する。次いで列を進める。伶人は道楽を奏し、螺吹は法螺を三声し、讃頭は四ツ鈸を打つ。道場の下に至ると伶人と螺吹は列外に立ち、職衆は一列になり登階し、外縁に＊群立し、大阿の登階・入堂を待つ。(陀羅尼集経巻一二。『西院庭儀伝法灌頂並堂上結縁灌頂記』『西院流能禅方伝授録、治承記』『密教事相大系』『真言宗諸法会作法解説』)。(新井弘順)

ていきょく　定曲　理〔天台〕＊大原流声明曲の二大リズム様式の一つで、拍子構造をもつものをいい、もう一方の様式を＊序曲という。定曲と序曲の両様を備えるものを倶曲、定曲の要素を含む序曲を破曲と呼ぶ。定曲には本曲・四分全＊中音＊切音《きりごえ》の四種の拍子が現在に伝わっている。本曲拍子は洋楽における$6/4$拍子に、同様に四分全は$4/4$、中音は$3/4$、切音は$2/4$にそれぞれ相当する。これらの拍子は詞章の一字を単位とし、これを一拍子とする。従って本曲拍子であれば一拍子は六拍になる。また曲中で二字合わせて一拍子または二拍子になる場合もあり、前者は一拍子が二分され、半拍子と呼ばれる。後者は二拍子が原則的に三対一に分割され、三の方を延拍子と呼び、一の方が半拍子となる。真言では拍子に関する用語は特にないが、晋一写の『声明集』(文保二)より、定曲のリズム様式に相当する部分に、楽拍子という語が用いられている。(塚本篤子)

ていさん　庭讃　曲〔真言〕「にわのさん」とも読み、「庭上の讃」ともいう。＊灌頂＊曼荼羅供などの大法会のとき、＊上堂に＊庭儀あるいは＊堂上の形式を用いる場合、庭上でとなえる＊讃。＊四智梵語讃を用いる。行列が幔門に入り終ったとき、＊讃頭が＊発音し一同＊助音し、終って＊鐃鈸三段(進流は返し鈸有り)。次いで唵字を除いて再び四智梵語讃を前と同様にとなえる(あるいは頭句のみ)。最初は＊大阿闍梨を讃嘆し、二度目は＊受者(新阿闍梨)を讃ずる。竜猛菩薩の南天鉄塔を開塔し両部大経を相承した故事に基づく(金剛頂義訣)。四智梵語讃は、＊隆然の「略頌文」に基づき、＊平座のときは＊双調で、庭儀のときは＊一越調《いちこつ》で高くとなえる。実際には＊南山進流では頭句のみは＊平調《ひょうじょう》あるいはそれ以上でとなえ、助音は双調に落ちてしまうことが多い。唵は常の＊博士とは異なる。豊山派では頭助とも平調位に高めにとなえることが多い。(新井弘順)

てがいえ　転害会　法〔南都〕(華)手掻会・手貝会ともいう。東大寺で現在一〇月五日に八幡殿において行なわれている。＊バラバラ心経がとなえられる。古くは舞楽・田楽などの芸能が奉納される法会として有名であった。(高橋美都)

てんがい　天蓋　荘　仏像または＊導師の上に懸ける蓋。古代インドにおいても貴人に蓋をさしかける風があり、仏像が造られる以前に傘蓋《さんがい》で釈迦を表現することが行なわれていた。また大宝積経第十一密迹金剛力士会、陀羅尼集経第三など多くの経典に天蓋のことが記載されている。中国でも北魏時代の雲崗《うんこう》石窟をはじめ、敦煌《とんこう》の壁画などに天蓋が表わされている。日本では飛鳥時代から造られ、法隆寺金堂には箱形の天蓋がある。奈良時代になると、法隆寺金堂壁画をはじめ、押出仏や塼仏《せんぶつ》に天蓋が見られる。東大寺法華堂の本尊上の天井に張りつけられた華形装飾のついた鏡も天蓋の一種である。平安時代のものとしては平等院鳳凰堂に、箱形の天蓋の中にさらに華形の天蓋をつけた二重の天蓋がある。鎌倉期以後は円形の天蓋が多くなり、現代におよんでいる。仏像の上に懸けるものを*仏天蓋、導師の上に懸けるのを*人天蓋と称している。(播磨照浩)

でんかい-かんじょうじゅ　伝戒勧請頌　曲　*乞戒声明の一つ。結縁灌頂三昧耶戒のとき、乞戒導師が戒を授ける*大阿闍梨に対し、帰命・讃嘆・礼拝する意を*受者を代表して述べる頌。七言一二頌。「帰命伝戒阿闍梨　戒定智恵皆具足　人天応供伝戒師　是故我等帰命礼……」。「結縁灌頂乞戒導師作法」所収。(『*南山進流声明集付仮譜』巻下・『昭和改板進流魚山蠆芥集』第三)。(新井弘順)

でんぎょうだいし-さん　伝教大師讃　→でんぎょうだいし-びょうさん

でんぎょうだいし-びょうさん　伝教大師廟讃　曲(天台)*伝教大師御影供のなかで唱詠される伝教大師最澄を讃嘆する*讃のことで天台大師*画讃に準じた旋律が付されている。*盤渉《ばんしき》調で*序曲と*定曲(四分全拍子と*切音《きりごえ》拍子)である。(天納伝中)

でんぎょうだいし-みえく　伝教大師御影供　法(天台)*天台大師御影供に準じて組み立てられた伝教大師(七六六〜八二二)報恩謝徳の法儀で、六月三日延暦寺大講堂で修される。天台大師の*画讃に対し、伝教大師のは*廟讃という。(天納伝中)

てんぐし　奠供師　役　伝供師。伝供とは仏前に供物を伝送する所作のことであり、法要の主たる部分に先立って行なわれる。百味供養などでは実際に多種の供物をささげるが、*二箇法要などの場合は供物を略して、*讃という声明をささげる。讃供養の場合は奠供と表記する。奠供の讃を先唱する役が奠供師で、比較的若い僧が勤める。(高橋美都)

てんぐしゅう　伝供衆　役　百味供養や*庭儀法要などでは、多種の供物をリレー形式で伝送する所作が行なわれる。伝供には舞童なども加わるが指図は僧によってなされる。舞童や随伴諸衆も含めて伝供衆という。(高橋美都)

てんぐぶぎょう　伝供奉行　役　大法会などにおける進行・行儀役。伝供(奠供)の際に供物の差配をする。(高橋美都)

てんじくえ　天竺衣　衣　鐶をつけずに着用する*袈裟《けさ》。鐶を用い、袈裟の左端をたぐって着用する*南山衣が中国での変形であるのに対し、インド伝来の形式の袈裟との意味で天竺衣という。江戸末期の慈雲飲光などの復古運動のひとびとが好んで着用した。(播磨照浩)

てんだいしょうみょう-たいせい　天台声明大成　資（天台）＊声明集。上・下巻＊多紀道忍＊吉田恒三共著。上巻、昭和一〇年、山村光敏・宗務庁刊。B5二三五頁。下巻、昭和三〇年＊中山玄雄・比叡山延暦寺刊。B5二三三頁。いずれも洋譜五線譜による天台声明曲の集成。上巻には声明曲を顕教用・密教用・書伝に大別して、それぞれ二〇曲・四七曲・一四曲収める。高野辰之が序文を寄せている。下巻は数曲の単独曲のほかは＊法華《ほっけ》懺法《せんぼう》＊例時作法＊声明懺法《しょうみょうせんぼう》＊声明例時＊引声《いんぜい》などの法要ごとに声明曲をまとめている。巻尾には片岡義道による「＊長音九条錫杖譜」を載せている。この五線譜による『大成』は天台声明の史上にも類のない大曲集であるとともに、その成立は、わが国における声明の音楽学的研究の始動期を告げる画期的な事業となった。（岩田宗一）

てんだい-じょうよう-しょうみょう　天台常用声明　資（天台）＊声明集。＊中山玄雄著。昭和三八年、芝金声堂刊。B6袋綴一八五頁。声明曲（一九）・法要（一二）を＊博士譜・線描譜・洋譜という三つの異なった記譜体系で示している。（岩田宗一）

てんだいだいし-みえく　天台大師御影供　法（天台）天台智者大師智顗（五三八―五九七）の真影が中国浙江省天台山禅林寺（修禅寺）にあり、唐代の文筆家である顔真卿（魯公）が＊讃をしたものが天台大師＊画讃として請来された。この画讃（＊盤渉《ばんしき》調＊定曲と＊序曲の楽譜付）を中心に天台大師報恩謝徳の法儀として組み立てたもので一一月二四日延暦寺大講堂で修されている。次第は、入堂＊僧讃＊総礼詞・総礼＊導師登礼盤＊勧請＊仏名＊教化・献茶＊祭文・画讃・献茶＊六種回向・仏名教化廻向＊伽陀＊導師降礼盤・出堂である。（天納伝中）

てんちゃし　奠茶師　役　葬儀式などにおける役名。（高橋美都）→てんとうし

てんとうし　奠湯師　役　葬儀式などにおける役名。奠湯・奠茶と並べ称される場合が多い。文字通り、湯を捧げる役で、禅宗の場合侍真から湯盞を受取り、擎げ念じて侍真に渡し、侍真が龕前に供えるという形をとる。その際に五言あるいは七言の法語をとなえることもある。奠湯につづいて奠茶も同様の手順で行なわれる。（高橋美都）

てんどく　転読　作　転経・読誦ともいう。中国で＊讃などを歌詠するのを＊唄《ばい》といい、経典を読誦するのを転読といった。我国でも鎮護国家・除災招福などのために多くの大乗経典が読誦された。中でも大般若経六百巻は、宮中・諸大寺・諸国分寺において書写・転読された。当初は百人あるいは六百人の僧を請じて、全巻を通読させるのを転読と称したが、後には経典も巻子本から折本となり、請僧の数も少人数となり、経題・訳号・品号および本文の初・中・後をそれぞれ七・五・三行のみ読み、次いで経典を繰り展べ、最後に尾題を読むという略読を転読というようになった。（新井弘順）→だいはんにゃ・てんどくえ

でんぼうかんじょう　伝法灌頂　法　伝法阿闍梨位灌頂・阿闍梨位灌頂・付法灌頂・伝教灌頂などともいう。呪立

法会。*灌頂の一種。五種三昧耶の第四。密教の阿闍梨が大日如来以来相承して来た法門を、仏種を断たないために、弟子の器量を選んで伝える法儀。弟子はこれによって伝法阿闍梨の位を得る。秘密道場で、まず三昧耶戒を受け、次いで金剛界と胎蔵界の両部の灌頂壇に入る。三昧耶戒は、『受菩提心戒儀』や『無畏三蔵禅要』などに基づいてつくられた『伝法灌頂三昧耶戒式』に依って行なわれる。この三昧耶戒の*上堂の儀式には、*庭儀*堂上《とうしょう》*平座・無職衆の四種がある。上堂・無言三匝《そう》行道*二箇法要ののち、壁代に覆われた戒場では仏性三昧耶戒(菩提心戒などともいう)が*大阿闍梨から弟子に授けられ、さらに歯木・金剛線・誓水などの儀が行なわれる。次いで大阿は別席に下り、*誦経導師(作法)が大阿を讃嘆する。以上で三昧耶戒を終わり*退堂。次いで伝法灌頂初夜の儀が行なわれる。小野流は初夜に金剛界、後夜に胎蔵界(初金後胎)、広沢流は初胎後金である。金剛界は金剛頂瑜伽中略出念誦経(金剛智訳)、胎蔵界は大日経(善無畏訳)・大日経疏(善無畏述・一行記)などに基づいて灌頂式が多数作られ、広く『野沢通用式』(三巻)が用いられている。因に三昧耶戒・金・胎の三式を三巻式《さんがんじき》という。初夜は大阿は*裏堂から*内庫へ入堂し、当界の*大壇にて供養法を修す。*表白*神分*唱礼*前讃は大阿独唱、あるいは讃所の*讃衆が常の法要のごとくとなえる。大阿は散念誦の途中で*下礼盤し、覆面をした弟子を曼荼羅壇(大壇)へ引入し、投花得仏させる。次いで正覚壇(小壇所)において、大日如来の五智の宝冠をかぶった弟子の頂に、五瓶(五智)の香水を*灌頂する。次いで五鈷・金剛名・秘密道具を授与し、傘蓋行道・印可・八祖礼ののち*受者を退出させる。大阿は大壇にもどり後供養を修し、*後讃ののち後唱礼をとなえ、*廻向で*退堂。以上で初夜を終え、次いで後夜を行なう。作法は初夜にほぼ準ずる。最後に弟子は付属・教誡を受け、印信・血脈を授与される。讃衆は前・後讃のほか、流によっては投花得仏のとき当尊の*讃(今日では中台の讃)、受者供養のとき*吉慶漢語讃、傘蓋行道のとき*吉慶梵語讃をとなえる。また振鈴から*護摩師は中間護摩をたき(流により初夜と後夜の中間にたく)、讃衆は当界の大日真言を誦ずる。なお大阿を補佐し受者を教導する役を教授(阿闍梨)、大壇を始め支具を整える役を*壇行事という。灌頂に先立ち糸縒《よ》り、香薬合せ・取水・五瓶加持・鎮守読経・受者加持、終わって新阿闍梨を讃嘆する嘆徳などその法儀は複雑多岐である。(権田雷斧『伝法院流伝法灌頂私勘』・小野塚与澄『伝法院流伝法灌頂手鏡』・栂尾祥雲『秘密事相の研究』・高井観海『密教事相大系』・『智山法要便覧』第二集)。(新井弘順)

でんぼうだいえ　伝法大会　法

(真言)真言宗の*論義法会。*竪義《りゅうぎ》論義。弘法大師の真言宗学徒養成の三業度人の制を継いで、実恵が承和一四年(八四七)東寺に伝法会を始め、のち春秋二季となった。高野山でも真然が東寺の伝法会に模って春(修学会)・秋(練学会)二季の伝法会を始めた。のち一時中絶し、長承元年(一一三二)覚鑁が再興した。頼瑜のとき＊新義派は高野山を下り根来へ移り＊伝法大会を行なった。根来滅亡後新義派は豊山・智山の両派に分かれた。豊山長谷寺の能化卓玄は、南都興福寺の維摩会の法式により元禄三年（一六九〇）に、智山智積院能化宥鑁は、高野山の格式により元禄九年（一六九六）に、それぞれ伝法大会を再興し、今日に至っている。豊山派の伝法大会をみるに、毎年一〇月初旬に開講。前講（講問論義）と竪精（本講・竪義論義）の二部からなる。前講は、まず＊講師と＊読師が＊登高座、次いで法要僧により無言唄と無言散華行道が、次いで講師が、＊表白＊神分＊勧請＊揚経題＊経釈・結経揚経題と独唱する。次いで講師と＊問者（前問という）の間で、二重の問答が行なわれ、最後に講師が結釈し、前講が終了する。次いで竪義で、会場は暗くされ、各役とも手燭だけである。＊竪者《りっしゃ》は論題をしるした短冊を捌いてから登高座。表白ののち、第一問の業義について問者の一と問答、次いで＊精義者と問答する。次いで第一問の添義に移り前と同様に問答し、最後に＊注記が合不（得否《とっぷ》）を尋ね、精義者と問者が合格の判定を下す。以上のように第二問以下次第に問答の回数を減らして第五問まで行ない、最後の五問（二題）は不合格となっている。前講の講讃の部分は大般若の説草とおなじ声明を用いる。前講の問答は、難答ともに牒（復唱）を取り、かつ二題並列式で江戸時代の草本のままである。竪精の方は改訂して、牒は省略しかつ二題遂次式にしてある。問答は、指声《さしごえ》・切声＊引声《ひきごえ》の三種の唱法を用い、第一問業義の精義発端と竪者成立では、＊初重＊二重＊三重の音高の変化も見られる。（『伝法会草本』・東芝EMIレコード『長谷論義』・栂尾祥雲『日本密教学道史』）。（新井弘順）

てんりゅう－はちぶのさん　天龍八部讃　曲　孔雀経讃・諸天漢語讃（天台宗）ともいう。漢語讃。三箇の＊秘讃の一つ。『＊諸秘讃』などの＊朝意の秘讃集に所収。出典は、孔雀経巻中。「天阿蘇羅薬叉等」で始まる七言四句一段で四段一六句からなる。漢音読みで特に読み方を秘す。＊出音《しゅっとん》＊羽《う》、終音＊商。＊律曲の譜に書き換えられているが、本来は＊呂《りょ》＊反音《へんのん》曲（＊曲中反）と考えられる。このほか秘讃集には「天竜八部衆」に始まり三〇字からなる「天竜八部第三重深秘」と題する曲がある。（新井弘順）

といな　都維那　役　「ついな」。僧尼の統轄や、寺務の執行にあたる役。（高橋美都）→いな

とう　頭　役　声明の演奏に際して、唱句を単独でとなえ始めること、および、それをする人。頭がとなえるフレーズを「頭の句」、となえる人を頭役頭人と呼ぶ。また曲の種類によって、＊讃頭・散華頭などともいう。頭につづいて斉唱することおよび、斉唱する人は＊助音《じょいん》、あるいは助と記す。頭と助は、＊句頭と＊同音とも称され、声明に共通する唱法である。（高橋美都）

どうあん　堂行　役　（禅）禅宗の法要で打磬・挙経をつかさどる役名。堂司行者の略。法要において、あるいは日分《にちぶん》行持《ぎょうじ》と称される日常の修行生活において、堂衆に刻限を知らせ行動を起こすきっかけを与える役で手磬《しゅけい》（＊引磬《いんきん》）という楽器を用いる。（高橋美都）→しょうす

とういん　唐音　曲〔禅〕〔黄〕黄檗《おうばく》宗の経文は陀羅尼と*真言が多く、そのほとんどが唐音で読まれる。この発音は隠元禅師の来朝によって日本に入って来たのである。当時の中国明時代の発音。とくに日本へ渡来した唐僧(中国僧)に福建省の出身者が多くいたため、唐音は明時代の福建省の中国発音であるといわれているが、現在、中国各地で読まれる経文の発音はおなじであるので、明時代以前より読まれていた経文の発音がそのまま黄檗宗に唐音として残っているのであろう。例えば、南無阿弥陀仏「ナムオミトフ」、南無観世音菩薩「ナムカンスインプサ」、南無釈迦牟尼仏「ナムシキャメウニフ」、般若波羅蜜多心経「ポゼポロミトシンキン」などである。（田谷良忠）

どうおん　同音　理 役　声明・経を先唱者(*頭*句頭)に引き続き斉唱すること。あるいは斉唱する人人。譜本中には「同(音)」と表記される。*助音ともいう。（塚本篤子）

どうぐえ　道具衣　衣〔浄土〕〔禅〕禅宗・浄土宗で用いる*衣。緞子・紋紗などで作り、*直綴《じきとつ》の袖口および襟に数枚の色の異なる別裂をつけ、腰に飾り紐をつけたものである。中国の禅宗では、古くから用いられていた俗服をそのまま*法衣として着用しており、腰の飾り紐も、襟・袖口の重ね裂もいずれも中国で漢代から行なわれていたものである。襟と袖口に別裂を重ねるのは、僧の位階が進んで上位の衣を下賜された際に、従来着用していた法衣に重ねて着用した名残りであるとの説もあるが、これは全くの俗説にすぎない。臨済宗では道具衣を着用する際に、紗布衫《しゃふきん》と称する下着をつけ、平行帯《ひんこうたい》と称する飾り帯を用いる。また江戸時代中期以後、袖丈を短かくし、袖裏を省略した半道具衣と称する略式の道具衣も用いられている。（播磨照浩）

とう・げこうざ　登・下高座　作　登高座・下高座。*論義法会のとき*高座に登り、論義などを終えて高座から降ること。講讃や論義のとき本尊の前に高座が左右対象に向い合って設けられる。高座には*天蓋と階段がある。講讃などのときは*講師と*読師が左右の高座に登る。論義のときには試験を受ける*竪者《りっしゃ》が登る。右手に扇を持ち階段について、一段ずつつぎ足に、登ったり降りたりする。（新井弘順）

とう・げらいはん(らいばん)　登・下礼盤　作　登礼盤・下礼盤。修法などを行なうために*礼盤に登り、修法終わって礼盤から降ること。法会のときは*導師の所作。礼盤に登るときは左横向きとなり臀を礼盤につけて半身に腰掛け、右足から登り、*半跏坐に坐わる。導師より上﨟の者・貴人・尊像などが右側にいる場合には、その方へ臀を向けないように右横向きとなり左足から登る。下礼盤のときは、登礼盤の所作を逆に行なう。（新井弘順）

どうし　導師　役　法要の中心となる役名。通常は完結した法要総体の主宰者であり、最高責任者である立場を導師という。法要はいづれの場合にも明確な趣旨の下に執行されるもので、趣旨に従って一定の構造による首尾一貫した次第が構成されている。導師は法要の出勤者全体を統括し、法要の趣旨の遂行のために、定められた各役をして必要にして充分な声明や所作を行なわしめて、自らは法要において最も重要な作法を行なうことになる。たとえていえばオーケストラの協奏曲における指揮者と独奏者を兼ねた立場で、楽団員たる出勤僧各を率いるとともに、法要の趣旨を最も明確に反映した所作や声明を担当することになる。従って、法臘《ほうろう》を積んで充分に責任を果たしうる人格を要するので、通常は導師といえば、一山の貫首、あるいはそれに準ずる立場の人がその任にあたることになる。以上に述べた導師は法要全体の主役であるが、そのほかに法要のある部分の主役のことを、たとえば*時導師*誦経導師などと称している。そこで区別のために前述の導師は*大導師と呼ばれる。時導師とは、一日に数時(日中・日没・初夜・半夜・後夜・晨朝)、あるいは数座(初夜・後夜など)の法要が行なわれる場合、各時ごとに交代で出て声明の*頭《とう》をとり所作を行なう役をいう。部分主役であるので、*呪願などの重要な作法は大導師などに乞うことが多い。初・後夜の二座の場合は初夜導師には比較的若輩の有資格者が、後夜には大導師自ら、あるいはより法臘の高い僧が導師に立つ傾向が認められる。誦経導師とは、経立の*曼荼羅供などの誦経別行(真言宗の用語)という法要形式で、*職衆の一人が*表白*諷誦文などをとなえることをいう。大導師が作法を行なって*礼盤を降りた後、誦経導師あるいは単に誦経と称される役が礼盤に上り、法要の趣旨などを音読することになる。そのほか*庭儀法要などの規模の大きな行事の場合、荘厳のために助導師・脇導師・副導師などと称すツレ的性格の役を立てることがある。(高橋美都)

とうしょう　堂上　[作]　*灌頂*曼荼羅供などの大法会のとき、*集会所から建物の中の縁や廻廊を進列して*道場へ入る儀式。多くは雨天などのため*庭儀が行なえないときに用いるが、今日では天候に関係なく用いられる。その儀式作法は庭儀に準ずる。(新井弘順)

どうじょう　道場　[荘]　法要を修する場所。仏道を修行する場所の意で、仏教用語であったが、後世、武道の練習場の意味にも用いられるようになった。(播磨照浩)

どうじょうげ　道場偈　[曲]〔法華〕　七字四句の*伽陀で、法要の始めにとなえる曲である。(早水日秀)

とうじょうーでんとうーこうしき
洞上伝燈講式　[法]〔禅〕(曹)　曹洞宗の法要の一つ。承陽大師(永平道元)報恩講式に対する太祖瑩山紹瑾禅師の報恩講式をいう。総持寺独住二世畔上楳仙の委嘱をうけて、時の後堂宝山梵成が撰述したもの。明治二四年(一八九一)成立。毎年大本山總持寺祖堂・能登総持寺祖院で修されている。浄道場*四智讃・鐃鈸図*祭文*総礼偈・散梵錫*式文(第一降誕出家門、第二遍参見性門、第三転法度生門、第四皇感瑞世門、第五芳談流通門)・普回向*大悲呪回向などがとなえられる。(渡會正純)

とうじょうーでんとうーこうしき
洞上伝燈講式　[資]〔禅〕(曹)　*声明集。明治二四年(一八九一)に梵成が、時の総持寺貫首法雲普蓋禅師の命で策定したもの。昭和四九年、瑩山禅師六五〇回大遠忌を期して同寺より覆刻された。*四箇法要にはじまり、禅師の徳を宣揚し讃える*式文を掲ぐ。*祭文と式文以外には譜博士を付している。（岩田宗一）

どうじょうちじ　道場知事　役　*灌頂会など密教行事の場合の進行役。顕教の法儀の*会行事《えぎょうじ》に相当する。（高橋美都）→えぎょうじ

どうす　堂司　役（禅）禅宗で僧堂をつかさどる役僧。*維那《いな》の居室、または維那その人をもさす。（高橋美都）

とうだい　灯台　荘　仏前に灯明を献ずる具であり、台座に竿を立て、上に盞を置いて油火または蠟燭を点すものである。もと調度の中の灯火具であったものを、仏前において用いるようになったものである。台座を菊形にしたものを菊灯という。（播磨照浩）

どうたつ　堂達　役　法会の際の役僧。*会行事《えぎょうじ》の下について堂内のことを指揮する。荘厳・用具の差配・灯明の管理・打鐘などが主な役割である。（高橋美都）

どうつかさ　堂司　役　僧堂の内外をつかさどる役職で、法会の際には、進行に関わる全般の責任を負う。外部との折衝、*内陣の荘厳などの差配が主たる任務である。東大寺*修二会では*堂司のことを*司《つかさ》、あるいは「お司」と通称しており、修二会の事務的監督役として、常に法会全般に気を配り、迅速・適切な判断を下して、こまごまとした所作を行なうことが要請される。（高橋美都）

どうどうじ　堂童子　役　「どうどうし」。法会の際の役僧。天童の姿を模した装束をつけたことに由来する名称であるが、児童とは限らない。*花籠などの用具の調達管理が主たる役向きであるが、半僧半俗の特定の家筋が受け継ぐなど、任務の重要性・神聖性が意識されているようである。東大寺*修二会・薬師寺修二会・四天王寺*聖霊会などでは、*出仕僧とは別の役人として法会の進行に深く関与している。（高橋美都）

どうどうじのとう　堂童子頭　役　薬師寺修二会では堂童子頭と称している。複数の*堂童子の統括者としての名残りであろう。（高橋美都）→どうどうじ

とうにん　頭人　→とう

どうばん　幢幡　荘　*幡を木で造ったもの。堂内の天井からつるす。六角形の*天蓋の下に幡身をつり、下部に脚をつける。金箔を押し、*瓔珞《ようらく》で装飾する。幡身の上部に名号や題目を彫ることもある。（播磨照浩）

とうぼうのさん　東方讃　曲　別称、金剛薩埵讃。梵讃。四方讃の一つ。金剛界三十七尊中の十六大菩薩の一つ、東方阿閦仏の四親近の上首金剛薩埵を讃える。詞章は「縛《バン》曰《ザ》羅《ラ》薩《サ》怛《ト》縛《バ》　摩《マ》訶《カ》薩《サ》怛《ト》縛《バ》……曩《ナウ》謨《ボ》率《ソ》都《ト》帝《テイ》」。出典、蓮花部心軌。『魚山蠆芥《たいかい》集』は*隆然の略頌を引き*双調唯呂曲というが、譜は*反音《へんのん》曲と思われる。『*新義声明大典』では、根来所伝に*吉慶讃のごとしという。漢語の*平調《ひょうじょう》反音曲の意味か。東京芸大本醍醐流『*声明集』では*一越《いちこつ》反音曲という。頭句を隣座の人が驚くほどの大声で*発音し、曲全体は早目にとなえる。金剛界立の法要の*前讃の第三、*大般若転読

会の*後讃に用いられる。(新井弘順)

とうやく　頭役　→とう

とうやまげさ　遠山袈裟　［衣］　甲地に遠山の模様を織り出した*袈裟。袈裟は元来、古い布を小さく切断してから縫いあわせたいわゆる*糞掃衣《ふんぞうえ》であり、布裂が重なりあった形を模様化したもの。真言宗・浄土宗・浄土真宗本願寺派では広く一般に使用しているが、南都諸宗では管長の所用とし、真宗大谷派でも一般の使用を禁じている。(播磨照浩)

とうろう　灯籠　［荘］　灯明具。灯籠は社寺の境内に置かれることが多いが、堂内で仏前に灯明を献ずる具としても用いられる。また庭園の点景として配されることもある。台灯籠と釣灯籠の二種があり、台灯籠は台の上に載せるもので、置灯籠とも呼ばれ、宝珠・竺・火袋・受台・竿・台からなり、これに金属製と木製がある。釣灯籠は竺に釣環をつけて天井からつるすものである。(播磨照浩)

とうをとる　頭をとる　［理］　声明の演奏に際して、唱句を単独でとなえ始めること。(高橋美都)→とう

とくじ　読師　［役］　*論義を行なう法要で、*講師と相対して*高座にあがり、*経題を読誦したりする役。古くは勅会や諸大事の法会において、経論を読誦したようである。現在の論義法要では問答などで活躍する場面はないが、威儀を正すうえでは重重しい役どころとされている。(高橋美都)

どしゃかじ　土砂加持　［法］　加持土砂ともいう。*光明真言で清浄な土砂(白砂・赤砂)を加持し、病気平癒・亡者得脱・滅罪生善を祈る密立法会。不空羂索経二八灌頂真言成就品および不空羂索毘盧遮那仏大灌頂光明真言に準拠する。主として滅罪のために行なう。光明真言法を修すが、*理趣経法を修する場合もある。法会は六座土砂加持が通規であるが、京都各山では一座土砂加持が行なわれた。六座式は六道を意味し、*職衆は二五口で三界二五有を表わす。一日に相続して六座を修するのが原則であるが、三日あるいは六日に分修することもある。六座の本尊は、㈠金胎金胎金金、㈡金胎金胎金胎、㈢すべて金剛界大日、と流によって異なる。法要は密立*二箇法要。次第は、入堂・配土砂・護身法・加持土砂(光明真言百八反)・七種秘印明・撤土砂*導師登壇*云何唄《うんがばい》*散華*対揚*表白〈*諷誦文*発願*四弘*仏名*教化〉*神分*唱礼(金)*前讃(*四智梵語*心略梵語*不動漢語)・導師供養法―この間、職衆は中曲行道(理趣経)・中間讃(*吉慶梵語初段*吉慶漢語初段)―この*讃のとき導師は*下礼盤し第二座の*供養法師と交替する―光明真言行道七反。以上が第一座で、つづいて第二座を胎蔵界立で修す。法要などは省略し、*唱礼(*九方便)・中曲行道・中間讃(吉梵二・吉漢二)・光明真言(*無言行道五反)と次第する。以下第三・第四・第五座とも第二座に準じて行なう。唱礼は短音で、中間讃は第三座―吉梵三・吉漢三、第四座―四波羅蜜・吉漢四、第五座―*西方讃・吉漢五。第六座は結願で再び導師が修す。唱礼(*五悔長音)・中曲行道・結願の詞・神分*過去帖*後讃(*四智漢語*心略漢語・光明真言秘讃)*廻向・光明真言行道*舎利礼七反・廻向伽陀*称名礼*退堂。以上

『昭和改板進流魚山蠆芥集《たいかい》』第一所収の「土砂加持法則」と『真言宗諸法会作法解説』による。そのほか『作法集』『覚禅鈔』『諸法会儀則』『豊山派法則集』などに出ている。（新井弘順）

とちょう　戸帳　荘　*厨子の前面および両側面に垂れた金襴や錦の裂。中央部を切って紐で両側へ開くようにしたものと、両端と上部のみのものとがあり、いずれも上部中央に*華鬘《けまん》、両端に*揚《あげ》巻《まき》を飾る。平常閉じてある戸帳を開いて、本尊を拝ませることを開帳という。（播磨照浩）

どら　銅羅　器（禅）（曹）（黄）盆形の鋳銅製打楽器。中央に突起部のあるものとないものとがあり、大きさに大小ある。大型のものは直径約60cm・高さ12cmほどある。朝晩の勤めに使う。元来、中国の楽器。現存で有名なものに、南北朝時代作と推定される銅羅が、東京国立博物館の法隆寺献納物中にある。真言宗や天台宗で使う*鐃も銅羅の一種と考えられるが、呼称は異なる。（茂手木潔子）

とらじょく　虎卓　具（真宗）（本）*香卓の一種。横長の花形の天板に猫足をつけたもの。虎が蹲った形に似ているのでこの名がある。浄土真宗本願寺派で用いる。（播磨照浩）

どんじき　鈍色　衣　純色と書くときもあるが、*衣の形についての記載の場合には、これも「どんじき」と読む。*袍裳《ほうも》とおなじ仕立てであるが、無地の単衣である。色は元来白であるが、修法によって黒・赤などを用いることもあり、また継裳《つぎも》といって、白の袍に裳のみ紫・赤などにする宗派もある。天台宗・真言宗・華厳宗・法相宗・真宗大谷派などで用いる。（播磨照浩）

ないしのもん　乃至ノ文　曲（浄土）*御忌会日中法要でとなえられる「乃至伽藍安全　興隆仏法　衆僧和合　諸人快楽」の偈。*唱導師が唱える最終の語り物的声明である。（岩田宗一）

ないじん　内陣　荘　堂の中央奥にあり、本尊を安置し、法要を修する場所。奈良時代には堂全体が土間の内陣であり、礼拝は堂外で行なった。その後次第に堂の前に礼堂を設けたり、庇を延ばすようになったが、これらは板敷とされることが多く、内陣も板敷とするようになった。また密教では内陣は修法の場所であるので、*外陣や*脇陣と建具で厳重に区画している。堂の前面三分の一ほどを外陣とし、奥の中央を内陣、両側を脇陣とし、外陣を畳敷とすることが多い。浄土真宗の本堂は住宅建築から発展したものであり、内陣より外陣が広く、内外陣の境に巻障子と称する建具をはめる。また天台宗・真言宗では、古い形式を残して、内陣が低くなっている場合もある。（播磨照浩）

なかい-かいぜん　中居戒善　人（時宗）声明家。明治一二年（一八七九）〜昭和三四年（一九五九）。沼津の光明寺に住した。時宗声明を遊行六一代尊覚上人（一八一九〜一九〇三）に学ぶ。その声明は明治の大声明家*一行の門流である。昭和二九年には弟子良光の協力で録音を行い、そのテープは昭和四〇年に良光によって公頒された。また昭和三一年には、衰微しつつある*踊躍《ゆやく》念仏の再興を期して、戒善指導のもと良光編集によ

る『*時衆踊躍念仏儀』が著わされている。(岩田宗一)

なかやま-げんゆう　中山玄雄
人 (天台)声明家。明治三五年(一九〇二)～昭和五二年(一九七七)。天台宗*大原流声明を*多紀道忍に学ぶ。同声明の伝承と普及に尽力し、弟子の養成に努めた。また浄土宗・禅宗など他宗派からもしばしば招かれて声明整備や指導に当った。昭和二九年には天台声明伝承者として無形文化財の指定を受けた。*探題・大僧正。主著『*魚山声明全集』(昭和三二)、『天台常用法儀集』(昭和三三、都筑玄妙との共著)、『二十五三昧式』(=『六道講式』昭和三八、編集・解説、同講式読み下し仮名まじり本の最初、*博士つき)、『*天台常用声明』(昭和三八、博士・洋譜・線描譜で表記)、『天台宗法式作法集』(昭和四四、多紀道忍本の改訂増補による再版)、『涅槃講式』(昭和四八、即真尊龗刊本に博士をつく)。また『*天台声明大成』上下巻(多紀道忍・*吉田恒三共著)の覆刻刊行(昭和四三合本)を行なった。(岩田宗一)

なっしゅう　衲衆
役 「のうしゅう」。法要の出勤者のうち*衲袈裟を許された僧の集団。*甲衆《かっしゅう》に対する用語。(高橋美都)→けっしゅう

なつの-ぎじょう　夏野義常
人 (融通)声明家。明治四四年(一九一一)～昭和五五年(一九八〇)。声明を天台宗の*多紀道忍に学ぶ。長年、融通念仏宗宗務総長の職にあり、かつ名声明家の誉れ高く、同宗声明の昭和中興と仰がれた。昭和三四年、『*融通声明集』を著わした。これには洋譜と線描譜により、同宗肝要の曲が収められている。昭和一八年に脱稿していたが、大戦などの事情で公刊は一六年後となった。昭和一八年には多紀道忍が「序文」を寄せている。(岩田宗一)

なむ-じょうじゃっこう　南無常寂光
曲 (天台) *修正会法儀の一つである*六時作法(*薬師悔過)の中の*唱礼の一種。*導師の音用と次第用音用とが別別に記されている特種な声明曲。(天納伝中)

なむ-ほうかいざんまい　南無法界三昧
曲 (天台) *修正会法儀の一つである*六時作法(*薬師悔過)の中の*唱礼の一種。*導師の音用と次第用の音用とが別別に記されている特種な声明曲。(天納伝中)

なんざんえ　南山衣
衣 中国唐代の道宣を祖とする四分律宗で用いられた*袈裟《けさ》。道宣が長安の南方の終南山に居たところから、四分律宗を南山律とも呼び、その徒が着用していた袈裟であるので、*南山衣という。鐶と鉤をつけて着用する袈裟であって、鐶を袈裟の右端につけ、左側の余った部分を左腕にたくして着用する。宋代に広く行なわれ、日本へは禅宗とともに伝来した。現在、臨済宗で用いられている袈裟がこれであり、浄土宗・日蓮宗の袈裟も南山衣に属する。曹洞宗も古くは南山衣であったが、江戸時代中期に南山衣はインド古来の制にあらずとして*天竺衣に改められた。(播磨照浩)

なんざんしんりゅう　南山進流
流 (真言) 真言宗の声明流派の一つ。久安年間(一一四五～一一五〇)に京都の仁和寺で行なわれた流派整備統合のための評議で認められた四流のうちの一つで、

*宗観の流派を指す。彼が「進」または「大進」と称されていたことから進流と呼ばれた。のちにこの流派はその本拠を中ノ川から高野山(=南山)へと移したところから、「南山」の名を冠して呼ばれるようになった。(岩田宗一)

なんざんしんりゅうぎょさんしゅうかりふ　南山進流魚山集仮譜(仮題)　資〔真言〕*声明集。明治一八年(一八八五)*葦原寂照刊。半紙袋綴二〇丁。題箋が失なわれているが、その内容は明治二四年(一八九一)の同刊行者による『南山進流魚山集仮譜』とおなじといってよく、異なるのは一八年本の跋文が内容を変えて二四年本の序文になっているだけである。その意味では、この一八年本は二四年本の底本または事実上の初版本ということになる。これまでこの声明集は二四年成立として紹介されてきた。(岩田宗一)

なんざんしんりゅうしょうみょうしゅうかりふつき　南山進流声明集附仮譜　資〔真言〕*声明集。*鈴木智弁著。昭和三二年、松本日進堂刊。上下巻。上巻、半紙袋綴一五六丁。下巻、半紙袋綴一七四丁。上巻は「声明伝習心得」「*魚山蠆芥《たいかい》集」「諸祭文」「*御影供表白」「*大般若法則」「*土砂加持法則」「誕生会法則」「常楽会」「*布薩法則」「*仏名会法則」を揚げ、下巻は「*四座講式」「*弘法大師誕生会式」「明神講式」「*諸秘讃」「鎮守読経*誦経導師表白」「乞戒道師作法」「*大阿闍梨声明」を収めている。(岩田宗一)

なんしゅ　南衆　役〔南都〕(華)東大寺*修二会*練行衆の役名。正式には南衆之一。*衆之一が北衆(北座の衆)の一ノ者で*平衆の束ねであるのに対して、略称の南衆は南衆(南座の衆)の一ノ者の意味で平衆の次席である。三月五日(「実忠忌」のある日)に過去帳読役を勤める。(髙橋美都)

なんに　南二　役〔南都〕(華)東大寺*修二会*練行衆の役名。正式には南衆之二。南座で*南衆(之一)に次ぐ。(高橋美都)　→なんしゅ

なんぽうのさん　南方讃　曲　別称、金剛宝菩薩讃・金剛宝讃・宝菩薩讃。梵語讃。四方讃の一つ。金剛界三十七尊中の十六大菩薩の一尊で、南方宝生如来の四親近の第一金剛宝菩薩を讃嘆する。詞章は「縛曰羅羅怛曩《バンザララタンナウ》　蘇縛曰羅羅他《ソバンザララタ》……曩謨率都帝《ナウボソトテイ》」。出典は、蓮花部心軌・二巻教王経上。*南山進流の『*魚山蠆芥《たいかい》集』では、*隆然の略頌を引いて*双調唯呂曲というが、譜は*反音《へんのん》曲と思われる。『*新義声明大典』では*吉慶讃のごとし(*平調《ひょうじょう》反音曲か)という。醍醐流『*声明集』は*一越《いちこつ》反音曲という。地蔵講・虚空蔵講・弁才天講などに用いる。(新井弘順)

にかほうよう　二箇法要　法　法要は古くは「法用」と書いた。法会の始めに法会を荘厳するために用いられる二種の曲をさし、同時に法会の種類を表わす。密教立の法会に用いる。(一)*唄(*云《うん》何《が》唄《ばい》=真言唄)と(二)*散華(中段は主に大日散華)からなるが、散華には*対揚をかならずつける。*弘法大師の*御影供*曼茶羅供*土砂加持会などに用いられる。(新井弘順)

にしゃり　二舎利　役〔和宗〕四天

王寺*聖霊会での役名。（高橋美都）→いっしゃり

にじゅう　二重　理　㈠*五音が属する基本的な音域。上下にある*三重*初重とはおのおの一オクターブの関係をなす。中重ともいう。㈡一般に中音域の部分のこと。初重の完全四度、または完全五度上にあるが、より狭い場合もある。㈢*講式における中音域の華やかな装飾的旋律をもつ部分。*甲・甲二重とも書く。（塚本篤子）

にじゅうご-ざんまいしき　二十五三昧式　法　（天台）恵心僧都*源信を創始者とする念仏講会の式作法。「楞厳院二十五三昧根本結衆二十五人連署発願文」に、「二十五人を以て*結衆の数となし、毎月十五日、念仏三昧を修し臨終の*十念を祈り、六道の衆生に*回向し、極楽に生ぜんことを期する」と記されている。*式文の始めにその趣旨を述べた*表白文があり*六道講式と呼ばれる六道釈（地獄・餓鬼・畜生・修羅・人・天）がつづく。式次第は、*三礼*如来唄*表白*勧請*四奉請*阿弥陀経・式文（六道釈・一道ごとに*三句念仏と*十二礼文を入れる）・結章文・早念仏・回向伽陀・結願作法（三礼・如来唄*神分・祈願*六種回向）である。以上は現行の横川大師堂で六月一〇日に修されているものであるが、別式として式文の一道ごとに地獄道伽陀・餓鬼道伽陀……と六道伽陀を入れるもの（*宗渕本）や、四奉請*甲念仏・阿弥陀経を入れるもの（来迎院本）などがある。（天納伝中）

にじゅうごじょう-げさ　二十五条袈裟　衣　条数が二五ある*袈裟。*三衣《さんね》のうち*僧伽梨に相当し、最も条数の多い袈裟である。木綿や麻で作り、色は茶色や木蘭色である。授戒*灌頂などに着用することが多い。黄檗《おうばく》宗ではこれにかわって荘厳衣の二十五条袈裟を用いる。（播磨照浩）

にちれんしゅう-しょうみょう-はかせ　日蓮宗声明博士　資（法華）*声明集。*多紀道忍著*吉田恒三校訂、昭和六年、同宗法要式研究会刊。B5変型五九頁。著者は天台声明の大家であり、校訂者は天台声明の研究者であるが、当時の蓮永寺貫主平間寿本の依嘱により身延山伝承の声明から一六曲をえらんで、そのすべてに*博士と洋譜を掲げたものである。日蓮宗諸派を通して画期的な事業であると同時に多紀道忍の活動範囲の広さをも示している。（岩田宗一）

にっかじゅず　日課数珠　具（浄土）浄土宗で用いる二連の*数珠。『法然上人行状画図』一九に、源空の弟子の阿波介がはじめて用いたことが見える。*念仏の数をとるのに用いる。珠四〇顆と母珠一個のある一連と、珠二七顆と母珠一個のある一連を鐶で連ね、記子の緒を二条として、一条に記子一〇顆、ほかの一条に六顆を連ね、四〇顆の連につないだ形式によっている。念仏して四〇顆を数えると、二七顆連の一顆を挙げ、この二七顆がすむと一〇顆の記子の一つを挙げ、一〇顆がすむと、六顆の記子の一つを挙げて日課六万遍の念仏を満ずるのである。（播磨照浩）

にっちゅうげ　日中偈　曲（天台）尸迦羅越六方礼経の「人生不精進　喩若樹無根　採華置日中　能得幾時鮮　華亦

不久鮮　色亦非常好　人命如刹那　須臾難可保」の句を漢音でとなえるもの。天台宗において*法華懺法《ほっけせんぼう》で用いる。また*往生礼讃偈でも日中*無常偈として収められている。（播磨照浩）

にっちゅう-たんぶつ　日中歎仏　曲〔融通〕勝鬘経の中からとった偈文をとなえる曲。「帰命十方一切仏　最勝妙法菩提衆　以身口意清浄業　慇勤合掌恭敬礼」に始まり「如来妙色身　世間無与等……」をとなえる。旋律はわずかずつ変化する旋律パターンの繰り返しによって構成されている。（岩田宗一）

にってんのさん　日天讃　曲　梵語讃。『*諸秘讃』など*朝意の*秘讃集に所収。十二天の一つの日天の*讃。日光菩薩の小呪「唵《オン》嚕《ロ》冒《ボ》伱《ニ》曳《ユ》他《タ》ソワカ」に*博士を付した短かい讃。（新井弘順）

にもんげ　二門偈　曲〔真宗〕親鸞作の入出二門偈に天台声明の*切音《きりごえ》五念門の譜を付してとなえる曲。浄土真宗本願寺派において、*報恩講の日中法要で用いる。なお高田派・木辺派でも節無しで読まれることがある。（播磨照浩）

にもんげさほう　二門偈作法　法〔真宗〕（本）浄土真宗本願寺派の勤行式。親鸞の入出二門偈を中心に、前後に*頌讃*八句念仏*回向を配する。主として*報恩講法要に用いる。（播磨照浩）

にょい　如意　具　説法または*論義の際に持つものであり「まごの手」の変形という。雲形の薄板に柄をつけた形をし、正倉院御物をはじめ多くの優品が残されている。まごの手が意の如く痒い所を掻くところから、「如意」というとされるが、古くは柄に説法や論義の要点を記し、意のごとく答が出るところからの名称ともいわれる。比叡山の*法華大会で*探題が如意の柄を見ながら回す「如意まわし」という所作がある。（播磨照浩）

にょいりんのさん　如意輪讃　曲　梵語讃。『*諸秘讃』などの*朝意系の*秘讃集に所収。如意輪観音の本尊讃。出典は「如意輪菩薩念誦法」。仁和寺相応院流では特に秘し、北院御室守覚親王の仰せに、この*讃を聴く者は死ぬので、となえるときは御所中の人を外に出したという。「迦摩《キャマ》ラ目佉《ボキャ》　付迦摩《キャマ》ラ路左那《ロシャナウ》……」。*呂《りょ》*反音《へんのん》曲か。（新井弘順）

にょう　鐃　器〔南都〕（華）*鐃鈸の鐃を指す場合と、鈴形のものとある。鈴形では、現在、東大寺*修二会に使われるものが有名で、ただ単に鈴と呼ばれる。この種の鐃は、元来、陣中で、鼓を止める合図や、軍を退却する合図に用いられたという。銅製で全長約29cm、鈴の長さ約10cm。中低音の余韻の少ない鈍い音を出す。法隆寺・法輪寺・岩船寺に鎌倉時代の遺品がある。（茂手木潔子）↓にょうはち

にょうし　鐃師　役　法要に参加する*大衆のうち音具役として*鐃を打つ僧。鐃は*鈸と組み合わせて、さまざまな音型を構成し、行列の進発や法要の区切りを示すなどの働きがある。鐃師*鈸師の身分的な規定や座位置は各宗ごとに定められているようである。（高橋美都）

にょうはち　鐃鈸　器〔天台〕〔真言〕〔真宗〕〔法華〕*鐃と*鈸は別種の楽器だが、組み合わせて使われるので、この名がある。鐃は盆形・鋳銅製の打楽器で、上部左右に孔を開け紐を通して、先

が布製のバイで打つ。天台の場合、太い紐を縒り合わせた桴《ばち》を使う。直径約40cm・高さ約3cm。鐃の打ち方には二種類あり、天台は膝上にかぶせて響きを消して打つが、他宗は手でつり下げてゴーンと打つ。延暦寺の古い鐃には、中央に突起部があり、インドネシアのガムランを思わせる。鈸《はち》は響銅《サハリ》製のシンバル型の鳴らし物で、曹洞宗では鐃がなく、鈸のみをさして「みょうはつ」と呼び、黄檗《おうばく》宗では、大鐃《だいにょう》とか鐃鈸・ジャンボンと呼ぶ。演奏法の呼び方は「合わせる」とか「突く」などといわれ、その奏法と打つ数は、宗派ごとに明確に記述され伝承されている点から、鳴らし物の中でも重要な位置を占めると考えられる。奏法もさまざまで、普通に打ち合わせる方法、ぐるぐる回転させて縁をこすり合わす方法がある。（茂手木潔子）

にょうぶつ　鐃仏　曲（禅）（黄）懺悔経の終り、すなわち*結讃より送仏讃に移る間に、七如来または*過去七仏を*主懺がとなえ、これを衆が和す形で*道場内をゆっくり回り、最後に堂の入口で外に向って送仏讃をとなえる。黄檗《おうばく》の声明の中で最もゆっくりした声明である。（田谷良忠）

にょほうえ　如法衣　衣　茶色・木蘭色などの単衣の*袈裟《けさ》。七条が多いが、五条や二五条などもある。袈裟が中国・日本で本来の精神を忘れて華美になったのに対し、仏教本来の精神を伝えているとの意で如法衣という。麻・木綿製は*灌頂・授戒など如法の法要および自行の勤行に、絹物は葬儀など化儀の法要に用いる。天台宗・真言宗・浄土宗・時宗・融通念仏宗などで用いる。また日蓮宗で元政七条と称するものも如法衣の一種である。浄土真宗では如法衣は用いない。禅宗では*七条袈裟は如法衣形式であるから、ことさら如法衣とはいわないが、曹洞宗では*絡子《らくす》の鐶のないもの、すなわち浄土宗の*威儀細《いぎぼそ》と同形のものを如法衣と称している。（播磨照浩）

にょほうきょう-じゅっしゅくよう　如法経十種供養　法（天台）如法*写経会において書写された妙法蓮華経を経筒に奉納し、十種供養菩薩像を安置し、十種の供養（華・香・*瓔珞《ようらく》・抹香・塗香・焼香・幡蓋・衣服・妓楽・*合掌）を行なうことで、伝供楽が奏され十種供養伽陀が唱詠されたりする。（天納伝中）

にょほうねんぶつ　如法念仏　法（真宗）（興）中国唐代善導の法事讃に依って作られたもの。次第は召請《ちょうしょう》讃（甲三偈）*三礼*三奉請*召請偈（甲三偈・乙三偈）*八句念仏・広懺悔・略懺悔・悲喜交偈*三礼文の順である。西本願寺で江戸中期に製定された。譜は天台声明に倣って西本願寺で作られた。現在は真宗興正派で用いられている。（播磨照浩）

にょほうねんぶつ　如法念仏　曲（融通）*施餓鬼会でとなえられる。偈文「光明徧照　十方世界　念仏衆生　摂取不捨　融通念仏」のあと「南無阿弥陀仏」を上中下上中上品《ぼん》の各品に当てはめてそれぞれ三唱ずつ（上中下生に相当する）となえ、さらに上品で二唱（上中生）と上品で一唱（上生）し、そのあとは随時繰り返すという構成を持つ。「品」や「生」には特有の旋律パターンがあり、かつ上中下の概念に対応するかのように旋律の位置

も上下している。また、各品の中で「中生」から「下生」へ移るところの下降で一律(半音)の進行がある。(岩田宗一)

にょらいばい　如来唄　曲　勝鬘経の「如来如色身　世間無与等　無比不思議　是故今敬礼　如来色無尽　智慧亦復然　一切法常住　是故我帰依」の偈文の全部または一部をとなえる声明に、如来唄＊始段唄＊中唄＊行香唄《あんきゃんばい》などがある。宗派や声明本によってどの部分を指すかに相異がみられる。天台宗では、この偈を「如来妙　世間　如来色　一切法常住　是故我帰依」と略して簡単な旋律でとなえる曲を、如来唄という。「如来妙色身　世」を＊序曲旋律でもってとなえる曲を始段唄といい、さらに「間無与等無比不思議　是故今敬礼」を、やはり序曲旋律でとなえる曲を中唄と呼んでいる。真言宗では「如来妙色身　世界無与等　如来色無尽　一切法常住」を比較的簡単な旋律でとなえる曲ならびに「如来妙色身　世」を多数の旋律型を連結してとなえる曲をともに如来唄と呼んでいる。＊四箇法要中の四箇曲の一つ。宗派によって旋律の様相および名称に相異がある。〔例〕禅宗—＊如来唄文。(岩田宗一)
→しだんばい

にょらいばいもん　如来唄文　曲　〔禅〕(曹)＊散華偈＊梵音偈＊錫杖《しゃくじょう》偈に対応する。＊四箇法要の一つ。漢語。漢音、「如来妙色身《ニョライミョウシキシン》」。＊羅漢講式＊報恩講式＊洞上伝灯講式の各法要で、＊如来唄の代りにとなえることができる。旋律は＊中音と＊下音で構成されている。(渡會正純)

にょらいゆいせきこうしき　如来遺跡講式　曲　略して「遺跡講式」ともいう。＊明恵作。『＊四座講式』の第三。建保三年(一二一五)正月二二日亥剋草。四座講の第三(中夜)遺跡講の＊式文。中国の入竺求法僧の困難な旅の模様、ブッダガヤの菩提樹の変遷、仏跡の状況などを、法顕の『仏国記』(『法顕伝』)・玄奘の『大唐西域記』・『大唐大慈恩寺三蔵法師伝』・『出三蔵記』・『梁高僧伝』・『大唐西域求法高僧伝』などにより綴る。五段式。＊表白・第一段「挙二菩提樹霊異一」・第二段「挙二処々遺跡一」・第三段「讃二遺跡甚深功徳一」・第四段「挙二遺跡恋慕人一」・第五段「発願廻向」。第一段と第五段に第三重の曲節がある。明恵は紀州で＊涅槃会を行なったとき、凡木を菩提樹に、瓦石を並べて＊金剛盤とし、樹に乳を灌ぎ、夜もすがら釈尊の＊宝号(＊釈迦念仏)をとなえて、西天《インド》の涅槃会の風儀を学んだ。これに因んで、高山寺での遺跡講の本尊には菩提樹の図像を用いた。真言宗では特に用いない。二度の西天雲遊を企てた明恵ならではの＊講式である。(新井弘順)
→しざこうしき

にんちょう　忍澂　人　〔浄土〕声明本編者。?〜正徳元年(一七一一)。天和元年(一六八一)に『＊浄業課誦』を著わす。のち享保一九年(一七三四)、宝州がこれに続編をつけた。この著は浄土宗勤行本の規範となった。また、時宗にとっても規範本となったことが同宗の『＊浄業和讃』(文政八)によって知ることができる。(岩田宗一)

にんてんがい　人天蓋　荘　＊導師の坐の上に懸けた＊天蓋。全体を木製としたものと、木の傘に布の垂および

*幡をつけたものとがある。密教の修法の際には、金剛界と胎蔵界の*大壇の上と三昧耶戒壇の上に懸けられる。(播磨照浩)

ねはんえ　涅槃会 法 常楽会ともいう。毎年、釈迦入滅の二月一五日に、仏をしのんで行なわれる法要。涅槃像を懸け、涅槃経・遺教経・講式などをとなえて仏恩に感謝する。(岩田宗一)

ねはんこうしき　涅槃講式 曲 釈尊入滅の二月一五日の*涅槃会(常楽会)に用いられる講式文。真言宗では*明恵作を、天台宗では*恵心作をそれぞれ用いる。㈠明恵高弁作。五段式。涅槃講所用。明恵が高山寺涅槃会のために、建保三年(一二一五)一月に草した*四座講式の一つ。正月二九日酉尅に草したという。四座講の最初日没涅槃講の分。*式師(*導師)が独唱する。*表白・第一段「顕ス二入滅ノ哀傷ヲ一」・第二段「挙グ二茶毘ノ哀傷ヲ一」・第三段「挙グ二涅槃ノ因縁ヲ一」・第四段「挙グ二双林ノ遺跡ヲ一」・第五段「発願廻向」。この*式文は先に撰した「十無尽院舎利講式」(七段式)が下地となっている。真言宗では亀山上皇の勅願による高野山大楽院での常楽会に『*四座講式』が用いられて以来、写本・版本(江戸時代以降)が多数現存する。*進流では栄融所伝の古写本を*廉峯が校正した『宝暦版』(宝暦八刊)などを、*新義派では*朝意系の俊忍校正の『貞享版』(貞享三刊)などを、それぞれ用いている。進流と新義派の譜本では第二段に詞文の若干の出入りがある。また*初*二*三重の曲節表示、*博士などにも相異が見られる。→しざこうしき ㈡恵心源信作。五段式。表白・第一段「召請涅槃衆」・第二段「群類供養相」・第三段「示現涅槃儀」・第四段「衆会悲歎相」・第五段「廻向発願」(『大日本仏教全書』・『恵心僧都全集』)。㈢現在、天台宗で用いているのは、源信作の五段式を簡略化した三段式である。昭和四八年、芝金声堂刊、*中山玄雄篇の『涅槃講式』によれば、表白・第一段「涅槃儀式」・第二段「恋慕渇仰」・第三段「回向発願」からなる。㈣曹洞宗所用に、明和四年(一七六七)の識語をもつ『正重涅槃講式』五段式がある。明恵作と伝えるが、実は源信作の五段式の改作である。昭和再版。㈤浄土宗では昭和二二年以来、椎尾弁匡作の「涅槃講式」を用いているという。㈥そのほか真言宗所用と思われる三段式がある。尾題に「結縁涅槃講式」とある。表白・第一段「供養涅槃像生々見仏身」・第二段「願開演涅槃経世々開仏性」・第三段「願廻向涅槃果漸々修仏道」。寛政八年、富小路正三位良直書(上野学園日本音楽資料室蔵)。(新井弘順)

ねはんわさん　涅槃和讃 曲 釈尊の入滅を詠じた七五調四句一節の一連の日本語による歌曲。㈠『四座講法則』(『常楽会法則』)所収の涅槃和讃。真言宗常楽会(*涅槃会)所用。作者不詳。鎌倉末頃成立か。「如来化導事をへて　沙羅双樹に隠れしに」以下全五六句。最後の四句は漢語七言の*伽陀で、*涅槃講式第五段の讃嘆伽陀と同文。第四七句の「寿尽の時に至るには」から七句は音を「ハネ上」て高くとなえる。*伽陀師が*発音し、第二句より*助音する。㈡『天台霞標』所収、伝法然作、涅槃和讃。二二四句から成る大部の*和讃で、*明恵の『*四座講式』中の「涅槃講式」に取材して作られたもので法然作ではない。㈢そのほか時宗の『*浄業和讃』の中に、釈尊の入涅槃をうたった八相讃と、涅槃讃の二つの和讃がある。(新井弘順)

ねりくよう　練供養　法　行道供養とも書く。また「ねり」・「おねり」ともいう。法会のとき集会所から*道場までの間、*職衆*導師などが威儀を正して、金棒*法螺・伶人・稚児などを先頭に行列を整えて沿道の人人にその外儀(化儀)を披露しながらしずかに練り歩くこと。堂塔の落慶供養などに行なわれる。*庭儀もこの一種である。インドにおいて尊者や仏塔を敬礼するのに右繞三匝することに始まる。またとくに二十五菩薩来迎会(迎接会《ごうしょうえ》・迎講《むかえこう》)を意味する。念仏者の臨終のとき阿弥陀如来が観音・勢至以下の二十五菩薩を随えて迎えに来るという信仰を具象化して、二十五菩薩の仮装行列が極楽堂と娑婆堂との間にかけられた来迎橋の上を練り歩いて往復する。*源信が比叡山の華台院で始め、大和の当麻寺で寛弘二年(一〇〇五)に行なわれ、今日当麻寺をはじめ、久米田寺・矢田寺・九品仏(東京)・十念寺(小諸)・即成院(京都)・得生寺(和歌山)などで行なわれている。(新井弘順)

ねんじゅ　念誦　曲〔浄土〕葬儀式のうちの堂内式においてとなえられる。漢語と和訳文の二種あり。漢文は「吾薄伽梵説言　一切諸世間　生者皆帰死……」の偈を漢音でとなえる。旋律は、始めと終りが*乙様、中間部は*甲様となっている。和訳文の方は漢語に準じて旋律がつけられている。葬儀式の声明の中では、最も厳粛なひびきを持つ曲である。(岩田宗一)

ねんじゅ　念珠　具　数珠ともいう。珠を連ねて環にしたもの。礼拝のとき手にかけ、また称名や陀羅尼をとなえるときの数とりに用いたりする。線をつないで環にしたものは、バラモン教をはじめ多くの宗教で聖なるものとされているが、念珠は律蔵をはじめ古い経典では見出すことができず、また南方仏教では現在も使用していない。しかしインドでも二世紀ごろから用いられるようになったと思われ、木槵子経・校量数珠功徳経などの経典が説かれ、十一面観音など仏像の持物となっている。中国で念珠に関する記載のある経典が訳されるのは梁代以降であり、念珠使用の記載も、『続高僧伝』二〇の道綽伝に初めてあらわれている。そしてそれ以後の中国および日本で念珠は盛んに用いられ、現在では仏教徒の標幟となっている。念珠の用材は経典には螺・金・銀・旃檀・蓮子などを挙げているが、現在では水晶・黒檀・白檀・天竺菩提樹・金剛菩提樹・虎眼菩提樹・龍眼菩提樹・星月菩提樹・琉璃・瑪瑙・琥珀・真珠・硨磲・堆朱・珊瑚など多くのものが用いられている。なかでも金剛菩提樹・星月菩提樹・水晶・珊瑚などがよく用いられている。珠の数は一〇八個を正式とするが、五四個・二七個の略式のものもある。一〇八は百八煩悩を断尽するためといい、五四は菩薩の修行階程である十信・十行・十回向・十地・四加行位をあらわし、二七は二十七賢聖位をあらわすと説明されている。現在日本で用いられている念珠は一〇八の珠以外に母珠・四天・記子・記子留(露)・浄名などの珠を付している。母珠は親珠ともいい、やや大形であって両側に二個あり、そのうちの一つを緒留ということもある。古くは一つであった。また念珠は宗派や法要の種別によってさまざまな形があり、*本装束念珠*半装束念珠*半連念珠*日課念珠・単念珠などが用いられ、とくに修験道で用いる平珠のものを*刺高《いらだか》念珠と称している。(播磨照浩)

ねんぶつ　念仏　曲　仏の名号をとなえること。広義には仏を憶念し、仏の相好を観念することであるが、一般には阿弥陀仏の名号を声に出してとなえることをいう。阿弥陀仏以外の場合には*釈迦念仏・観音宝号など、となえる仏、菩薩の名を付していう。節なしでとなえる場合と旋律を付す場合があり*木魚*鉦*双盤などを用いる場合もある。浄土系諸宗で多く用いるが、天台宗などでも用いる。通常「南無阿弥陀仏」の六字をとなえるが、「阿弥陀仏」の四字を漢音でとなえる場合を*合殺《かっさつ》と称し、主として天台宗で用いる。天台宗ではこのほかに*甲念仏*八句念仏*三句念仏などがある。浄土宗では*笏念仏*賛念仏*一唱一礼などの念仏が用いられ、西山浄土宗には*双盤を打ちながらとなえる*白木念仏がある。時宗には*踊躍念仏*薄念仏*引声念仏があり、融通念仏宗には*如法念仏がある。また以上の諸宗では、*木魚または鉦に合わせて節なしでとなえる*念仏一会や、念仏を十声となえる*十念も行なわれている。浄土真宗には*和讃とともにとなえる、重構造を持った念仏をはじめ、*路念仏*短念仏などがあり、高田派には寄句念仏が用いられている。本願寺派、高田派、興正派、仏光寺派、誠照寺派では天台声明の中の念仏である八句念仏*四句念仏・合殺も用いられている。また在俗の講中にも大念仏、六斉念仏など芸能化した念仏が多く伝承されている。(播磨照浩)

ねんぶついちえ　念仏一会　曲　〔浄土〕〔西山〕〔時宗〕「*念仏」は阿弥陀仏の名号を、「一会」は一定の時間連続してとなえることを意味している。となえ始めととなえ終りに旋律定型が現われるほかは、一定の音高でとなえ進められる。このとき、*木魚*伏鉦が一種のシンコペーション的「合い間打ち」で打たれる。日常勤行を始め、諸法要でとなえられる。(岩田宗一)

ねんぶつえんぎ　念仏縁起　曲　〔禅〕〔黄〕唐音。朝課、晩課の中の節経(通常中太鼓という)の一部、弥陀六字の名号をとなえる前にあり、南無阿弥陀仏の*念仏功徳をうたった偈。(田谷良忠)

ねんぶつし　念仏師　役　*念仏の*頭《とう》をとる役をとくに立てる場合に念仏師と称する。通常は*導師が行なう。(高橋美都)

ねんぶつ-しょうしんげ　念仏正信偈　曲　〔真宗〕親鸞の浄土文類聚鈔の中の偈文であり文類偈と通称される。内容は*正信偈とおなじで、語句が少し異なるのみである。真宗各派で主として*報恩講法要に用いられるが、高田派では日常勤行にも用いている。各派の唱法はいずれも「善導独明……」で調子が上がり、あたかも*二重の*重構造のようになっているが、木辺派では「釈迦如来……」の句も*導師独吟となっている。高田派・仏光寺派の唱法は一種類だけであるが、木辺・大谷の両派では正信偈に準じて数種の唱法が伝えられている。本願寺派では元禄七年(一六九四)魚山の*幸雄が本譜*五念門と天台大師*画讃を合わせて作譜しており、江戸時代を通じて用いられていたが、明治三九年(一九〇六)以降*切音《きりごえ》五念門の譜でとなえている。なお興正派・誠照寺派は現在も本譜五念門に依る唱法を伝えている。(播磨照浩)

のうげさ　衲袈裟　衣　衲衣ともいう。衲は衲であって、多くの裂を納めて綴り合わせて作った*袈裟、すなわち糞掃衣《ふんぞうえ》を指すとともに、袈裟の異称の一つでもあるが、現在では金襴錦繍で仕立てた*七条袈裟をいう。*横被*修多羅を併用し、*袍裳《ほうも》または*素絹の上に着用する。なお浄土真宗では縁地と甲地を別裂で仕立てたものを衲衣といっている。(播磨照浩)

のうだらに　能陀羅尼　曲　(天台)「三曼駄《サマンダ》縛曰《バサ》羅南戦駄《ラナンセンダ》……」など数種の陀羅尼を二重の*重構造でとなえる曲。天台宗の*御修法において、*安鎮法・七仏薬師法*熾盛光法《しじょうこうほう》・普賢延命法・*鎮将《ちんじょう》夜叉法《やしゃほう》で用いる。(播磨照浩)

のもりのかがみ　野守鏡　資　和歌・声明・仏教に関する評論書。源有房書。永仁三年(一二九五)記。二巻(『新校群書類従』巻第四八四)。各分野の淵源と伝承の経緯を述べたうえで、現状に対する評論を展開している。例えば声明分野について、「声明曲のあらたまりしはじめを尋ぬれば、蓮入房といひし人、くはしく*良忍上人の口伝をうけざりし流にて……上人の妙曲をうしなへり。」「……専修念仏の曲流布して……人皆声明のきゝを遠くし侍りけるに……」といっているように、全巻が保守的・懐古的立場で貫かれている。これに対して蓮入房*湛智こそ良忍以来の正統な伝承者であることを開陳しているものに、湛智の門流に出た*宰円の『*弾偽褒真抄《たんぎほっしん》』があるが、その二〇年後に記された『野守鏡』は、このことには全く触れていない。(岩田宗一)

ばい　唄　曲　唄匿《ばいのく》ともいう。梵語の pāṭhaka(暗誦者)、あるいは bhāṣā(ことば)の音写語。本来は特定の曲種名をささず、「梵唄」などといわれるごとく、仏教儀式に用いられた声楽曲の総称。奈良朝には、法会の最初の荘厳部にとなえられる*四箇法要の構成曲の第一番の曲として用いられている。唄のみの法要を一箇法要、唄と*散華の二曲を*二箇法要、唄・散華*梵音*錫杖《しゃくじょう》の四曲の場合を四箇法要という。二箇法要は主に密教立の法会に(顕立の場合もある)、四箇法要は顕教立の法会に用いる。古くは「法用」と書く。唄は総称的な名残を止め、その種類は多い。顕教立の法会に用いる唄は、勝鬘経の偈文「如来妙色身　世間無与等　無比不思議　是故今敬礼　如来色無尽　智恵亦復然　一切法常住　是故我帰依」の一部あるいは全体に*博士を付したものが最も多い。唱礼唄・懺法梵唄は全句に博士を付したもの。*始段唄は、真言宗では主に*長音の*如来唄というが、「ン如来妙色身　世」に長大な博士を付したもの。*中唄は始段唄のつづきで「間無与

等 無比不思議 是故今敬礼」に、*行《あん》香唄《きゃんばい》はさらにその続きの「如来色無尽」以下の四句に博士を付したものである。*三宝礼と対で用いられる短音の如来唄は、八句のうちの第一・第二・第五・第七の句に簡単な博士を付したものである。*後唄は「処世界如虚空」以下四句からなり、*法華懺法《ほっけせんぼう》の経のつぎに用いられる。優婆離唄は「稽首礼法仏」などの句からなり布薩などに用いられる。以上は『顕要略集』などに載げる顕立法会に用いられる唄である。密教立の法要には*云何唄《うんがばい》(*真言唄)が用いられる。大般涅槃経第三寿命品の最初の一偈四句で、「云何得長寿」から始まるので、云何唄という。天台宗では第二偈の「云何於此経」以下の四句を用いる。*灌頂には真言宗とおなじ第一偈の文句を用いる。そのほか云何唄と同博士の唄に*毀形唄《きぎょうばい》がある。出家得度の剃髪のときに用いるので、出家唄ともいう。「毀形守支節」以下四句からなる。唄をとなえることを「唄を引く」という。上臈の*唄師の独唱で、*道場を静粛にさせるため重重しく引く。普通扇を立てて引く。唄師は散華には立たない。真言宗では唄が終ってから散華が始まるが、天台宗では唄と散華は同時に平行してとなえる。(新井弘順)

はいきょう 拝経 曲 (天台) 師子歩仏・能仁化仏・大炎仏・曜声仏などの仏名を呉音でとなえる曲。天台宗の*仏名会で用い、『*天台声明大成』下巻に収められている。(播磨照浩)

ぱいさん 拝懺 法 (禅)(黄) *懺法の中で行なわれるもので、三十五仏(八十八仏名経)や*過去七仏など(三昧水懺)の仏名号を一つずつとなえて礼拝するもの。これをとなえるときは、前壇と後壇(*主懺=*導師側)とに分かれ、後壇より一仏名号をとなえ礼拝し、つづいて前壇がとなえて礼拝する。これを繰り返えす。また三十五仏は授戒のときも使われる。(田谷良忠)

ばいし 唄師 役 唄匠《ばいしょう》。*四箇法要*二箇法要を用いる法会はもとより、各宗のほとんどすべての法要に用いられる*唄をとなえる役である。通常、唄は低い声でとなえ始めるが、年功を積んだ老僧がその任にあたる場合が多く、特殊な例(両唄師など)を除いて独唱する。座って扇を立ててとなえるのが普通である。(高橋美都)

はいしき 拝敷 具 畳一枚ほどの大きさのうすべりの、四方と四隅に大紋縁をつけたもの。*前卓の手前に敷き、*導師がこの上で礼拝する。(播磨照浩)

はかせ 博士 理 声明で用いる伝統的な楽譜をいい、*墨譜・譜士とも書く。旋律の骨格の音高を示すものと、旋律の動きを示すネウマ式のものの二種に大別できる。前者が*五音博士で、かつては天台でも使用していたが、現在、真言のみに伝わる。これは文字に対して特定の角度をなす線分により*五音を示すもので、音高が正しく理解できるが、細かな旋律の動きや音高の連続的変化の表示が不可能であるため、*仮譜を併用してその欠点を補っている。後者では天台の*目安博士《めやすばかせ》、真言の仮譜、および南都声明・中世仏教諸宗の声明の博士があり、各音型を特定の形態をした線によって表わす。その表現の具体度はさまざまであるが、仮譜が実際の旋律を最も具体的に示し、天台の目安博士はより抽象化されている。これらは音高の表示が不可能であるため、博士の傍に五音名を順次書き添えている。また往古には楽箏の弦名、龍笛の孔名などを用いることもあった。このほか、五音博士や目安博士の前身と考えられる*古博士がある。元来、日本に請来された声明の旋律は四声に応じた声の抑揚に基づくものと推定され、この旋律を視覚化したものとして、平安末期から鎌倉初期の文献には声点から発する単純な形をした線画譜がみられる。これを古博士と称している。現在、以上の伝統的な博士のほか、目安博士に西洋の五線譜の機能をとり入れたり、五音博士に目安博士の旋律表現の機能を加えるなど、新しい記譜の試みがなされている。（塚本篤子）

はかま　袴　衣　*法衣を着用する際に袴を用いることが多いが、これは公卿装束である袴をそのまま用いているのである。法衣には元来袴は不必要であるが、平安以来、公卿装束の影響を受け、*表袴*差貫*切袴を用いるようになった。禅宗では袴は用いないが、禅衣と教衣を併用している浄土宗と日蓮宗ではいずれも袴を用いている。また平常に裾かくしとして、仙台平・紬などの俗袴を用いることもある。（播磨照浩）

はげ　破偈　曲（南都）（華）*修二会の半夜の悔過作法でとなえられる偈文。章句は*往生礼讃偈の初夜*無常偈とほぼおなじであるが、終りの二句は後夜無常偈とおなじ。（岩田宗一）

はこだん　箱壇　荘　*修法壇の一種。上下の框《かまち》の間に束を立て、正方形の箱形にしたもの。四周を三区に分けて格狭間を入れることが多い。（播磨照浩）

はち　鉢　具　応量器ともいい、僧の持つ食器であって、釈尊在世のころから比丘の必須の用具であった。鉄鉢と瓦鉢があり、日本でも古くから優品が残されている。禅宗で用いる鉢は親碗の中に五つの器を入れる。一番小さな皿が支鉢であり、うけ皿となってこれに袱紗・布巾・ひざかけ・箸・匙がつく。（播磨照浩）

はち　鈸・鉢　器　シンバル形金属製打楽器。鉢の字は、真言宗・黄檗宗で用いる。（茂手木潔子）→にょうはち

ばち　桴　→しゅもく

はちし　鈸師　役　「ばつし」。法要に参加する*大衆のうち音具役として*鈸を打つ僧。鈸は鐃と組み合わせて、さまざまな音型を構成する。鐃と鈸はセットにして使用されることが多く、その場合は両者をあわせて鈸と称することもある。音型名には諸鈸・片鈸などがあり、行列の進発や法要の区切りを示している。（高橋美都）

はちじ-もんじゅのさん-だいかんご　八字文殊讃大漢語　曲　『*諸秘讃』などの*朝意系の*秘讃集に所収。八字文殊（文殊菩薩の*真言で字数によりその名がある）の徳を讃嘆する。「八字文殊軌」中の二二句の漢語大讃の初めの六句。「帰命密迹主　摧伏諸魔者……」。漢音読み。始終音*商。（新井弘順）

はづか-けんし　羽塚堅子　人（真宗）。声明家（研究者）。明治二六年（一八九三）～昭和五〇年（一九七五）。声明と雅楽に通じた研究者。日本音楽研究者羽塚啓

明の弟。声明・法式に関する論著多し。主著、『声明考』(大正一四)『引声考』(昭和六)『三十二相考』(昭和七)『五会考』(昭和三一)など。(岩田宗一)

はつがんえこうげ　発願回向偈　曲〔禅〕〔黄〕最上三宝《ツイジャンサンバウ》。*唐音。*施餓鬼の中の節経。旋餓鬼の功徳によって、南無西方無量寿如来等諸大菩薩を願い、法界の衆生等、罪消除し、おなじく浄土に生れんという偈。焰口《エンクー》には一六あり、蒙山には三つある。(田谷良忠)

はっき　八器　具　護摩の修法の際に用いるもので、芥子・丸香・散香・浄香・薬種花・塗香・加持物を入れる器。左*脇卓に置く。形は*大壇上の二器に類似している。(播磨照浩)

はっくねんぶつ　八句念仏　曲〔天台〕〔浄土〕〔真宗〕〔本〕〔融通〕「南無阿弥陀仏」を八回繰り返す曲。序曲旋律型によりとなえられる。もと天台宗の曲で、*憲真本『*六巻帖』に板刻されている。しかし*宗渕本になると収められていない。それでも明治以後の声明家の所持本(宗渕本)には空白個所に同曲の書写のあるものが多いところから近年までとなえられていたと見られる。しかし現在では同宗ではとなえられていない。この念仏曲を最も確かに伝えているのは西本願寺(浄土真宗本願寺派)の*二門偈作法中の同曲と思われる。(岩田宗一)

はっとん　発音　→ほっとん

はなえしき　花会式　法　薬師寺*修二会の異称。造花一〇種類を法会の堂内に一二瓶に分けて飾る造花会(嘉承会)と*薬師悔過が合わせられて現在の花会式が構成されたものと思われる。(高橋美都)→しゅにえ→けかほうよう

はやびきわさん　早引和讃　曲〔真宗〕真宗において*和讃のみを十数首続けて読誦する勤行式。大谷派では基本的には各和讃の一・二・三句は同一音高で、四句目は2律低く唱えられる。本願寺派の譜は真言宗や薬師寺所伝の*四座講式の和讃に近似し、また興福寺所蔵の涅槃講和讃に付された鎌倉期の篳篥《ひちりき》の譜にもよく似ているなど、古い旋律を伝えていると思われる。(播磨照浩)

ばらばらしんぎょう　バラバラ心経　曲〔南都〕〔華〕東大寺のみに伝わる独特の詞章に基づく読経。一〇月五日の*転害会《てがいえ》、月例の八幡菩薩法楽(毎月一日)においてとなえられている。出典は不詳であるが、梵語系のようである。(高橋美都)

ばん　幡　荘　金銅板または布で長く垂れるように作った荘厳具。堂内の柱*天蓋などに懸け、また堂外に掲げることもある。旛旗を仏具に取り入れたものであって、無量寿経*法華経をはじめ多くの経典に見え、日本でも飛鳥時代から用いられている。頭を三角形にし、長方形の幡身の左右に手をつけ、下に足をたれた形であり、幡身に仏・菩薩の像を描くこともある。この幡身に像を表わすことについて『止観輔行』には、幡は供具であるから、形像を安んずべからずとするが、密教では幡を三昧耶形として礼拝の対象とすることもあり、幡身に形像を表わすことは古くから行なわれていたものであろうと思われる。(播磨照浩)

はんかざ　半跏坐　作〔禅〕〔真言〕半跏趺坐の略。半跏・半結跏ともいう。

*坐法の一種。*結跏趺坐に対し、一方の足の甲を、他方の腿にのせて坐る。結跏坐を如来坐というのに対し、半跏坐を菩薩坐といい、菩薩の坐法である。二種ある。㈠右足の甲を左腿にのせるのを、「吉祥の半跏」といい、密教で用いる。㈡左足の甲を右腿にのせるのを、「降魔の半跏」といい、禅宗などの顕教で用いる。現在真言宗では、修法のときは多く半跏坐を用いている。（新井弘順）

ばんかｰふがんけいしゅうげ　晩課普願警衆偈　曲〔禅〕〔黄〕晩課の警策文。朝課時とおなじく三悦衆でとなえられる節経。朝課は短かく、晩課は長いので香灯師の足の運びが違っている。朝課は祈願文で、晩課は*供養文である。（田谷良忠）

はんぎ　板木　器　木版・版木・版・木板。欅で作られた板状打楽器。縦約35cm・横55～56cm・厚さ5～6cmの長方形の上方の左右の角を切り落とした形で、裏面中央を四角あるいは正八角形の凹形にしたものが多い。起床時・就寝時などに時刻の合図をする。T字型の*撞木《しゅもく》で板の中央部を打って鳴らす。凹面を作るのは音をよく響かせる目的。凹面のない板も、打っている間にくり込みができてくる。黄檗宗では、つり下げる場所・目的によって名称が異なる。巡照板・作務《さむ》板など。（茂手木潔子）

はんさいねんぶつ　半斎念仏　曲〔時宗〕晨朝法要の献供のときにとなえる*念仏。「南無阿弥陀仏」をおなじ旋律で二度、つづいて高く移調して二度となえたのち、別の旋律で「南無阿弥陀」を一唱する。（岩田宗一）

ばんしき　盤渉　理　㈠日本の*十二律の第十音。中国の十二律の南呂、洋楽のB音(ロ)にほぼ相当する。㈡*調の一つ、盤渉調の略称。（塚本篤子）

はんじゅさん　般舟讃　曲〔真宗〕〔本〕中国唐代善導の依観経等明般舟三昧行道往生讃を抄読するもの。浄土真宗本願寺派において、*報恩講・彼岸などの晨朝法要、あるいは除夜法要・裏方の年忌などに用いる。本願寺派では江戸中期に礼讃を再用したが、その際延宝九年（一六八一）編集の『*蓮門課誦』を用いていた。『蓮門課誦』は礼讃を中心に晨朝から後夜までの六時の勤行式を定めたものであり、さらに般舟讃・法事讃・帰敬讃の*讃念仏が附加されている。本願寺派では昭和八年に声明を改正したが、礼讃も日没から日中の順序に改め、讃念仏も般舟讃のみを残すことになった。この般舟讃は礼讃とおなじく*重構造にはなっているが、*初重*二重*三重のいずれもにおなじ旋律があって、礼讃とは少し異なった様子を示している。また浄土宗増上寺所伝の*称讃偈と似通った旋律が見られ、法然の弟子*空阿が*念仏に*讃を交えてとなえた*文讃のおもかげを伝えていると思われる。（播磨照浩）

はんじゅさんｰぜんじょ　般舟讃前序　曲〔真宗〕〔本〕中国唐代の善導の*般舟讃《はんじゅさん》の序文を漢音でとなえる曲。浄土真宗本願寺派の*観無量寿経作法に収められている。譜は礼讃の広懺悔《こうさんげ》に依っている。（播磨照浩）

はんしょう　半鐘　器　喚《かん》鐘・小鐘・飯鐘・殿鐘《てんしょう》・堂鐘・鉗《かん》鐘・報鐘《ばおちょん》。小型の釣鐘のこと。つり下げる場所によって、殿鐘(仏殿にかける)・堂鐘、打つ目的によって、喚鐘(衆を呼び集める)・飯鐘(食事時間を知らせる)とも呼ぶ。銅製。T字型の木製*撞木《しゅもく》で撞座を打つ。平均、下部の直径約30cm・高さ40cm程のものが多い。(茂手木潔子)

はんしょうぞく-ねんじゅ　半装束念珠　具　*念珠の一種。百八個の珠のうち、半分を白水晶、半分を黒檀・海松などの黒珠で仕立て、白大房をつけた念珠。*素絹*五条袈裟着用の際に用いる。(播磨照浩)

ばんそう　伴僧　役　住職や高僧の随伴役。(高橋美都)→じしゃ

ばんどうきょく　坂東曲　曲(真宗)(大)坂東節ともいう。*報恩講式の間でとなえる*式間《しきあい》和讃と*念仏を指す。力強く声を張って、上半身を前後左右に振りながらとなえるもので、一一月二八日の東本願寺*報恩講満日中で用いられる。古くは西本願寺でも用いていたが、元禄二年(一六八九)、天台声明の*八句念仏に改めている。坂東曲の名称については多くの説があるが、いずれも伝説の域を出ない。「ばんどう」と称する曲は六斎念仏の中に見いだされるが、これは、時衆《じしゅう》の*踊躍《ゆやく》念仏の変形と考えられる。真宗初期の教団においては時衆と交渉があり、時衆の行儀が真宗に移入したものであろうと想像される。時宗で現在行なわれている踊躍念仏は軽く足踏みするだけの優雅なものになっているのに対し、坂東曲は坐って上体を動かすだけではあるが、歓喜踊躍の力強いさまを伝えている。(播磨照浩)

はんやげ　半夜偈　曲(天台)*法《ほっ》華《け》懺法《せんぼう》でとなえられる。偈文は*往生礼讃偈の中夜*無常偈にほぼおなじである。(岩田宗一)

はんれんねんじゅ　半連念珠　具　五四個の珠を連ねた*念珠。念珠は一〇八個の珠が正式であり、その半数で仕立ててあるから半連という。記子は二個用い、弟子は片方に一〇個の丸珠と、二〇個の平珠を用いている。略式の念珠であるから、水晶で作ることはなく、菩提樹のものが多い。*直綴《じきとつ》*五条着用の際や平常に用いる。(播磨照浩)

ばんろんぎ　番論義　→つがいろんぎ→じおんね

ひおうぎ　桧扇　具「ひせん」「かいせん」とも読む。桧の柾目の薄板を一〇数枚つなぎ、上に白糸の絞結びをつけたもの。もと公卿の用具であったが、僧が*法衣を着けた際に威儀を正すために用いるようになった。*袍裳《ほうも》*七条袈裟を着用する際に用いる。(播磨照浩)

ひがんさん　悲願讃　曲(天台)「釈迦如来涅槃後弥勒菩薩悲願讃」ともいい、天台宗において*涅槃会《ねはんえ》で用いる。(播磨照浩)

ひきごえ　引声　理　*論義などにおける唱法の一つ。引音とも書く。各音節を通常の朗読での音価よりも長く引いてとなえるもの。「*いんぜい」と音読する場合は声明の曲種を示す。(塚本篤子)

ひきょく　秘曲　曲(天台)*円仁が指定した天台声明のうちの重要な曲目をいう。これらの曲の伝承が拡散して変容を来たすことを避けるために〈一子相伝〉の規定を設けたり、〈印可状〉を交付するなどの方法によって指導・伝授上の責任

の所在を明確にすることが求められてきた。この秘曲には〈五箇秘曲〉と〈中秘曲〉とがある。五箇秘曲とは＊長音九条錫杖・独行懺法・羅漢勧請・長音供養文・梵網戒品、中秘曲とは＊唄《ばい》＊引声念仏＊普賢讃・千手教化＊散華・驚覚真言＊三十二相＊声明例時(懺)である。(岩田宗一)

ひさん　秘讃　曲(真言)秘して特別に機根を選んで伝授する一連の曲をいう。曲全体を秘すもののほかに、曲の一部を常の＊博士とは別にしたり、読み方や＊助音の位置などを秘するものもある。秘讃の成立は明らかでないが、真言声明の大成者である＊寛朝は声明修学の階程を諸部の＊讃・秘讃＊乞戒声明＊大阿闍梨声明の順に定めた。＊南山進流では＊覚意が秘讃に＊五音譜を墨した(高野山釈迦門院蔵『秘讃集』文永七年。金沢文庫蔵『秘讃類聚集』文永九年)。しかし＊進流において相承の本となったのは、暦応四年(一三四一)に＊隆然によって五音譜を墨されたものという。今日広く流布する秘讃は木食＊朝意順良房の伝授したものである。天正八年(一五八〇)には海尊に授け、後にこの伝を智山の＊頼正が範宥に授けた。その写し九紙が長谷寺に、そのときの聞書が長浜総持寺にある。天正一三年(一五八五)には勢朝に伝授(高野山三宝院蔵二四紙)、天正二十年(一五九二)には良学へ(長谷寺蔵)、文禄二年(一五九三)には源誉へ、そして文禄四年(一五九五)には良尊に伝授している(遍照光院蔵三九紙)。この良尊へ伝えた本を底本に、明治二三年(一八九〇)に＊葦原寂照が『＊諸秘讃』を刊行した。また昭和五一年、豊山の簗山定誉師は、師の杉本亮誉が津守快栄より伝授された『進水䌷聲明秘讃傳授集・十六定恵梵漢讃』を覆刻した。この本は前述の長谷寺蔵の良学への伝授本を写したものである。『諸秘讃』の目次は『密教大辞典』にみえるので、ここでは杉本本の目録を挙げておく。＊孔雀経讃＊毘沙門秘曲＊毘沙門讃二説＊毘沙門秘讃＊毘沙門合讃＊如意輪讃・讃二説＊宝珠讃＊吉慶漢語第三段秘曲・同四段秘曲＊吉慶梵語第三段秘曲五説＊天龍八部讃＊八字文殊讃大漢語＊文殊合殺＊薬師如来秘讃＊愛染王讃＊不動一字呪＊不動漢語・慈救呪二説＊不動慈救呪・供養讃二説＊光明真言讃二説＊十一面讃・＊葬送讃＊最勝太子＊緊那羅天＊吉祥天讃・善字十六節＊妙音天二説＊後勧請讃＊天竜八部第三秘重深＊持国天＊増長天＊広目天・当流讃＊日天讃＊月天讃＊毘乱天供讃・二十一善・定十六讃梵語・同漢語・恵漢語十六讃。個個の秘讃・秘曲については各項参照のこと。(新井弘順)
↓しょひさん

びしゃもん-しょうじゅ　毘沙門小呪　曲(天台)＊修正会法儀の一つである＊六時作法や＊阿弥陀悔過の中の牛玉加持に用いる＊真言で旋律が付されたもの。僧衆は牛玉宝印を持って＊行道《ぎょうどう》三＊匝《そう》を行ないながら唱誦する。(天納伝中)

びしゃもん-の-がっさん　毘沙門合讃　曲　梵語讃。『＊諸秘讃』などの＊朝意系の＊秘讃集に所収。毘沙門天とその妃吉祥天の＊真言に＊博士を付して一つに合した曲。詞章は「唵吠室羅末拏《オンベイシラマンダ》耶娑縛訶《ヤソワカ》　唵縛曰羅室利耶曳娑縛訶《オンバザラシリヤエイソワカ》」。独誦という。(新井弘順)

びしゃもんのさん　毘沙門讃　[曲]　梵語讃。四天王のうちの一天で、北方の守護神である毘沙門天(多聞天)の心真言(小呪)に*博士を付した曲。出典『摂大軌』『瑜伽護摩軌』『十二天軌』。『*諸秘讃』などの*朝意系の*秘讃集に所収。長谷寺蔵本に「唵吠室羅末多那《オンベイシラマンダヤ》ソワカ」とあり、二種の博士を挙げる。また*助音に三説を挙げ、第三の助音しない説(独唱の意か)を吉としている。毘沙門講の奠供の第三に用いる。(新井弘順)

びしゃもん-の-ひきょく　毘沙門秘曲　[曲]　曲名を秘して「田水袖」とも書く。梵語讃。『*諸秘讃』などの*朝意系の*秘讃集に所収。『賢劫十六尊軌』に見られる当尊の小呪「オンハサラ昧羅《マイラ》縛《バ》ソハカ」に*博士を付した曲。*醍醐流の玄慶法印所伝の曲と註記がある。(新井弘順)

びしゃもんのひさん　毘沙門秘讃　[曲]　曲名を秘して「田少門示言」とも書く。梵語讃。*南山進流の三箇*秘讃の一つ。『*諸秘讃』などの*朝意系の秘讃集に所収。毘沙門天の本尊讃の一つで、『薄草子』『石山道場観集』に見える。「唵《オン》薩婆没駄冒地薬帝《サラバボダボウヂギャティ》　吠倶魯耶娑縛訶《ベイクロヤソワカ》」。(新井弘順)

ひなえしき　雛会式　[法](真言律)　真言律宗尼寺の法華寺で行なわれる梵網法華経講讃法要。四月一日から七日まで十一面観音の厨子の前に善財童子などをかたどった人形と供物を飾って執行される。*講師*読師による経釈・読経*転読が法要の主体となる。(高橋美都)

ひふ　被布　[衣]　略衣の代用にする衣服で、襟元を四角に開けたもの。元来俗服であるが、略衣の代用として外出に用い、上に*輪袈裟《わげさ》を掛ける宗派もある。日蓮正宗では外出には被布のみを用いて、略衣は用いていない。(播磨照浩)

ひゃくじさん　百字讃　[曲](天台)　梵語。金剛頂大教主経巻下・略出念誦経第二・如意輪瑜伽法要などに見える金剛界十六尊中の金剛薩埵の三摩耶を成ずる百字の密語に旋律が付されたもので、*金剛界曼荼羅供の中でとなえられる。*呂曲《りょ》*黄鐘調《おうしき》*甲様で、四分全拍子の*定曲であるが*同音からは*切音《きりごえ》拍子でとなえられている。(天納伝中)

ひゃくはちさん　百八讃　[曲](天台)　梵語。出典は金剛峯瑜祇経巻下吉祥成就品第九・金剛頂蓮華念誦儀軌で、慈覚大師*円仁の相伝曲といわれている。百八とは、金剛界曼荼羅の百八尊を指す。*呂曲《りょ》*黄鐘調《おうしき》*甲様で、*序曲で始まり、途中から*定曲四分全拍子となり、さらに*切音《きりごえ》拍子となって終るので、*序破急を兼ね備えた倶曲といわれている。天台宗の金剛界曼荼羅供や灌頂会に用いる。(天納伝中)

ひょうじょう　平調　[理]　(一)日本の*十二律の第三音。中国の十二律の太簇、洋楽のE音(ホ)にほぼ相当する。(二)*調の一つ。(塚本篤子)

ひょうはく　表白　[曲]　「ひょうひゃく」「ひょうびゃく」とも読む。法会を開白するにあたり法会の趣旨を本尊に表わし白《もう》す文。漢文体読み下し。法会のたびごとに新作するのが原則であるが、重要な法会の表白は過去の優れたものを用いている。真言宗の表白には二種類ある。一つは真言宗独自の密立のもので、御影供表白がその代表的なものである。三月二一日の*弘法大師正御影供に用い、大江匡房の作とも伝えられる。*中曲*黄《おう》鐘《しき》調で、*徴《ち》の*博士が中心となり、特殊な旋律に、㈠徴*角の博士のとき、㊀*甲の*ユリ、㊁*乙のユリ、㊂丙のユリの三種のユリや、㈡徴の*重《かさね》(徴*モドリ徴)などが見られる。また旋律は原則的には四声点に基づいているが変化も見られる。普通、表白は*導師が独唱するが、*御影供では別に*表白師を立てることもある。*柄香呂《えごうろ》を持ち金二打してとなえる。*灌頂*曼荼羅供*理趣三昧*土砂加持などの密立法会の表白は皆、御影供表白に準ずる。もう一つは奈良朝来の顕立の経典講讃の法会の表白の伝統を継ぐもので、大般若表白がその代表的なものである。流派により詞章は異なるが、文体・旋律型はおなじである。角の博士が中心で、前半の神降《こうおろし》の句は乙の部分で、中曲黄鐘調で朗唱風。繫ぎの句のつぎの甲の部分は、乙甲反によって*一越《いちこつ》調で高く詠唱的にとなえる。甲の終りの行は講式の*中音に似て無節で拾いながら早くとなえる。豊山派では右の*南山進流の甲の部分を甲と乙とに分け、ともに高く(甲に)となえて、ただ徴角の博士の所のみ、甲では*イロをつけず、乙ではイロをつけてとなえるという区別をつけている。経立仁王会・伝法大会前講などの表白がこれに準ずる。一般に表白は「(慎ミ)敬ツテ」で始まり「白シテ言ク」までを「神降ノ句」といい、次いで繫ぎの句(傍ノ句・放ノ句)があり、以下本尊の功徳を讃歎し所願を述べ、最後は「敬ツテ白ス」で終る。(*南山進流『御影供表白・大般若法則』、豊山派『二箇法要法則』『大般若法則』)。(新井弘順)

ひょうはくし　表白師 役 「ひょうひゃくし」「ひょうびゃくし」。法要に参加する*職衆の中で単立の役として*表白を音読する。表白は*神分とともに*法則と称される。法会の趣旨や意義を述べた美文調の漢文体で、独特の旋律型に当てはめながら、その法会にふさわしい詞章を読み下していく技量が要請される。通常は*導師が兼ねる場合が多い。(高橋美都)

ひらげさ　平袈裟 衣 白の生絹で仕立てた*七条袈裟。天台宗・真言宗・華厳宗・法相宗などで、厳儀法要の従僧や*竪義《りゅうぎ》のときの*竪者《りっしゃ》が着用する。また浄土真宗本願寺派でも*庭儀、椽儀の際に*有識(*説相箱*座具などを持って*導師に従う僧)・弟子(持物のない従僧)が用いている。(播磨照浩)

ひらざ　平座 作 ㈠*上堂の一形式。法会のときの*道場へ進列するとき、道場外での作法儀式をすべて略して、直ちに入堂すること。*庭儀*堂上に対す。略儀で平常の法会に用いる。㈡法要の読経のときなどに、*行道せずに自席に坐したまま行なうこと。㈢*讃頭が自席に坐ったまま讃を*発音すること。立座に対す。㈣天台宗では賢坐(正坐)を平坐という。㈤真言宗豊山派では賢坐に対し*半跏坐を平坐という。(新井弘順)

ひらざてんぐ　平座奠供 作 *讃頭が自席に坐ったまま奠供の*讃を*発音すること。これに*灑水《しゃすい》奠供と着座奠供の別がある。これに対し立座して発音するのを*立座《りゅうざ》奠供という。普通の

法要では平座奠供を用いる。(新井弘順)

ひらしゅ　平衆　[役]（南都）(華)東大寺*修二会でよく使われる名称。*練行衆のうち*四職を除く全員。(高橋美都)　→しゅうそう

びるしゃなかっさつ　毘盧遮那合殺　[曲]　大日合殺ともいう。大日如来の名号「毘《ヒ》盧《ロ》遮《シャ》那《ダ》仏《フ》」を漢音で一一反となえること。*合殺《かっさつ》の意味は不明。*中曲*理趣三昧のときは『*魚山蠆芥《たいかい》集』所載の*博士を用いる。法事・勤行のときは切切経の簡単な博士を用いるが、*南山進流と*新義派(「中性院法則」)では譜が異なる。『魚山蠆芥集』では*盤渉《ばんしき》調*律*反《へん》音《のん》曲という。反音の部分は版によりまちまちであり、現在は律でとなえられているので実際問題としては何でもよいと*岩原師はいう(『*南山進流声明の研究』)。*出音位《しゅつとんい》が*商で、つぎの「盧」字の商に*ユリがあり、末の*宮にソル意があるのは*五音の特性にそぐわない。一方、東京芸大本『*声明集』では「反音曲、*呂《りょ》*一越《いちこつ》調、暫定之」という。*讃嘆偈の最終字「行」の末が一越呂の宮となり、合殺の出音位が一越呂の宮で、つぎの「盧」字の最初は宮で末は*羽《う》となっている。「那」より*曲中反(羽調反音)で盤渉調律へ転じ、途中数度反音し、最後は呂の宮で終っている。『*魚山集』の表記は再考の余地がある。なお各流とも、一と七・二と八・三と九はおなじ博士を使用。南山進流の『魚山集』と東京芸大本*醍醐流『声明集』も旋律型はほぼ一致している。(新井弘順)

ひんこし　秉炬師　[役]（禅）禅宗の葬儀式の役名。(高橋美都)→あこ

ふいしおん　普為四恩　[曲]（天台）漢語。*修正会法儀の一つである*六時作法や*阿弥陀悔過の中の小懺悔の文。*次第を取る曲。(天納伝中)

ふかんさん　普勧讃　[曲]（真宗）(誠)中国唐代法照の五会念仏略法事讃の文「普勧道場同行者　努力回心帰玄来　借問家郷何処在　極楽池中七宝台」に天台声明の*四智漢語讃の譜を付した曲。呉音で誦す。真宗誠照寺派で用いる。(播磨照浩)

ふくさえ　袱紗衣　[衣]（浄土）浄土宗で用いる*衣。*直綴《じきとつ》形式で、袖裏に白半幅の布をつけ、腰から下に一二の襞をとり、四紐で着用する。江戸時代に正式の小袖である熨斗目小袖に対して、略式の小袖を袱紗小袖と称しており、袱紗衣とは正式の衣である*道具衣に対して、略式の衣というほどの意味であろう。江戸時代中期以降に用いられるようになったものである。(播磨照浩)

ふくよう　普供養　[曲]　普供養加持・普供養一切聖衆・広大不空摩尼供養などともいう。声明曲。胎蔵界曼荼羅観音院の如意輪観音菩薩の伴尊である宝菩薩の*真言に*博士を付した短かい曲。出典は無量寿軌・不空羂索経不空摩尼供養真言品。「唵《オン》阿《ア》謨《ボ》伽《キャ》布《ホ》惹《ジャ》摩《マ》抳《ニ》跛《ハン》納《ド》摩《マ》縛《バ》曰《ジ》𡁠《レイ》　怛《タ》他《タ》蘖《ギャ》多《タ》(尾《ビ》路《ロ》枳《キ》帝《ティ》三《サン》満《マン》多《ダ》鉢《ハ》羅《ラ》薩《サ》羅《ラ》吽《ウン》)」。金剛界立のとき前讃および*後讃のつぎに*導師が最初の一四字を等分に拾いながら微音で独唱し、「怛他蘖多」を普通にとなえ、*職衆も四字のみ*次第を取って*助音する。高野山では*普供養*三力は導師微音で独唱する。広沢流では「唵」はとなえない。(新井弘順)

ふくようしんごん　普供養真言　→さんしんごん

ふげんさん　普賢讃　→ふげんぼさつ・ぎょうがんさん

ふげんぼさつ‐ぎょうがんさん　普賢菩薩行願讃　曲㈠〔南都〕〔華〕＊修二会の＊法華懺法において漢語呉音の偈「一切諸罪障皆如　顛倒因縁妄心起……」をとなえる。㈡〔天台〕天台宗密教音用の一つ。四十華厳末尾の偈文に相当する梵文に曲節を付したもの。＊呂曲《りょきょく》＊黄鐘《おうしき》調で、途中＊下無調に＊変音する。『＊六巻帖』第五密宗下に収められているが、現在用いられることは稀である。（播磨照浩）

ふざ　趺坐　作　足の甲をももの上に置いて坐すこと。これに＊結跏趺坐と＊半跏趺坐とがある。（新井弘順）

ふさつ　布薩　法　戒律の条項を読み挙げ、違背したものが懺悔する式。布薩はサンスクリット upavasatha の音訳で、この懺悔の式を行なうことによって、教団を清浄にたもち、功徳を長養するとの意から、浄住・長養と訳されている。釈尊の在世当時から行なわれ、中国では唐代に盛んに行なわれていた。日本では天台・真言・浄土・曹洞・臨済の諸宗で行なわれている。その次第は堂外で＊露地偈をとなえ、入堂してから入堂偈をとなえる。つぎに籌《ちゅう》と称する竹片に香水・香湯を注ぎ香水偈＊香湯偈＊浴籌偈をとなえる。そして籌を＊大衆に配って＊受籌偈をとなえ、籌を回収して＊還籌偈をとなえ、籌を数えて大衆の数を調べてから＊戒師が戒本を誦し、清浄偈＊散華偈＊焼香偈・四快偈などをとなえる。一説に日本の礼式である小笠原流は、流祖が建仁寺の大鑑禅師から布薩式の伝授を受けて礼式を案出したといわれている。（播磨照浩）

ふさつのげ　布薩偈　曲〔禅〕〔曹〕＊露地偈に対応する。漢語。漢音、「持戒《ジカイ》清浄如満月《ショウジョウニョマンガツ》……」。＊菩薩戒大布薩式の法要でとなえる。旋律の形式は露地偈と同様である。（渡會正純）

ぶざんは　豊山派　→しんぎりゅう

ふじゅ　普頌　曲〔南都〕〔華〕東大寺＊修二会において、＊呪師が呪禁作法に先立ち、法会を守護する五大明王と眷属の来臨を乞うてとなえる。となえ始めは微音で、最終句の「大金剛輪陀羅尼」は高高ととなえて振鈴する。＊平衆は振鈴を待って、貝を吹き始め、＊勧請を助ける。（高橋美都）

ふじゅし　諷誦師　役　＊諷誦文とは、特に願いの筋のある施主に代って志趣を述べるもので、旋律型にあてはめてとなえることが多い。諷誦文を読誦する単立の役を立てるときに諷誦師と称するが、通常は＊導師が読みあげる場合が多い。（高橋美都）

ふじゅもん　諷誦文　曲　願主の願いの趣旨を、定型的な訓読散文で表現したものを、抑揚をつけて読みあげる場合が多い。＊願文や＊祭文も似通った趣旨でとなえられるが、諷誦文は多くの場合、法要の施主個人の願意を法要の責任者たる＊導師がとなえる形式をとる。（高橋美都）

ふしょう　鳧鐘　理　日本の＊十二律の第七音。中国の十二律の蕤賓、洋楽

のG#・A♭音（嬰ト・変イ）にほぼ相当する。（塚本篤子）

ぶじょうろくい　奉請六位　[曲]　〔浄土〕＊盂蘭盆会の開始部でとなえる。それぞれ「一心奉請」ではじまる六偈から成る。釈迦・修多羅・菩薩・縁覚・声聞・目連尊者を＊道場へ請じるための曲である。旋律は「心」と各偈の終りから二字目の「供」で下方二律の音へ一時的に進むのみで、ほかの部分はおなじ音高でとなえられる。（岩田宗一）

ふすま　衾　[衣]〔時宗〕夜着のような形の＊衣であり、一遍聖絵などに見え、現在も時宗の特殊法儀に用いる。（播磨照浩）

ふせがね　伏鉦　[器]　鉦鼓《しょうこ》・鉦鈷《しょうこ》。この呼称のほかに、念仏鉦、単に鉦ともいう。青銅鋳造で＊鰐口を半分にした形に似ており、三つの足がついている。床上に伏せて使い、凸面を木製のT字形＊撞木《しゅもく》で打つ。歌舞伎下座音楽の楽器（一ツ鉦、まつむし）にも影響している。（茂手木潔子）

ぶぞう　奉送　[曲]〔真言〕奉送伽陀。漢語、呉音読み。常楽会などの＊勧請で始まる顕教立の法会の最後に、本尊とその眷属とを送り出すためにとなえる。『常楽会法則』の文は「唯願本師諸聖衆　還着本所利群生　遙護此苑興正法　令諸衆生入仏道」。豊山では頭人＊道場正面で＊蹲《そん》踞《こ》して＊発音、＊職衆も蹲踞して＊助音。他山では頭人自席で発音する。高野山では最後の「道」を極端に高声にとなえる。（新井弘順）

ぶっきだい　仏器台　[具]　＊仏飯器を置く台。＊須弥壇《しゅみだん》・脇壇などに直接仏飯器を供える場合に用いる。梅形の平面に草形の高い脚をつけたものと、四角で裾の開いた雪見形とがある。（播磨照浩）

ぶっさん　仏讃　[曲]〔真言〕〔天台〕〔真宗〕大毘盧遮那経広大儀軌第三巻からの梵語讃。「此の上もなく慈悲深くて主なるあなた、われらを教えいましめ、幸福を与える全智全能の如来（仏）に私は敬礼し奉る」（片岡義道意訳）と仏を讃歎する声明曲である。真言宗高野山（＊進流）では＊理趣三昧、智山派では＊金剛界曼荼羅供などで＊後讃の一つとしてとなえる。天台では＊胎蔵界曼荼羅供などでとなえる。また真宗仏光寺派・高田派の＊声明集にも収められている。（岩田宗一）

ぶっしょうえ　仏生会　[法]　灌仏《かんぶつ》会《え》・浴仏会・竜華《りゅうげ》会《え》・釈尊降誕会・花まつりともいう。四月八日の釈尊誕生日に、花御堂に安置した誕生仏に香水（甘茶）を灌いで祝う法会。インド・中国で古くから行なわれ、日本では推古天皇一四年（六〇六）、寺ごとに初めて四月八日と七月一五日に斎を設け、釈尊の誕生会と＊盂蘭盆会が始められた。灌仏の行事は仁明天皇の承和七年（八四〇）に宮中で始められ、恒例化した。室町中期以降広く行なわれ、民間行事化し、今日でも花まつりとして諸寺で催されている。真言宗では＊明恵作の『仏生会講式』を用いてきたが、今日では高野山でとなえられているぐらいである。建久三年（一一九二）の宮中での次第は、＊三礼＊唄《ばい》＊散華・啓白・讃嘆・五色水灌沐・諸衆灌仏＊教化＊廻向（『玉海』）。明和元年（一七六四）刊の＊南山進流の『新刻五音＊仏生会法則』では、伝供（＊四智梵＊心略梵＊北方讃）＊祭文・惣礼・唄・散花・式*伽陀・灌仏(*灌沐頌*焼香偈*四智漢語*吉慶梵語五段) *仏讃・廻向伽陀の次第である。『仏生会講式』は『仏生会式』『仏生講式』『誕生講式』ともいい、多くの写本が現存する。高山寺には、安貞二年(一二二八)写の『釈迦講私記』が、上野学園日本音楽資料室には、室町期の*墨譜付の写本が三本ある。版本は*新義派のものが元禄八年(一六九五)江戸で刊行され、南山進流では、文化一一年(一八一四)*寛光により、高野山で刊行された。進流の版本は出入りが多い。(新井弘順)

ぶっしょうえ-ほっそく　仏生会法則　資(真言)*声明集。明和元年(一七六四)霊瑞南龍編。昭和一一年、松本日進堂覆刻刊行。「*弘法大師誕生会法則」と表裏に刷られている。(岩田宗一)

ぶってんがい　仏天蓋　荘　仏像の上部に懸けた*天蓋。円形・小判形の傘の周囲に*瓔珞《ようらく》を下げた形のものが多い。真宗大谷派では*須弥壇《しゅみだん》全体を覆う四角の傘に大形の瓔珞を下げた形のものが、*宮殿《くうでん》の代用として用いられることがあり、これを羅網と呼んでいる。(播磨照浩)

ぶっとくじゅ　仏徳頌　曲(真宗)(興)無量寿経の異訳の宝積経無量寿如来会の*讃仏偈に天台大師*画讃の譜を付した曲。真宗興正派で用いるが、*太鼓・羯鼓《かっこ》*鐘鼓《しょうこ》を打ちながら、となえることもある。(播磨照浩)

ぶっぱんき　仏飯器　具　仏前に食物を供える器。単に仏器とも称し、また飯食器ともいう。裾広がりの高脚つきの*鉢であり、素文のものと、蓮弁を彫ったものとがある。(播磨照浩)

ぶつみょう　仏名　曲　ほとんどすべての宗派にわたって用いられる。華厳宗では*修二会、法相宗では*元三会《がんざんね》・修二会、真言宗の*進流では*仏名会、真言宗の智山流では*金剛界曼荼羅供*伝法灌頂、同豊山派では*御影供、天台宗では*仏名会・御影供、さらに真宗興正派・同仏光寺派・融通念仏宗で用いる。詞章は宗派や法会の種類により異なるが、「南無恭敬供養」または「南無帰命頂礼」で始まるものが多く、つづいて本尊仏や宗祖名をとなえ祈願する。またこの曲は「*次第取り」によってとなえられる場合が多い。旋律には*序曲旋律型によっているもの(天台系・真言系など)や旋律パターンを繰り返すもの(禅宗)などがある。調子は真言宗は*黄鐘《おうしき》と指示されているが天台系は*平調《ひょうじょう》となっている。天暦四年(九五〇)の宮中仏名会において*導師*浄蔵が村上天皇の求めに応じて平調でとなえ出したのを、あらかじめ調絃した箏で天皇が秘かに確かめたところ、一つとして音を違えなかったことに驚嘆されたという逸話が残されている(『本朝高僧伝』浄蔵伝)。(岩田宗一)

ぶつみょうえ　仏名会　法　別称、御仏名・仏名懺悔。顕立法会。歳末に過去・現在・未来の三千の仏名をとなえ礼拝し(*称名礼)、一年間の罪障を懺悔する。光仁天皇宝亀五年(七七四)一二月一五から一七日の三日間宮中で行なわれた方広悔過をもって嚆矢とする。仁明天皇の承和五年(八三八)に宮中で、同一三年には諸国で恒例化した。当初は一七巻の仏名経により、一万三千の仏を礼したが、延喜一八年(九一八)より、過去荘厳劫千仏名経・現在賢劫千仏名経・未来星宿劫千仏名経の三巻を用い、三千仏名を一日千仏ずつ称名礼するようになった。一般の寺院を始め在俗でも行なわれたが、今日では奈良や真言宗の大寺で営まれているに過ぎない。*道場に三千仏の三幅の画像を掲げ、*四箇法用ののち称名礼を行なう。百仏ごとに*伽陀(訓伽陀もある)をとなえる。当会の次第『仏名会法則』は、真言宗ではつぎの四本が刊行された。『新板仏名会法則』(内題「仏名導師作法」)元禄一六年刊、㈡『仏名会法則』享保七年刊、㈢『蔵板仏名会法則』享保七年刊、㈣『新刻五音仏名会法則』宝暦一二年刊。次第は次の通りである。㈠過去上経―総礼伽陀*礼仏頌*如来唄*散華*梵音*仏名*神分*後誓*勧請*揚経題・仏名・読経(*過去七仏・百仏ごとに伽陀をとなえる。略儀には五百仏ごとに伽陀)*廻向伽陀。㈡現在中経―総礼伽陀*三礼・如来唄・読経(*現在七仏・百仏ごとに伽陀)・廻向伽陀。㈢未来下経―惣礼伽陀*御前頌(略法用)・読経(*未来七仏・百仏ごとに伽陀)・廻向伽陀*六種廻向*錫杖《しゃくじょう》切《きり》音《ごえ》・仏名*廻向・総廻向伽陀。以上の次第は高野山(衆徒用)所用で、京都(樹下様)では、初めに伝供があり、中経に御前頌を、下経に三礼・如来唄の一箇法要を用いるという。また唱名礼は各七仏のみで、後は着座して読経する。高野山の授戒会の前行に仏名会を行なうが、略儀ではあるが五十三仏および過現未の各百仏を唱名礼拝(*五体投地礼)する。東大寺の仏名会では千仏の*蹲踞《そんこ》礼を行なっている『密宗諸法会儀則』『昭和改板進流*魚山薹芥《たいかい》集』第二・『南山進流声明類聚の解説』)。天台宗の「仏名会導師作法」が『台門行要抄』にみえる。(新井弘順)

ぶつみょうきょう-らいはい　仏名経礼拝　曲　法要の小段名。*仏名会などにおいて、過去・現在・未来の三千の諸仏の名号に旋律を付してとなえながら、懺悔滅罪のために、一称ごとに一礼を重ねていく行法。東大寺の仏名会(一二月一四日)では、一年ごとに過去・現在・未来と順に修している。百仏ごとに*導師を交代する。(高橋美都)

ぶつゆいきょう-ぎょう　仏遺教経　曲　仏垂般涅槃略説教誡経。鳩摩羅什訳。釈尊が入滅に際し弟子達に教誡した最後の教典で、*涅槃会の前日二月一四日の遺教会(訓読会)に*博士を付して*初*二*三重の曲節で訓読される。*明恵が幼年時代より持誦し、高山寺の涅槃会の四座講の前に当経を講演し、一同で*転読した。そののち流布し諸人が持経したというので、この経の読曲の源は明恵に始まるといえよう。如輪が文永の頃に*釈迦念仏を始めたと『徒然草』(二二八段)にいう。千本釈迦堂で、室町期にはこの経を訓読する遺教会が営まれており、今日に伝えられている。現在、智積院では二月一四日に、長谷寺では三月一四日に遺教会が涅槃会のお逮夜行事として行なわれている。譜本は寛永一五年(一六三八)高野山真別処、元禄七年(一六九四)脇屋利兵衛、安政五年(一八五八)藤井文敬堂・山城屋文政堂からそれぞれ刊行された。智積院では読み下し文の新版が用いられている。(新井弘順)

ふどういちじのしゅ　不動一字

呪 曲 梵語讃。『*諸秘讃』などの*朝意系の*秘讃集に所収。題下に「丁重一伝ム云独誦」とある。不動明王の小呪である一字呪に*博士を付した短かい曲。詞章は「曩莫《ナウマク》三曼《マン》多ハサラ難含《ダンカン》娑《ソ》ハカ」。一本に「ソハカ」の博士ほかに三種、「含」の博士二種を出す(『声明秘讃伝授集』)。(新井弘順)

ふどうかんごのさん 不動漢語讃 曲 別称、不動漢語。漢音読み。『*諸秘讃』などの*朝意系の*秘讃集に所収。不動明王の徳を讃嘆する。*不動讃(梵語)の漢訳ではない。出典不詳。五言四句。詞章は「初発菩提心《ソホツホテイシン》 金剛不壊智《キンコウフエチ》 寂然《セキゼン》三摩地《サンマヂ》 名為不動尊《ベイイフトウソン》」。*博士は*心略漢語に類似。*平調《ひようじよう》*反音《へんのん》曲か。*土砂加持会の前讃の第三などに用いる。(新井弘順)

ふどうじぐじゅ 不動慈救呪 曲 (一)〔天台〕*修正会法儀の一つである*六時作法や*阿弥陀悔過の中の牛王加持に用いる*真言で旋律が付されたもの。僧衆は牛王宝印を持って*行道《ぎようどう》三匝《そう》を行ないながら唱誦する。(天納伝中)

(二)曲〔真言〕ふどうじくしゅ。梵語讃。『*諸秘讃』などの*朝意系の*秘讃集に所収。不動明王の*真言である慈救呪に*博士を付したもの。「曩莫三曼多縛曰羅赦戦」「[illegible]」「[illegible]」の三種がある。初めの二句は同形で念誦のアクセントを示す程度の簡単な譜。第三句は常の*讃に近い譜である。八千枚の護摩に用いる。(新井弘順)

ふどうのさん 不動讃 曲 別称、守護讃。梵語讃。『*魚山蠆芥《たいかい》集』所収。五大明王の首尊不動明王の徳を讃嘆する。出典は、底哩三昧経中。詞章は「曩《ノウ》莫薩嚩《マクサラバ》 没駄母地薩怛嚩喃《ボダボウヂサトバナン》……」。*隆然の「略頌」に*雙調唯呂曲という。『*新義声明大典』に、*新義派では中古以来*一越《いちこつ》*反音《へんのん》曲という。醍醐流『*声明集』には*呂《りよ》一越反音曲といい、一越調呂の*宮で*出音《しゆつとん》し、末の「帝娑婆」の三字のみ*律*盤渉《ばんしき》調に反音し、終字「賀」は一越調宮に復している。なお正保板などの『蠆芥集』には一説として「帝已下三字律」ともある。追善・祈禱など広く諸法要に用いられる。(新井弘順)

ふどしょうえ 普度勝会 法〔禅〕(黄)旅日華僑の先祖供養。日本の*盂蘭盆会にあたるもので現在京都の大本山萬福寺・神戸の関帝廟・長崎の崇福寺で行なわれている。これは三昼四夜行なわれ、一か月前に発報《ファッポン》といって冥府に向けて普度勝会の月日を知らせる行事から始まる。当日三昼は懺悔経や放生会、そのほかの法要、四夜は*施餓鬼が行なわれる。本堂前には施餓鬼壇を始め、六道(地獄・餓鬼・畜生・人間・修羅・天中)や各家の先祖が、生前とおなじように三日間すごす家が紙と竹で作られ、先祖の財宝にあたる金山・銀山・衣山を飾って、それぞれ供物を供え、中国線香が焼かれ境内は夜遅くまで線香の煙と読経が絶えない。三日目の最後の夜に金山・銀山や飾りの家などを焼いて、煙とともに冥府に送り返えすのである。(田谷良忠)

べつじねんぶつ 別時念仏 法曲 (一)特別に期限(一・二・七・二七・三七・九〇日など)を定めて*道場において*念仏をとなえることを指し、念仏系各宗で広く行なわれている。(二)〔時宗〕別時念仏会または「一つ《ひと》火《び》」と呼び、遊行寺で近年は一一月二四日〜二八日に営まれる。極楽浄土への往生を法会の中で体現しようとする目的がこめられていて、道場内の灯火の暗転や、火打石による新火の点灯など、末法の世の仏法滅亡と、念仏の不滅を象徴的に表現する作法が行なわれる。この法会中の詰時《つめじ》(報土への参入)段でとなえられる念仏を別時念仏という。「ナムアミダ」で二唱、「ナムアミダブ」で一唱の計三唱からなるが、これらを幾度も繰り返えす。はじめの二唱の「ア」と「ミ」には長く引き延ばす旋律が、「ダ」には高音域の旋律が付されているところから、この念仏を「阿弥(網)引き陀張り念仏」とも呼んでいる。(岩田宗一)

べっしょうりゅうぎ　別請竪義

法 (天台) 天台宗における最高の法階である*探題になるための最後の関門において行なわれる問答*論義の法儀である。戸津説法を終えた望擬講職の中より選ばれた擬講職が*竪者《りっしゃ》(*講師)となり、探題より与えられた論題について*問者(一ノ問は已講職、二・三ノ問は望擬講職)との間に四重の問答の往復があり、この問答における竪者の答弁に対し、さらに探題より三重の問答が仕掛けられるという論義法要で、一四・五時間を必要とする大法会である。この法会が終ると、一ノ問の已講《いこう》は探題に、竪者をつとめた擬講は已講に進む。延暦寺大講堂において通例は四年に一会行なわれている。新探題・新已講はつぎの*法華大会の主役をつとめる。(天納伝中)

へんきゅう　変宮 理 反宮とも書く。*呂《りょ》の*七声の第七音。*宮より半音低い。(塚本篤子)

へんざん　偏衫 衣 僧祇支と覆肩衣を綴り合わせ、衿と袖を加えたもの。木蘭色の麻の単衣で、最も原始的な*法衣である。背筋が縫い合わせてないこともあって、右前に着用する。下に*裙をつけ、麻の*如法衣を掛ける。*布薩・授戒など如法の法会に用いる。(播磨照浩)

へんじきしんごん　変食真言 →さんしんごん

へんち　変徴 理 反徴とも書く。*呂《りょ》の*七声の第四音。*徴より半音低く、*宮より減五度上にある。(塚本篤子)

へんのん　変(反)音 理 返音とも書く。今日、天台では変、真言では反を各各用いている。洋楽における転調・移調に相当し、*呂《りょ》*律相互、または呂同志、律同志の間に生ずる。またある曲からつぎの曲へ移る際の*調の変化も含めることもある。雅楽では平安期に存在しており、また*安然撰『悉曇蔵』(八八〇)には梵語を漢字に音写する際の反切としての変音が詳述されているが、それらが声明の変音といかに関るかいまだ明らかではない。天台では*湛智が『*声明用心集』(一二三三)で三箇変音を設定し、これらは後に*羽《う》調変音*商調変音*甲乙変音とされる。『魚山*六巻帖』収載の反音曲は*対揚*大讃*仏讃*普賢讃・長音供養文があり、*宗快の『*魚山目録』では変音の方法が説明されている。真言では『音律菁花集』に反音の記述があり、*朝意の『*魚山蠆芥《たいかい》集』(一五六九)以降、四種反音として*七声反*隣次反*甲乙反*曲中反の四方法が明示され、このうち甲乙反は天台の甲乙変音に、曲中反(呂→

律の場合）は天台の羽調変音にほぼ対応する。『魚山蠆芥集』収載の反音曲は、云何唄＊散華＊四智梵語＊吉慶漢語、そのほか多くの種類であり、大部分が呂では＊一越調《いちこつ》、律では＊平調《ひょうじょう》の曲である。すべてが呂から律、またはその逆の反音であるが、どの方法により反音するかは明示されていない。真言の四種反音は＊博士や実際の演唱との矛盾が大であり、特に反音曲の博士自体についても、点譜の時点における誤記が今日問題となっていて、今後の研究がまたれる。（塚本篤子）

ほうえ　法衣　衣　僧侶が着用する衣服。狭義には＊袈裟《けさ》の下、＊袴の上に着用する「ころも」のことであるが、広義には僧侶の用いる服具すべてを含んだ意に用いられる。インドでは僧祇支という下着の上に＊三衣《さんね》を纏うだけであり、現在でも南方仏教はその伝統を守っているが、中国では衣服の上に袈裟を着けるようになり、冠り物も用いられるようになった。さらに日本では公卿装束の影響で袴や扇子も用い、また時代の変遷に伴い、諸種の簡略な法衣が案出されるに至った。現在、日本で用いられている法衣には宗派の別や法要の軽重に依り、多くの種類があるが、大きく律衣・教衣・禅衣の三つに分類することができる。律衣は＊偏衫《へんさん》＊裙《くん》に＊如法衣を纏ったもので、色は木蘭か薄墨・茶色の＊壊色《えしき》に限られ、戒律の精神を伝えているので律衣と呼ばれる。主として律宗で用いられるが、天台・真言・浄土・日蓮・融通念仏の各宗および時宗・南都諸宗で用いられることもある。教衣は天台宗・真言宗・華厳宗・法相宗・聖徳宗・浄土真宗で用いる法衣であり、天台宗などを教宗と呼ぶところから教衣という。袈裟は中国の唐代に用いられた＊七条袈裟＊横被＊修多羅および横五条を用い、平安時代の公卿装束の影響を受けた＊袍裳《ほうも》＊鈍色＊素絹および＊表袴＊差貫などを着ける。このとき＊念珠とともに＊桧扇＊中啓を用いる。なお略式には＊輪袈裟・＊折五条を首から掛けることが行なわれている。禅衣は中国の宋代の風が禅宗とともにもたらされたもので、＊九条袈裟に＊直綴《じきとつ》または＊道具衣を用い、冠り物および＊坐具を用いるが、袴は着用しない。略式のときには＊絡《らく》子《す》と称する前五条を用いる。曹洞宗・臨済宗の法衣である。黄檗《おうばく》宗は禅衣ではあるが、中国明代の様式であり、曹洞・臨済両宗とは少し異なっている。また浄土宗・時宗・融通念仏宗・日蓮宗・法華宗は禅衣と教衣を交ぜ合わせた法衣を用いている。（播磨照浩）

ほうおんこう　報恩講　法㈠〔真言〕（新義）　一般には祖師の命日に報恩謝徳のために行なう祖師忌法会の一種。真言宗では＊新義派の宗祖興教大師覚鑁（一〇九五―一一四三）への法楽に供えるとともに、新義派学徒の学問興隆を図るために春秋の二季に行なわれた＊論義法会。新義派が古義派たる高野山から分立し、根来山に新教団を組織し、加持身説を中心とする新教学を樹立し、教団の独立とその存立理念を示す法会である。智山・豊山両派に別れた江戸時代には、夏報恩講は四月一日開白、五日晦日に結願。冬報恩講は一〇月一日開白し、上人の命日である一二月一二日（開山忌）をもって結願とした。夏季は『釈論百条第三重』

から七条、冬は『大日経疏百条第三重』から七条を選んで論義決択した。この論義には能化を始め一山の学侶が参加するので形式は整備されており、その過程を通じて真言教学の二大論疏の学習ができるように工夫されている。稽古論義と出仕論義に大別される。稽古論義は、打分《うちわけ》・読合《よみあわせ》・組習試《くみならし》・大習試《おおならし》・談義御判談《だんぎごはんだん》・闇《やみ》習試《ならし》・内座《ないざ》(勧学院)論義・本座（方丈）論義からなる。草本の素読から、四声の軽重・清濁・抑揚の読癖などの初歩的段階から、難者と答者に分れての試論などを経て、稽古論義の総仕上として能化が出席し、ほぼ一週間ごとに本座論義を行ない初条から七条までを下座のものから次第に＊大衆論義して問答決択する。冬季の場合この稽古論義は一〇月一日から一一月二五日迄である。一二月五日からが出仕論義で、菩提院結集の上座三〇人のみで論義を行なう。毎日一条づつ論義を行ない一一日に成満する。現在、豊山長谷寺では陀羅尼会法楽論義として一二月一二日に一条の論義を行ない、つづいて陀羅尼会を行なっている。智積院では報恩講出仕論義として一〇隻二〇題中から毎年一〇月一日に一隻二題が出題され、一二月一一日に行なわれる。江戸時代には報恩講の説草が多数刊行された。（『塵《ちり》塚《づか》』『豊山派法則集』・高井観海「冬報恩講論義の研究」・櫛田良洪「根来山時代の報恩講」）。（新井弘順）

(二)〔真宗〕浄土真宗において宗祖親鸞の忌日に行なう法要。浄土真宗ではすべての仏事法要は仏恩を謝す報恩行であり。祖師の忌日の法要も増道損生を願うのではなく、教化弘通の宏恩に報いる集いであるところから「報恩講」と称する。本願寺第三世の覚如宗昭が親鸞の三三回忌にあたって『＊報恩講式』を著わし、第八世の蓮如兼寿が消息でしばしば報恩講の名称を用いて以来、宗内に弘まったと思われる。親鸞は弘長二年（一二六二）一一月二八日に遷化したので東本願寺・仏光寺・興正寺・錦織寺・毫摂寺・専照寺・誠照寺においては一一月二一日より二八日まで修し、西本願寺・高田専修寺では太陽暦に換算して一月九日から一六日まで修している。証誠寺では一二月九日から一六日まで修するが、これは西本願寺とおなじく一月に修していたものを、福井の一月は雪害が甚しいので一二月に修することにしたものである。各本山ではいずれも七昼夜修行するので「お七夜」とも通称する。別院および一般寺院では本山へ出仕するために早目に修し、これを「引上会《いんじょうえ》」あるいは「お取越《とりこ》し」と称し、また檀信徒の家庭で報恩講をつとめることも多い。東本願寺では日中には読経、逮夜には＊念仏正信偈をつとめ、満日中は＊報恩講式＊歎徳文と＊坂東曲を用いる。西本願寺では日中に＊二門偈作法＊報恩講作法を、逮夜に＊大師影供作法＊浄土法事讃作法＊広文類作法を用い、晨朝には阿弥陀堂は＊般舟讃《はんじゅ》、御影堂は礼讃と＊正信偈真譜を用い、初夜には正信偈草譜と＊御伝記を読み、信仰の正否を判定することが形式化した改悔批判《がいけひはん》を行なう。専修寺では日中に読経、逮夜に念仏正信偈三重念仏和讃、晨朝に正信偈二重念仏和讃、初夜に報恩講式を用いる。仏光寺は晨朝・初夜に舌舌正信偈、日中に読経、逮夜に行譜正信偈・念仏正信偈、満日中に報恩講式と*六句念仏を用いている。また錦織寺では正信偈の真引・中引・舌舌・真読を報恩講法要に用いている。（播磨照浩）

ほうおんこうさほう　報恩講作法　[法]〔真宗〕（本）浄土真宗本願寺派の勤行式。*総礼頌*至心礼*表白*報恩講式*念仏*歎徳文*合殺《かっさつ》*回向の次第であり、*報恩講法要に用いる。第一種から第三種まであり、第一種は*式間《しきあい》和讃*恩徳讃を加え、西本願寺でのみ用い、第二種は恩徳讃を加えるもので、大谷本廟で用い、第三種は別院および一般寺院用である。（播磨照浩）

ほうおんこうしき　報恩講式　[曲]〔真宗〕親鸞の行績を讃えた*講式。親鸞の曽孫で、本願寺第三世の覚如宗昭が、永仁二年（一二九四）親鸞の三三回忌にあたって述作したものである。全体を三段に分け、第一段に真宗興行の徳、第二段に本願相応の徳、第三段に滅後利益の徳を讃述している。報恩講式は本願寺覚如の作であるが、高田・仏光寺・木辺の各派でも用い、いずれも自派の作としている。また報恩講式は、覚如の長男存覚光玄の*歎徳文《たんどくもん》とともに諷誦し「式歎」と併称している。本願寺では古くは*報恩講は勿論、毎月の親鸞の忌日・歴代門主の年忌法要にも用いられていた。報恩講式が選述された永仁二年は*玄雲が『*声《しょう》明塵要集《じんようしゅう》』を著わして講式の楽理を述べたころとあまりへだたらず、また覚如の父の覚恵は天台声明の達者であったことから見て、報恩講式も天台声明の譜で読まれたであろうことは想像に難くないところである。江戸時代になると、西本願寺において魚山の*幸雄が*六道講式の譜に依って作曲し、これを「*三重の講式」と称したことが、*知影の『*魚山余響』にみえ、さらに明治一五年（一八八二）に園部*覚秀が改めて作譜しているが、現在では*二重の*重構造をもつ簡単な譜が用いられている。本願寺派では一月一六日の報恩講満日中と一〇月一六日の大谷本廟龍谷会に用いられ、末寺まで用いる場合には伝授を受けることになっている。大谷派では声を出さずに読んでいるが、講式の読み方としては異例であるといえる。仏光寺派では*六道講式の譜に依っているが、*下音の個所がなく、*中音*乙・二重・三重の四段の節つけがなされている。なお仏光寺派では歎徳文は用いられていない。興正派ではところどころに「ツキ上」「受下」の譜があるのみであり、重構造にもなっていない。木辺派では二重になっているが、節はほとんどない。また高田派では「重」の変化を伴なって読まれ、報恩講の初夜法要に読むことが多い。（播磨照浩）

ほうごう　宝号　[曲]　声明の小段名。*称名悔過にひき続き、本尊の名号を繰り返しとなえて礼拝を行ない、悔過懺悔の意図が高揚されていく部分。*十一面観音悔過の場合は、「南無観自在菩薩」が*宝号となるが、幾度も繰り返すうちに「南無観」とつまっていく。*時導師が*頭《とう》をとって*大衆（ガワ）がつける形をとるが、繰り返しの数や所作などはおのおのの法要ごとに異なる。東大寺*修二会の場合は、六時のおのおのに定められた回数ずつ数多くとなえられており、最も多い初夜・日没で六二回である。上中下三段の構造に従って高揚していく形式は、東大寺修二会独特のものである。*薬師悔過の場合「南無薬（ナムヤー）」とのみとなえ、薬師寺・法隆寺では大音で三回繰り返している。法隆寺*吉祥悔過では、本尊が吉祥天と多聞天で、「南無護世威徳多聞天」「南無大吉祥天菩薩」をそれぞれ略して、「護（ゴー）」「大（ダーイ）」と大音三称する。（高橋美都）

ほうざん　法讃　曲（天台）天台宗密教音用の一つ。広大軌の「吠羅儗野惹曩……」の陀羅尼に曲節を付したもので*呂《りよ》曲*黄鐘《おうしき》調である。『*六巻帖』第五密宗下に収められている。（播磨照浩）

ぼうし　帽子　衣　法要の際に白羽二重または塩瀬を首に掛けるもの。金襴・錦で仕立てた冠り物も帽子と書くが、この場合は「*もうす」と読んでいる。「ぼうし」も頭をつつむものであり*裏頭《かとう》ともいうが、現在では特別の場合を除いて襟に巻いて用いている。純白を用いることが多いが、古くは水色も用い、縹帽《ひょうぼう》・縹帽子《はなだぼうし》ということもあり、花帽子と書くこともある。羽二重を袷の袖形にして用いるが、下をとじない宗派もある。隋の煬帝が智顗から厳寒に菩薩戒を受けたときに、みずから縹色の袍の袖を解いて智顗の頭をつつんだといわれ、日本でも桓武天皇がこれに倣って最澄に袖を賜わったとし、天台宗では正装の著具の一つとしている。智顗・最澄の肖像はいずれも布で頭をつつんだ姿にあらわされているが、古い時代のものは、袖で頭をつつんだというより、むしろはじめから冠り物として作られたと思われる様相を示している。また真言宗でも*空海が嵯峨天皇から袖を賜わり、大楽院信堅が宮中で釈摩訶衍論を講じたときに、亀山院より賜袖のことがあったとするが、空海はじめ真言宗の僧の肖像には帽子を見ることはない。天台宗では*法華大会遂業のものは帽子を着用するが、已講以上は頭からかぶり、已講は耳を出し、*探題は耳をかくして着用し、これを*探題帽と称している。浄土宗や日蓮宗でも冬期にはかならず帽子を用い、また禅宗も護襟と称して*法衣の下に着けることもあるが、元来禅宗では用いないものであり、法衣の下に着けるのは防寒具としての用い方である。法相宗では泗洲と称しているが、天子の袖を賜わった賜袖に、法相宗第三祖の慧沼の号である泗洲大師の字をあてたものである。帽子は天台・真言・浄土・日蓮などの諸宗では法衣の一種としているが、元来防寒のために下賜されたものであり、南都諸宗では老齢の僧が寒気に耐え難いときにのみ用い、浄土真宗では防寒具と見做している。（播磨照浩）↓もうす

ほうしゅのさん　宝珠讃　曲（真言）梵語讃。如意宝珠の徳を讃嘆する。詞章は金剛宝菩薩の*真言に仏舎利の梵語を挿入したものか。『*諸秘讃』などの*朝意系の*秘讃集に所収。一本に「ウ賛」と題し「ヲン ナウタ シャリラ ハムサラ アラタンナウ オン」とある。常楽会涅槃講の*前讃に用いられることもある。（新井弘順）

ほうしょう　袍裳　衣　↓ほうも

ほうたて　方立　荘　*供笥《くげ》の隅に立てる飾りの紙。もと、色の異なる数枚の紙を重ねて膳の上に敷き、菓子などを

盛ったものの名残りである。通常、金色で赤の縁どりをしたものを用いるが、葬儀・中陰には銀色のものを用いる。（播磨照浩）

ほうとうげ　宝塔偈　曲〔法華〕妙法蓮華経見宝塔品第一一の偈文であるところから、宝塔偈という。受持の功徳を讃嘆する文としてとなえる。（早水日秀）

ほうべんぼん　方便品　曲〔法華〕妙法蓮華経方便品第二〇諸法実相の理を説き明した経。（早水日秀）

ほうも　袍裳　衣　法服ともいい、袷の袍と、単衣の裳から成り、ともに有紋である。袍の襟は後方を立てて、*僧綱襟とし、裳は多くの襞をとり、同一裂の帯で結び、下に*表袴をはく。公卿の装束が*法衣にとり込まれたもので、袍裳*七条袈裟・表袴*桧扇・水晶念珠の姿は公卿の束帯に相当するといわれる。現在、天台宗・真言宗（「ほうしょう」という）・華厳宗・法相宗・真宗大谷派などで用いる。（播磨照浩）

ほうら　法螺　器〔天台〕〔真言〕法螺貝・貝。実際に吹いて音を出す法螺貝と、象徴的に用いる小型の法螺貝とがある。天台宗の場合、回峰行者《かいほうぎょうじゃ》が、葛川の明王院に集団で参籠するときには実際に音を出し、金剛界灌頂の正覚壇作法においては、手に握れるほどの貝を法螺を吹く象徴に用いる。真言宗では、実際に吹くのは*庭儀のときの修験の役割で、*伝法灌頂では天台宗と同様小型の貝を象徴として用いる。東大寺や薬師寺でも*修二会のとき貝の音が重要な役割を果す。（茂手木潔子）

ぼくふ　墨譜　理　*博士のこと。博士は墨をもって、運筆を考慮して書くものであるためこの字が当てられた。（塚本篤子）

ほけきょう　法華経　曲〔天台〕〔法華〕妙法蓮華経。数種の漢訳のうち最も広く読まれているのは鳩摩羅什が訳したものに後世補足して七巻（または八巻）二八品としたものである。仏の真の姿や精神を文学的香りの高い詩や物語り・譬喩の方法で説いた経典である。天台にはこの経典を中心とした法要に*法華懺法《ほっけせんぼう》*声明懺法*切音《きりごえ》懺法などがある。日蓮宗では、読誦の際の速度を、雨垂れ拍子・中拍子・本拍子という三段階に区別し、年忌仏事などは雨垂れ拍子を用い、千部会、報恩会式などの一部経読誦の場合や祈禱法楽の場合には中拍子・本拍子を用いる。（岩田宗一・早水日秀）

ほごえ　方広会　法〔南都〕〔華〕東大寺開山の良弁の忌日法要。華厳宗で研学*竪義《りゅうぎ》を行なう唯一の法会で、整った形式が残されている。竪義の候補者がある場合は三月堂で、ない場合は開山堂を道場にして毎年一二月一六日に行なわれている。華厳教学に属する内明と因明に関する論題を組み合わせて*論義が行なわれ、竪義の場合は住職の資格が判定される。（高橋美都）

ぼさつかい-だいふさつしき　菩薩戒大布薩式　法〔禅〕〔曹〕*布薩ということばはサンスクリットでposadhaといわれ、浄住・善宿・長住・長養・斎・説戒と訳される。布薩はもとは外教で行なわれていたのを仏教でも採用したもので、最初は斎日に在家信者を集めて法を説く儀式であったが、これが一方では在家の六斎日における八斎戒となり、他方では出家教団の団員が一か月に二回(満月と新月の日)集まって、二五〇戒などの戒条を読み挙げ、前の半月間に戒を犯すことがなかったかどうかを問い、無犯ならば黙し、犯した者があれば大衆の前にこれを告白懺悔し、如法に処分して教団を清浄に保っておくことを主眼として行なわれた。この出家教団の粛正な儀式が今日の布薩である。日本では大乗布薩・小乗布薩が一四・一五・二九・三〇日と相前後して行なわれたが、戒の厳格は律宗以外は、多くが形式に堕したり、祈禱的性格をもったりしてその本来の機能を逸脱した。禅家では大乗菩薩戒による布薩式が行なわれた。曹洞宗で使用される式本は「洞上大布薩法」ともいわれ、面山瑞方考訂の宝暦三年(一七五三)序、宝暦四年刊。内容は序文・照牌図・道場図・聞鐘偈*布薩偈*浄水偈*香湯偈*浴籌偈・敬白・唱白*受籌偈*還籌偈・散華偈*焼香偈*如来唄・唱白*回向文*後唄*三帰礼・普回向・四快偈からなる。毎月一五日と三〇日に布薩の式を行なうが、曹洞宗ではこれを*略布薩とよび、年一回行なう布薩を大布薩と呼んで区別している。永平寺では平年ならば七月二日、閏年ならば七月三日、總特寺では五月一六日に毎年行なっている。*戒師*唄《ばい》師*侍者・侍香*小者・浄水・手巾・香湯・散華・焼香・唱白などの配役によって行なわれる。(渡會正純)

ぼさつかい-だいふさつしき　菩薩戒大布薩式　㈠法　→ふさつ　㈡資(禅)(曹)*声明集。昭和四一年、同宗宗務庁刊。昭和五〇年再刊。折本。禅宗各派とも大布薩式の構成や唱句はほぼ共通する内容であるが、配役名・曲名などにわずかながら相異がみられる。(岩田宗一)

ほつがん　発願　曲(南都)(華・法)(真言)(天台)華厳宗の*修二会、法相宗の修二会、真言宗の大般若法則、天台宗の*法華懺法《ほっけせんぼう》*御修法大法*修正会でとなえられる。「至心発願」に始まり、法要の目的の達成や除災与楽を本尊仏に願う文を法要開始部でとなえる曲である。したがって文句は法要ごとに異なる。(岩田宗一)

ほつがんもん　発願文　曲*六時礼讃の末にある文「願弟子等　臨命終時心不顛倒　心不錯乱……我願亦如是発願已　至心帰命阿弥陀仏」をいう。日常勤行そのほかの法要でとなえる。浄土宗では前半は音の高低なく朗唱され、終り近くから自然に旋律が現われるという巧妙な旋律法をもっている。(岩田宗一)

ほっきじょ　発起序　曲(真宗)(本)無量寿経発起序の五徳瑞現の文「今日世尊住奇徳法……」に天台宗*法華懺法《ほっけせんぼう》の*供養文の譜を付した曲。浄土真宗本願寺派の*無量寿経作法の中に収められている。(播磨照浩)

ほっけおんぎょく　法華音曲　曲*法華経の抜粋に美しい旋律を付したもの。東大寺*修二会では、初夜・後夜において法要を開始するにあたって、荘厳作法の一環としてこの法華音曲をとなえるが、これを単に読経とも称する。毎日一巻宛、初夜にその前半、後夜に後半をとなえていき、上七日で全八巻(七日めは二巻宛)を読み終って、下七日はまた一巻から繰り返す。読役は*平衆が四人ずつ交代で当る。各人の担当する個所は、あらかじめ定められており、独唱する所、斉唱(*同音)する所の句数も決まっていて、音楽的に構成されている。旋律型には序読・叩・渡音・連・相音などの名称が付されている。各日とも、旋律パターンの構成はおなじであり、初夜では序読からはじめて、甲乙の形式でとりまぜてとなえられる。後夜の場合は、一部分の省略された形で演じられる。(高橋美都)

ほっけさんだん　法華讃歎 [曲]
〔天台〕〔法華〕天台宗では*法華八講において*講師により独唱される。*序曲旋律型による和文声明曲である。詞章は「法華経を我が得しことは薪こり菜摘み水汲み仕へてぞ得し」(法華経第五巻「提婆品」からの取意に基づく)。作詞は行基とも光明皇后とも伝えられている。文中の「……薪こり(樵《こ》り)……」からとって「*薪《たきぎ》ノ句《く》」ともいう。日蓮宗の曲は、天台宗と*博士の形態はほぼおなじだが、天台宗が*乙様であるのに対し*甲様である。法華宗の曲は天保年中の『声明集』に収められている。(岩田宗一)

ほっけざんまい　法華三昧 [法]
〔天台〕天台大師智顗(五三八〜五九七)が、摩訶止観の中に示した四種三昧(常行・常坐・半行半坐・非行非坐)の中の半行半坐三昧の半行に当る修行法。罪障消滅のため六根を懺悔し、*法華経を読誦して九品往生を祈る行法であるが、旋律が付されて儀礼としてまとめられた*法《ほっ》華懺法《けせんぼう》法要の化他門を法華三昧と呼ぶ場合と、自行の修法を呼ぶ場合とある。自行の三昧は、「三七日を一期とし、十方三世一切三宝と、法華経中一切三宝と、普賢菩薩とを我が*道場に奉請して、恭敬供養し、六根の罪障を発露懺悔し、その一切の罪業の障りを除き、次いで読経旋繞(半行)坐禅観法(半坐)をなし、白象に乗れる普賢菩薩に遇い、以て無礙の大陀羅尼を得る」のを目的とする自己向上のための修行の方法である。延暦寺西塔法華堂においては今も修行僧により一期二一日のこの行法が修されている。(天納伝中)

ほっけじっこう　法華十講　→ほっけだいえ→ほっけはっこう

ほっけせんぼう　法華懺法 [法]
〔天台〕普賢菩薩を本尊とし、*法華経を読誦(または唱誦)することを中心に組み立てられた天台宗の法儀で、化他の法儀として組みたてられた*法華三昧のことをいう。ゆえに年回法要などに修され、一般にはこの三昧を修した功徳により過去聖霊のために追善回向し得脱を祈る儀礼となっている。この法儀を宮中で修したものを*御懺法講《おせんぼうこう》といい、その音用を*声明懺法という。次第は、総礼伽陀*総礼三宝*供養文*法則・敬礼段*五悔の内の懺悔段(眼・耳・鼻・舌・身・意の六根段)*四悔(*勧請*随喜*回向*発願)*十方念仏・経段(妙法蓮華経安楽行品)・十方念仏*後唄*三礼*七仏通戒偈*後夜偈(または*晨朝偈*日中偈*黄昏偈*初夜偈*半夜偈)・早錫杖(*九条錫杖切音であるが略される場合が多い)・回向伽陀とつづく。この法要の*導師のことを特に*調声と呼ぶのは、*伽陀以外の各句の*句頭を導師が*発音し、衆がそれにつづくからである。(天納伝中)

ほっけだいえ　法華大会　法（天台）＊法華経を講讃する法会を法華会というが、天台宗では四年目ごとに延暦寺大講堂で修され、勅使の参向がある勅会法華大会広学竪義《りゅうぎ》のことを法華大会という。＊法華八講に法華開経の無量義経と結経の観普賢経の二巻を加えて講讃する＊法華十講と広学竪義が付随して行なわれる。広学とは広く横に各宗の典籍を調べることで、竪義とは天台法華の教理が甚深であることを立証することである。そのために＊探題が法華三大部（法華玄義・法華文句・摩訶止観）の中から出題し、已講職（つぎの探題職）を首座とする五人の碩学が＊問者となって質問し、＊竪者《りっしゃ》に答えさせて問答内容の判定を下すという法儀である。問答往復の内容は、道理・文証・料簡・御尋・所詮である。まず竪者は自分の主張の道理を述べ、つぎに経典の論拠を挙げて立証し、自説の解説を申し添え、関係質問を加えて結論を述べるのである。この問答論義には独特の読み方や節廻し（音用）がある。法華八講のものを八講節、法華十講のものを十講節、広学竪義のものを大会節という。この論義に竪者となり合格すれば縹帽《はなだぼう》子《し》という羽二重の布を襟巻のごとく着用することが許される。（天納伝中）

ほっけはっこう　法華八講　法（天台）＊法華経八巻を八座に分けて一巻ずつ講讃する＊論義法要の一つ。その起源は中国であるが（法華経伝記第三唐慧明伝）、わが国では延暦一〇年（七九一）勤操が大和石渕寺で八座講会（石渕八講）を修したのを初例とし、宮中御八講は村上天皇天暦九年（九五五）の御儀を初例とする。論義とは優婆提舎といい、問答往復の化儀（形式）を経て仏説の真理を明らかにすることを目的とするものである。＊探題（問答往復の最後に論旨の当否の判定をする）＊講師（＊問者の質問に答える）・問者（与えられた論題により質問する）＊読師（論題の出典である経題を発表する）＊堂達（法会の進行のため＊磬を打って合図する）＊会行事《えぎょうじ》（法会一切の差配をする・勅会であれば奉行職）＊承仕《じょうじ》（＊威儀師の役で会行事を補佐する）の諸役のほかに声明師として＊唄師（＊唄《ばい》をひく）＊散華師（＊散華＊対揚の＊句頭師）＊式衆が出仕する。＊法華讃嘆（＊薪《たきぎ》ノ句《く》）＊仏名＊教化の声明曲は講師が独唱する。その次第は、入堂（上座入奥上座）・賦磬・講読師登高座・鳴磬・唄（＊始段唄）・散華・対揚・法華讃嘆（五ノ座のみ）・仏名・教化（五ノ座のみ）＊表白＊神分・賦経＊勧請＊揚経題・巻釈祈句・講経問答・撤経・鳴磬・講読師降高座・撤磬＊退堂である。法華経八巻に開経と結経の二巻を加えて講讃する＊法華十講は延暦一七年（七九八）最澄が天台大師の忌日に始行したのを初例とし、春秋二回延暦寺大講堂で修されているが、四年一会の＊法華大会にも広学竪義とともに修されている。法華八講は、坂本日吉大社の山王礼拝講や延暦寺主要法要において延暦寺一山住職により修されている。（天納伝中）

ほっす　払子　具　白払または払塵ともいう。蝿払いが法具となったもの。多くの経典や律蔵にみえ、その使用の古いことがうかがわれる。千手観音などの持物ともなっている。白・黒などの長い毛を束ねて柄をつけたもので、禅宗・浄

土宗・日蓮宗などでは法要の前後に＊導師が振り、密教では＊灌頂の際に＊受者を払うのに用いられる。（播磨照浩）

ほっそく　法則　曲　〔天台〕顕密諸法儀において＊導師が簡単な旋律を付して読みあげる式文のこと。法会ごとに導師が作製するものであるが組み方に基本型がある。密教用に多く用いられているのが四段法則で＊表白＊神分＊霊分・祈願から成り立つ。表白はその法会を修する趣旨を述べるもので、㈠三宝勧請（謹敬……）㈡＊道場（南閻浮提日本国……）㈢事由（願主・願事）㈣修法（法要の内容）㈤旨趣（イ、所修の法が成ずる安心を定むる道理・ロ、道理を証明する引証・ハ、修善の縁起を讃歎する・ニ、旨趣の結句を述べる）の内容を表わし述べる。神分は修法成就のため、邪魔を除き障なきよう善神を招き供養して守護を願うことを述べる。霊分は過去聖霊皆成仏道のための文。祈願は願主・施主の悉地成就を祈る文を述べる。顕教の＊法華懺法《ほっけせんぼう》や＊例時作法などには神分と表白のみの略法則が用いられることが多い。＊回向法則には表白中に聖霊歎徳（法名・生年・経歴・業績・徳行など）・料簡（無常の句）・悲句（入滅の相）・結句を入れる。使用される用語も基本型があり、謹敬（ツツシミウヤマツテ）・方今（マサニイマ）・凡夫（オヨソソレ）・以是（ココヲモツテ）・宜哉（ムベナルカナ）・観夫（ミレバソレ）などなどの字句には簡単な音用が決められている。法則の基本音位は＊一越調《いちこつ》である。旋律は＊法華八講法則がその基本を示しているが、＊法華大会の＊竪義《りゅうぎ》における＊竪《りっ》者《しゃ》がとなえる表白は独特の節廻しが付されている。（天納伝中）

ほっそくしゅう　法則集　資　㈠法要次第を集めたもの。㈡法要の趣旨や目的を述べる各種の読物（＊法則）を集めたもの。（岩田宗一）

ほっそくしゅう　法則集　資　〔真言〕＊声明集。仁和寺の＊相応院流では、声明集をとくに『法則集』という。古くは巻立は一定しないが、鎌倉末期から南北朝期に、菩提院方では東寺の潤恵が、西方院方では仁和寺の宣雅がそれぞれ記譜法を工夫し、上中下三巻の巻子本仕立の譜本を編纂し、両流の標準的な譜本として用いられた。相応院流では調子譜に琴の譜を用いるといわれるが、現存する譜本のほとんどは＊五音名が付されている。次に代表的譜本を挙げる。○永正一七年覚道写。上下二巻。仁和寺蔵。北院御室が＊博士を付し、口伝を註し、隆憲に授け、さらに能覚が養和二年（一一八二）に重ねて隆憲に伝授したと奥書にある。○応安六年（一三七三）禅河院御室写。五帖。仁和寺蔵。建永二年（一二〇七）に尊遍が博士を付した。○宣雅博士本。三巻。尊遍から四代目の西方院方の宣雅が博士を付した譜本。東寺観智院蔵。上中二巻は宣雅自筆本、下巻は弟子の弘雅の写本。上野学園日本音楽資料室に、応永一八年（一四一一）光尊が転写した三巻が蔵されている。○元徳三年（一三三一）潤恵博士本。東寺観智院に潤恵の自筆本が、仁和寺に永和三年（一三七七）禅河院御室写をはじめ四種十本が現存する。（新井弘順）

ほっとん　発音　理　「はっとん」とも読む。先唱者（＊頭＊句頭）が曲をとな

え始めること。またいかなる声を出すべきかという発声の意味でも用いられる。(塚本篤子)

ほっぽうのさん　北方讃　曲　別称、金剛業菩薩讃・金剛業讃・業菩薩讃。梵語讃。四方讃の一つ。金剛界三十七尊中の十六大菩薩の一尊で、北方不空成就如来の四親近の第一金剛業菩薩を讃嘆する。詞章は「縛《バン》曰《ザ》羅《ラ》羯磨《キャラマ》　蘇《ソ》縛《バン》曰《ザ》羅《ラ》訖《キ》攘《シャ》……曩《ナウ》謨《ボ》率《ソ》都《ト》帝《テイ》」。出典は、蓮花部心軌・二巻教王経。*南山進流の『*魚山蠆芥《たいかい》集』では、*隆然の略頌を引いて*双調唯呂曲というが、譜は*反音《へんのん》曲のごとし。『*新義声明大典』は*吉慶讃のごとしという(*雙調反音曲か)。醍醐流の『*声明集』では、*呂《りょ》*一越《いちこつ》反音曲という。常楽会などに用いる。(新井弘順)

ほんじゅうさん　本住讃　曲〔真宗〕(誠)中国唐代善導の*般舟《はんじゅ》讃の文「本住他方化生衆　慶得難遇希有法　特免娑婆長劫難　特蒙知識釈迦恩」に天台声明の*四智漢語讃の譜を付した曲。真宗誠照寺派で用いる。(播磨照浩)

ぼんしょう　梵鐘　↓かね

ほんしょうぞく-ねんじゅ　本装束念珠　具　*念珠の一種。一〇八個の珠および弟子・記子・親玉などをすべてを白水晶で仕立て、白の大房をつけた念珠。*七条袈裟を着用したときに用いる。(播磨照浩)

ほんしらい　本師礼　曲〔真宗〕(興)「一心敬礼本師弥陀仏」の句を三回となえるもの。譜は天台声明の*法華懺法《ほっけせんぼう》の*総礼三宝に依り、真宗興正派で用いている。なお、同派で総礼三宝をそのまま用いる場合には*三敬礼と称している。(播磨照浩)

ぼんのん　梵音　曲*四箇法要を構成する主要な四つの声明曲の一つ。第三番目の曲。漢語、呉音読み。如来の清浄なる声(梵音)が十方に響き、これを聴くものは皆さとりを得るので、浄音をもって諸仏菩薩を供養するためにとなえる。詞章は第一偈が「十方所有勝妙華」以下の四句、第二偈が「出生無量宝蓮華」以下の四句で、ともに華を以って供養する意味で、直接的には、梵音の意味はない。梵音は声明曲の総称的な意味である。八十華厳経の文というが不詳。真言宗では、『*魚山蠆芥《たいかい》集』の*隆然の「略頌文」を引き、*盤渉《ばんしき》調唯律曲という。*出音《しゅっとん》位は*初重の*羽《う》、終音は*二重の*宮である。醍醐・相応院の両流も唯律曲で始終両音とも*南山進流とおなじである。梵音師が*発音し、第二句から一同*助音。第一偈の第三句目の「釈迦尊」で散花を一枚、第四句の「諸如来」で二枚、第二偈の最後の「諸菩薩」で三枚、都合六枚投げる(『*智山声明大典』)。投華の文句、枚数には異説がある。天台宗では、*律曲の*序曲で、調子は*平調《ひょうじょう》でとなえられている。(新井弘順)

ぼんのんしゅう　梵音衆　役　声明の斉唱者集団をさす用語。顕立の*四箇法要の場合などに用いる。*散華*対揚*梵音*錫杖《しゃくじょう》*讃などを斉唱する。(高橋美都)　↓さんしゅう↓さんげしゅう

ぼんのんのげ　梵音偈　曲〔禅〕(曹)*散華偈*錫杖偈に対応する。漢語。「十方所有勝妙華《ジッポウシヨウシヨウメウゲ》」。*羅漢講式・報恩講式*洞上伝灯講式・達磨講式*涅槃《ねはん》講式・大般若講式・法華講式の各法要で*四箇

法要の一つとしてとなえる。旋律は「二段階段節」「三段階段節」および「引唱」の三種の音型によって構成される。（渡會正純）

ぼんばいしゅう　梵唄集　資（真宗）（本）声明集。沢円諦編、明治四三年（一九一〇）、負野薫玉堂・興教書院刊。明治四五年再版。上中下巻。上巻―綴葉二一〇頁。中巻―同一二〇頁。下巻―同二〇〇頁。上巻には「*無量寿経作法」「阿弥陀懺法」「*例時作法」、中巻には「大師影供作法」「入出二門偈作法」「*五会念仏作法」、下巻には「*讃仏偈」「*重誓偈」「読経作法」「開白・中間・結願・読経一座作法」「浄土三昧法」「*如法念仏作法」を収めている。明治二一年（一八八八）の『*龍谷唄策』（二巻）から前記の法要を抄出して整備し、軽便な法要本としたものといえる。（岩田宗一）

ぼんぼり　雪洞　具　*中啓に似て、先の啓きが少ないもの。中啓の略式であり、軽い法要に用いる。（播磨照浩）

ぼんもうえ　梵網会　法（律宗）梵網経を講読する法会の意。聖武天皇の勅願により東大寺に始行されたとも伝わるが、現在では唐招提寺で五月一八日と一九日に修されており、團扇撒会式として有名である。唐招提寺中興の覚盛の忌日法要で、梵網経講問論義が中心である。鐘楼から美しく彩色されたハート型のうちわが撒かれることで一般にも親しまれている。（髙橋美都）

まえじょく　前卓　具　前机ともいう。*内陣の中央にあって、上に*五具足あるいは*三具足を置く。上に長方形の天板があり、四本の脚をつけ上部を彫刻でかざる。天板の上に水板を重ね、水板の両端に筆返しをつけることが多い。（播磨照浩）

まんぞくさん　満足讃　曲（真宗）（興）親鸞の入出二門偈の中の「観彼如来本願力　凡愚遇無空過者　一心専念速満足　真実功徳大宝海」の句に天台声明の*九方便の譜を付した曲。真宗興正派で用いる。（播磨照浩）

まんだらく　曼荼羅供　法（一）（天台）曼供と略。天台密教の曼供法要には胎蔵界曼荼羅供と金剛界曼荼羅供と合行曼荼羅供の三種の法儀がある。曼供*道場は中央に曼荼羅を掛け（胎＝西向・金＝東向・合＝南向〈向って右に胎・左に金〉・本堂の向きとことなるときは観想する）、その前に*大坦（*密坦・本坦）を置く。*天蓋より八色*幡（白・白・紅・黒・煙・赤・水・黄）を下げる。密坦の四隅に橛を立て*坦線（五色線）を曳く（東北隅より順匝し、結び目を白紙で掩い、水引で結ぶ。*門標があればまといつける。正面門標中央より結ぶ流もある）。密坦中央に敷曼荼羅をしく（合行には金を下に、胎を上に重ねる）。中央に宝輪を置き上に塔鈴（胎＝五輪塔形・金＝多宝塔形・合＝胎）を、四方に五鈷鈴と杵・三鈷鈴と杵・独鈷鈴と杵・宝鈴と杵を置く（東五・南宝・西三・北一＝円仁説）。敷曼荼羅の四隅に*羯磨《かつま》を置く（胎＝十字・金＝叉字・合＝東十西叉）。その外側四方に*六器をならべ、中央に*火舎をおく。六器には閼伽・塗香*華鬘《けまん》の献備をし、その外側に食道布をしく（胎＝白・金＝赤・合＝東西白、南北赤）。その上に染仏供三二杯（又は四〇杯）を供える（飯・汁・餅・菓または白〈白飯〉・赤〈小豆染〉・黄〈きなこ染〉・青〈青のり染〉・黒〈くろごま染〉の染飯〉。坦の*四面器の*花瓶と燈明は四瓶四燈（または八瓶八燈）。*礼盤の左の脇机には用鈴・五鈷杵*洒水器と*散杖・塗香と献備用塗香・名香を、右脇机には打鳴らし*柄香炉・仏布施をおく。礼盤の上には*草座（蓮華座）をしき、前には膝付をおく。道場入口左方に門前瓶に瓶帯（胎＝白・金＝赤・合＝白を上にした白赤）を片結（又は諸結）でむすんでおき*香象を用意する（以上概略を記すが各流により口伝がある）。法要次第も胎・金・合により差異があるが胎曼供を主としてその次第を記す。*列讃（入堂*行道《ぎょうどう》）・導師登坦*着座讃*唄《ばい》（*云何唄《うんがばい》）・逆洒水*散華*対揚*法則*供養文*唱礼（胎・金・合の別あり）*驚覚（金＝なし）*九方便（金＝*五悔）*五大願・以下（胎＝*大讃・初鈴*仏讃・献仏布施　金＝*百字讃*百八讃・初鈴合＝*大讃*仏讃・百字讃・初鈴・百八讃）*甲四智・後鈴・切音《きりごえ》回向（金及び合＝切音発願）*随方回向・導師降坦*終讃（逆行道一匝）*回向・出堂。（天納伝中）

㈡〔真言〕大曼荼羅供、曼供ともいう。金剛界大曼荼羅・胎蔵界大曼荼羅の両部曼荼羅を供養する法会。弘法大師*空海が弘仁一二年（八二一）、両部大曼荼羅を修造供養して以来真言宗最高の法儀の一つとして厳修され、諸法会の規範となった。新造の曼荼羅・仏像・仏画などの開眼供養・堂塔新造改修落慶供養・諸祖師御遠忌・諸山開創記念・写経奉納供養・先亡追福などのために広く営まれる。両部合行密立。*二箇法要。経立と呪立の二種がある。経立は*理趣経を読み、呪立は本尊あるいは両部の大日如来の呪などを誦する。経立が多く行なわれる。経立に誦経合行と別行の二種ある。合行のときは*大阿闍梨が供養法と誦経を兼て勤め、別行のときは*誦経導師を別に立てる（*誦経導師作法）。また*上堂の儀式に*庭儀《ていぎ》*堂上《どうじょう》*平座の三種ある。経立の次第は入堂総礼*云何唄*散華（中段大日*次第散華・大行道）*対揚*唱礼*前讃（*四智梵語*心略梵語*不動讃）・中曲理趣経*後讃（*四智漢語*心略漢語*仏讃）・至心廻向・大阿下礼盤・誦経導師登礼盤*三礼*表白*諷誦文*発願*四弘*仏名*教化*下礼盤*出堂（以上別行立）。合行立のときは、入堂・総礼・唄・散華・対揚・表白・諷誦文・発願・四弘・仏名・教化*神分・唱礼・前讃・経・後讃*廻向・出堂の次第である。各山には曼供の記録があり、とくに弘法大師の五〇年ごとの御遠忌には舞楽付で特に盛大に行なわれる。因に昭和五九年は一一五〇年忌である。（『要法授訳鈔上』『諸法会儀則』『広沢法則集』『阿娑婆鈔』『真言宗諸法会作法解説全』）。（新井弘順）

みえく　御影供　法〔天台〕〔真言〕祖師の真影を供養する法会。天台宗には*天台大師御影供*伝教大師御影供*慈覚大師御影供*慈恵大師御影供の四大師御影供がある。真言宗には*弘法大師御影供がある。（天納伝中）

みしゅほう　御修法　法「みしほ」ともいう。㈠勅命により宮中で*密坦を設けて護摩・加持・誦呪・誦経・結印などの秘法を修して、国家的規模で除災招福・天下泰平を祈る法儀であったが、今は延暦寺や東寺で修されている。㈡天台宗の御修法は長日《にち》御修法と五箇の大法がある。長日御修法は、延暦寺根本中堂において、毎年一月一日より一百日の間毎日、本尊薬師如来供・薬師如来護摩供・毘沙門天供の秘法を修し鎮国の三部経(法華・仁王・金光明経)を輪転読誦し、玉体安穏・国家安泰・風雨和順・五穀成熟・天下泰平を祈るもので、桓武天皇の御願に依って御所の鬼門に当る比叡山に延暦寺が建立されて以来つづいて修されているものである。五箇の大法は、勅命により時に臨んで修されていたものであるが、明治四年太政官布告により諸寺諸山の勅会が廃止されるとともに御修法も廃せられていたが、大正九年天台座主の旧義復興の請願により中興されたものである。毎年四月四日より一一日まで一七か日の間、延暦寺根本中堂において、天台座主が*大導師となり各門跡(滋賀院・妙法院・三千院・青蓮院・毘沙門堂・曼殊院・上野輪王寺・日光輪王寺)門主・諸大寺(善光寺大勧進・浅草寺・四天王寺など)住職ならびに延暦寺一山寺院・天台宗一般寺院より選ばれた僧によって毎年輪次に修される*安鎮家国法*熾盛光法*七仏薬師法*普賢延命法*鎮将夜叉法のことである。これらの修法には四坦(*大坦*護摩坦・十二天坦・聖天坦)が設けられるので大法と呼ばれている。また伝統的慣例により国家・国民の象徴である天皇陛下の御衣を奉載して行なわれる。修法は毎日三座(後夜・日中・初夜)修され、開白日・御中日・結願日には勅使の御代拝がある。(天納伝中) →ごしちにち-みしゅほう

みずひき　卓囲　荘　下掛けともいい、卓の四面を覆う布であって、上に*打敷を掛ける。主として浄土真宗で用いるが、『禅林象器箋』に「闘綵金襴等、卓の四面を周囲して地に到るものを卓囲と言うなり」とあり、もと禅宗の用具である。水引と書くときは、*内陣入口の上方と左右に垂れる金襴の裂を指す。(播磨照浩)

みだしょうじゅ　弥陀小呪　曲　(天台)*修正会法儀の一つである*阿弥陀悔過の中の牛王加持に用いる*真言で旋律が付されたもの。僧衆は牛王宝印を持って*行道《ぎょうどう》三匝《そう》を行ないながら唱誦する。(天納伝中)

みつおげさ　三緒袈裟　衣　略式の*五条袈裟の一種。小形の五条袈裟に前二本、後一本の三つの緒をつけたもの。金襴や錦で造る。天台宗で密修のときに、*素絹または*直綴《じきとつ》の上に着ける。青蓮院の免許を要したと伝える。本願寺が門跡に列したときに青蓮院から下附された赤地錦の三緒袈裟が西本願寺に現存し、現在でも本願寺門主が帰敬式のときにのみ着用している。(播磨照浩)

みつぐそく　三具足　具　*香炉一*燭台一*花瓶一を一組としたもの。花瓶と燭台を一対ずつとしたものは*五具足という。香・華・灯の三つを供養することは古くインドにおいても行なわれていたが、日本の平安時代には、香は*火舎《かしゃ》を用い、華は*華瓶《けびょう》に挿し、灯は*灯台を用いていた。一方、中国の宋代では三具足の形式に依る荘厳が行なわれていたことが至元四年(一三三八)に編集された『勅修百丈清規』にみえ、鎌倉時代の末期に禅宗とともに日本にもたらされたので

ある。三具足は室町時代になると華道の勃興に伴って書院の床飾りとして採り入れられ、さらに禅宗以外の宗派でも仏前の荘厳具として用いられるようになった。花瓶は口の大きく開いた形のもので、立華または常花を用いる。三具足の古い遺例としては、滋賀聖衆来迎寺・奈良唐招提寺のものが知られているが、後者は中国明代の製作と考えられている。（播磨照浩）

みつだん　密壇　荘　密坦。＊修法壇の一種。＊大壇の略式であって、平面が長方形をなし、一面器のみを置く。（播磨照浩）

みなもとの-ありふさ　源有房　人　歌人。建長三年（一二五一）～元応元年（一三一九）。永仁三年（一二九五）、歌や仏教などに関する評論書ともいうべき『＊野守鏡』を著わした。有房はその中の声明に関する部分で、＊良忍以来の伝統がすっかり失なわれてしまったと嘆き、それは＊湛智のせいであると激しく非難している。因にこれより二〇年前に湛智門流の＊宰円はその著『＊弾偽褒真《たんぎほっしん》抄《しょう》』の中で湛智こそ良忍の正確で正統な伝承者であると具体的事例を挙げて開陳している。（岩田宗一）

みやの-ゆうち　宮野宥智　人（真言）声明家。昭和五年に『＊南山進流声明類聚　附伽陀』を著わしたのをはじめ、多数の法要集＊声明集の編・刊を行なった。（岩田宗一）

みょうえ　明恵　人（南都）（華）＊講式作者。承安三年（一一七三）～貞永元年（一二三二）。建仁三年（一二〇三）に原形を、そして建保三年（一二一五）に現在の形の『＊四座講式』（舎利・遺跡・羅漢・涅槃）を製作した。その朗唱はおそらく先行するほかの講式とおなじ旋律で行なわれていたと思われる。この『四座講式』は、その後、真言宗・新義真言宗において最も重用されることとなった。（岩田宗一）

みょうじんこうしき　明神講式　曲　別称、高野明神講式・四所明神講式。五段式。高野山八傑の一人心南院尚祚（—一二四五）の作、宥快（一三四五—一四一六）後補という。高野山の鎮守として、山麓の天野神社に祀られている高野四所明神（このうち一宮の丹生都比女神と、二宮の高野明神の二神を地主神として、高野山上に勧請）の広徳を讃揚する講式文。＊表白・第一讃丹生権現広徳・第二讃高野明神利生・第三讃三大神宮慈悲・第四讃四宮権現随類・第五讃舎利法楽明神。当講式は天部の諸尊の講式の基本で、＊初重は祝言読《のっとよみ》といって、＊四座講式の初重より早目に軽く読む。＊二重＊三重などは四座講式と全くおなじに読む。和語のアクセントは四座講式と同様に鎌倉期のものを伝えている。写本現流。刊本一軸、明和五年（一七六八）、＊廉峯跋、経師八左衛門刊。明神講に用い、その＊法則次第は密立で、伝供＊祭文・別礼・式師＊云何唄《うんがばい》＊散華＊舎利礼（『諸法会儀則』下）。明神講祭文は建保（一二一三～一九）頃、金剛三昧院真慶の作という。天部祭文の基本で祝言読である。（新井弘順）

みょうのんいん　妙音院　→もろなが

みょうのんいん-りゅう　妙音院流　流　＊良忍—＊頼澄—玄澄の流れを汲む藤原＊師長（妙音院）にはじまる流

派。記譜法に箏譜を用いた。この流派は南都一円で栄え、のち関東においても称名寺を本拠として栄えた。（岩田宗一）

みょうのんてん-の-さん　妙音天讃　曲　梵語讃。*秘讃。妙音楽天（弁才天ともいう）を讃嘆する。当尊の*真言「曩謨《ナウマク》三曼多《サマンダ》没駄南《ボダナン》　蘓羅《ソラ》蘓婆《ソバ》帝曳《テイエイ》娑婆《ソワ》訶《カ》」（大日経真言蔵品）に*博士を付す。唯授一人の秘讃で、一専言・少日天*日天讃とも書く。*呂《りょ》の*徴《ち》で*出音《しゅつとん》し、「帝」で*律に*反音《へんのん》する。妙音天供の*後讃に用いる。金沢文庫に箏譜と笛譜、および*覚意の*五音譜（『秘讃類聚集』所収）などの譜本が八種ある。『*諸秘讃』など*朝意の秘讃集に所収。仁和寺にも譜本がある。（新井弘順）

みらいしちぶつ　未来七仏　曲　後七仏ともいう。仏名会第三日（未来下経）に、仏名経巻三の「未来星宿劫千仏名経」を読経するのに、つぎに挙げる最初の七仏の名号を曲節を付して唱名礼拝する。下経道師が*踞跪《こき》して*発音し、一仏ごとに起居一礼する。諸衆も一仏ごと*次第を取って唱名礼拝する。㊀南無王中王仏、㊁南無阿須輪王護仏、㊂南無作吉祥仏、㊃南無師子恵仏、㊄南無宝意仏、㊅南無成弁事仏、㊆南無成弁事見根原仏。『仏名会法則』に所収。（新井弘順）

むごんぎょうどう　無言行道　作　*灌頂の三昧耶戒の儀式や*曼荼羅供などのとき、*衲衆《なっしゅう》が*道場を結界のために右に三度無言で、あるいは口中で*真言をとなえながら遶ることをいう。三匝《そう》は道場の後を三度通過した回数で数える（後ろ三匝）。（新井弘順）

むじょうげ　無常偈　曲　㈠*往生礼讃偈の六時それぞれの終りに配されている偈文。五字一句と七字一句の二種がある。本文とは異なった壮厳な旋律でとなえられる。㈡（天台）涅槃経の「諸行無常　是生滅法　生滅滅已　寂滅為楽」の句を漢音でとなえるもの。*例時作法で用いる。（播磨照浩）

むりょうじゅえ-さほう　無量寿会作法　法（真宗）（本）浄土真宗本願寺派の勤行式。天台宗の*講経論義に倣ったもので、江戸時代に用いられたこともあるが、明治一五年龍谷大学の落成式に際して改めて制定された。現在は五月二一日の宗祖降誕会に用いている。（播磨照浩）

むりょうじゅきょう-さほう　無量寿経作法　法（真宗）（本）浄土真宗本願寺派の勤行式。*総礼頌*発起序*三奉請*合殺《かっさつ》・経段（無量寿経四十八願文）*六句念仏*成就文*回向の次第であり、すべて呉音で誦する。彼岸会・永代経法要あるいは慶讃法要に用いる。全体の構成は天台宗の*例時作法に倣っている。（播磨照浩）

めいりん　明倫　人（天台）声明家。江戸末〜明治初。多数の声明書の書写を行なった。『*魚山叢書覚秀本』には、明倫の書写を経た資料六点が収められている。（岩田宗一）

めやすばかせ　目安博士　理　声明の記譜法の一つ。声明の旋律の動きを相対的に線画化したもの。只《ただ》博士ともいう。天台では*良忍案出に由来する微妙な運筆を生かした目安博士を用いているが、*博士の形態がかなり抽象化されているため、今日では初学者向けに旋律を

具体的に表現した博士を併用している。真言所用の*仮譜や今日の南都声明所用の博士なども目安博士の一種である。（塚本篤子）

めんけんさん　面見讃　曲（真宗）（誠）四十華厳経普賢行願讃中の文「願我臨欲命終時尽除一切諸障礙面見彼仏阿弥陀即得往安楽國」を呉音でとなえる曲。譜は天台声明の*九方便に依り、真宗誠照寺派で用いている。（播磨照浩）

もうす　帽子　衣　法要儀式に用いる冠り物。「*ぼうし」と読むと、白羽二重の袷を袖状に仕立てたものを襟に巻くのを指す。比丘は冠り物を用いないのが本儀であるが、『四分律』第四一には寒期に頭をつつんだことがみえる。また中国では頭をあらわすことが非礼であったので、僧も早くから冠り物を用いたことが、『釈氏要覧』などに記されている。しかし唐代では用いられず、宋代に入って盛んに用いられるようになり、禅宗とともに日本へ伝えられた。禅宗をはじめ、禅衣を用いる浄土宗・時宗・融通念仏宗・日蓮宗・法華宗で用い、天台・真言などでも用いることもある。前後に長い形のものを頭上にのせる*水冠と、竪長で縅《おどし》のついた*誌公帽子の二系統があり、前者にはほかに烏帽子《からすもうす》があり、後者には*立帽子・鼓山帽子*燕尾帽子・角帽子などがある。（播磨照浩）→ぼうし

もくぎょ　木魚　器　読経のとき拍子をとるために打つ。大きさはさまざまで、手で握れるほどのものから横巾が50cmを越えるものまである。大型の木魚は禅寺で用いられる。梆《ほう》の木・桑・しばしば桐の木などで作る。魚の形をした*魚梆《かいばん》（黄檗宗）や魚鼓《ほう》（曹洞宗）が読経用に小型になったともいわれる。布団の上に置かれ、フェルトや柔い布でつつんだ球のついたバイ型の桴《ばち》で打つため、柔く静かな響きの音色である。（茂手木潔子）

もくしょう　木鉦　器（法華）（天台）木証。日蓮宗の読経に打ち鳴らして拍子をとる木製の鉦鼓の形をした打楽器。天台宗でも使われていたといわれる。三つの足を持ち内側は空洞で、鉦鈷（伏《ふせ》鉦《がね》）と同型で、凸の面の中心を木琴の桴《ばち》と同種の木製の桴で打つ。下部の内径は狭く、したがって空洞の上部より下部が極度に厚く作られている。音色のためか凹面の裏側に突起を作る場合もある。甲高いコン〱という音がする。（茂手木潔子）

もくろう　木蠟　具（真宗）木で蠟燭の形をつくって、朱漆を塗ったもの。平常蠟燭をつけないときに燭台に立てておく。主として浄土真宗で用いる。（播磨照浩）

もちだんぎ　餅談義　曲　法要の小段名。唐招提寺*修正会において行なわれる。唐招提寺修正会は正月一日から三日までで、*理趣三昧と餅談義が法要の主体となる。餅談義とは、餅の功徳を並べ数えあげて祈願を述べるもので、後段は通常の*表白文に近いが、餅の名称をつぎつぎと読み挙げていく部分は独特である。宗教行事の色彩の中に、芸能の要素が色濃く感じられる。音楽的な構造は、四度間隔の朗唱音の間に短三度が入るので、民謡やわらべうた風にも聴こえ、一句一句を物尽しのように並べていく唱法は、中世芸能との関連が感じられる。

唐招提寺の修正会は、ほかの南都系の修正*修二会にみられる悔過会の様相を示しており、牛王杖を加持したり、法隆寺の*厳祈と類似の所作も行なわれている。どのような経緯で、餅談義が修正会に取り入れられたのか、法隆寺の花餅《けびょう》とのかかわりなども考えられるが、独自の芸能的性格の解明とともに残された問題といえる。（高橋美都）

もつけ　裳付　[衣]（真宗）（大）裳のついた*衣。すなわち*素絹の異称である。裳は奈良時代の朝服あるいは平安時代の文官が用いた縫腋袍の襴であって、素絹*裘代《きゅうたい》*空衣《うつお》*重衣などの総称であったが、現在では真宗大谷派の用語になっている。（播磨照浩）

もどり　モドリ　[理]（真言）戻り。モドリは*進流の用語で、智・豊両山では*カエシ（反・返）という。二博士がずれて連なる形で表記されている部分にみられ、真言独自のものである。進流では突モドリ・色モドリがあり、前者は*呂《りょ》曲*律曲でとなえ方が異なり、後者は律曲のみにある。今日では*呂の突モドリは前後の音とおなじ音高で、*律の突モドリは前後の音より長二度ほど高めて、おのおのとなえられている。色モドリは前後の音より長二度ないし完全四度上に上昇し、音を細かく揺って下降するものである。智・豊両山には引反《ひきかえし》・突反《つきかえし》のほか押上《おしあげ》（*角→角の部分のみ）があり、これらが進流の突モドリにほぼ対応する。呂曲中の引反、および突反では音高は変わらず、音量・音色の変化がみられるが、律曲中の引反、および押上では長二度ほど上昇する。進流の色モドリに対応するものは由反（ユリソリ・ユリカエシ）であり、完全四度上昇して細かく揺り、元に戻る旋律である。（塚本篤子）

ももじゃくさんだん　百石讃嘆　[曲]（天台）和語讃。*律曲*平調《ひょうじょう》（実唱は*盤渉調《ばんしき》）。詞は光明皇后作と伝える。心地観経や中陰経に、人間は成育に当りその母の乳を飲むこと一百八十石なりという（百八十《ももやそ》の字句は数多きことを意味する）。母への慈母報恩の詠曲である。天台宗大原魚山に鎌倉時代円珠房*喜渕の自筆本の写本があり、一九七〇年万国博・鉄鋼館特別演奏会に*中山玄雄ほか一五名が復元演奏を行なった。（天納伝中）

もろなが　師長　[人]　雅楽家・声明家。保延三年（一一三七）～建久三年（一一九二）。左大臣藤原頼長の次男。出家して妙音院と号した。琵琶の名手として知られ、琵琶に関して『三五要録』、箏に関して『仁智要録』を著わした。また声明は*頼澄の弟子玄澄に学び、箏の調絃法を利用した独特の音階論を立てて一流を興した。この流派は、彼の号をとって*妙音院流という。この門流は奈良で盛んとなり、のち関東の称名寺で栄えたが、やがて衰亡した。（岩田宗一）

もんさん　文讃　[曲]（真宗）（誠）中国唐代の法照の五会法事讃・善導の法事讃の中の四行一連の偈を呉音で誦するもので、真宗誠照寺派の『*梵唄集』に収められている。譜は天台声明の*九方便の譜である。（播磨照浩）

もんじゃ　問者　[役]　難者。顕教の論義法要で、解答者に対して質問を発する役の僧。*論義には、法会の所依の経典に*講師が解釈を講ずるところに主眼のある法要(講問論義)、学僧の資格試験として*竪者《りっしゃ》が受験する法要(竪精論義)、対等の学僧が研学のために問答しあう法要(*番論義)がある。いずれの論義にも問者は関与するが、役としての軽重が異なる。竪精論義(*竪義《りゅうぎ》)の場合は複数の問者が立ち、*精義者が更に難問を発し、判定する。(高橋美都)

もんじゅかっさつ　文殊合殺 曲　『*諸秘讃』などの*朝意系の*秘讃集に所収。文殊菩薩の名号「文殊《ブンジュ》菩《ボ》薩《サッ》摩《バ》訶薩《カサッ》」を漢音読みで*博士を付して繰り返しとなえる。四句あるが、第二句と第四句は同博士。心南院(朱)と東南院(墨)の二種の博士がある。心南院では、*文殊讃のつぎにとなえる場合は、第一・第二・第三・第一・第二と五遍となえ、第四はとなえない。東南院では順に四句をとなえる。また題下に「声明集文殊ノ讃ノ如可レ出」とあるが、第一句の初の四字は両者ともおなじである。*平調《ひょうじょう》唯律曲か。(新井弘順)

もんじゅのさん　文殊讃 曲　別称、清涼山ノ讃・獅子讃。漢語讃、漢音読み。*秘讃。『魚山蠆芥集《たいかいしゅう》』など所収。白楽天が清涼山(五台山)に詣で、文殊菩薩を讃嘆して作ったと伝える。詞章は「文殊菩薩　出化清涼　神通力……」などの六〇字からなる散文。*隆然の「略頌」に*平調《ひょうじょう》唯律曲という。行基の男山八幡の参詣の伝説により、終りの「願当来世生浄土法王家」を少しく*博士を変えてとなえるという。『魚山蠆芥集』では「土法王家」を「上重二反音ス」と指南してあるが、高すぎるので、*岩原諦信は*甲*乙*反の順あるいは逆により、*盤渉《ばんしき》調あるいは*黄鐘《おうしき》調に移調するのが妥当という。醍醐流『*声明集』の当讃も『魚山蠆芥集』におなじ。(新井弘順)

もんじろげさ　紋白袈裟 衣　*五条袈裟のうち紋を白糸で織り出したもの。紋は家紋や有職紋《ゆうそくもん》を用いるが、近年宗紋を使用することも多くなった。五条袈裟は古くは総柄の錦で製していたが、江戸初期あたりから模様の中に紋章を入れるようになり、江戸末期に紋章を竪一二ないし一四列、横五段にならべるようになった。真宗大谷派や高野一山で用いている乱付《らんずき》と称する丸紋と半欠の紋を交互にならべた五条は、紋が正列する一段階前の形式を残したものである。禅宗や浄土宗の*袈裟が金糸で織ったものを上位とするのに対し、五条袈裟は紋白が正式であり、金紋または金襴製の五条は一格下がったものとされ、宗派によっては厳儀法要に際して「金入五条着用差控え」の指示が出ることもある。しかし近年この風も薄れつつあり、金紋と紋白を交互に付した五条を正式の袈裟として いる宗派もある。(播磨照浩)

もんぴょう　門標 荘　*護摩壇の正面に立てる二本の柱。これに*壇線を巻きつけて上方を通す。円柱の上に宝珠をつけたものと、独鈷杵形に宝珠をのせたものとがある。真言宗では護摩壇にのみ用いるが、天台宗では*大壇にも用いる。(播磨照浩)

もんるいげ　文類偈　→ねんぶつ-しょうしんげ

やくしけか　薬師悔過 法　(南都)南都各宗の鎮護国家のための法要で、薬師如来を本尊とするもの。(高橋美都)

↓けかほうよう↓しちぶつやくしほう

やくしちょうじょうーこうみょうじゅ　薬師頂上光明呪　曲〔天台〕梵語。天台宗の*修正会法儀の一つである*六時作法（*薬師悔過）中の牛王加持に用いる*真言で旋律が付されたもの。僧衆は牛王宝印を持って*行道《ぎょうどう》三匝《そう》を行なう。（天納伝中）

やくしのひさん　薬師秘讃　曲　別称、薬師如来秘讃。漢語讃。『*諸秘讃』などの*朝意系の*秘讃集に所収。薬師如来の徳を讃嘆する。五言八句二頌。詞章は「帰命満月界　浄妙瑠璃尊……」呉音読み。出典は「薬師消災軌」。*反音《へんのん》曲。末句の「頭面礼」の三字を反音にするが高声にはとなえないという（*児玉雪玄『南山進流聲明類聚の解説』）。薬師講の奠供の第三などに用いる。（新井弘順）

ゆいげさ　結袈裟　衣〔修験〕修験道で用いる*袈裟。前二本、後一本の金襴の緒に菊綴と称する房をつけたもの。菊綴の代りに*輪宝をつけたものを磨紫紺袈裟という。（播磨照浩）

ゆいせきわさん　遺跡和讃　曲　真言宗『常楽会法則』（四座講法則）所収。四座講のうち第三の遺跡講所用。「如来遺跡講式」のつぎに*伽陀師が*発音し、一同*助音する。作者不詳。釈尊の入滅・荼毘・五二類集会・涅槃像の礼拝供養などを述べ、*明恵作の前述の*講式の内容とは直接関係はない。「生滅常の理は　凡聖共にまぬかれず」以下計六八句・一七節。第五四句から第六四句まで*二重に音を「ハネ上」る。最後の四句は涅槃講式初段の*伽陀と同文。（新井弘順）

ゆうじたんぶつ　夕時歎仏　曲〔融通〕「阿弥陀仏真金色　相好端厳無等倫　白毫宛轉五須弥……」の偈を夕座の誦経の前にとなえる。旋律の前半は*日中歎仏と類似しているが、後半には一定のパターンの繰り返えしとなる。（岩田宗一）

ゆうづうーしょうみょうしゅう　融通声明集　資〔融通〕*声明集。*夏野義常編。昭和三四年（一九五九）、大念寺刊。B6版二五〇頁。洋譜によって三二曲、*五音を示す五線への線描によって二七曲の声明曲を収めている。昭和一八年に脱稿していたが、第二次世界大戦のため公刊が遅れた。編者夏野義常は天台宗の*多紀道忍から*大原流声明を学んで融通念仏声明の昭和中興と讃えられている。時期的にも多紀道忍*吉田恒三の『*天台声明大成』の編纂時期と重なっていて、五線への記譜も共通した表記法がとられている。（岩田宗一）

ゆがーきょうにょ　瑜伽教如　人〔真言〕（智）声明家。弘化四年（一八四七）～昭和三年（一九二八）。一五歳から智積院に入山修学し、管長職に到る。晩年（大正六年）には北野大報恩寺（釈迦堂）に住した。明治・大正・昭和に亘って活躍した大声明家。明治三九年（一九〇六）の『開版訶訳声訣書附智山声明私記』をはじめ、大正九年（一九二〇）には弟子*上村教仁によって瑜伽教如口授『*魚山精義』が出され、昭和四年には自ら『四座講式』を校訂している。この間レコードへの収録も行なっている。（岩田宗一）

ゆやくねんぶつ　踊躍念仏　曲　法〔時宗〕一遍が弘安二年（一二七九）に創めた踊りの所作を伴う念仏曲、またはその*念仏を中心とする法要を指す。曲調や法要の形式は徐徐に整っていったものと考えられているが、現在ではこの念仏と法要が行なわれることは稀になっている。この念仏は日中礼讃またはその略式としての*三尊礼に引きつづき「南無阿弥陀仏」の第一唱に入ってはじまる。第二唱から踊りの所作に入る。以後、一〇〇遍を超える念仏が一唱または数唱ごとに異なった旋律パターンで所作を伴なってとなえられていくのである。終りに近く、別願讃・八相讃などの*和讃がとなえられるが、その前後にも「讃始念仏」「讃終念仏」があるという具合に、念仏に貫かれた法要である。そして、これらの念仏と和讃は踊躍僧が打つ*鉦によって統御せられ、かつ発揚せられている。（岩田宗一）

ゆり　由里 [理] 声明における装飾的音型の一つで最も重要視されている。「ユ」「由」と略記され、真宗大谷派では「淘」と書く。原則的には*宮と*徴《ち》に施され、それに対して上か下に半音ないし全音の幅で揺り動くか、おなじ音高を断続させるものの二種に大別できる。声明のみならず、日本の声楽諸分野に共通してみられる。天台では主たるものとして*呂《りょ》性のユリ、および*律性のユリがある。前者は宮か徴から半音程度の幅をもってポルタメントをつけつつ穏やかに下方に揺り、後者は半音か全音の幅で軽快に揺る。このほか、律ユリ・小由・大由・ユリ上ゲなどがある。真言ではユリの種類が多く、なかでも豊山派には二〇種ほどある。主たるユリは*南山進流では呂の本由、律の由、*中曲では突由で、智山と豊山では片由・諸由（律曲専用）である。片由・諸由・突由は音を断続させるもので、その結果、音尾が急速に上昇、または下降する。進流の呂、律の由は半音ほど上方に揺るもので、律の由の方が細かく揺る数が多い。伝統的には*覚意の『博士指口伝事』にもあるように大由・小由・地由・賓由の四種が根本とされている。天台・浄土宗・真言以外ではユリを特に意識して区別することはあまり行なわれていないが、臨済では振（フリ）といい、辰三・辰五などの用法がある。（塚本篤子）

ようかん　永観 [人] 講式作者。長元六年（一〇三三）～天永二年（一一一一）。「往生講式」を作製し、作曲した。以後、各宗派の*講式はことごとく、この往生講式にならってとなえられたと伝える。（岩田宗一）

ようきょうだい　揚経題 [曲]（真宗）（興）南無仏説無量寿経・南無仏説観無量寿経・南無仏説阿弥陀経の句を呉音で誦する曲。譜は天台声明の経供養の*経題の譜に依っている。真宗興正派で用いる。（播磨照浩）

ようだい　揚題 [曲]（真言）（天台）*仏名会で*序曲旋律型によりとなえられる。偈文は「南無仏説仏名経　南無滅罪生善仏名経」。真宗興正派には天台系旋律をもつ浄土三部経名による「*揚経題」がある。（岩田宗一）

ようらく　瓔珞 [荘] もと宝石や玉をつないだ荘身具を指す語であるが、仏像*厨子*幢幡などにつける荘厳具を指すようになった。玉や宝相華形を真鍮や木製漆箔で造ったものをつなぎ、下に風鐸形をつるしている。（播磨照浩）

ようりゃくしゅう　要略集　資

〔真言〕*声明集。西大寺を中心に南都の諸寺で用いられていた仁和寺相応院流西方院方の声明集。顕宗声明と密宗声明に分かれ、「要略集顕」「要略集密」「顕要略集」「密要略集」「要略顕」「要略密」「顕要略」「密要略」等書名は一定していない。また「要略集」の名で、*五悔*九方便・諸讃・法用の四巻に分かれている場合もある。伝授用の教則本と法会用の実用本の二種ある。前者は巻子本あるいは冊子本で、詳細な註が施されている。後者は小型の次第型の本で、詞章と譜のみで註記はない。記譜法は、仁和寺西方院流の博士図を用い、*博士に箏の弦名が付記されている。西大寺の声明のうち、密教系は顕証上人により仁和寺西方院流が伝えられ、顕教系は天台系のものと思われる。譜本の多くは西大寺に所蔵されている。○嘉慶三年(一三八八)深成写。一軸。西大寺蔵。三巻中の一巻で諸讃が収められている。○『要略集』四巻四軸。寛正二年(一四六一)および四年実朝写。「五悔」「九方便」「諸讃」(以上三巻西大寺蔵)、「法用」(上野学園日本音楽資料室蔵)。○『密要略』一冊。明応九年(一五〇〇)海玉写。西大寺蔵。○天文五年(一五三六)英帆写、一冊。西大寺蔵。金田一春彦氏は『箏譜魚山抄』と仮称されたが、『密要略集』がよいと思われる。○『顕要略集上・密要略集下』。大原勝林院蔵魚山叢書鼻四十三。安政六年(一八五九)覚秀写。下巻は西大寺蔵の天文五年本と同系の本である。法会用の小型本は西大寺に南北朝頃のものから江戸期までのものが多数蔵されている。また東京芸術大学付属図書館に顕の『要略集』の大正頃の写本が所蔵されている。(新井弘順)

よくちゅうのげ　浴籌偈　曲(禅)

(曹)*浄水偈*香湯偈に対応する。漢語、漢音「諸仏聖僧集《ショブッショウソウシュウ》」。*菩薩戒大布薩式の法要で浴浄水香湯の段でとなえる。旋律は*焼香偈と同様である。(渡會正純)

よくりょうしゅ　欲令衆　曲(法華)

妙法蓮華経方便品第二の「四仏知見」の文・譬喩品第三の「今此三界」の文・法師品第一〇の「行者守護」の文・見宝塔品第一一の「多宝仏証明」の文を合せた経。(早水日秀)

よしだ-つねぞう　吉田恒三　人

声明研究者。明治五年(一八七二)～昭和三二年(一九五七)。天台宗の声明大家*多紀道忍と共同して多くの論著をまとめ、また*中山玄雄・大築邦雄・片岡義道らと延暦寺に音律研究所を開くなど、その業績は声明研究史に一時期を画した。主な著、『*日蓮宗声明博士』(共著、昭和六)『*伽陀音楽論』(昭和九)『*天台声明大成』上(共著、昭和一〇)『大原の声明業とその変遷』(昭和一六)『大原における羽の論争』(昭和一八)『*天台声明大成』下(共著、昭和二〇)など。(岩田宗一)

らいきょうもん　礼竟文　曲(浄土)

礼拝(例*三唱礼)のあと、いま行なった礼拝で罪を懺悔する旨をとなえる曲である。「唱礼弥陀宝号第□礼竟　至心懺悔一切罪障」の「第」のつぎには実際に礼拝した数を入れることになっている。旋律は下からH・C・D・Eの音によっており、Eから下のCを経てHへの進行が三個所のほかはE・D間の進行が主であ

る。（岩田宗一）

らいこうさん　来迎讃　曲〔時宗〕狭義には恵心源信撰の十六首の＊和讃を指すが、時宗では日中礼讃に続いて、この和讃に＊念仏を挟んでとなえながら＊行道する法要形式をも指している。和讃・念仏ともに＊初重＊二重＊三重の構造を持ち、それぞれの「＊重」で旋律は時宗声明に共通したゆるやかなテンポのうちにこまかい動きを示している。＊六時礼讃とならんで、時宗声明の主要曲の一つ。（岩田宗一）

らいさん　礼讃　→おうじょうらいさんげ

らいさんしょうみょうーおんぷ　礼讃声明音譜　資〔浄土〕＊声明集。千葉満定・堀井慶雅・津田徳成共編。大正一三年（一九二四）、同宗法式会刊。折本。同年に宗務所から出された宗定『＊浄土宗法要集』収載の声明曲の五線採譜集。しかし『浄土宗法要集』が＊六時礼讃については日没・日中（三尊礼）のみを収めているのに対し、ここでは全文を採譜している。洋譜による声明曲集刊行の先駆をなすものである。（岩田宗一）

らいしょう　頼正　人〔真言〕（智）声明家。一七世紀末。天和二年（一六八二）に同宗最初の『＊魚山集』出版を計画したが同年夏の火災で草稿は焼失した。しかし翌天和三年（一六八三）には＊頼仁が再梓して刊行された。（岩田宗一）

らいちょう　頼澄　人〔天台〕声明家。一二世紀初。多武峰に住した。声明曲「舎利讃嘆」を＊良忍に伝えたといわれる。頼澄の門流からは玄澄を経て＊妙音院流を開いた＊師長《もろなが》が出ている。（岩田宗一）

らいにん　頼仁　人〔真言〕（智）声明家。一七世紀末。＊頼正が天和二年（一六八二）に計画して火災により挫折した新義最初の『＊魚山集』を翌天和三年（一六八三）に再梓して刊行させた功労者。（岩田宗一）

らいはいねんぶつ　礼拝念仏　曲〔浄土〕同宗には＊念仏「＊三唱礼」の旋律を、下(D)中(E)上(G)音に移調して、三〇遍または五〇遍または一〇〇遍となえつつ礼拝する礼拝形式があるが、その際の念仏を「礼拝念仏」と呼ぶ。増上寺ではおなじ念仏を「称名礼拝」と呼んでいる。（岩田宗一）

らいばん　礼盤　荘「らいはん」。法要の際に＊導師が坐る高い座。禅宗を除いて広く用いられ、＊内陣中央の＊前卓の前に置かれるが、密教では＊大壇または＊護摩壇の前に置く。80 cm四方ほどの正方形をし、高さ40 cmほどの大きさのものが普通で、上に半畳を敷く、箱形と猫脚形があり、箱形は上下に框《かまち》をつけ束を立て、束の間に格狭間《こうざま》をつくる。猫脚形は天板の四脚に猫足をつけるものである。礼盤は左右に＊卓《しょく》を置き、左の卓に＊塗香器《ずこうき》＊柄香炉を載せ、右の卓に磬架を載せるが、この場合卓を略して磬架を直接板間に置くことも多い。礼盤の前も卓を置き、平常は立経台《りっきょうだい》、法要時には＊説相箱を載せるが、密教では礼盤の前はただちに＊大壇となる。（播磨照浩）

らいぶつじゅ　礼仏頌　曲　曲節を付して仏を礼拝する偈頌。真言宗では、三昧耶戒＊仏名会などで、惣礼のつぎに＊導師が＊登礼盤し、＊柄香呂を取り金二打して*発音する。諸衆は句ごとに*次第を取る(復唱)。華厳経などの文で、「当願衆生　得無礙眼　見一切仏」迄は、三昧耶戒・仏名会とも同文で、以下は異なる。『乞戒導師作法』『仏名会法則』所収。(新井弘順)

らいぶつほつがんげ　礼仏発願偈　曲〔禅〕〔黄〕礼仏。*唐音。*施餓鬼では、法座の前の中尊に向ってとなえる偈。この偈は演浄儀にもあり、また*懺法《せんぼう》の中にもある。施餓鬼・慈悲水懺では節経で、演浄儀・八十八仏名経では素読みされる。(田谷良忠)

らいもん　礼文　曲　真言宗の朝暮の勤行・追善供養のときに、最初にとなえる偈文。『三時勤行次第』など所収。「帰命十方一切仏」以下三二句から成る。内容の上からは㊀帰命三宝、㊁歎徳三身、㊂懺悔業障、㊃随喜功徳、㊄請転法輪、㊅請仏住世、㊆*廻向の七段に分類される。*五悔・勝鬘経の嘆仏偈・普賢行願品の文を合作したもの。西大寺*叡尊が醍醐山から伝え、信日が高野山へ伝えたという。版本により少しく*博士に相異がある。

*長跪合掌してとなえる。(新井弘順)

らかんくよう　羅漢供養　法〔禅〕〔曹〕羅漢供・羅漢拝ともいう。現在、曹洞宗で毎月一日と一五日に行なう羅漢に対する供養の法会。(渡會正純)

らかんこうしき　羅漢講式　法〔禅〕曹洞宗では「洞上五講式」・「洞上六講式」の一つ。十六羅漢およびその眷属一切の賢聖を供養する*講式で、入仏そのほか山門の慶事に修する。中国では翠微無学が羅漢を供養したことがあったといい、日本では建長二年(一二四九)正月一日に道元がこれを修したという。法式の順序は、散華浄道場*四智讃*勧請*祭文*総礼偈*梵唄《ぼんばい》・散梵錫・式文(*伽陀)・普回向。資料としては『羅漢供養講式文』一巻(道元撰。宝治三年＝一二四九ごろ成立)があり、石川県金沢大乗寺に「第一明住處名號」が、愛知県全久院に「第二明興隆利益」から「第四明除災利益」の冒頭までが現存している。ともに道元の真筆草稿本である。『瑩山清規』以降、曹洞宗で行なわれる羅漢講式は本書に依拠している。また蘭渓道隆著『羅漢講式』(文化一三)には十六羅漢、あるいは五百羅漢を供養する法会の式次を書いており、内容は、勧請・祭文・総礼偈・神分・普回向よりなり、臨済宗で用いられている。(渡会正純)

らかんこうしき　羅漢講式　曲→じゅうろくらかん-こうしき

らかんこうしき　羅漢講式　資〔禅〕〔曹〕*声明集。昭和四一年、同宗宗務庁刊。昭和五〇年再刊。折本。『瑩山清規』などを底本として整備改訂されたもの。『*菩薩戒大布薩』『*歎仏会法式』とならんで、同宗を代表する法要の声明本である。(岩田宗一)

らかんわさん　羅漢和讃　曲　真言宗『常楽会法則』所収。常楽会羅漢講所用。作者不詳。*明恵作の*十六羅漢講式に取材して作られた。釈尊より法を付嘱され、その滅後、仏法を擁護し衆生を教化した十六人の羅漢を讃嘆する*和讃。「帰命頂礼大羅漢　十六尊者は大福田釈迦の付嘱を受けてこそ」以下計六四句・一六節から成る。第五三句から第六〇句まで「高声」すなわち*二重に声を上げる。最後の四句は漢語で羅漢講式第五段の*伽陀と同文。*伽陀師が頭句を*発音し、*職衆は第二句から*助音する。(新井弘順)

らくす　絡子　衣(禅)　*五条袈裟の一種。禅宗で用いる。小形の五条袈裟に二本の*威儀をつけ、鉤の部分を鐶佩としたもの。唐代の則天武后が作らせたとの伝があるが、中国でも宋代に入って流行したようである。(播磨照浩)

らんけい　鸞鏡　理　日本の*十二律の第九音。中国の十二律の夷則、洋楽のA♯・B♭音(嬰イ・変ロ)にほぼ相当する。(塚本篤子)

りしゅきょう　理趣経　曲　経題を「大楽金剛不空真実三摩耶経」、品号を「般若波羅蜜理趣品」という。別称して、般若理趣経・理趣経という。不空訳(七六三〜七七一)。金剛頂経十八会の第六の説で、一切諸法は本来自性清浄なることを説く。当経にはほかに類本が、漢訳五本、チベット訳三本、サンスクリット原典一本がある。玄奘訳の大般若経第十会第五七八巻般若理趣分は禅宗で*転読されている。当経は*空海が請来し、真言宗の読誦用の根本聖典として、日常勤行(*例時)*理趣三昧法会などに最もよく用いられる。㊀勧請句、㊁地文十七段、㊂*讃歎偈(善哉)、㊃*合殺《かっさつ》、㊄拾《ひろい》廻向から成るが、㊀・㊃・㊄は後補。㊁・㊂・㊃は漢音、㊀・㊄は呉音で読む。読誦の方法につぎの三種がある。(一)棒読《ぼうよみ》。一字一句も残さず全読することで、四度加行などのとき用いる。(二)切《ぜ》々経《ぜぎょう》。勤行・追善供養などに*博士をつけずに読む最も一般的読み方である。これには読む速さと、省略する文字との別により真・行・草の三種がある(高野山)。(イ)真は各段の頭句の「時薄伽薄」の「時」を各段とも読み、緩やかに読む。(ロ)行は「時」を第四段以下省略し、緩急ほどよく雨垂れの滴るがごとく一字一字念じて読む。(ハ)早は第二段〜第十二段の各「時」を除いて、極めて急に読む。真は廻向、行は勤行、草は祈禱に用いる。醍醐流には「二段延べ」「三段延べ」といい、第二段あるいは第三段まで緩く読み、以下は急読する方法がある。切々経のときの*勧請・各段頭句・讃歎偈・合殺の博士は、高野山(*南山進流)では*長恵の伝という(『南山進流声明類聚』付録)。*新義派でも今日、切《ぜ》々《ぜ》経の名称を用い、各博士は「中性院法則理趣経々頭」により(『*新義声明大典』)、不読字については覚鑁の金棺の遺韻と伝えて、第二段以下の「時薄伽梵」の四字を読まない。そのほかの不読字・清濁・読みくせなど*進流との相違がみられる。(三)*中曲(*調声)。中曲理趣三昧法会に博士を付して読むこと。中曲旋法を用い、地文を読むのでその名がある。広沢の*寛朝の作曲という。*隆然の「略頌文」は、勧請句と拾廻向を*黄鐘《おうしき》調中曲(半呂半律)、地文(経の本文)は*一越《いちこつ》調唯呂曲、「金剛手言」および讃歎偈・合殺は*盤渉《ばんしき》調*律*反音曲という。*岩原諦信説では地文も中曲という。地文の読み方に長音と短音がある。(イ)長音は地文全体に博士を付して読み、今日では高野山金堂の不断経会(*盂蘭盆会の七日間)で用いられるぐらいである。(ロ)短音は切々経を用いる。新義派では長短の別なく、地文は一字一句残さず棒読みにする。*頭人を常の*理趣三昧のときは*経頭（上﨟）、中曲理趣三昧のときは*調声師（浅﨟の役）という。（『*魚山蠆芥集《たいかい》』『南山進流声明類聚』『新義声明大典』『仮博士所作付二箇法要法則』『智山法要次第』、各種真言諸経要集、『真言宗法儀解説』『理趣経の意得』『理趣経の研究』『*南山進流声明の研究』）。（新井弘順）

りしゅざんまい　理趣三昧 法 〔真言〕 *導師が理趣（経）法を修し、*職衆が*理趣経を読誦する密立・経立の法会。滅罪・堂塔供養などに広略さまざまに用いられる真言宗の代表的法会。理趣経のとなえ方から、㊀*中曲を用いる中曲理趣三昧と㊁切々《ぜぜ》経を用いる理趣三昧に、*行道《ぎょうどう》の有無により㊀行道と㊁*平座とに、また*上座の形式により㊀*庭儀㊁*堂上㊂平座とに分けられる。また*唄*散華*対揚の*二箇法用を行なうときは、「法要付中曲理趣三昧」という。次第は広略さまざまである。極略式のものは、入堂・奠供・切々経*後讃*廻向*出堂。略式には平座理趣三昧などで、奠供*唱礼（短音・雨垂節）・切々経・後讃・廻向。中略式には中曲理趣三昧などがあり、奠供・唱礼（*長音）・中曲・後讃・廻向。広式は法要付中曲理趣三昧で（奠供）・*云何唄《うんがばい》・散華・対揚・唱礼（長音）*前讃・中曲・後讃・廻向の次第である。広式にはさらに前後に総礼伽陀や廻向伽陀*称名礼がつく場合もある。また*祭文*表白*神分*仏名*教化*過去帳などが入る場合もある。以上のように真言宗の法会の中では最もよく用いられ、次第は条件に応じて伸縮自在である。*空海の正御影供が法要付中曲理趣三昧の代表的なものであり、月並御影供は略式・中略式などで行なわれている。淡路島では、一日三時で五日間にわたる理趣三昧会が行なわれているという。（『密宗諸法会儀則』『真言宗諸法会作法解説』全、『真言宗法儀解説』『理趣法の意得』『仮博士所作付二箇法要法則』『豊山派法則集』『智山法要便覧』第一集）。（新井弘順）

りつ　律 理 ㈠音高、およびそれを決める規定のこと。音程を示す単位としても用いられ、一律は半音に相当する。㈡*十二律の各律を陰陽道的に解釈する際、奇数の六律をいい、偶数の六律を*呂《りょ》とするが、音楽的にはなんら意味がない。㈢律旋法（律旋）のこと。律旋による曲を*律曲という。*宮*商*角*徴《ち》*羽《う》の*五音の音高関係は真言・天台とも同一の解釈であり、洋楽の階名ではド・レ・ファ・ソ・ラに相当する。しかし派生音については相違し、真言では五音に*嬰羽、*嬰商を加えた*七声をいい、これは雅楽における律と理論上同一である。一方、天台では派生音を加えず、五音のみとしており、*中曲の音階が真言や雅楽の律の七声に等しい。今日の声明の旋律は五音の音列面では理論とのずれが少なく、特に天台ではほぼ一致しているといえよう。ただし真言の七声にある派生音の嬰羽・嬰商は実際の旋律には、経過的・装飾的なものとして以外には現れない。また*二重の宮の音高は不安定で、商にひきつけられやすくなっている。（塚本篤子）

りっかく　律角 理 *律における*角の特別な呼称。*宮*商*徴《ち》*羽《う》は*呂律ともおなじ音程関係にあるが、角については律では呂よりも半音高いた

め、*呂角と区別して律角と称す。宮より完全四度上にある。(塚本篤子)

りっきょく　律曲　理　伝統的な理論では律旋法によって作曲された曲をいう。今日となえられている実際の律曲の音階は*呂《りょ》曲に比べて理論との食違いが少ないが、真言では*二重における*宮が*商の支配を受けて不安定になり、本来の*甲*乙二音とされる*宮—*徴《ち》(完全五度)の基本構造が、*商—徴(完全四度)の関係に変化している。また大部分の呂曲の音階も律曲にほぼ等しく、今日では呂曲・律曲は旋法や音階の問題のみならず、装飾的音型、および旋律型とその音構造という視点を含めてみるべきであろう。*ユリ*ソリ*イロなどのさまざまな装飾的音型のうち、特徴的なものは呂・律曲によりある程度分類できる。たとえば天台の小由、真言の律のユリ(諸由)は律曲のみに用いられるなどである。この対応関係は流派により相違するが、これらの音型が各流派における律曲を特徴づける要素となっている。また詞章の各字に対する旋律型も律曲専用としうるものがあり、かつそれが特徴的な音の進行をもつこともあって、やはり律曲を特徴づけている。このほか演唱における声の音色・速度・拍子(天台)なども関わり、音高面にとどまらない。(塚本篤子)

りっしゃ　竪者　役　顕教で学僧の資格試験にあたる*竪義《りゅうぎ》の*論義の受験者。*探題の選定した論題に関して、論義特有の方式で、特有の旋律型によって解答する。*精義者の判定を受けて認められると*講師や*読師の資格を得ることができるとされている。竪者は竪義に先立ち前行を積み、教義に精通することが要請される。現在でも、住職や已講者の資格は、竪義をすませてはじめて与えられることになっている。(高橋美都)

りっしゃしじゅう　竪者四重　曲　(天台)*論義法式のなかで*法華大会広学竪義《りゅうぎ》や*別請竪義において*探題より与えられた論題について*問者との間に四重の問答往復を行なう*講師のことを*竪者《りっしゃ》という。その竪者の答えの四重に音用が付されている。別請竪義においては已講職が竪者となる。(天納伝中)

りほう　理峰　人(真言)声明家。延宝五年(一六七七)〜宝暦八年(一七五八)。*朝意から五代目の栄融に学ぶ。寛保三年(一七四三)の『*魚山蠆芥《たいかい》集』に跋文を、寛延三年(一七五〇)の『*四座講式』に序を書いているところから推しても当代の代表的声明家であったことがわかる。またほかに多くの写本を遺している。(岩田宗一)

りゃくふさつ　略布薩　法(禅)年一回行なう菩薩戒大布薩に対して、叢林において毎月二回修行僧が集まって自己反省をし、罪を告白懺悔する法会。*懺悔*唱礼*四弘誓願*処世界梵*三帰礼文*回向などがとなえられる。(渡會正純)

↓ぼさつかい-だいふさつしき

りゅうぎ　竪義　法曲　「立義」とも書く。*論義の一種。僧侶の補任や昇階のために行なう論義による試験制度。義(道理・証明)を立てて*問者の難(質問)に答えること。「竪」は「豎」(立の意)の俗字で、本来「ジュ」と発音するが、「竪義」を「リュウギ」、「竪者」を「リッシャ」

と読み慣わしている。経典の講問論義は奈良時代、追善や鎮護国家などのために盛んに行なわれたが、やがて僧侶の任官試験制度に論義が用いられるようになり、これをとくに竪義と称した。天長七年(八三〇)九月一四日の太政官符に薬師寺の最勝会について「夫れ立義は其の優劣を議して便ち諸国講読師の試《こころみ》と為す」という。興福寺の維摩会に竪義が定置されたのは延暦二五年(八〇六)以前と思われるが竪義の要となり、その後の諸寺・諸宗の竪義の模範となった。斉衡二年(八五五)には諸国の国分寺へ巡遣する*講師*読師の補任階位制度がつぎのように制定された。読師は試業・複講・維摩立義の三階を経た者、講師はさらに夏講・供講の都合五階を経た者が補佐された。後には興福寺*法華会*慈恩会*方広会《ほこえ》や大安寺法華会にも竪義が行なわれた。天台宗では安和元年(九六八)に*良源が延暦寺で広学竪義(六月会)を始めた。寛仁元年(一〇一七)には園城寺でも十月会に竪義を行ない、三井竪義・碩学竪義といわれた。真言宗では、応永十四年(一四〇七)五月高野山において山王院竪義(竪《りっ》精《せい》)が始められた。元禄三年(一六九〇)九月、豊山長谷寺では興福寺維摩会竪義の法式を学んで伝法会竪義を始めた。智山智積院では元禄九年に高野山の竪精を学んで伝法会竪義を始めた。今日、興福寺・薬師寺合同の慈恩会、高野山の竪精、智山・豊山の各*伝法大会などの諸竪義が行なわれている。当会の配役は、受験者である竪者(竪義者・竪義・立者)、*探題・精義(*精義者) *注記*会始《えはじめ》・聴衆*僧綱*会奉行《えぶぎょう》などがある。探題が論題―内明(業義)五題、因明(副義・添義)五題―を竪者に課し、論場においては精義が探題にかわって竪者と問答を行ない合否を決定する。(栂尾祥雲『日本密教学道史』、CBSソニーレコード『薬師寺の四季』、東芝EMIレコード『長谷論義』)。
(新井弘順)

りゅうこくばいさく　龍谷唄策

[資] (真宗)(本) *声明集。内題、「龍谷声明集」永田長左衛門刊。明治二一年(一八八八)刊。乾坤二巻。乾、袋綴一二九丁。坤、同一二六丁。乾巻には、*修正会*四箇法要*報恩講・読経音用・太子講・知恩講・光明唱礼作法、坤巻には、讃仏会・浄土三昧法・如法念仏作法・五会念仏略法事讃を収めている。(岩田宗一)

りゅうざてんぐ　立座奠供 [作]

*讃頭が奠供の*讃を*発音するとき、*導師あるいは一﨟の「奠供(立座)」の声を聞いて、自席より立って*道場の中央へ進んで、*承仕が運んできた*鈸を取ってから行なうこと。*弘法大師正御影供などの百味供養のときに用いる。百味供のときゆえ「立座伝供《でんぐ》」と書くべきか。
(新井弘順)

りゅうねん　隆然 [人] (真言)声明家。正嘉二年(一二五八)～?。魚山集に収載されている声明曲それぞれについて、調子や旋法を規定した『略頌文』を作ったとされている。また京都の東寺から使いの者が高野山に来て、時の検校修禅院の明玄法印に*進流声明の達人はだれかと尋ねたところ法印は、当代無双の達明は隆然であるといったと『*声明声訣書』は記している。暦応四年(一三四一)に*秘讃に*五音譜を付している。(岩田

宗一）

りゅうれつ　立列　[作]　法会のとき*上堂のために*導師*職衆が立坐し、進列のために列を作ること。その配列・進行順により、㈠浅﨟前一行切込立列㈡浅﨟前二行立列㈢右浅導師左浅一行立列（或は左浅導師右浅。中《なか》導師）などがある。（新井弘順）

りょ　呂　[理]　㈠*十二律の各律を陰陽道的に解釈する際、偶数の六律をいう。また奇数の六律を*律とするが、音楽的には無意味である。㈡呂旋法（呂旋）のこと。呂旋による曲を*呂曲という。*宮*商*角*徴《ち》*羽《う》の*五音に派生音として*変徴*変宮を加え、*七声とする。これは雅楽で規定している呂と同一であり、洋楽の階名ではド・レ・ミ・ソ・ラ・に相当する。律や*中曲における音高関係は天台と真言とで解釈が相違しているが、呂については等しい。今日の声明の旋律では呂旋は全くみられないといえる。天台では角の音高が実際には半音高い*律角となっている場合が多く、音階面では律とほぼ等しい。真言の*南山進流では「呂に高下なし」という口伝があるように、例外を除くと呂の曲にはほとんど音階に基づく変化をする旋律はない。智・豊両山では南山進流と共通する面もあるが、多くは天台同様、律角をとり、律曲の音階と等しい。*五悔*九方便など一部の曲には呂に相当する音高関係もみられるが、徴の支配力が強いため、やはり角がひきつけられて上昇し、律角の音高になることもある。また真言における*二重の宮は律と同様に主音としての機能をもたず、商に支配されやすくなっている。（塚本篤子）

りょうごんしゅ　楞厳呪　[曲]（禅）　大仏頂万行首楞厳神呪・秘密神呪・仏頂呪・首楞厳経の巻七に含まれる。禅宗では普段に読誦される。禅院で安居中の無事を祈念して読誦するのは唐の大通神秀に始まると伝えられ、真歇清了以後弘く依用されたといわれる。瑩山清規では四月一三日の衆寮諷経、同一五日から七月一五日の楞厳会、また*涅槃会・灌仏会・達磨忌*成道会さらに亡僧の龕前念誦などとし、現在では安居・江湖会中などに広く読誦される。（渡會正純）

りょうげん　良源　[人]（天台）　慈恵大師・元三大師。法式制定者。延喜一二年（九一二）〜永観三年（九八五）。延暦寺中興の祖といわれている。応和三年（九六三）に、記録上最初の*竪義《りゅうぎ》を制定し、これを行なった。また天元四年（九八一）には真言宗の*寛朝らと「五扭密供」を行なっている。（岩田宗一）

りょうにん　良忍　[人]（天台）（融通）声明家。延久五年（一〇七三）〜天承二年（一一三二）。*円仁以来諸流に分れて伝承されてきた天台声明を統括し、天仁二年（一一〇九）、大原の地に来迎院を開いてこれを声明の根本道場とした。また浄蓮華院を建てて融通念仏宗を開いた。彼の花押を持つ『*四智梵語讃』に*目安博士が付されているところから、目安博士は良忍の発案に帰せられている。その門流からは*家寛や*頼澄らの名声明家が輩出した。（岩田宗一）

りょうぶん　霊分　[曲]（天台）*表白につづいて、祖師先徳の霊儀を讃える段。天台宗の*法則で用いる。（播磨照浩）

りょかく　呂角　理　＊呂における＊角の特別な呼称。＊宮＊商＊徴《ち》＊羽《う》は呂＊律ともおなじ音程関係にあるが、角については呂では律よりも半音低いため、＊律角と区別して呂角と称す。宮より長三度上にある。（塚本篤子）

りょきょく　呂曲　理　伝統的理論では呂旋法によって作曲された曲をいう。今日となえられている呂曲の音構造は理論とはかなり相違し、天台では＊律曲とほぼ等しく、真言では一音高に集中する高低変化の少ないもの、音列上呂旋法によるもの、天台同様に律曲に準ずるものがある。ただし呂旋法によるものは＊徴《ち》の支配力が強く、＊呂角の多くは＊律角になる傾向にある。したがって呂・律曲の区別は旋法や音階の問題としてのみならず、＊ユリ＊ソリなどの装飾的音型、および旋律型とその音構造という要素を含めて考えるべきであろう。声明曲で数十種もある代表的な装飾的音型のうち、呂曲のみ、あるいは呂曲に多く用いられるものがある。たとえば天台のユリ上ゲ、真言のユリ反リ（藤由）などであり、これらが呂曲を特徴づける要素となっている。また詞章の各字に対する旋律型については、＊博士の形態をみるだけで呂曲と判断できることがあり、それがさらに特有の音の進行を示すこともある。このほか演唱面における声の音色＊出音《しゅっとん》の音高、あるいは速度・拍子（天台）なども関わり、単に音構造としてとらえることはできない。（塚本篤子）

りん　鈴　→れい

りんじへん　隣次反　理〔真言〕四種の＊反音《へんのん》の方法（四種反音）の一つ。＊五調子におけるある＊調が隣接する調に反音すること。たとえば＊一越《いちこつ》調が上方の＊平調《ひょうじょう》に（反順）、下方の＊盤渉《ばんしき》調に（反逆）反音するなど。（塚本篤子）

りんとう　輪灯　荘　天井からつるして油火を献ずる灯明具である。蓋・受皿・輪形の蔓金物から成り、蓋の下には彫刻のある金具で蔓金物をつる。主として浄土真宗寺院で用いる。真鍮製が多い。蔓金物には彫刻を施すことが多いが、本願寺派では菊、仏光寺派では藤を用い、大谷派は彫刻の無い丸蔓とし、蓋の下に＊瓔珞《ようらく》をつるす。（播磨照浩）

りんぼう　輪宝　具　もとインドの武器であり、敵に投げ擲ったものという。仏陀の説法が煩悩を打ち破ることが、あたかも輪宝が敵を破るごとくであるとの意味から、仏陀の説法を転法輪とも呼び、仏像が現れなかった時代にも釈迦のシンボルとして彫刻されていた。刃を備えた車輪を型取った形をし、八葉蓮華形で高台のついた台にのせる。密教の＊灌頂などで用いる。（播磨照浩）

れい　鈴　器　柄つきの風鈴形の鳴らし物。手で振って鳴らすので、行為をも含めて振鈴《しんれい》と呼ぶ場合が多い。天台宗・真言宗など密教系では、柄の上部の形によって呼び名が違う。銅製で、下部の直径約10㎝。修法の中で、諸尊を驚覚し歓喜させるために用いる。（茂手木潔子）→こんごうれい→うちならし。

れいじさほう　例時作法　法〔天台〕天台大師智顗が、摩訶止観の中に示した四種三昧（常行・常坐・半行半坐・非行非坐）の常行三昧の名をあてて修されている化他の法儀。＊阿弥陀経を読誦（または唱誦)し称名念仏をとなえることを中心に組み立てられた天台宗の日誦作法で、朝題目(*法華懺法《ほっけせんぼう》)・夕念仏(例時作法)の日課に相当するものである。この法儀を宮中で修したものを*御懺法講《おせんぼうこう》といい、その音用を*声明例時という。次第は、懺悔伽陀*三帰礼*七仏通戒偈*黄昏偈*無常偈*六為*法則*四奉請*甲念仏・経段(*阿弥陀経)・甲念仏*合殺《かっさつ》*廻向*後唄*三礼・七仏通戒偈*初夜偈*九声念仏*大懺悔*五念門・回向伽陀とつづく。この法要の*導師のことを特に*調声《ちょうせい》と呼ぶのは、*伽陀以外の各句の*句頭を導師が*発音し*式衆がそれにつづくからである。この例時作法常行三昧・声明例時常行三昧・引声作法常行三昧のほかに自行の常行三昧もある。(天納伝中)

れいせんかだ　例懺伽陀　資(天台)*声明集。㈠南谷蔵板。*周興(一四五〇～?)が、文亀二年(一五〇二)に執筆したもの。折本。*例時作法*法華懺法《ほっけせんぼう》*伽陀を掲ぐ。標題はその略称である。㈡魚山蔵板。二分冊和本。内容は㈠とおなじ。昭和四年、天納中海によって重刊された。(岩田宗一)

れっさん　列讃　曲(天台)*上堂に先立ち立列のままとなえる*讃。*四智梵語讃。(天納伝中)

れっそう　列僧　役　法要の出勤者全体をさす用語。列衆ともいう。参列の僧、参列の衆の意味であろう。一般の列僧の役割は声明を斉唱し、*散華*行《ぎょう》道《どう》などの所定の所作に加わることなどである。列僧の中から声明曲によって交代で*頭《とう》を出し、音具役も割りふることが多い。(高橋美都)

れんぎょうしゅう　練行衆　役　東大寺・薬師寺の*修二会など悔過系統の法会の参籠僧の総称。東大寺では、修二会に参籠する僧侶一一人が、前年の*方広会《ほごえ》の際に差定される。二月二〇日の別火坊入りから三月一五日の満行までの間、修二会の運営は練行衆に委ねられる。統括者は*大導師で、それぞれの役割は細かく規定されている。大導師*和上*呪師*堂司を*四職、そのほかを*平衆と称する。(高橋美都)

れんげぶさん　蓮華部讃　曲(天台)天台宗密教音用の一つ。観音菩薩等蓮華部の諸尊を讃嘆する陀羅尼に曲節を付したもの。六巻帖第五密宗下に収められ、*呂《りょ》曲*乙様であって、*徴《ち》*出音《しゅっとん》であるが調子は指示されていない。(播磨照浩)

れんぽう　廉峰　人(真言)声明家。享保三年(一七一八)～明和九年(一七七二)。*理峰に学び普門院に住した。寛保三年(一七四三)理峰と『*魚山蠆芥《たいかい》集』を刊行するなど、声明書の刊行・書写に努めた。門下には霊瑞*寛光・弘栄らが輩出し、*進流声明の伝承を守った。(岩田宗一)

れんもんかじゅ　蓮門課誦　資(西山)(深草)*声明集。龍空瑞山編。延宝九年(一六八一)刊。貞享二年(一六八五)再版。安政六年(一八五九)永田文昌堂再梓。昭和五〇年、浄土宗西山禅林寺派教空亮明復刊。折本。梵網経*六時礼讃・斎仏儀(*四奉請*甲念仏*後唄など)・般若心経などを掲ぐ。その中では*博士をもつ六時礼讃が大部分を占める。初版本は、博士を付した六時礼讃本の板本としては諸宗派を通じて最初のもの。これ以前で博士をもつものとしては、応永八年（一四〇一）の西本願寺蔵本、およびほぼ同時代のものと思われる檀王法林寺（浄土宗）蔵の写本がある。『蓮門課誦』の博士とその旋律はその後、西山浄土宗はもちろんのこと、浄土宗（鎮西派）・浄土真宗・時宗・融通念仏宗の各宗派に共通の軌範となっていったことが、各宗のその後に出された六時礼讃諸本から知ることができる。しかし江戸後期から明治にかけて、大部分の宗派の旋律は多様な変化を来たしたものと思われ、現在、各宗の旋律・博士は異なっている。（岩田宗一）↓おうじょうらいさんげ↓ろくじらいさん

ろくい　六為　曲（天台）皇帝・十方施主・三世四恩・大師尊霊・一切神等・法界衆生のために釈迦・薬師・阿弥陀・文殊の名号および*法華経・般若経の経題をとなえるもの。天台宗において*例時作法で用いる。（播磨照浩）

ろくじさほう　六時作法　法（天台）*修正会法要の一つ。*牛王《ごおう》導師作法とともに正月二日、大原魚山来迎院で修される*薬師悔過のことである。*供養文*散華*乞呪願詞*南無常寂光土*南無法界三昧*発願・仏眼真言・至心奉上・南無一切諸仏・南無宝髻正覚*大懺悔*初夜偈・発願*教化*真言（薬師・不動・毘沙門）行道・加持牛王*回向と次第する。宝髻正覚の途中で来迎院村宮座の若連中が三三度（悪魔払い）を行なう。（天納伝中）

ろくじづめ-ねんぶつ　六字詰念仏　曲（浄土）同宗光明寺・増上寺所伝の*引声阿弥陀経法要中に*双盤を打ちながらとなえられる。同法要中には、ほかにも*念仏があるが、「南無阿弥陀仏」の六字が全部揃って繰り返えしとなえられるのはこの曲だけであるところから「六字詰」の名があると思われる。ほぼ一音節四拍で、二つの中心音をめぐる旋律でとなえられる。（岩田宗一）

ろくしゅ　六種　曲　六種回向。天台宗では読経法要*御影供などで用いる。「供養浄陀羅尼一切誦敬礼常住三宝敬礼一切三宝　我今帰依……」ではじまる偈文を音節的な部分と*序曲旋律型の混在する旋律でとなえる。真言宗では*仏名会で用いる。偈文は天台宗とは部分的に異なっている。真宗興正派では天台宗と偈（偈中の大師・諸師名は異なるが）・旋律ともにおなじである。また融通念仏宗の偈は天台宗のものの上に別な句が加わっているほかは旋律もおなじである。（岩田宗一）

ろくじらいさん　六時礼讃　㈠曲↓おうじょうらいさんげ　㈡資（浄土）*声明集。檀王法林寺蔵。博士つき写本。一八二頁。奥書なし。法然真蹟と伝えるが、法然直後と云える建長二年（一二五〇）の奥書を持つ京都大学蔵本に博士がないことや、その博士が応永八年（一四〇一）の西本願寺蔵『*往生礼讃偈』の博士と極めて良く類似していることなどから、西本願寺本とほぼ同時期のものではないかとも考えられる。いずれにしても、この檀王法林寺蔵本は、西本願寺蔵本とならんで、博士を持つ六時礼讃本としては最古のものである。（岩田宗一）

ろくじらいさん-ならびに-しょう

みょうふつき　六時礼讃幷声明譜附　資〔浄土〕*声明集。千葉満定編。大正四年増上寺刊。折本。浄土宗の*六時礼讃の旋律が現在のように統一される（大正一四）以前の姿を留めている声明集である。また増上寺特有の*梵唄《ぼんばい》系声明をも掲げている。（岩田宗一）

ろくどうこうしき　六道講式　曲〔天台〕和語（漢文を訓読する）。比叡山横川大師堂で修されている*二十五三昧式の法要に用いられる講式文。式文の原型は寛和二年（九八六）本で、*恵心《えしん》編であるが大同小異の各種写本がある。現行実唱には*中山玄雄編（芝金声堂刊）が使用されている。旋律は梵語讃・漢語讃などのごとく音読による梵唄形式のものに較べて訓読による諷誦の形をとって極めて単純化されている。音階も一般声明曲のごとく*呂《りょ》*律をいわないが、*乙音を*平調《ひょうじょう》と定め、これを中心音（*宮）として、上行の*二重（*下無）を*商音とし、*三重（*黄鐘《おうしき》）を*角音と考え、乙音より下行の*中音（*一越《いちこつ》）を*羽《う》音とし、さらに下行の*下音（*盤渉《ばんしき》）を*徴《ち》音と考える*五音階を用いて一定の移調法のもとに甲乙上下を繰り返し式文の内容を強調して聞かせている。平安中期に作られているので伝承されている最古の語りもの音楽といわれ、平曲に影響を与え謡曲や浄瑠璃などを生む基盤となったといわれている。（天納伝中）

ろくどうこうしき　六道講式　資〔天台〕*声明集。*憲真（一六五六～六五の間、浄蓮華院住職）譜。叡山文庫蔵。現存の天台宗*六道講式譜の中では最も古く、かつ信頼度の高いものである。その*博士譜は、これ以後の同講式の規範となったものと思われる。現在所用の博士もこの譜とおおむね対応している。（岩田宗一）

ろくねん　六念　曲〔南都〕〔華〕東大寺*修二会で晨朝のみに勤められる作法。比丘の熟知すべき六つの事項を掲げる。大導師が*時導師に促されて各項を数え挙げてゆったり朗唱した後、時導師の*頭《とう》によって*ガワが早口にとなえる。（高橋美都）

ろじのげ　露地偈　曲〔禅〕〔曹〕布薩偈に対応する。漢語。「降伏魔力怨《ゴウブクマリキオン》」。*菩薩戒大布薩式の法要でとなえる。五言八句の文であるが、旋律は二句を単位にしており。奇数句の二字目に「円節」が、末尾の字に「引唱—上げ節—るの字節—上げ節—二重鍵節」が、また偶数句の下三字に「下げ節」「上げ節」「小鍵節」がみられる。（渡會正純）

ろっかんじょう　六巻帖　資〔天台〕魚山集略本・魚山声明六巻帖。*声明集。承安二年（一一七二）または承安三年（一一七三）に*家寛が*後白河法皇の請により撰した声明集から抄出して、講演音用*切音《きりごえ》錫杖*曼荼羅供音用*灌頂音用*普賢讃*五讃の六部に分けて刊行されたもの。*憲真によるものが最初と思われる。*宗渕はこれを合本の一冊としたものを板行した。現在、この宗渕本が天台宗で広く用いられている。（岩田宗一）

ろっき　六器　具　*火舎の左右に三個ずつ置く器。閼伽・塗香*華鬘《けまん》を一対ずつ供えるために六個を用意する。高台つきの小鋺で、茶托のような台皿を具している。素文のものと、蓮華文を飾った

ものとがある。(播磨照浩)

ろっくねんぶつ　六句念仏 曲 〔真宗〕(仏) 天台声明の*八句念仏から二句を省略した曲。真宗仏光寺派で用いる。*甲*乙両様を用いるが、となえ易いように変更した個所も多い。なお八句念仏は、本願寺派では甲様をそのまま用い、興正派では甲乙両様を用いている。(播磨照浩)

ろっこんだん　六根段 曲 (南都)(華) 〔天台〕華厳宗では*修二会の*法華《ほっけ》懺法《せんぼう》で、天台宗では法華懺法でとなえる。天台宗の法華懺法には大別して*切音《きりごえ》と声明の二種があり、さらに声明には*呂《りょ》と*律の別があるところから合わせて三種あることになる。旋律はそれぞれ異なるが法要の構成はいずれもおなじである。その小段の一つに六根段がある。眼・耳・鼻・舌・身・意の六根が犯した罪を挙げて懺悔する部分である。その詞章は各根ごとに「至心懺悔弟子某甲与(一切)法界衆生……」で始まる。華厳宗修二会の法華懺法では全段ではなく、眼根段のみがとなえられている。いずれも発音は漢音である。(岩田宗一) ↓ほっけせんぼう

ろんぎ　論義 法 曲 「論議」とも書く。講論・講問・法問・問答ともいう。仏教の一般的教理や自宗の教理について往復問答し、その正しい教義を解明決定すること。教義上の論争は古来、インド・中国・日本において行なわれたが、ここでいう論義は一定の形式に基づいて行なわれる儀式化した法会としての論義である。わが国における論義は、病気平癒・追善・鎮護国家などのために大乗経典を講説し問答を行なう講問論義から始まった。やがて*講師*読師の補任のための試験制度として*竪義《りゅうぎ》が組み込まれ、さらに平安期には天台・真言両宗では自宗の僧侶の学業増進のために論義を始めた。古来最も有名なのは斉明天皇三年(六五七) 藤原鎌足が始めた興福寺の維摩会で、僧侶の登竜門として主要な位置を占め、またその法式は各寺各宗の論義の模範ともなった。論義は江戸時代まで僧侶の昇階制度として重要な役割を果して来た。明治以降仏教学・宗学の近代化に伴い衰微したが、今日でも形式的ではあるが伝承されている。現行の論義を見るにつぎの四種に分けられる。(一)追善。祖師・先徳への報恩謝徳のために忌日に行なう。東大寺月例良弁忌講問、天皇殿講問。真言宗智山派・豊山派の*報恩講(覚鑁)。天台宗の霜月会(智顗)、六月会《みなづきえ》(最澄)。竪義を兼ねたものとして東大寺*方広会《ほごえ》(良弁)。薬師寺・興福寺の*慈恩会(慈恩大師窺基)。(二)奨学および試験。僧侶の学問増進と位階昇進のために行なわれる。主に竪義といわれ、最も本格的な論義である。追善などに行なわれた論義に後に竪義を加えたものに前述の東大寺方広会や薬師寺・興福寺の慈恩会がある。延暦寺では五年に一度の*法華大会広学竪義が、高野山では勧学会や内談議(練学会)、智山智積院・豊山長谷寺では*伝法大会がそれぞれ行なわれている。(三)祈願。主に奈良・平安朝に盛んであった最勝王経・仁王経・法華経などの護国経典の講説論義。薬師寺*元三会《がんさんね》。東大寺月例八幡殿講問。比叡山の六月会(長講会)。高野山山王院の御最勝会。(四)法楽論義。神仏

へ法楽のために奉げる論義。祖師忌に行なわれる論義も法楽の性格をもっている。東大寺二月堂講問。高野山山王院月並問講。おなじく山王院竪精。このほか論義には稚児論義(現行)・娯楽論義・武家論義・宮中公家論義などがあった。論義の対話形式のやりとりの面白味が芸能にも取り入れられ、能・狂言に論義詞がある。論義の構成・曲節などについては伝法大会の項を参照のこと。(栂尾祥雲『日本密教学道史』、尾崎光尋『天台論義史の研究』、佐藤道子「祖師会の史的研究」=『芸能の科学』9、CBSソニー・レコード『薬師寺の四季』、東芝EMI・レコード『長谷論義』)。(新井弘順)

ろんしょう　論匠 役　顕教の*論義法要で論題をあげて論者を呼びだす役。法会によっては論題に関する唱句に旋律を付して読み上げることもある。*番論義のときはそれを「番の句」と称している。(高橋美都)

わきじょく　脇卓 具　*礼盤の左脇に置く*卓。上に*塗香器《ずこうき》*柄香炉《えごうろ》*灑《しゃ》(洒)水《すい》器*散杖・銘香などを載せる。法要時に*打敷を掛ける宗派もある。(播磨照浩)

わきじん　脇陣 荘　*内陣の両脇の部屋。余間とも呼ぶ。内陣に入らない僧が着座する場所にあてられるが、参拝者の席となることもある。浄土真宗では脇陣のさらに外側に「三ノ間」と称する部屋を設けるときもあり、*外陣出仕の僧が法要開始まで待機する場所としている。(播磨照浩)

わげさ　輪袈裟 衣　〔天台〕〔真宗〕略式*袈裟の一種。金襴・錦などを用いて巾5cm、長さ60cmほどの輪形に作ったもの。首に掛ける。*九条袈裟の縁だけを残したものとか、*円仁が入唐の際、会昌の法難に遭遇し、袈裟を巻いて首から掛けた姿を写したとか、あるいは石山の淳祐が入定した*空海の身体に触れ、手から香気がとれなかったので、その手を大切にするために首からつったのに由来するとか、起源について諸種の説があるが、いずれも伝説の域を出るものではない。輪袈裟は古い絵巻物にもみえず、近世になって使用されるようになったものであろう。主として天台宗・浄土真宗で用いるが、浄土真宗所用のものは少し太めである。また広義には、畳袈裟も日蓮宗所用の*折五条も輪袈裟の範疇に入れることもある。(播磨照浩)

わさん　和讃 曲　和文で仏菩薩の功徳や、祖師先徳の行化を讃嘆するもの。梵語でとなえる梵讃、漢文を呉音または漢音でとなえる漢讃に対して和讃という。薬師寺仏足石歌、法華讃嘆などは奈良時代に作られたといわれ、古くから多くの和讃があり、親鸞、一遍も多くの和讃を作っている。浄土真宗では、和讃は*正信偈とともに勤行の中心をなしている。『纂頭録《さんずろく》』には仏光寺において、早くから和讃が用いられていたことが記され、三門徒は「和讃徒」の意であるとの所伝もあり、浄土真宗において和讃が早くから用いられていたが、本願寺八世の蓮如兼寿が文明五年(一四七三)に正信偈とともに*三帖和讃を開版して以来勤行の中心となった。念仏和讃*式間和讃*添引和讃*早引和讃の唱法がある。時宗では*十九和讃　*来迎和讃　*居讃が用いられている。また天台宗には天台大師和讃・伝教大師和讃などがあり、真言宗では弘法大師和讃・四座講式和讃があり、法隆寺では聖徳太子和讃が用いられ、民間でも賽河原地蔵和讃などがとなえられている。(播磨照浩)

わさんばこ　和讃箱　[具]〔真宗〕和讃本を入れる箱。主として浄土真宗で用い、かぶせ蓋造りで、黒塗・金の定紋入りのものが多い。(播磨照浩)

わじょう　和尚　[役]　和上。戒和尚ともいう。授戒に際して一同に戒を授けるのが主たる任務である。戒和尚・羯磨《こんま》師・教師を授戒三師と称し、比丘が具足戒を受けるときに臨場を請わなければならないとされている。東大寺*修二会においても、一一名の*練行衆の筆頭とされ、三月一日と八日にそれぞれ上七日、下七日の戒を授ける任務を負っている。(高橋美都)

わにぐち　鰐口　[器]　本来は神社に属する鳴らし物だが仏寺にも備えられるようになった。銅か鉄で作られ、フライパン形の金属を凹面を内側に二枚合わせて、上部左右に耳をつけ、紐でつるすようにした打楽器。下部が鰐の口のように開いているので、この名称がついた。古来は金口・金鼓・打金・打響*打鳴らしなどと呼ばれ、鰐口というようになった最古の記録は、正応六年(一二九三)である(宮城県大高神社)。太い紐を縄のように編んだもので打つ。倍音が多く、音色は、低く鈍く余韻が少ない。(茂手木潔子)

付録

声明曲詞章出典一覧

播磨照浩

・出典の所在は主として『大正新脩大蔵経』(「大正」と略)で示し、これに収められていないものは『日本続蔵経』(「続蔵」と略)『真宗聖教全書』(「真聖全」と略)を用いた。また、詞章が独立した経典や著述である場合は、出典の所在のみを示した。
・出典がいくつもある場合には代表的なもの一つを挙げた。
・いくつかの宗派にわたって用いられている曲は、代表的な宗派を挙げた。
・天台宗には、天台寺門宗、天台真盛宗を含む。
・真言宗には真言宗諸派を含む。
・浄土宗には西山三派を含む。
・日蓮宗には日蓮宗不受不施派、日蓮講門宗および、法華宗諸門流を含む。
・浄土真宗については、一つあるいは二つの宗派で用いる曲は(真)と記してその宗派名を挙げ、三派以上にわたって用いる曲は「真宗」とした。
・おなじ内容の曲で、宗派によって名称や用い方が異なる場合には、その両方を挙げた。
・配列は五十音順によった。

・経典名の略称と正式名称は次の通りである。

金剛頂経	金剛頂一切如来真実摂大乗現証大教王経
教行信証	顕浄土真実教行証文類
行事鈔	四分律刪繁補助行事鈔
五会讃	浄土五会念仏略法事儀讃
広大軌	大毘盧遮那成仏神変加持経蓮華胎蔵菩提幢標幟普通真言蔵広大成就瑜伽
光明王経	大乗聖無量寿決定光明王院羅尼経
摂大軌	摂大毘盧遮那成仏神変加持経入蓮華胎蔵海会悲生曼荼羅広大会誦儀軌供養方便会
準提陀羅尼	七倶胝仏母準提陀羅尼経
大日経	大毘盧遮那成仏神変加持経
般舟讃	依観経等明般舟三昧行道往生讃
法事讃	転経行道願往生浄土法事讃
文殊法	金剛頂瑜伽文殊師利菩薩法
略出念誦経	金剛頂瑜伽中略出念誦経
瑜祇経	金剛頂楼閣一切瑜伽瑜祇経
吉祥陀羅尼経	熾成光大威徳消災吉祥陀羅尼経
華厳経	大方広仏華厳経

曲名	所用宗派	出典		備考
愛染王讃	真言宗	二巻金剛頂経(上)	大正一八 三二六A	秘讃
阿弥陀経	浄土宗・真宗・天台宗他		大正一二 三四六B	
阿弥陀讃	真言宗他	無量寿軌	大正一九 七〇B	
行香唄	天台宗	勝鬘経	大正一二 二一七A	
居讃	時宗	極楽六時讃	浄土依憑経論章疏目録	
云何唄	天台宗・真言宗他	涅槃経	大正一二 三七九C	
回向(哀愍覆護我)	(真)本願寺派	勝鬘経	大正一二 二一七B	讃弥陀偈作法
(我説彼尊)	真宗	迦才浄土論(中)	大正四七 九七A	
(願以…平等)	真宗他	観無量寿経疏	大正三七 二四六A	
(願以…普及)	天台宗他	法華経化城喩品	大正九 二四C	
(自信教人信)	真宗	初夜礼讃偈	大正四七 四四三A	
(直入弥陀)	真宗	法事讃(下)	大正四七 四三七B	
(世尊我一心)	真宗	浄土論	大正二六 二三〇C	
(世尊説法)	(真)本願寺派	法事讃(下)	大正四七 四三五B	阿弥陀経作法
(聞真実功徳)	(真)本願寺浜	浄土文類聚鈔	大正八三 六四七A	二門偈作法
(聞是法而)	(真)本願寺派	平等覚経(三)	大正一二 二八八C	無量寿経作法
(天下和順)	(真)本願寺派	無量寿経(下)	大正一二 二七七C	修正会作法
(当来之世)	(真)興正派	浄土文類聚鈔	大正八三 六四五B	
(白衆等…何不力)	(真)興正派	無量寿経(下)	大正一二 二七四B	
恵十六大菩薩漢讃	真言宗	三巻金剛頂経(中)	大正一八 二一六B	秘讃
恵十六大菩薩梵讃	真言宗	三巻金剛頂経(上)	大正一八 二一六A	秘讃
御文(御文章)	真宗		大正八三 七七一A	

往観偈	(真)興正派	荘厳経(下)	大正一二 三二三C	
往生浄土神咒	黄檗宗	抜一切業障得生神呪	大正一二 三五一C	十咒の一
往生礼讃偈	浄土宗他		大正四七 四三八C以下	
往生和讃	時宗		日本歌謡集成	
大懺悔	天台宗他	決定毘尼経	大正一二 三九A	
音楽呪	黄檗宗	雲棲法彙	続蔵二-一四-一	
恩徳讃	真宗	正像末和讃	大正八三 六六六C	
伽陀(為凡夫顛倒)	真言宗	法華経寿量品	大正九 四三C	涅槃講伽佗
(一一光明)	真宗	般舟讃	大正四七 四四八C	
(一切業障海)	日蓮宗	観普賢経	大正九 三九三C	後門伽陀
(一切如来)	(真)大谷派	般舟讃	大正四七 四四八C	
(嗚呼大聖尊)	真言宗	宝積経三律儀会	大正一一 九C	涅槃講伽陀
(応以天散華)	天台宗	法華経分別功徳品	大正九 四六B	十種供養・衣服
(憶念弥陀)	(真)興正派	教行信証(行・正信偈)	大正八三 六〇〇B	
(我期今日)	真宗	般舟讃	大正四七 四五一A	
(我之所愛子)	真言宗他	宝積経三律儀会	大正一一 九B	遺跡講伽陀
(我此道場)	天台宗他	法華三昧運想補助儀	大正四六 四五六A	
(我如所生)	真言宗他	涅槃経後分憍陳如品	大正一二 九〇六B	涅槃講伽陀
(観経弥陀)	(真)大谷派	般舟讃	大正四七 四四八C	
(敬礼天人)	真言宗他	心地観経序品	大正三 二九四C	
(曲女城辺)	真言宗他	心地観経序品	大正三 二九六A	遺跡講伽陀
(具一切功徳)	日蓮宗	法華経普門品	大正九 五八B	大黒天伽陀
(稽首天人)	真宗	迦才浄土論(中)	大正四七 四七C	

曲名	所用宗派	出典		備考
(見色真金色)	(真)本願寺派	晨朝礼讃偈	大正四七 四四四B	讃仏講式伽陀
(見聞供養)	真言宗	八十華厳経(五三)	大正一〇 二七八A	遺跡講伽陀
(咸然奏天楽)	(真)興正派・誠照寺派	無量寿経如来出現品	大正一二 二七二C	
(光明遍照)	浄土宗他	観無量寿経	大正一二 三四三B	
(散華香抹香)	天台宗	法華経分別功徳品	大正九 四六A	十種供養・抹香
(其大菩薩衆)	天台宗	法華経分別功徳品	大正九 四四C	十種供養・幡蓋
(讃仏諸功徳)	(真)本願寺派	浄土論	大正二六 二三一A	讃仏講式伽陀
(直入弥陀)	真宗	法事讃(下)	大正四七 四三七B	
(須曼那闍提)	天台宗	法華経随喜功徳品	大正九 四八C	十種供養・香
(衆罪如霜露)	天台宗他	観普賢菩薩行法経	大正九 三九三B	例時作法
(衆宝如香)	天台宗	法華経分別功徳品	大正九 四六A	十種供養・焼香
(諸仏救世者)	日蓮宗	法華経神力品	大正九 五二A	神前伽陀
(簫笛琴箜篌)	天台宗	法華経方便品	大正九 九A	十種供養・伎楽
(浄飯王宮)	真言宗	心地観経序品	大正三 二九六A	
(真形光明)	(真)本願寺派	日中礼讃偈	大正四七 四四六A	讃仏講式伽陀
(身心毛孔)	真宗	般舟讃	大正四七 四五五C	
(世界若無仏)	真言宗	六十華厳経(八)	大正九 四四四B	羅漢講伽陀
(世尊説法)	真宗	法事讃(下)	大正四七 四三五B	
(世尊大恩)	日蓮宗	法華経信解品	大正九 一八C	誕生会伽陀
(是以諸如来)	(真)興正派	教行信証(教)	大正八三 五八九B	宗体伽陀
(先請弥陀)	真宗他	法事讃(上)	大正四七 四二五B	
(当来之世)	(真)興正派	浄土文類聚鈔	大正八三 六四五B	

(若人散乱心)	天台宗	法華経方便品	大正九 九A	十種供養・花
(若人無善本)	(真)興正派	無量寿経(下)	大正一二 二七三C	
(若不順我呪)	日蓮宗	法華経陀羅尼品	大正九 五九B	刹女伽陀
(若非釈迦)	真宗	般舟讃	大正四七 四五四C	
(若聞之法)	(真)大谷派	般舟讃	大正四七 四五四C	
(如之世諸仏)	日蓮宗	法華経方便品	大正九 一〇A	初伽陀
(如日月光明)	法華宗	法華経常不軽品	大正九 五一B	
(如来涅槃)	真言宗	涅槃経後分機感荼毘品	大正一二 九〇九B	
(普勧有縁)	(真)大谷派	般舟讃	大正四七 四五一A	
(梵声猶雷震)	(真)誠照寺派	無量寿経(下)	大正一二 二七三A	
(毎自作是念)	法華宗	法華経寿量品	大正九 四四A	
(万行倶回)	(真)大谷派	般舟讃	大正四七 四五三B	
(万行之中)	真宗	五会讃(上)	大正四七 四八〇C	
(弥陀身色)	(真)仏光寺派	日中礼讃偈	大正四七 四四六B	
(無生宝国)	(真)本願寺派	日中礼讃偈	大正四七 四四五C	讃仏講式伽陀
(瓔珞経中)	真宗	般舟讃	大正四七 四四八C	
覚華讃	(真)興正派・誠照寺派	五会讃(上)	大正四七 四七七C	
月天讃	真言宗	大日経普通真言蔵品	大正一八 一五B	秘讃
観音禅定	黄檗宗	瑜伽焔口陀羅尼	大正二一 四七六B	
観音霊感真言	黄檗宗	大乗荘厳宝王経(四)	大正二〇 六一B	十呪の一
観無量寿経	浄土宗他		大正一二 三四三B	
勧衆讃	(真)興正派	般舟讃	大正四七 四五一A	
勧請	(真)興正派	教行信証(総序)	大正八三 五八九A	

曲名	所用宗派	出典		備考
灌沐頌	天台宗他	浴像功徳経	大正一六 七九九B	
甘露水真言	真言宗他	施諸餓鬼飲食及水法	大正二一 四六七B	
帰三宝偈	(真)興正派	観無量寿経疏玄義分	大正三七 二四五C	
毀形唄	天台宗他	諸徳福田経	大正一六 七七七A	
吉慶漢語讃	天台宗・真言宗	略出念誦経	大正一八 二五一B	
吉慶梵語讃	天台宗・真言宗	大日経疏	大正三九 二五一B	
切散華(序段)	日蓮宗	法華経序品	大正九 五B	
(中段)		無量義経徳行品	大正九 三八四C	
(下段)		法華経化城喩品	大正九 二四C	
敬覚真言	天台宗・真言宗	金剛頂文珠法	大正二〇 七〇五C	
敬礼偈	華厳宗	法華経化城喩品	大正九 二三C	修二会
教化(蓮華蔵界)	(真)興正派	歎徳文	大正八三 七五七C	
(相好コト二)	(真)興正派・誠照寺派	浄土和讃	大正八三 六五七A	
緊那羅天	真言宗	広大軌(下)	大正一八 一六三B	秘讃
孔雀経讃	真言宗	仏母大孔雀明王経(上)	大正一九 四一七B	
九条錫杖	天台宗・真言宗	華厳経浄行品	大正九 四三一B	
九方便	天台宗・真言宗	大日経増益品	大正一八 四六A	胎蔵界礼懺
功徳宝山神呪	黄檗宗	密呪円因往生集	大正四六 一〇〇九C	十呪の一
供養讃	真言宗	金剛頂教王経(中)	大正一八 二一六B	
供養文	天台宗・真言宗他	観仏三昧海経(一〇)	大正一五 六九五A	
敬礼段	天台宗	法華三昧懺儀	大正四六 九四九C	法華懺法
下高座文(智光明朗)	(真)興正派	浄土文類聚鈔	大正八三 六四五B	

(大衆同心)		法事讃(上)	大正四七 四二八A	
結讃	黄檗宗	雲棲法彙	続蔵二-一-四-一	
還籌偈	天台宗他	四分律行事鈔(上)	大正四〇 三〇A	布薩音用
還来段	(真)興正派	法事讃(下)	大正四七 四三一B	
五供養偈	黄檗宗	雲棲法彙	続蔵二-一-四-一	
五悔	天台宗・真言宗	如意輪念誦儀軌	大正二〇 二〇四A	金剛界礼懺
五眼讃	(真)本願寺派・興正派	無量寿経(下)	大正一二 二七四A	
五大願	天台宗他	不動尊八大童子軌	大正二一 三三C	
五如来	天台宗他	施諸餓鬼飲食及水法	大正二一 四六七C	施餓鬼音用
五念門(礼拝門)	天台宗	迦才浄土論(中)	大正四七 九六C	
(讃嘆門)		八十華厳経(四)	大正一〇 一六B	
(作願門)		四十華厳経(四〇)	大正一〇 八四八A	
(観察門)		龍舒増広浄土文(一三)	大正四七 二八八A	
五仏御名	華厳宗	十一面神呪経	大正二〇 一五三A	
後讃	(真)興正派	浄土和讃	大正八三 六五七B	
後七仏	真言宗	末来星宿劫千仏名経	大正一四 三八八A	仏名会
後唄	天台宗他	超日明三昧経(上)	大正一五 五三二A	
広目天	真言宗	陀羅尼集経(一一)	大正一八 八七八C	秘讃
広開偈	浄土宗	観無量寿経疏玄義分	大正三七 二四六A	
香偈	浄土宗	法事讃(上)	大正四七 四二七B	
香讃	黄檗宗	雲棲法彙	続蔵二-一-四-一	
光讃念仏	(真)興正派	宝積経如来会	大正一一 九五C	
光明王陀羅尼	黄檗宗	大乗決定光明王経	大正一九 八五B	十呪の一

曲名	所用宗派	出典		備考
光明真言	真言宗	不空羂索真言経(二八)	大正二〇 三八四C	
高僧和讃	真宗		大正八三 六六〇A	
隆壇句	(真)興正派	法事讃(下)	大正四七 四三五B	
金剛経	臨済宗他		大正八 七四八C	
金剛業	真言宗	蓮華部心念誦儀軌	大正一八 三二四C	北方讃
金剛界五仏	真言宗	蓮華部心念誦儀軌	大正一八 三二四B	
金剛薩埵	真言宗	蓮華部心念誦儀軌	大正一八 三三三C	
金剛法	真言宗	蓮華部心念誦儀軌	大正一八 三二四C	西方讃
金剛宝	真言宗	蓮華部心念誦儀軌	大正一八 三二四C	南方讃
最勝太子	真言宗	摂大軌(三)	大正一八 七七A	秘讃
三帰依	天台宗他	六十華厳経浄行品	大正九 四三〇C	三礼とも云
三帰礼	浄土宗	往生礼讃偈	大正四七 四四〇C	
三十五仏	黄檗宗	決定毘尼経	大正一二 三八C	
三十二相	天台宗他	長阿含経(一)	大正一 五A	
三条錫杖	天台宗他	六十華厳経浄行品	大正九 四三一B	四箇法要の一
三選章	(真)本願寺派・興正派	選択本願念仏集	大正八三 一八C	
三尊礼	浄土宗他	日中礼讃偈	大正四三 四四〇C	
三条請	真宗	法事讃(上)	大正四七 四二七C	
三宝礼	日蓮宗	法華三昧懺儀	大正四六 九五〇B	
三力偈	天台宗	無量寿儀軌	大正一九 六九B	
讃仏偈	(真)本願寺派	無量寿経(上)	大正一二 二六七A	
讃仏講式	(真)本願寺派		真聖全五 七三〇	

懺悔偈	華厳宗	観普賢菩薩行法経	大正九 三九三B	
懺悔頌	華厳宗	四十華厳経(四〇)	大正一〇 八四七A	四箇法要の一
散華(釈迦)	天台宗・真言宗他	倶舎論(一八)	大正二九 九五B	
(散華荘厳)	曹洞宗	六十華厳経(六)	大正九 四三五A	
(大日)	天台宗・真言宗	金剛頂三摩地法	大正一八 三三七A	
(弥陀)	(真)仏光寺派	迦才浄土論(中)	大正四七 九六C	
四弘誓願	融通念仏宗他	摩訶止観(一〇下)	大正四六 一三九B	
四悔	天台宗	法華三昧懺儀	大正四六 九五三B	
四快偈	天台宗他	四分律行事鈔(四)	大正四〇 三一A	布薩音用
四誓偈	浄土宗	無量寿経(上)	大正一二 二〇九B	
四智漢語讃	天台宗他	略出念誦経(中)	大正一八 二四八A	
四智梵語讃	天台宗他	摂大軌(三)	大正一八 六八A	
四波羅密	真言宗	瑜祇経(下)	大正一八 二六〇C	
四奉請	天台宗他	五会讃(本)	大正四七 四七六A	
始段唄	天台宗他	勝鬘経	大正一二 二一七A	四箇法要の一
至心礼	(真)本願寺派	往生浄土懺願儀	大正四七 四九一C	
自我偈	日蓮宗	法華経寿量品	大正九 四三B	
自慶偈	(真)興正派	般舟讃	大正四七 四四九B	
自性偈	黄檗宗	雲棲法彙	続蔵二-一四-一	
自信偈	浄土宗	初夜礼讃偈	大正四七 四四三A	
慈救呪	真言宗	不動使者陀羅尼法	大正二一 二七A	
持国天	真言宗	陀羅尼集経(一一)	大正一八 八七八B	秘讃
七仏通戒偈	天台宗他	涅槃経梵行品	大正一二 四五一C	

曲名	所用宗派	出典		備考
七礼	(真)誠照寺派	法事讃(下)	大正四七 四三一C	
舎利講式	真言宗他		大正八四 九〇四C	四座講式の一
舎利讃嘆	天台宗他	天台霞標	日本仏教全書一-四三	
洒水文	黄檗宗	雲棲法彙	続蔵二-一四-一	
錫杖	曹洞宗	六十華厳経浄行品	大正九 四三一B	
授地偈	天台宗	大日経義釈	続蔵一-三六-三	
頌讃(如来興世)	(真)本願寺派	教行信証(教)	大正八三 五八九C	大師影供作法
(如来無量)	(真)本願寺派	宝積経(一七)如来会	大正一一 九三A	無量寿会作法
消災吉祥神呪	黄檗宗他	吉祥陀羅尼経	大正一九 三三七C	十呪の一
誦讃偈(如来尊号)	(真)本願寺派	五会讃(本)	大正四七 四七七C	五会念仏作法
(四十八願)	(真)本願寺派	五会讃(本)	大正四七 四八〇A	浄土法事讃作法
呪讃	日蓮宗	法華経勧発品	大正九 六一B	
受籌偈	天台宗他	四分律行事鈔(四)	大正四〇 三〇A	布薩音用
十一面讃	真言宗	十一面念誦儀軌	大正二〇 一四五B	秘讃
十二光讃	(真)本願寺派	讃阿弥陀仏偈	大正四七 四二〇C	讃弥陀偈作法
十二礼	真宗他	迦才浄土論(中)	大正四七 四七B	
重誓偈	(真)本願寺派・興正派	無量寿経(上)	大正一二 二六九B	
祝聖	黄檗宗	雲棲法彙	続蔵二-一四-一	
祝水文	黄檗宗	雲棲法彙	続蔵二-一四-一	
準提神呪	黄檗宗	準提陀羅尼経	大正二〇 一七三C	十呪の一
初七仏	真言宗	過去荘厳劫千仏名経	大正一四 三六五A	仏名会
初夜偈	天台宗他	坐禅三昧経(上)	大正一五 二七〇C	

諸智讃	(真)本願寺派	無量寿経(下)	大正一二 二七八A	
諸天漢語讃	天台宗	大雲輪請雨経(下)	大正一九 四九二C	
処世界梵	曹洞宗	超日明三昧経(上)	大正一五 五三三A	
小発願	華厳宗	集諸経礼懺儀(上)	大正四七 四五八A	
正信偈	真宗	教行信証(行)	大正八三 六〇〇A	修二会
正像末和讃	真宗		大正八三 六六四C	
清浄讃	(真)誠照寺派	法事讃(下)	大正四七 四三三B	
称讃偈	浄土宗	般舟讃	大正四七 四四八B	
称念讃	(真)興正派・誠照寺派	般舟讃	大正四七 四四八C	
称名悔過	華厳宗	十一面神呪経	大正三〇 一五〇C	
荘厳讃	(真)本願寺派・興正派	五会讃(末)	大正四七 四八九A	
焼香偈	黄檗宗	浴像功徳経	大正一六 七九九B	
成就文	(真)本願寺派	無量寿経(下)	大正一二 二七三C	無量寿経作法
浄水偈	黄檗宗	雲棲法彙	続蔵二-一四-一	
浄地偈	黄檗宗	雲棲法彙	続蔵二-一四-一	
浄土和讃	真宗	浄土和讃	大正八三 六五五C	
定十六大菩薩讃	真言宗	三巻金剛頂経(中)	大正一八 二二三C	
心略梵語讃	真言宗	広大軌(中)	大正一八 一五〇C	
津梁段	(真)興正派	五会讃(末)	大正四七 四八八A	
晨朝偈	天台宗他	摩訶僧祇律(三)	大正二二 二四二C	
随方回向	天台宗	大日経増益品	大正一八 四A	
施食偈	黄檗宗	蒙山施食儀	諸経日誦集要	
千手陀羅尼	黄檗宗	千手陀羅尼経	大正一八 一〇七B	

曲名	所用宗派	出典		備考
前讃	(真)興正派	高僧和讃	大正八三 六六三A	
善天女呪	黄檗宗	金光明経大吉祥天女品	大正一六 四三九C	十呪の一
総願偈	浄土宗	摩訶止観(一〇下)	大正四六 一三九B	
総序	(真)本願寺派	教行信証	大正八三 五八九A	広文類作法
総礼偈	黄檗宗	雲棲法彙	続蔵二-一四-一	
総礼三宝	天台宗	法華三昧懺儀	大正四六 九五〇B	法華懺法
総礼頌(諸聞阿弥陀)	(真)本願寺派	讃阿弥陀仏偈	大正四七 四二二A	無量寿経作法
(人能是念仏)		易行品(五)	大正二六 四三A	十二礼作法
(稽首仏足)		無量寿経(上)	大正一二 二六七A	讃仏偈作法
僧讃	天台宗	広大軌(上)	大正一八 九七C	
送仏頌	(真)興正派	法事讃(下)	大正四七 四三七B	
葬送讃	真言宗	涅槃経聖行品	大正一二 四五〇A	秘讃
増長天	真言宗	陀羅尼集経(一一)	大正一八 八七八C	秘讃
即生讃	(真)誠照寺派	法事讃(下)	大正四七 四三五C	
尊勝陀羅尼	臨済宗他		大正一九 三四九C	
大讃	天台宗	広大軌(一)	大正一八 一一四B	胎蔵界曼供
大日小讃	天台宗	広大成就瑜伽	大正一八 一五〇C	
太子奉讃	(真)本願寺派	皇太子聖徳奉讃	大正八三 六六九B	上宮太子会作法
歎徳文	真宗		大正八三 七五七A	
歎仏呪願	天台宗	集諸経礼懺儀(上)	大正四七 四八六B	
着座讃(金剛薩埵)	天台宗・真言宗	略出念誦経(中)	大正一八 二四八A	
(念々称名)	(真)高田派他	般舟讃	大正四七 四五三B	

召請偈	(真)本願寺派	法事讃(上)	大正四七 四三五A	浄土法事讃作法
召請孤魂	黄檗宗	雲棲法彙	続蔵二-一四-一	施食
召請讃	(真)興正派	法事讃(上)	大正四七 四三五A	如法念仏
頂礼文	(真)本願寺派	讃阿弥陀仏偈	大正四七 四三〇C	讃弥陀偈作法他
中七仏	真言宗	現在賢劫千仏名経	大正一四 三七六A	仏名会
中唄	天台宗	勝鬘経	大正一二 二一七A	
天龍八部讃	真言宗	大雲輪請雨経(下)	大正一九 二九二C	秘讃
道場偈	日蓮宗	法華三昧補助儀	大正四六 九五六A	
二門偈	真宗	入出二門偈	大正八三 六五四A	
日中歎仏	融通念仏宗	勝鬘経	大正一二 二一七A	
日中偈	天台宗他	尸迦羅越六方礼経	大正一 二五一C	
日天讃	真言宗	摂大軌(三)	大正一八 八〇C	秘讃
如意宝輪陀羅尼	黄檗宗	如意宝輪陀羅尼経	大正二〇 一八八C	十呪の一
如来唄	真言宗他	勝鬘経	大正一二 二一七A	
繞仏	黄檗宗	施諸餓鬼飲食及水法	大正二一 四六七C	拝懺
涅槃講式	真言宗他		大正八四 八九八A	四座講式の一
念仏正信偈	真宗	浄土文類聚鈔	大正八三 六五四B	
拝経	天台宗	過去荘厳劫千仏名経	大正一四 三六五A	仏名会
唄	曹洞宗	勝鬘経	大正一二 二一七A	
破地獄偈	浄土宗他	八十華厳経(一九)	大正一〇 一〇二A	施餓鬼
八字文殊讃大漢語	真言宗	妙吉祥儀軌	大正二〇 七八九B	
半夜偈	天台宗他	大智度論(一七)	大正二五 二五〇C	
般舟讃	(真)本願寺派		大正四七 四四八A	

曲名	所用宗派	出典		備考
般舟讃前序	(真)本願寺派	般舟讃	大正四七 四四八A	観無量寿経作法
般若心経	真言宗他		大正八 八四八	
毘舎門讃	真言宗	供養十二天報恩品	大正二一 三八二B	秘讃
毘舎門讃秘曲	真言宗	賢劫十六尊軌	大正一八 三三九B	秘讃
百字讃	天台宗	金剛頂経(下)	大正一八 二二三C	金剛界曼供
百八讃	天台宗	瑜祇経(下)	大正一八 二六〇A	金剛界曼供
不動漢語	真言宗	不動使者念誦法	大正二一 九B	
不動梵語讃	真言宗	不動使者念誦法	大正二一 九B	
普歓讃	(真)誠照寺派	五会讃(本)	大正四七 四八一	
普賢行願讃	天台宗	四十華厳末尾偈文(梵)		
仏讃	天台宗他	広大軌(上)	大正一八 九七C	
仏徳頌	(真)興正派	宝積経無量寿如来会	大正一一 九三A	
別願和讃	時宗		大日本仏教全書六六	
変食真言	真言宗他	施諸餓鬼飲食及水法	大正二一 四六七A	
報恩講式	真宗		大正八三 七五五A	
法讃	天台宗他	広大軌(上)	大正一八 九七C	
発願文	浄土宗他	往生礼讃偈	大正四七 四四〇C	
発起序	(真)本願寺派	無量寿経(上)	大正一二 二六六B	無量寿経作法
本住讃	(真)誠照寺派	般舟讃	大正四七 四五三B	
梵音	天台宗他	八十華厳経賢首品	大正一〇 七四A	四箇法要の一
末法和讃	時宗		東方叢書一-八	
満足讃	(真)興正派・誠照寺派	二門偈	大正八三 六五四B	

弥陀小呪	真言宗	三十巻金剛頂経(八)	大正一八 三六五C	
妙音天	真言宗	摂大軌(三)	大正一八 七九A	秘讃
面見讃	(真)誠照寺派	四十華厳経(四〇)	大正一〇 八四八A	
無常偈	天台宗	涅槃経聖行品	大正一二 四五〇A	
文讃	(真)誠照寺派	法事讃(上)	大正四七 四二七C	
薬師灌頂真言	黄檗宗	薬師如来念誦儀軌	大正一九 二九C	十呪の一
薬師秘讃	真言宗	薬師如来念涌儀軌	大正一九 二一C	
夕時歎仏	融通念仏宗	龍舒増広浄土文(一二)	大正四七 二八八A	
唯識三十頌	法相宗		大正三一 六〇A	
遺跡講式	真言宗他		大正八四 九〇三C	四座講式の一
浴籌偈	天台宗他	四分律行事鈔(四)	大正四〇 三五C	布薩音用
欲令衆	日蓮宗	法華経方便品	大正九 七A	
		法華経譬喩品	大正九 一二C	
		添品法華経法師品	大正九 一六八C	
		法華経見宝塔品	大正九 三三B	
寄句(見仏色身)	(真)高田派	観無量寿経	大正一二 三四四C	
(目ニハタエナル)		帖外和讃	大谷遺法纂彙	
(我亦在彼)		往生要集(中)	大正八四 五六A	
(摂取ノ光明)		高僧和讃	大正八三 六六三C	
(若我成仏)		往生礼讃後序	大正四七 四四七C	
(極重悪人)		往生要集(下)	大正八四 七七A	
礼仏頌	天台宗他	金光明経菩提樹神品	大正一六 四五五B	
		八十華厳経(三)	大正一〇 七三A	

曲名	所用宗派	出典		備考
礼仏発願文	黄檗宗	雲棲法彙	続蔵二-一四-一	
礼文	真言宗	勝鬘経	大正一二 二一七A	
来迎和讃	時宗		恵信僧都全集一	
羅漢講式	真言宗他		大正八四 九〇〇C	四座講式の一
理趣経	真言宗		大正八 七八四	
楞厳呪	黄檗宗	首楞厳経(七)	大正一九 一三四A	
領解文	真宗		真聖全三 五二九	改悔文ともいう
蓮華部讃	天台宗	蓮華部心儀	大正一八 三三C	
露地偈	天台宗他	増一阿含経善聚品	大正二 六七六C	布薩音用
六根段	天台宗	法華三昧懺儀	大正四六 九五三B	法華懺法
六趣偈	黄檗宗	瑜伽焔口儀	大正二一 四八二A	施食
六道講式	天台宗		恵心僧都全集	

「辞典の部」執筆者紹介（五十音順。カッコ内は執筆分担）

天納伝中（法要・声明曲）　叡山学院教授

新井弘順（法要・声明曲・所作）　真言宗豊山派宝玉院住職

岩田宗一（法要・声明曲・資料・人名）　大谷大学教授

高橋美都（法要・声明曲・配役）　青山学院大学非常勤講師

田谷良忠（法要・声明曲）　黄檗宗聖福寺住職

塚本篤子（楽理）　大阪教育大学専任講師

早水日秀（法要・声明曲）　日蓮宗本妙院住職

播磨照浩（法要・声明曲・荘厳・法具・法衣・付録）　浄土真宗本願寺派真教寺住職

茂手木潔子（楽器）　上越教育大学専任講師

渡會正純（法要・声明曲）　鶴見女子高校教諭

あとがき

儀式に伴なうものとして存在する宿命のもとに、声明の伝承と研究は、教団や宗派、あるいは地域の枠に強い制約を受けて来ました。その結果、一方では多様な伝承経路による多種多彩な声明を今日にまで伝えるという幸運をもたらしましたが、他方、それぞれの分野にすぐれた伝承者・研究者を擁しながら、その枠を越えた共通の場をつくり出すことは殆どできなかったように思われます。すなわち、一般的な学としての「声明学」を成立させるのには大きな困難がありました。

もちろん、先人達のすぐれた研究業績は枚挙にいとまはありませんが、にもかかわらず「声明学」はいまなお、ほとんど未開の広大な沃野として残されています。音楽学は当然のこととして、歴史学、国語国文学、民俗学、宗教学、仏教学などの研究対象として「秘められた宝庫」として声明は存在しています。

日本声明の包括的かつ体系的な理解と鑑賞を目指して企画した『声明大系』と並行して、基本的な語彙を解説し声明の研究と鑑賞に共通の基盤を設ける試みとして本書を製作し、特別付録としました。

時間的な制約もあって、必ずしも十全のものとすることはできなかったかもしれませんが、音盤聴取の一助としていただくとともに、より広い視野からの声明研究に稗益することができれば幸いです。

性急な執筆依頼にもかかわらず、ご多忙の中を執筆いただいた諸先生方、『声明大系』本巻の録音・編集のかたわら、新しい視点から総説をお寄せいただいた横道萬里雄、片岡義道、佐藤道子、蒲生郷昭の諸先生、そして、「辞典の部」の、項目選定をはじめ一切の編集作業をご担当いただいた岩田宗一先生に甚深の謝意を表します。

法蔵館

声明大系特別付録　声明辞典

一九八四年一一月二八日　初　版第一刷発行
二〇一二年四月一〇日　新装版第一刷発行

監　修　横道萬里雄
　　　　片岡義道

発行者　西村明高

発行所　株式会社　法藏館
京都市下京区正面通烏丸東入
郵便番号　六〇〇-八一五三
電話　〇七五-三四三-〇〇三〇（編集）
　　　〇七五-三四三-五六五六（営業）

印刷・製本　株式会社　デジタルパブリッシングサービス

ISBN 978-4-8318-6522-9 C1515